国家社科基金项目"唐代屯垦法制史研究"（13XZS007）结项成果

唐代屯田法制研究

【历史的法学文丛】

主编 范忠信 陈景良

龚先砦 著

中国政法大学出版社

2022·北京

**图书在版编目（CIP）数据**

唐代屯田法制研究/龚先砦著.—北京：中国政法大学出版社，2022.9
ISBN 978-7-5764-0655-9

Ⅰ.①唐… Ⅱ.①龚… Ⅲ.①屯田－法制史－研究－中国－唐代　Ⅳ.①D922.302

中国版本图书馆CIP数据核字(2022)第171962号

----------------------------------------------------------------------------------------

出 版 者　　中国政法大学出版社

地　　址　　北京市海淀区西土城路 25 号

邮寄地址　　北京 100088 信箱 8034 分箱　邮编 100088

网　　址　　http://www.cuplpress.com (网络实名：中国政法大学出版社)

电　　话　　010-58908285(总编室)　58908334(邮购部)

承　　印　　固安华明印业有限公司

开　　本　　720mm×960mm　1/16

印　　张　　21.5

字　　数　　360 千字

版　　次　　2022 年 9 月第 1 版

印　　次　　2022 年 9 月第 1 次印刷

定　　价　　89.00 元

# 总　序
## General Preface

古代中国社会或传统中国社会，是一个非常不同于欧洲大陆的社会。古代中国社会有着自己的特殊政治机理。具体说来，古代中国社会有着特殊的多侧面多层次的公共组织模式，有着特殊的公共政治事务处理模式，有着特殊的社会控制或治理模式。总而言之，有着特殊的社会秩序架构及其原理。

对于这一点，近代以来的学者们，在学术研究的理论认识层面上，似乎都比较清楚；但是一到了学术研究的实践操作层面上，大家似乎都模糊了。就是说，抽象地讲这些道理时，似乎谁都清楚；但一到具体分析阐释中国古代的政治和社会时，就不是这么回事了。比如人们惯于用西方学者从西方社会发展史中总结出来的奴隶制、封建制、资本主义、殖民主义、商品经济、市场制度、市民社会、私人空间、公共权力、公共政治、民族国家、公法与私法、私有制等一整套概念体系作为标准或尺度，去分析或阐释古代中国的政治和社会现象，结果就等于戴着有色眼镜看中国，不知不觉歪曲了中国古代的政治和社会的本质。

基于这样一种"以西范中""以西解中"的衡量或解读，我们在过去的研究中，惯于觉得中国古代政治和社会的秩序（或体制）一无是处；特别是惯于认为古代中国的法律制度体系远远落后于西方，过于粗糙、野蛮、简陋。所以，近代以来，特别是中华人民共和国建立以来，我们的中国法制史著作和教材常常可以写成控诉古代中国法制落后、腐朽、残酷、保守的控诉状。我们的史学界甚至还可以长期争论"中国封建社会为什么长期延续（或长期停滞）""中国为什么没有较早出现资本主义萌芽"这样的伪问题，我们的法学界也可以讨论"中国古代为什么没有民法典""中国古代法学为什么不发达"之类的伪问题。

从这样的判断出发，近代以来中国政治法律改革构想，大多必然会走

"以西化中"的道路。所以在过去百余年里，我们才会全盘模仿大陆法系的法制和苏联革命法制，搞出一整套与中国传统几乎一刀两断的法制体系。基于这样的考虑或追求，我们的立法才不会认真考虑它在中国社会土壤中有没有根基或营养成分的问题，才不会正式考虑与传统中国的习惯、习俗或民间法的衔接问题，才会得意洋洋地以在"一张白纸上可以画最新最美的图画"的心态来建章立制，才会仅仅以"注重世界最普通之法则"的心态来设计中国的法制。即使有人提出过"求最适于中国民情之法则"的主张，但最后几乎都是虚应故事，大规模的"民商事习惯调查"的结果也没有对近代化中国法制与民族传统根基的续接做出什么实质的贡献。这就是一百六十年来中国法制建设的实际取向——西方化取向的由来。

在这样取向下设计出的法制，实际上是缺乏民族土壤和根基的法制。这一套法制在我们民族大众的心目中，在我们社会生活的实际土壤中，是没有根基的，至少是根基不牢的。这棵移植的大树，缺乏民族的土壤或养分。所以，近代以来，如何把这套法律"灌输"给普通百姓成了国家最头疼的事情。直到今天，我们仍屡屡要以大规模的"普法"运动或"送法下乡""送法进街巷"的运动向人民推销这一套法制，但实际上收效甚微。事实上，我们今天的政治和社会生活，是不是真的在按照这套人为设计的、从西方移植来的法制体系运作？我们生活中的实际法制是不是我们的法律体系设计或规定的这一套法制？我们大家都心知肚明。其实，谁都不能不承认，在显性的法制背后，我们实实在在有一整套隐性的法制。这些隐性的法制，当然正反两个方面的都有，绝对不仅仅是从贬义上讲的"潜规则"。可以说，近代以来，我们民族的政治和社会生活实际上主要还是按照我们民族习惯的方式和规则在进行，只不过其过程受到了人为设计或移植的显性法制一定程度的"干扰"或"影响"而已。即使仅仅就这些"干扰"或"影响"而言，我们也很难肯定地说都是正面的、进步的"干扰"和"影响"，很难说就一定是西方民主、自由、平等的法制及其精神对中国"封建传统"的挑战。当社会大众看着"依法缺德"的人们得到法律的保护并获得各种"合法"利益而致使人心骇乱、是非模糊之时，我们就很难说这样的法制是中国社会应当有的良善法制。

　　基于这样的理解，我们近年一直主张用"历史法学"的眼光阐释中国传统法制和建设新的中国法制。

　　近代德国法学家萨维尼认为，法律是民族精神的体现。"法律只能是土生土长和几乎是盲目地发展的，不能通过正式理性的立法手段来创建。""一个民族的法律制度，像艺术和音乐一样，都是他们的文化的自然体现，不能从外部强加给他们"，"在任何地方，法律都是由内部的力量推动的，而不是由立法者的专断意志推动"。法律如同语言一样，没有绝对停息的时候，它同其他的民族意识一样，总是在运动和发展中。"法律随着民族的成长而成长，随着民族的壮大而壮大；当这一民族丧失其个性时，法便趋于消逝。"因此，法并不是立法者有意创制的，而是世代相传的"民族精神"的体现；只有"民族精神"或"民族共同意识"，才是实在法的真正创造者。"在所有人中同样地、生气勃勃地活动着的民族精神，是产生实定法的土壤。因此，对个人的意识而言，实定法并不是偶然的，而是必然的，是一种同一的法。"法律的存在与民族的存在以及民族的特征是有机联系在一起的。"在人类历史的早期阶段，法律已经有了一个民族的固有的特征，就如同他们的语言、风俗和建筑有它自己的特征一样。不仅如此，而且这些现象并不是孤立存在的，它们不过是自然地不可分割地联系在一起的、具有个性的个别民族的独特才能与意向。把它们连接为一体的是民族的共同信念和具有内在必然性的共同意识。"这种"共同意识和信念"必然导致一个民族的"同一的法"。立法者不能修改法律，正如他们不能修改语言和文化一样。立法者的任务只是帮助人们揭示"民族精神"，帮助发现"民族意识"中已经存在的东西。法的最好来源不是立法，而是习惯；只有在人们心中活着的法，才是唯一合理的法；习惯法是最有生命力的，其地位远远超过立法；只有习惯法最容易达到法律规范的固定性和明确性，它是体现民族意识最好的法律。

　　萨维尼对"历史法学"要旨和追求的这些出色阐发，这些年一直在震撼着我们的心灵。记得20世纪80年代初我们最早接触"历史法学"时，"历史法学"曾作为一个反面的角色被痛骂，被认为是"赞成维护封建秩序"，"对资产阶级革命成果的一种民族主义反动"；其"反动的民族主义

观点"甚至还"被德国法西斯所广泛利用"。[1]此后二十多年里，因为一
直在思考近代中国的法律移植问题，才发现"历史法学"的主张并不是简
单地维护腐朽，不是那么简单可以否定的。"历史法学"的基本判断——
法律作为"民族精神"和"民族性格"的体现，真正的法律应该是一个
民族"同一的法"的整理编纂而不是立法者刻意制定等，实在都可以应用
于中国。中国法学界应该以"历史法学"的眼光反省一百六十年中国法制
近现代化即法制移植或法制西化的历史。这一反省，我们现在尚未有规模
有深度地进行过；盲目移植法制和人为创制法制的思路或取向仍然在占
上风。

我们法律史学者的历史使命，可能就是主导这样的反省。反省过后，
我们必须提出在西来法治主义背景下的法制本土化或中国化方案，使未来
中国法制更具有民族个性、民族风格、民族精神，具有人们更加熟悉的民
族形式，使其更能解决我们民族面临的特殊问题，并用更具有民族个性的
途径、方式解决公共问题。这大概就是法律史学人应该做出的贡献。

本着这样的理解，我们的确要重新审视五千年的中国法律传统。

五千年中国的法律传统，用西方法制、法学的理念和眼光去看，的确
是很难理解和阐明的。我非常同意我的导师俞荣根先生的观点，中国古代
的法制体系，实际上是由"礼法"和"律法"两个层次构成的；我们不
能只看到"律法"的法制史，而不注意"礼法"的法制史。俞老师的见
解非常有启发意义。我认为，中国社会生活的所有层面、所有事宜，亦即
国家的公共事务和民间事务的所有方面，都是由很早就形成并代代传承的
"礼法"（习惯法，有时有正式编纂）来加以规范的。在"礼法"的统率
下，尚有所谓"律法"。"律法"是比"礼法"低一层次的规范体系，它
主要是就国家和社会生活中的更加浅表或显著层面的事宜、更加紧迫的事
宜、最低限度的治安秩序要求的事宜等作出明白无误的规定，以便制裁违
规和解决纠纷。用西方法学的眼光来看，我们就只能看到"律法"有些像
法律，殊不知在中国古代社会里更重要的、更为根本的、更起作用的社会

---

〔1〕 参见上海社会科学院法学研究所编译：《法学流派与法学家》，知识出版社1981年版，第
52~53页。

生活强制规范是"礼法"。由"律、令、科、比""律、令、格、式"或"律例""则例"等构成的"律法"体系，甚至包括唐六典、清会典之类，都只不过是"礼法"的扈从或保镖而已，其使命不过是保障"礼法"的尊严和遵行。

对这一套"礼法"体系的法学阐明，我们过去做得是很不够的。我们过去研究"礼"与"法"关系的人们过多注意考察某些"礼"被违反后的刑事、民事、行政性质的强制后果，以此判断"礼"中哪些是法律、哪些不是法律；似乎在没有看到这种显著的强制性后果时，与之相关的那些"礼"则不足以判定为法律。这其实也是"以西范中""以西解中"的结果。其实，"礼"是不是社会生活中的公共强制性行为规范（我们把"法"理解为政治共同体中具有公共强制性的行为规范总和），并不一定要找到符合西方法概念的刑事、民事、行政强制后果作依据才能认定。中华民族有自己的公共强制力形式和强制模式，有时可能是西方的民事、刑事、行政等强制概念所难以比拟或概括的；古代中国的公共政治生活秩序正是在"礼"的强制下实现的。所以，如果一定要用西方法的理念去理解"礼"（"礼法"），当然只能得出"礼"主要是伦理规范、道德规范、礼仪习俗的结论。同样，用西方法的理念去理解古代中国的"法"（"律法"），也比较容易得出中国古代没有宪法（constitution）、没有民法、没有商法、没有行政法、没有诉讼法的结论。这无疑歪曲了我们民族法律传统的本质。因此，我们实在有必要站在"礼法""律法"为一有机整体的视角来看待中国法律传统，来解读中国法律传统的特色和精神，来总结和认识我们不能不面对的历史遗传下来的中华民族"同一的法"。

为此，我们想特别倡导"历史法学"取向的中国法律史研究。

过去的中国法律史研究，就是通常所说的传统的法律史研究，我们大致可以分为三种类型。

第一条路径是法律史实整理复原型研究。这种研究基本上是在整理和描述以往的法律活动及其结晶的历史事实。这些"事实"描述包括三个方面：①对历代法律制度事实的描述，包括对成文规范或惯例的描述等；②对历代法律制度的运作，如立法和执法活动过程的描述；③对历代法律制度、法律思想实际功能和影响的描述。这三类描述，都是所谓"还历史本来面目"的研究。在这一条路径中，又可以分为两大支派：一派是法史考据型。就是对法律史的原始证据、原始信息、原始材料进行发现、发掘、训读、校勘、辨误（伪）、整理、注释的工作。这一工作相当于文物考古专家的工作——从各种隐藏的处所发现历史上各种文明器物或其碎片，对这一物件的性质、作用、由来等作出最基本的考证和判断。另一派是制度整理派。就是通过前者考据的结果，通过无数零散的历史信息，从小到大逐渐理清（重新描述）历史上的制度和习惯原貌全貌，或大致还原历史上的法律生活过程轮廓。这一工作，类似于依据考古资料和零星历史文献记录来整理重述或勾画历史上的社会结构、生活样式、价值标准等的历史学家的工作。

第二条路径是历史上法律的功能价值评说型研究。这就是所谓的"总结历史的经验教训""发掘历史文化遗产""取其精华、去其糟粕"的工作。这一方面的研究，就其实质来说，正如同把中国过去数千年的法律文化遗物当做一大堆苹果，然后由我们这些"很懂行"的人去判断哪些是好苹果、哪些是坏苹果，特别是辨识出那些表面又红又亮而内部已经被虫蛀或已经发烂的苹果。然后告诉人们：好苹果还可以吃，还有营养；坏苹果不能吃，吃了有害；我们的社会生活中有的事实表明还有人正在吃坏苹果……这类研究的判断标准，纯粹是今天的社会需要和是非观念。

第三条路径是历史上法制的文化分析或文化解释型的研究。就是对先前法律的遗物遗迹进行"文化解释"。什么是法律的文化解释？顾名思义，文化解释就是从文化学的角度对法律遗物遗迹进行解释，或对法律遗物遗迹的文化涵义进行阐释，或者说从文化的遗物遗迹去破译一个族群的文化模式或文化构型的密码的工作。这样的研究要做的事情，一是要对一个民族的成员们后天习得并以集体的行为习惯方式传承的与强制性行为规则有关的一切进行研究，是要对一个民族世代代累积下来的一切与法律现象相关的人为创造物（包括无形之"物"）进行研究。二是要研究一个民族的与法律最密切关联的生活或行为的样式或模式。要研究具有持久性的为一个民族的多数成员或一部分特定成员有意识或无意识地共享的法律生活或行动（含思维行动）特有模式。三是要研究法律文化的核心即传统法律思想和体现在其中的民族法律价值理念。

"历史法学"式的中国法律史研究，当然也必须借助上述三种宗旨或路径的法律史研究，必须以那些研究的结晶为基础。但是，本着"历史法学"的原则，也应该与一般的法律史研究有重大的不同。这些不同体现在哪里呢？我们认为应该体现在以下几个方面：

第一，注重整理阐述中华民族历史上"共同的法"或"同一的法"。不管是成文的还是不成文的，只要是在中国历史上较长时段存在并支配族群社会生活的规范，就要格外留心加以总结整理并试图阐述清楚。

第二，注重考察民族历史传统上的"共同的法"与民族性格、民族文化、地理环境之间的关系。就是说，考察这些"共同的法"所要解决的社会问题以及它所依据的社会基础、资源、条件和背景等。

第三，以上述研究成果为镜鉴，反省近代以来中国法制变革在每一部门法中的利弊得失，说清其失误之缘由，并提出更为符合中华民族的"共同的法"的解决方案（包括具体的立法建议案）。就是说，在追求民主、法治的前提下，使未来中国法制更加合乎中华民族的传统或更具有中华民族的个性，更能准确地针对中国特有问题以"对症下药"。

为此，我们拟聚集一批志同道合的学者投入这一工作。作为这一工作的准备性试探，我们先在我们指导的博士硕士研究生中布置了一些"命题作文"。将来我们准备募集更多的研究资金，设定更加具体的"历史法学"性质的分支专题，招募相关同道承包完成。除出版这一文丛之外，我们还筹备编辑专题年刊、召集专题研讨会、主办专题网站、设立系列专题讲座、组织专题电视辩论或讲坛、编发立法建议简报、举办专题学术评奖……以有声有色、卓有成效地推进这一有重大历史意义的工程。

为着这一工程，我们特别需要学术研究界同行的参与和支持，也特别需要律师界、工商界有识之士的资助。

感谢中国政法大学出版社独具慧眼看中了这一丛书的选题。感谢她给予我们这一工程的支持。

我们深知，更艰巨的工作在等待着我们。我们毕生精力大概只够提出工程设想和做出一点"试错"的工作而已。但即使如此，我们也不能因为胆怯而放弃，也不能躲避历史赋予的责任。

真正有意义的事业，一定会有支持者，一定会有后继者，我们坚信。这，就是我们的动力所在。

范忠信　陈景良

2009 年 9 月 13 日

## 序 寓兵于农

"寓兵于农","寓农于兵",或曰"兵农合一",是古代中国一种特殊的农耕生产方式暨社会组织模式。实行这类方式或模式的地区,常单列为一种特别行政单位(区),实行着独特的行政管理体制,古人称之为"屯戍"或"军屯",类似于今日的军垦。朝廷还常招募人民垦耕于边疆或偏远之地,称为"民屯",也常带有军伍管理特色,类似于今日的农垦。此外还有将服刑人员发配到某些地区在军队监管下集体开垦耕种("充营田役"),近似于今日劳改农场,或可称为"犯屯"。三者合起来,统称"屯田"或"屯垦"。为调整这类生产生活方式,管理这类社会组织,治理这类地方政区,历代王朝在数千年间创造或形成了许多法律制度和习惯。研究历史上的此类法制和习惯,是中国法制史研究的一个重要领域,我的学生龚先砦君就是这一研究领域的拓荒者之一。

先砦君是我在中南财经政法大学任教期间指导的博士研究生之一。1994 年 9 月,先砦从湖北安陆农村以优异成绩考入中南政法学院。1998 年夏毕业时,先砦毅然响应政府"支边"号召,背井离乡去了新疆,加入了与"屯戍"有关的事业。乌鲁木齐西去四五十公里的五家渠市,是当代中国最大屯戍队伍——新疆生产建设兵团中的第六师师部所在地,兵团警官高等专科学校正坐落于此。作为该校的法学教师之一,先砦一扎根就是 15 年。其间,为了知识更新和学术进修,2003 年和 2007 年,先砦先后两度返回母校,在职攻读了硕士和博士学位。博士毕业后他又回到了新疆,直到 2013 年秋为奉养父母而返回湖北。正是这 15 年"屯戍"经历,促使他作出了投身屯田法制研究的学术选择。

我认识先砦大约从 2003 年开始。攻读法律硕士时,先砦因为听过我的几次法律史讲座,又被武乾老师讲授法制史勾起了学术兴趣,于是喜欢上了法律史学科，选我做硕士论文指导教师。记得他硕士论文题目是《当代中国司法行政化问题研究》，对行政司法不分的中国法律传统兼有涉猎，写得相当不错，被评为校优秀硕士论文。硕士毕业后不到一年，先砦想更进一步涉足法律史研究，于是 2007 年又考回了母校，成了我的博士研究生。读博伊始，先砦就说将来博士论文想以"屯田法制研究"为选题，他说写与自己工作单位暨工作性质有关的论文更有实践指导意义，我当然立即同意。考虑到中国屯田事业有两千年历史，若纵贯历史全程去讨论恐难深入，于是我建议他将讨论范围仅限于唐代，他欣然接受了这一建议。这篇论文，就是在这样的背景下选题、搜阅资料、构思、炼旨并艰辛完成的。

关于屯田问题的历史研究，前人已经做了很多，但几乎没有正面涉及法制史。有人从土地制度研究的角度出发，有人从社会组织研究的角度出发，有人从边防体制研究的角度出发，有人从基层行政管理的角度出发，虽然已经作了很多屯田史料搜集梳理，或屯田史实的局部澄清和总结，或历史上屯田规律特征的总结，但却很少有人讨论屯田事业相关法律制度及其进化历程，很少有人研究屯田法律规范的形成、主要内容及其实施和改进，没有人研究因屯田形成的土地法律关系、司法体制暨矛盾纠纷解决模式等等。或者即使偶有涉及，多系旁敲侧击或间接、零星涉及。这一缺憾，亟待有所弥补。

先砦的博士论文，正是弥补这一学术缺憾的一项重要工程。经过三年半的艰辛努力，经过多番修改补充，这一工程初步取得了成功。2011 年11 月 29 日，在中南财经政法大学法律文化研究院的沈家本堂，先砦顺利通过了博士论文答辩。由武汉大学教授陈晓枫，华中科技大学教授俞江，中南财经政法大学教授陈景良、张继成和郑祝君等 5 位学者组成的答辩委员会，在大半天的时间里完成了对先砦论文的学术审查。老师们对先砦的博士论文质量及现场答辩效果，都给予了相当高的评价。在我指导的博士论文中，先砦的论文是答辩现场意见分歧最小者之一。意见分歧小为何答辩还花了大半天？因为那一天以及那个答辩季节，只有先砦一人申请了答辩。因为不必赶时间一天完成多人答辩，所以老师们特别饶有兴趣地在现场你来我往、借题发挥地开起了学术研讨会。当然，老师们也当场提出了一些修改意见，建议先砦未来出书时作出进一步修改、补充和完善。

毕业后，在老师们意见的鞭策下，先砦又以论文为基础申报了2013年度国家社科基金课题并获得立项。在国家基金资助下，又经过几年努力，先砦关于屯田法制史的研究更有了大幅提升——重新厘定研究思路和内容框架，增加了一些此前未有的内容。更重要的是，先砦对全书进行了精炼或浓缩，删去了一些不重要的部分，使全书字数从34万多减少到29万多。因此，总体上看，现在我们看到的这部书稿，几乎是在新思路下再度完成了一部关于唐代屯田法律制度研究的学术专著。

先砦这一研究的学术升华体现在很多方面，但最为重要的是阐释体系的变化。在博士论文中，先砦主要是以"屯田法律关系"为阐释框架或体系的。在大致梳理了唐代以前的屯田法制、唐代屯田法律渊源之后，先砦从屯田法律关系主体（含屯田管理机构和屯田劳动主体）、屯田法律关系客体（土地、房屋等）、屯田法律关系内容（管理者的权力、劳动者的待遇义务）等三个方面对唐代的屯田法律制度内容进行了全面的学术梳理阐析；最后就唐代屯田法制的特点和历史地位进行了总结。

这一研究思路或阐释框架，是我们事先商定的，我觉得大致符合历史。但在新的书稿中，先砦有所改进。经过此后数年的进一步深入探究，先砦对研究思路框架或阐释体系进行了重构。他不再刻意将屯田法制主要内容纳入一个"屯田法律关系"框架中，而是干脆直接从屯田组织法制、屯田劳动力制度、屯田土地制度、屯田管理法制等四个方面来解读唐代屯田法制的具体内容。这四章，取代了原来的"屯田法律关系"三大块。此外，先砦特别增加了"唐代屯田法制的实效——以屯田判词为中心的考察"（第七章）这一章，使得全书的研究更有社会实践感和历史现场感。除此之外的三章，则以沿用原体系为主。

先砦为何要放弃原来的"屯田法律关系"阐释框架呢？在大致阅读新书稿后，我大概能理解。因为古时"屯田"，不管是军屯、民屯还是犯屯，系国家大规模招募或强征人民或者谪徙囚犯而为，常常作为戍边（国防）事业、垦荒战役、服刑改造事业的一部分，是国家公权力的强势作为，劳动者的人身自由度常常很小甚至没有，契约关系的属性很淡甚至没有，因而也就不太具备典型法律关系的属性（因为典型法律关系是以独立主体之间的契约关系为参照系的）。若一定要从今日所谓"行政法律关系"的视角去解释屯田关系，也不是不可以，但在古代中国君主制兼集权制政体下，要阐明这一关系中的主体双方权利义务关系似乎有些牵强，特别是谈屯垦劳动者"权利"更是牵强。所以先砦改用"待遇—负担"的对应关系架构去解释，这一解释架构实际上比"权利—义务"框架更合适，也更符合屯田历史真实。先砦的这一改进，我认为是有道理的，是可取的。

除了上述变化外，通观全稿，我发现还有多处是有相当创见或新意的，也很能启发我们进一步思考。

第一，先砦将屯田制起源界定在秦代，未采纳前人关于屯田起于先秦之说。先砦认为，屯田是国家直接组织大量劳动力，通过大规模的集体劳动，耕种国有土地的生产经营方式；屯田关系带有人身束缚性，通常表现为特殊的组织形式和特定的剥削方式。据此一基本界定，先砦认为西周至战国时期某些类似屯田现象，实际上尚未全面具备上述屯田制特征，因此他认为只有秦始皇"徙黔首三万户琅琊台下，复十二岁"之事才能算是屯田制的正式开始。

第二，先砦对唐代屯田法律渊源中各种规范间的功能关系做了较为准确的判断。他认为，在调整屯田事务时，唐代的令、格、式的功能相当于今日法理学之法律规范逻辑结构中的"行为模式"，而唐律（也包括部分唐格）的功能则相当于法律规范逻辑结构中的"法律后果"，两者相辅相成共同构成了完整的屯田法律规范逻辑结构。这一判断告诉我们，前者在屯田事务中对屯田劳动行为和管理行为有指导性意义，后者则对屯田过程中违反相关法律法规者有制裁性意义。

第三，先砦将参与屯田的劳动力归纳为军人、平民、罪犯三种，并考察了三种劳动者在军屯、民屯、犯屯三种屯田类型中的待遇、责任、负担之异同，这有助于我们更进一步深入了解唐代屯田法制中的人力资源法制和劳动法制。他认为，每一种劳动力纳入屯田系统都源于某种特定的时势因素，三类群体在屯田法律关系中的人身依附关系、劳动义务、奖酬关系也存在着明显差异。

第四，先砦总结了秦至唐千余年间屯田法制的三阶段历史飞跃，有助于我们深化对屯田法制历史进化规律的认知。他认为，从法律渊源或法律形式的角度讲，唐代以前的屯田法制发展实际上发生了"从诏令到单行令典"，再"从单行令典到综合性令典"的两次飞跃；至唐代则完成了"从综合性令典到令、格、式、律相辅相成的屯田法律体系"的新飞跃。这一总结，相当清晰地勾勒了千年屯田法制史在法律渊源方面的进步图景。

第五，先砦在敦煌文书唐代屯田实判及唐人公文习作"拟判"（虚拟案件判词）的基础上，对唐代屯田司法诉讼实践进行了专门研究，这是此前屯田史研究者多未正式涉猎的。先砦的研究，既有助于我们了解唐代屯田法制的实践情形及实施效果，也有助于我们了解唐代与屯田纠纷、屯田案件有关的司法体制、司法审判暨解纷模式。先砦还指出，唐代的屯田"判词"并不完全等同于屯田"司法裁判文书"，因为在那些裁判之外还包括一些与屯田有关的行政公文，我们不能将二者混为一谈。

先砦的研究还告诉我们，唐代屯田法制具有崇高的历史地位，它由多种不同层级的成文法共构为一个有机整体，还辅以临时诏敕，以因时因地制宜补充变通，其完备性、复杂性大大超越此前任一个时代；唐代屯田法制还对后世屯田法制产生了深远影响，这种影响在五代和两宋体现得尤为突出；唐代屯田事业暨屯田法制也为促进发展社会经济、恢复社会秩序、维护边疆稳定、促进民族交往、加强民族融合、巩固国家统一、促进中西文化交流等奠定了坚实的基础。这些判断是站得住脚的，也体现了先砦的研究用功度和收获量。

先砦自2013年8月回湖北入职湖北工程学院后，在教学、科研和公共服务三方面都十分努力，取得了相当的成绩，也令我欣慰。在教学方面，他主讲的"行政法与行政诉讼法"课程，被评为湖北省一流在线开放课程；他还多次获得全校教学优秀奖、教学大赛优胜奖，又先后被评为校优秀班主任、优秀论文指导教师、"三育人"先进个人。此外还被聘为该校法学专业负责人，入选全省高校与实务部门互聘之"双千计划"。在科研方面，他先后主持完成了国家社科基金项目1项，参与完成国家社科基金项目 2 项，在包括 CSSCI 刊物在内的多种学术刊物上发表论文数十篇。他的科研成果先后获得西部法治论坛一等奖、中国检察学研究会优秀论文奖等，还被评为全校优秀科技工作者。在公共服务方面，他在担任政法学院法学系主任同时，还先后兼任民革孝感市委委员、孝感市政协委员、孝感市监察委特约监察员、孝感市人民政府法律顾问、孝感市"八五"普法讲师团成员等。这些成绩的取得，是先砦一贯诚实为人、勤恳做事的结果。

当此一博士论文暨国家课题成果正式出版之际，当"历史的法学"文丛又有新作加入并面世之际，应先砦邀约我匆忙写下这篇文字，权作先砦君学术新著的荐介说明书，并勉充书序。

范忠信〔1〕

2022 年 4 月 30 日

于余杭古镇凤凰山北参赞居

---

〔1〕 作序者为杭州师范大学教授、华侨大学教授、博士生导师。曾任中南财经政法大学科研处长、法律文化研究院院长。先后当选中国法律史学会执行会长、中国法律思想史研究会副会长等。

# 目 录
Contents

## 绪 论

### 一、研究意义

本书的研究对象是唐代屯田法制，即唐代在屯田发展过程中逐步进行规范化建设所形成的屯田法律制度体系，以及相关法律原则、法律规范在实践中的运行状况。

屯田是一种古老的农业生产组织形式，也是边境军事防御措施的重要组成部分。秦始皇三十三年（公元前 214 年），遣将"西斥逐匈奴。自榆中并河以东，属之阴山，以为（四）十四县，城河上为塞。又使蒙恬渡河取高阙、（陶阳）山、北假中，筑亭障以逐戎人。徙谪，实之初县"[1]。面对匈奴的威胁，秦始皇一面调兵遣将实施军事进攻，一面迁徙百姓、遣戌罪人到新设立的"县"以巩固边防。被遣送至边地的罪人为维持生计，不得不从事农业生产。同时，为防止其逃散，政府也会采取相应的组织管理措施，"置长吏，缮城郭，……劝以耕牧"[2]。这种有组织地从事边地农业生产的行为，拉开了中国古代屯田的序幕。三年后，秦王朝"迁北河、榆中三万家，拜爵一级"[3]，以赐爵位为条件，将百姓迁至边地，扩大屯戍的规模。同时，秦政府还在南方实施类似的农业生产与军事防御措施，"三十三年（公元前 214 年），发诸尝逋亡人、赘婿、贾人，略取陆梁地，为桂林、象郡、南海，以适遣戌"[4]。汉代也面临匈奴劲敌的威胁，自"白登之围"后，高祖及其后继者一面采用"和亲"的方式与匈奴修好，一面积极寻求安定边疆之良策。汉文帝前元十一年（公元前 169 年），太子令晁错上言兵事，针对"令远方之卒守塞，一岁而更，不知胡人之能"的状况，认为"不如选常居者，家室田作，且以备之，以便为之高城深堑"，并提出了具体安置方案，"先为室屋，具田器，乃募民，免

---

[1]（汉）司马迁：《史记·卷六·秦始皇本纪》，中华书局 1959 年版，第 253 页。
[2]（南朝宋）范晔：《后汉书》卷二十四，中华书局 1965 年版，第 836 页。
[3]（汉）司马迁：《史记·卷六·秦始皇本纪》，中华书局 1959 年版，第 259 页。
[4]（汉）司马迁：《史记·卷六·秦始皇本纪》，中华书局 1959 年版，第 253 页。

罪，拜爵，复其家。予冬夏衣、禀食，能自给而止"。该建议得到采纳，"上从其言，募民徙塞下"[1]。

秦汉之后，历代都实行屯田，且从边地逐步向内地扩展，从单纯的军事防御目的向发展经济、恢复社会生产等多重目的演进。为保证屯田效果，历代王朝进行了一系列的制度性建设，创制出行之有效的规则体系，最终体现为形式多样、内容丰富的屯田法制。如前引晁错上疏中提到的对"常居者"的安置方案就包含了详细的制度性规定：首先置备"室屋""田器"，予冬夏衣、禀食，使之维持基本的生存与生活；其次，"有罪者免其罪，无罪者拜爵以劝其从"，给予一定的政治待遇；最后，"复其家"，给予一定的经济待遇。上述方案得到汉文帝采纳后，就由建议转化为屯田法律制度。汉武帝以后，在"边郡置农都尉，主屯田殖谷"[2]，进一步开展常态性的屯田组织管理，形成了健全的管理机构。迨至曹魏，更有《置屯田令》、"屯田法"等比较系统的屯田法律制度，有关屯田的制度性建设进一步走向完善。以后历朝因袭，至唐代走向繁盛。

唐朝作为中国古代最强盛的朝代之一，其辽阔的疆域带来的边防压力空前巨大，突厥、契丹、吐蕃、回纥、南诏等少数民族政权时时威胁着唐政权的安全。为此，唐代坚持边地屯田，以安定边疆、巩固边防。武德初年，薛大鼎出任山南道副大使，即开屯田以实仓廪。[3]之后，李孝恭任荆州大总管期间，也"开置屯田，创立铜冶"[4]；并州大总管府长史窦静、秦王李世民等先后在并州屯田供军；窦轨在松州开置屯田以防范羌人[5]。此后，屯田作为一种边防措施得到坚持，规模不断扩大，由边地向内地拓展。开元年间，唐代屯田呈现出繁荣的景象。《资治通鉴》载："唐自武德以来，开拓边境，地连西域，皆置都督府、州、县。开元中期，置朔方、陇右、河西、安西、北庭诸节度使以统之。岁发山东丁壮为戍卒、缯帛为军资，开屯田、供糗粮，设监牧、畜马牛。军城戍逻，万里相望。"[6]这一记载勾勒出唐代屯田的大致

〔1〕（宋）司马光编著：《资治通鉴》卷十五，中华书局1956年版，第489页。

〔2〕（南朝宋）范晔：《后汉书·志二八·百官志五》，中华书局1965年版，第3621页。

〔3〕（宋）欧阳修、宋祁：《新唐书·卷一九七·薛大鼎传》，中华书局1975年版，第5621页。

〔4〕（后晋）刘昫等：《旧唐书·卷六〇·李孝恭传》，中华书局1975年版，第2348页。

〔5〕（宋）欧阳修、宋祁：《新唐书·卷九五·窦轨传》，中华书局1975年版，第3845页。

〔6〕（宋）司马光编著：《资治通鉴》卷二二三，中华书局1956年版，第7146页。

轮廓。"唐开军府以捍要冲，因隙地置营田"[1]，"凡天下诸军州管屯，总九百九十有二"，设置屯田的地域涉及河东、关内、河南、河西、陇右、河北、剑南七道。[2]随着屯田的不断兴盛，屯田法制也得到完善，形成了以律、令、格、式为表现形式的基本法律体系，并受到诏敕的不断调整。

唐代中期以后，均田制逐步瓦解、土地兼并严重、民户流离失所。府兵制的逐步隳坏与流民不断增多的社会状况相结合，使得边境屯田由府兵逐渐朝傔募、租佃制方向发展。同时，内地屯田开始出现，并被赋予安辑流民、发展经济的重要使命。安史之乱后，唐政府国力衰减、边患加剧，边地置屯更加紧迫。同时，经济凋敝、税收锐减，国家财政处于崩溃的边缘，在内地置屯以恢复国力显得极为迫切。在此背景下，中晚唐出现了边地和内地广兴屯田的局面。由于屯政弊民、劳动生产率低下等多方面原因，唐代后期的屯田逐步趋于衰微，屯田法制从形式到内容也发生了一些新的变化。

唐代屯田法制是行政法规、军事法规、刑事法规的综合体，形式多样、内容完备，是中国屯田法制史上的一座"里程碑"。研究唐代屯田法制对丰富法律史学的研究内容、拓宽法律史学的研究视野有重要的理论意义。学界对唐代屯田的现有研究主要侧重于政治、军事、农业、经济、生态等角度，而本书则从法律规制及其运作的角度探讨唐代屯田，具有一定的开创意义。同时，古代屯田在近代中国乃至中华人民共和国成立后得到了进一步发展，形成了今日新疆生产建设兵团等农垦系统屯垦戍边的新局面。探讨唐代屯田法制的发展流变，总结唐代屯田法制的经验教训，对今日屯垦事业的进一步发展无疑具有深远的现实意义。

## 二、研究现状

专题研究唐代屯田法制的成果难以见到，但有关唐代屯田的研究成果比较丰富。鉴于研究唐代屯田法制需建立在唐代屯田研究的基础之上，下文将对唐代屯田的研究状况予以简要回顾。

---

[1]　（宋）欧阳修、宋祁：《新唐书·卷五三·食货志三》，中华书局1975年版，第1372页。

[2]　（唐）李林甫等：《唐六典·卷七·屯田郎中员外郎》，陈仲夫点校，中华书局1992年版，第223页。

（一）民国时期的屯田研究状况

民国时期，张君约的《历代屯田考》[1]、唐启宇的《历代屯垦研究》[2]开专题研究古代屯田的先河。两部著作从纵横两个角度对中国古代屯田实践及相关制度进行了探讨，涵盖了唐代屯田的相关内容。《历代屯田考》对西汉到明代的屯田进行了历时性考察，其中第五章对唐代屯田思想及屯田实践进行了细致阐述，但未对唐代屯田制度进行系统梳理。《历代屯垦研究》对历代屯田制度从军屯、民屯、犯屯、商屯四个类别进行了细致考察，梳理各自的源流并分析其利弊。较之《历代屯田考》"述而不作"的一面，《历代屯垦研究》在屯田制度的探讨上更加深入，该书对唐代屯田制度的研究散见于屯田官制及田制、军屯、民屯、犯屯、商屯等各个章节。

（二）中华人民共和国成立后的研究状况

中华人民共和国成立后，学界对唐代屯田进行了深入、细致的考证与分析，产生了大量的研究成果，下面将从学术论文和专著两个方面作简要介绍。

1. 有关唐代屯田研究的学术论文

（1）20 世纪 80 年代以前

1956 年，赵吕甫的《唐代初期的屯防军制》[3]对唐代屯田进行过探讨，具有开创性的意义。该文并非唐代屯田专论，但因研究对象为屯防军制，故对唐代屯田有所涉及。

1962 年郑学檬的《试论隋唐的屯田与营田》[4]、1964 年乌廷玉的《关于唐代屯田营田的几个问题——和郑学檬同志商榷》[5]是这一时段研究唐代屯田的重要成果。郑文"是解放后首篇研究隋唐屯田问题的作品"[6]，运用翔实的史料从军事性屯田与非军事性屯田、边疆屯田与内地屯田等角度阐述隋唐时期屯田、营田的发展状况，认为"屯田到营田实际上是土地由国有日

〔1〕 张君约：《历代屯田考》，商务印书馆 1939 年版。

〔2〕 唐启宇：《历代屯垦研究》，正中书局 1944 年版。

〔3〕 赵吕甫："唐代初期的屯防军制"，载《文史哲》1957 年第 4 期，第 26~32 页。

〔4〕 郑学檬："试论隋唐的屯田和营田"，载《厦门大学学报（哲学社会科学版）》1962 年第 3 期，第 41~55 页。

〔5〕 乌廷玉："关于唐代屯田营田的几个问题——和郑学檬同志商榷"，载《文史哲》1964 年第 2 期，第 48~53 页。

〔6〕 乌廷玉：《唐朝二百九十年》，中国经济出版社 1999 年版，第 40 页。

益转化私有的表现"。乌文对郑文从屯田、营田的发展规模，唐宪宗以后的营田管理体制两个方面进行了补充与商榷。二文虽略有分歧，但都认为屯田、营田是两种明显不同的国有土地经营制度。此外，韩国磐的《根据敦煌和吐鲁番发现的文件略谈有关唐代田制的几个问题》[1]等研究唐代田制的论文也部分涉及唐代的屯田制度。

此后，有关屯田的研究逐渐沉寂。1977年饶瑞符的《从伊循的灌溉系统看汉唐时代的屯田建设》[2]结合米兰地区汉唐屯田水利工程的查勘、考古工作，对当地汉唐时期伊循屯田从考古的角度进行了简要阐述，是20世纪70年代难得一见的涉及唐代屯田的研究成果。

（2）20世纪80年代以来

20世纪80年代，唐代屯田研究逐步兴盛。张泽咸的几篇力作掀起了唐代屯田专题研究的新高潮。其中，《再论唐代屯田的几个问题》[3]在之前"从生产垦荒的角度探讨唐代屯田"的基础上，以屯田与军事的关系为视角从四个方面"再论"唐代屯田。该文的二、三两个部分后来单独刊出，形成了《唐代盛世的屯田与供军》[4]与《唐后期屯田的变质与败坏》[5]二文。《历代屯田概论》[6]则是中国大百科全书的词条，涵盖了汉代到明清之间屯田的发展概况、规模、剥削形式及作用等内容，没有专门阐释唐代屯田。《中国屯垦史》（中册）[7]以专章篇幅（第三章），以唐玄宗即位（公元712年）、"安史之乱"爆发（公元755年）、唐宣宗即位（公元846年）为分界点，将

---

〔1〕　韩国磐："根据敦煌和吐鲁番发现的文件略谈有关唐代田制的几个问题"，载《历史研究》1962年第4期，第149～160页。

〔2〕　饶瑞符：《从伊循的灌溉系统看汉唐时代的屯田建设》，新疆巴州农垦勘测设计队"向全国科学大会献礼论著"1977年油印本。

〔3〕　张泽咸："再论唐代屯田的几个问题"，中国社会科学院历史研究所经济史组："中国社会经济史学术讨论会论文"1983年油印本。

〔4〕　原刊于《平准学刊》（第1辑），中国商业出版社1985年版。张泽咸：《晋唐史论集》，中华书局2008年版，第282～302页。

〔5〕　原刊于《平准学刊》［第3辑（上）］，中国商业出版社1986年版。张泽咸：《晋唐史论集》，中华书局2008年版，第303～323页。

〔6〕　原刊于中国大百科全书总编辑委员会《中国历史》编辑委员会、中国大百科全书出版社编辑部编：《中国大百科全书·中国历史》（第2卷），中国大百科全书出版社1992年版。张泽咸：《晋唐史论集》，中华书局2008年版，第247～249页。

〔7〕　张泽咸等：《中国屯垦史》（中册），农业出版社1990年版。

唐代屯田分成四个时期，从农业生产发展的角度进行详细阐述，是研究唐代屯田的重要成果。

同一时期，黄正建也先后撰写多篇论文研究唐代屯田及其制度。1981 年，其硕士学位论文〔1〕对唐代屯田概况及屯田制度进行了深入分析。文章以开元二十五年（公元737 年）、"安史之乱"爆发（公元755 年）、唐穆宗即位（公元821 年）为节点，将唐代屯田分为四个时期介绍其分布特点及原因，探讨唐代屯田管理机构，并从军屯与非军屯两个大的方面对屯田经营管理情况、劳动者和劳动方式等内容进行研究，反思屯田的积极、消极作用。发表于1985 年前后的《唐代前期的屯田》〔2〕《唐代后期的屯田》〔3〕两篇论文则以"安史之乱"为界限，对唐代屯田的状况再次进行了深入研究，是专题研究唐代屯田的重要成果。

随着研究的深入，学界对唐代屯田的研究开始呈现出新的局面、新的特点：

第一，利用出土文献研究唐代屯田。如姜伯勤〔4〕、唐耕耦〔5〕、杨际平〔6〕各有一篇论文利用敦煌出土的"唐定兴户籍残卷"等文书资料，研究唐代河西屯田状况。其中，姜文考证文书的产生年代为公元 766 年至公元 790 年，认为其反映了河西营田由镇戍兵屯田转变为招募农民强户营田的历史事实。唐文认为该文书"可能是河西支度营田使一年一度向唐朝户部度支司申报全年破用见在数的会计牒的组成部分"。杨文认为该文书形成年代并不局限于公元 766 年至公元 790 年，且该残卷并非营田文书，仅系支度营田使履行"支度"职责、赈贷贫民的会计文书而已。另，吴大旬的两篇论文〔7〕以丰富的吐

〔1〕 黄正建："试论唐代屯田制度"，武汉大学 1981 年硕士学位论文。

〔2〕 黄正建："唐代前期的屯田"，载《人文杂志》1985 年第 3 期，第 79~82 页。

〔3〕 黄正建："唐代后期的屯田"，载《中国社会经济史研究》1986 年第 4 期，第 42~52 页。

〔4〕 姜伯勤："上海藏本敦煌所出河西支度营田使文书研究"，载北京大学中国中古史研究中心编：《敦煌吐鲁番文献研究论集》（第 2 辑），北京大学出版社 1983 年版。

〔5〕 唐耕耦："敦煌所出唐河西支度营田使 户口给粮计簿残卷——兼论唐代屯营田的几种经营方式"，载《中国历史博物馆馆刊》1987 年第 0 期，第 60~66 页。

〔6〕 杨际平："上海藏本敦煌所出河西支度营田使文书研究"，载《中国社会经济史研究》1988 年第 2 期，第 84~91 页。

〔7〕 吴大旬："从出土文书看唐代西州的屯田"，载《新疆大学学报（社会科学版）》2004 年第 3 期，第 71~77 页；吴大旬："从出土文书看唐代伊州的屯田管理"，载《新疆师范大学学报（哲学社会科学版）》2005 年第 4 期，第 71~74 页。

鲁番出土文书为依据，论述了唐代西州、伊州的屯田管理制度，如屯田生产的管领与督责、检勘与收贮等，也是利用出土文书研究唐代屯田的代表作。又如，赵吕甫[1]也充分利用出土文献研究唐代前期军屯管理体制，从土地来源、劳动力畜力、粮食生产的经营管理以及粮食的上交和配给等方面对唐代军屯管理体制进行了全面、细致的探讨。再如，冯金忠在考证唐代（尤其是后期）河北屯田时，大量采用墓志铭的记载，其论文《试论河北屯田》也是运用出土文献研究唐代屯田的重要成果。[2]王义康《唐后期河北道北部地区的屯田》[3]一文与冯文有类似之处，通过对墓志资料的爬梳，克服文献记载不足的弊端，对唐后期河北道北部地区屯田的发展、变化进行了阐释。

第二，对唐代屯田进行"由面到点"的专题深入研究。

首先，出现了大量研究唐代屯田某方面内容的研究成果。如对唐代屯田管理机构——营田使的研究，就有宁志新[4]和冯培红[5]的论文。二文在何汝泉《唐代使职的产生》[6]基础之上，对唐代营田使职进行了深入探讨。宁文对唐代州（军）、道、诸道三级营田使的设置进行了考证，并总结出了唐代营田使设置的四大特点。冯文以敦煌出土文书资料为基础，论述了唐政府、吐蕃统治、归义军政权等不同时期敦煌屯田及其管理体制，对敦煌营田使的设置、职责进行了研究，总结出唐代屯田发展的四个结论。

而对西域烽铺屯田的深入研究，则有王旭送[7]的成果。其文立足吐鲁番出土文书，对烽铺屯田农作物种类、屯垦亩数、屯垦人数、产品用途、屯垦者的压力等进行了微观分析，值得借鉴。

---

[1]　赵吕甫："关于唐代前期军屯田经营管理的几个问题"，载《四川师范学院学报（哲学社会科学版）》1989年第4期，第42~48页。

[2]　冯金忠："试论唐代河北屯田"，载《中国农史》2001年第2期，第16~22页。

[3]　王义康："唐后期河北道北部地区的屯田"，载《中国历史地理论丛》2002年第1辑，第91~97页。

[4]　宁志新："唐朝营田使职初探"，载《厦门大学学报（哲学社会科学版）》1997年第2期，第106~111页。

[5]　冯培红："唐五代敦煌的营田与营田使考"，载《兰州大学学报》2001年第4期，第33~42页。

[6]　何汝泉："唐代使职的产生"，载《西南师范大学学报（人文社会科学版）》1987年第1期，第56~73页。

[7]　王旭送："论唐代西域烽铺屯田"，载《石河子大学学报（哲学社会科学版）》2011年第3期，第19~23页。

又如对唐代屯田与营田关系的探讨，有李宝通[1]、杨际平[2]和翟麦玲[3]等人的研究成果。李宝通从语言学的角度，对唐宋时期屯田与营田的分合异同进行了研究，认为唐宋时期并不存在一种以"营田"为名而在实行范围、目的和组织形式等方面与屯田不同的土地经营方式或制度，二者名异而实同。杨际平则以标题的形式直接在论文中提出了关于屯田、营田关系的三大观点："唐前期，'营田'与'屯田'是大概念与小概念的关系"，"唐后期至五代户部营田务的营田是与屯田并行的另一官田系统"，"唐后期的屯田继续存在，并未转化为营田"。翟麦玲认为营田并非如杨文所言，在唐前期泛指经营田地，其本身就是一种土地经营制度，与屯田相并列；总结了二者的相似与不同之处，对屯田、营田两个概念容易混淆的原因进行了分析。

再如对唐代个别地区屯田状况的考察，有马国荣的《唐代西域的军屯》[4]，方英楷的《唐朝在乌鲁木齐的屯田》[5]《唐朝在石河子的屯田》[6]，贺志范的《唐代的疏勒屯田》[7]，柳敏的《试析唐朝前期安西四镇的屯田及其效果》[8]，阿米娜·热合木吐拉的《浅谈唐朝在西域实行屯田戍边措施以及对经济发展的意义》[9]及前引冯金忠的《试论唐代河北屯田》、王义康的《唐后期河北道北部地区的屯田》等论文的专题研究。马文采用丰富的吐鲁番出土文书，详细考察了唐代西域军屯的组织、规模、屯田劳动力、技术手段及成效。方英楷的两篇文章及贺文均非学术论文，但同样对唐代在西域具体的"点"（乌鲁木齐、石河子及疏勒）实施的屯田活动进行了介绍。阿文从宏观

〔1〕 李宝通："联系语言词汇的发展规律试析屯田营田的分合异同"，载《西北师大学报（社会科学版）》1988年第4期，第84~89、137页。

〔2〕 杨际平："唐五代'屯田'与'营田'的关系辨析"，载《汕头大学学报》1999年第5期，第87~94页。

〔3〕 翟麦玲、谢丽："辨析唐代的屯田与营田"，载《中国农史》2008年第1期，第41~50页。

〔4〕 马国荣："唐代西域的军屯"，载《新疆社会科学》1990年第2期，第112~119页。

〔5〕 方英楷："唐朝在乌鲁木齐的屯田"，载《新疆农垦科技》1989年第2期，第45页。

〔6〕 方英楷："唐朝在石河子的屯田"，载《新疆农垦科技》1989年第4期，第32~33页。

〔7〕 贺志范："唐代的疏勒屯田"，载《丝绸之路》2001年第4期，第53页。

〔8〕 柳敏："试析唐朝前期安西四镇的屯田及其效果"，载《唐都学刊》2004年第6期，第28~31页。

〔9〕 阿米娜·热合木吐拉："浅谈唐朝在西域实行屯田戍边措施以及对经济发展的意义"，载《新疆教育学院学报》2008年第3期，第98~99页。

上简要探讨了唐代在西域实施的屯田措施及其对西域农业、商业发展的重要意义。王希隆的《唐代西域屯田述略》[1]是近年来对唐代西域屯田进行深入研究的集大成之作。该文以史籍和出土文书为依据，对唐代西域的管理体制、驻军与供给、屯田分布区域、劳动力来源与管理制度、军屯生产工具与屯粮管理制度、唐代西域的民屯、唐代西域屯垦的作用与意义进行了系统、全面的研究，诸多观点值得借鉴。

其次，出现了一批研究唐代屯田的"多产"学者，除前文已提到的张泽咸、吴大昀外，还有杨际平、黄正建、李宝通等。杨际平、黄正建研究唐代屯田的主要论文前已述及，现以李宝通为例加以说明。李宝通研究屯田的学术成果颇多，如前引论文《联系语言词汇的发展规律试析屯田营田的分合异同》、博士学位论文《北朝隋唐的屯田与均田》[2]、论文《隋代屯田的历史作用及其限制》[3]《唐代屯田的历史经验与教训》[4]以及著作《唐代屯田研究》[5]等[6]。李宝通对唐代屯田的研究功力深厚、成果丰富、创新颇多。除对屯田与营田的关系、屯田管理体制等"传统"内容加以研究外，其视域还涵盖屯田与均田的关系、屯田向均田的转化等方面。同时，其研究成果不仅从历史学、经济学等角度审视、还原了唐代屯田概貌，还致力于对唐代屯田进行反思，总结屯田的历史经验与教训。《唐代屯田研究》是其研究唐代屯田的代表作，该书在整理唐代屯田史料的基础上，提出了一系列颇具新意的见解。如作者认为我国封建社会中地主土地所有制始终占主导地位，屯田制能在一定时期内兴盛原因在于屯田制与地主土地所有制具有内在的一致性。又如，作者认为唐代屯田既未如传统观点一般隶属于司农寺，也非由工部负主要责任，而是由中央政府统筹协调、分工配合加以严密管理的。该著作还

---

〔1〕　王希隆："唐代西域屯田述略"，载《贵州大学学报（社会科学版）》2012 年第 5 期，第 1~10 页。

〔2〕　李宝通："北朝隋唐的屯田与均田"，首都师范大学 2002 年博士学位论文。

〔3〕　李宝通："隋代屯田的历史作用及其限制"，载《西北师大学报（社会科学版）》2001 年第 3 期，第 93~98 页。

〔4〕　李宝通："唐代屯田的历史经验与教训"，载《西北师大学报（社会科学版）》2004 年第 1 期，第 17~21 页。

〔5〕　李宝通：《唐代屯田研究》，甘肃人民出版社 2001 年版。

〔6〕　此外，李宝通还参与了赵俪生教授主编的《古代西北屯田开发史》的撰稿工作。

对唐代对北朝屯田的继承、屯田营田概念之间的关系以及唐代统治集团对屯田和私有土地的干预进行了系统分析，将唐代屯田研究向前推进了一步[1]。

再次，学界运用新方法研究唐代屯田，如孙彩红将经济学的方法运用于屯田研究[2]。虽然此前经济史学者对屯田展开过广泛、深入的研究，但多着眼于宏观剖析，从微观的角度量化分析唐代屯田的成果并不多见，孙彩红的论文正是这一方面的代表作。文章从丰富的史料中撷取了大量数据，对唐代屯田、营田生产成本进行分析，在与和籴费用比较之后，得出屯田、营田获利的临界点及屯田、营田远比和籴节约政府成本的结论。

最后，采用新视角研究唐代屯田。如刘洋[3]以唐代黄河上中游地区的屯田活动对当地生态环境的破坏为研究对象，通过大量的史料分析过度垦殖造成的生态环境恶化等后果，认为唐代屯田在取得成效的同时，也破坏了生态环境，导致了水土流失、土地退化及沙化、水害等自然灾害的发生。这是人类盲目开发屯垦地区的恶果，是黄河水患形成的根本原因。其论文视角独特、观点新颖，是对唐代屯田消极意义进行探讨的重要成果，具有一定的突破性。与之类似的是，崔永红也对历代政府在青海实施的屯田及其相关行为（如过度樵采等）对当地草原生态环境的消极影响进行了研究和反省[4]。其论文虽非唐代屯田专论，但对唐代屯田亦有所涉及。此外，王晓晖[5]也对特定地域的屯田与生态环境关系进行了历时性考察，认为汉唐时期吐鲁番地区大规模的屯田开发，以扩大空间规模而非提高技术含量来增加粮食产量的生产方式，加大了对环境的索取，破坏了该地区生态系统的整体性，带来了较大的生态和社会问题。王蕊与前几位学者分析角度相同，但得出的结论有异。其文

---

[1] 有学者认为，李宝通所著《唐代屯田研究》"可谓近年来屯田研究中特色较为明显的一部学术专著"。参见王兴文："李宝通著《唐代屯田研究》评介"，载《中国经济史研究》2002 年第 2 期，第 162 页。

[2] 孙彩红："唐代屯田、营田费用与效益的量化分析——以官营粮食生产为中心"，载《中国社会经济史研究》2003 年第 3 期，第 42~48 页。

[3] 刘洋："唐代黄河流域的屯田与河患"，载《中国水土保持》2003 年第 11 期，第 37~39 页；刘洋："唐代黄河流域的屯田与河患（续）"，载《中国水土保持》2003 年第 12 期，第 38~39 页。

[4] 崔永红："青海历代屯田垦殖对草原生态环境的影响"，载《青海民族学院学报（社会科学版）》2009 年第 2 期，第 56~61 页。

[5] 王晓晖："汉唐时期吐鲁番地区的农业开发及其对生态环境的影响"，载《江西社会科学》2008 年第 5 期，第 147~150 页。

《唐代"河曲"屯田的分布及其对环境的影响》[1]选取唐代河曲地区这一特定的地域,分析了唐代屯田对生态环境的影响,认为该地区农业人口较少、屯田规模有限,屯田区自然条件优越和社会环境制约等因素,使得屯田并未引起该地域大范围的生态环境退化。综合这些文献来看,农业人口数量及屯田规模、自然环境的承载能力、社会环境是否稳定等因素,都会间接影响屯田与环境、人与自然的关系。除此之外,张彦虎的《汉唐时期西域生态环境与屯垦开发研究》[2]一文虽也着眼于屯田与生态环境的关系,但其从气象、气候变化的角度进行分析,视角也比较独特。

　　除以上对唐代屯田进行专题性研究的学术成果外,还涌现出一批以古代屯田为研究对象的通论性研究成果。这些成果大致可被分为如下两类:

　　第一,对古代屯田实践、屯垦思想进行概要性介绍及通论性研究的成果。如范永贤[3]对中国古代屯田戍边四个方面的基本原因和目的进行了分析,即保证军粮供应、解决运输之难、减轻国家经济负担和有利于兵农合一。闰土[4]对中国古代屯田进行了三方面的勾勒——屯田在秦代、西汉的兴起,屯田在东汉及曹魏时期的勃兴以及屯田在东晋以后的流变,对唐代屯田与营田的关系、屯田的规模以及屯田的管理体制进行了阐述。陈默的《屯田的历史发展及思考》[5]从军事后勤保障的角度研究中国古代屯田,分析了历代屯田在时机、劳动力来源及区域三方面的特点,得出了历代屯田发展对今日军队建设的三点启示。周凯军的《中国古代军屯叙论》[6]则对中国古代的军屯进行了专门的梳理,总结出了古代军屯三个方面的作用。龚荫的《古代边疆民族地区屯垦开发概说》[7]一文则从边疆民族地区开发的角度研究中国古代屯田,

　　〔1〕　王蕊:"唐代'河曲'屯田的分布及其对环境的影响",载樊英峰主编:《乾陵文化研究(七)》,三秦出版社2012年版,第273~279页。

　　〔2〕　张彦虎:"汉唐时期西域生态环境与屯垦开发研究",载《石河子大学学报(哲学社会科学版)》2012年第1期,第17~21页。

　　〔3〕　范永贤:"浅析中国古代的屯田戍边",载《军事经济研究》1989年第8期,第87~88页。

　　〔4〕　闰土:"屯田:两千年农地规模开发(上)——中国土地文化系列之四",载《中国土地》1999年第6期,第44~46页。

　　〔5〕　陈默:"屯田的历史发展及思考",载《军事历史》2000年第1期,第36~38页。

　　〔6〕　周凯军:"中国古代军屯叙论",载《军事经济研究》1993年第1期,第78~80页。

　　〔7〕　龚荫:"古代边疆民族地区屯垦开发概说",载《西南民族学院学报(哲学社会科学版)》1997年第1期,第65~72页。

文章第六个部分对唐代的屯田概况进行了介绍。以上研究成果侧重于对屯田实践的研究，而方英楷的两篇文章《历代政治家屯垦戍边言论及举措》[1]《历代政治家谈屯垦戍边》[2]则重在对屯田思想展开研究。这两篇文章内容大同小异，论述了从晁错、桑弘羊到林则徐、左宗棠等自汉至清十余位名臣、帝王有关屯田的思想及理论，是从思想史的角度研究古代屯田的重要成果。

此外，还有学者从经济学的角度对古代屯田进行了分析、研究。如张聪的《浅谈屯垦在经济史中的地位和作用》[3]《屯垦制对延缓封建社会历史发展进程的作用》[4]等论文从（军事）经济史的角度探讨了中国古代实施屯田戍边的基本原因、目的、成效以及屯垦经济的重要地位；虽非专就唐代而言，但其观点涵盖了唐代屯田。

第二，对古今屯田进行区域性纵向研究的成果。西域屯垦是屯田区域性研究的重要内容。赵予征《屯垦戍边古今谈》[5]对西汉至当下数千年来中央政府在西域从事的屯田经营作了简单的梳理，对唐代屯田规模进行了介绍。宗永平《略论中原王朝在新疆历史上的屯田》[6]以汉唐清三个中央政府为例，介绍了中原王朝在新疆实施的屯田，对唐代西域屯田着墨不多。哲边的《历代屯垦纵览》[7]对西汉至民国期间17个政权的新疆屯垦进行了论述；在唐代部分阐述了公元630年到公元791年唐朝在西域的11大垦区、屯田管理体制及其重要意义。董红玲的《历代新疆木垒屯田评述》[8]更进一步，以木垒为中心对汉、唐、元、清四代新疆屯田进行微观研究，评析其政治、经济、文化等方面的积极意义，以及破坏生态环境的消极意义。文章对唐代木垒屯田的阐述比较简略、宏观；对屯田消极意义的阐述较之一味地褒扬古代屯田

〔1〕 方英楷："历代政治家屯垦戍边言论及举措"，载《丝路学刊》1999年第4期，第20~24页。

〔2〕 方英楷："历代政治家谈屯垦戍边"，载《21世纪》1994年第5期，第45~48页。

〔3〕 张聪："浅谈屯垦在经济史中的地位和作用"，载《黑龙江八一农垦大学学报》1984年第1期，第81~85页。

〔4〕 张聪："屯垦制对延缓封建社会历史发展进程的作用"，载《军事经济研究》1990年第6期，第82~85页。

〔5〕 赵予征："屯垦戍边古今谈"，载《21世纪》1994年第5期，第35~36页。

〔6〕 宗永平："略论中原王朝在新疆历史上的屯田"，载《伊犁师范学院学报（文理综合版）》1999年第2期，第74~77页。

〔7〕 哲边："历代屯垦纵览"，载《兵团建设》2004年第Z1期。

〔8〕 董红玲："历代新疆木垒屯田评述"，载《新疆社科论坛》2009年第1期，第70~72、91页。

政策及其实践，更具有客观性。樊根耀的《论古代新疆屯垦的经济意义》[1]认为"以农业经济取代游牧经济，是古代新疆屯垦对于当地经济产生影响的重要标志"，并从三个方面阐述了新疆屯垦的经济内涵。张安福、王春辉于2009年先后发表的三篇文章则从制度经济学、管理学、历史学等多个角度对新疆屯垦管理制度及其现实意义进行了专题、深入的研究。二人合撰的《历代新疆屯垦管理制度发展的启示》[2]通过梳理汉、唐、清三代的新疆屯田管理体制，分析其三方面的有益启示，阐述了完善屯垦管理体制对巩固新疆稳定、发展新疆经济的重要作用。二人合撰的《新疆历代屯垦行政管理体制的演变及因素分析》[3]分析了新疆历代屯垦行政管理体制的演变，从外在动因、内在诱因两个方面探讨其原因。该文对新疆屯垦的预期收益与国家投入的内在逻辑关系的分析颇具借鉴意义。王春辉独撰的《历代屯垦制度及发展对新疆兵团管理的启示》[4]则在新疆屯垦管理制度的启示基础之上，通过分析当代屯垦管理制度，阐述其对新疆兵团管理的几点建设性意见。以上三篇论文均以汉、唐、清三代的屯垦管理为研究基础，对唐代屯田管理制度的论述比较深入。此外，张安福的《西域屯田预期嬗变的历史动因分析》[5]一文，也以汉、唐、清三代为例，从国家战略、屯田形式和屯田区域等方面对西域屯田预期嬗变的动因进行了分析。其中关于唐代屯田管理制度和组织对西域屯田的作用之分析，对本书相关论点的形成具有较强的启发意义。

以汉唐为界对西域屯垦进行断代研究的成果也较为多见，如买买提祖农·阿布都克力木的《汉唐时期西域屯垦及其作用》[6]，张安福、王玉平的《汉

〔1〕　樊根耀："论古代新疆屯垦的经济意义"，载《西北民族大学学报（哲学社会科学版）》2006年第4期，第19~23页。

〔2〕　张安福、王春辉："历代新疆屯垦管理制度发展的启示"，载《石家庄学院学报》2009年第4期，第86~91页。

〔3〕　张安福、王春辉："新疆历代屯垦行政管理体制的演变及因素分析"，载《新疆大学学报（哲学人文社会科学版）》2009年第4期，第77~82页。

〔4〕　王春辉："历代屯垦制度及发展对新疆兵团管理的启示"，载《新疆农垦经济》2009年第7期，第74~78页。

〔5〕　张安福："西域屯田预期嬗变的历史动因分析"，载《中国地方志》2012年第2期，第49~54页。

〔6〕　买买提祖农·阿布都克力木："汉唐时期西域屯垦及其作用"，载《喀什师范学院学报》2010年第1期，第46~49页。

唐吐鲁番屯田与高昌文化重镇的形成》[1]，张安福、岳丽霞的《汉唐柳中屯田及对当今东疆社会稳定的启示》[2]等。这些研究成果以汉唐为时间节点，对西域屯田进行点面结合的深入研究，其中对唐代屯田体制及其对当今新疆局势稳定的积极意义的探讨，值得借鉴。

论及新疆（西域）屯垦，就不得不提及两个重要的屯垦研究机构——石河子大学新疆屯垦文化研究院和新疆生产建设兵团毛泽东屯垦思想研究会。石河子大学新疆屯垦研究院以历代新疆屯垦管理制度、唐代西域屯垦开发与社会生活、西域屯垦人物、汉唐屯垦与吐鲁番绿洲社会变迁、环塔里木历史文化资源等为主题，对包括唐代屯田在内的新疆（西域）屯垦进行了深入研究，形成了一系列研究成果，仅张安福教授的著作就有《唐代的西域屯垦开发与社会生活研究》[3]《西域屯垦人物论稿》[4]《历代新疆屯垦管理制度发展研究》[5]《汉唐屯垦与吐鲁番绿洲社会变迁研究》[6]等，学术论文更是不胜枚举，对新疆（西域）屯垦研究起着推动、引领的重要作用。新疆生产建设兵团毛泽东思想研究会依托新疆生产建设兵团党委党校，以方英楷、李书卷、王小平等教授为代表，对新疆现代屯垦史进行了深入研究，部分成果也涉及唐代屯田。除前引《新疆屯垦史》外，还有《中国历代屯垦资料选注》[7]《新疆屯垦发展史》[8]等著作以及部分学术论文。可以说，专门屯垦机构对唐代屯田的研究更加集中、深入，学术成果丰硕，是唐代屯田研究中值得重视的研究力量。

除新疆（西域）外，以甘肃、内蒙古、青海等地以屯田为对象的研究成

---

〔1〕 张安福、王玉平："汉唐吐鲁番屯田与高昌文化重镇的形成"，载《石河子大学学报（哲学社会科学版）》2012年第6期，第20~25页

〔2〕 张安福、岳丽霞："汉唐柳中屯田及对当今东疆社会稳定的启示"，载《石河子大学学报（哲学社会科学版）》2013年第5期，第15~19页。

〔3〕 张安福等：《唐代的西域屯垦开发与社会生活研究》，中国农业出版社2011年版。

〔4〕 张安福、王春辉：《西域屯垦人物论稿》，中国农业出版社2011年版。

〔5〕 张安福：《历代新疆屯垦管理制度发展研究》，中国农业出版社2010年版。

〔6〕 张安福：《汉唐屯垦与吐鲁番绿洲社会变迁研究》，中国农业出版社2013年版。

〔7〕 新疆生产建设兵团毛泽东屯垦思想研究会编：《中国历代屯垦资料选注》，新疆人民出版社2004年版。

〔8〕 王小平：《新疆屯垦发展史》，中央广播电视大学出版社2012年版。

果也不断涌现。刘光华的《历史上的河陇屯田》[1]对汉、唐、明三代的河陇地区屯田进行了深入研究，对唐代河陇屯田的阐述尤为细致，涉及唐代河陇屯田的起源、规模、类别、管理体制及屯田成效等内容。陈新海的《历代移民屯田政策对青海社会的影响》[2]对汉武帝元狩二年（公元前121年）至清末期间历代移民屯田政策及其实践进行了考证，对唐代河湟地区的屯田进行了详细论述。

2. 有关唐代屯田研究的著作

除学术论文外，还有较多著作研究唐代屯田。这些著作大致可以被分为三类：

第一，唐代屯田的专论。前文所述李宝通的《唐代屯田研究》最具有代表性。对该著作前文已作简要评价，此处不赘。

第二，关于屯田的通论性著作。这些著作从历史学、经济学等角度对古代屯田进行综合性或区域性研究，或者在研究古代赋役、农业、田制等方面的问题时涉及唐代屯田。

张泽咸等人合著的《中国屯垦史》（中册）[3]系研究古代屯田的重要著作，其中第三章为"唐和五代时期的屯田"，由张泽咸于1979年至1980年撰写[4]。该章分四个时段——唐初至武则天时期、高宗至玄宗末年、安史之乱后、晚唐和五代——对唐朝五代的屯田进行了阐述，诸多观点颇有借鉴意义，是本书进行唐代屯田法制研究的重要参考资料。

田方、陈一筠主编的《中国移民史略》[5]以中国历代人口迁移为研究对象，似与屯田无涉，但该著作在以地域和时间为线索探讨历代人口迁移之前，先在第一章将屯垦与移民相结合进行研究。虽然该章标题为"自汉迄清的屯垦与移民"，但具体内容却未涉及"移民"，单纯地对历代屯垦状况进行了概要梳理，分析屯垦的作用，反思其经验教训。该著作对唐代屯田的论述体现在了第一章通论性内容、第二章青海在唐代的人口迁移和第三章唐宋时期广

---

〔1〕 刘光华："历史上的河陇屯田"，载《中国典籍与文化》1997年第3期，第27~32页。

〔2〕 陈新海："历代移民屯田政策对青海社会的影响"，载《西北史地》1997年第1期，第21~25页。

〔3〕 张泽咸等：《中国屯垦史》（中册），农业出版社1990年版。

〔4〕 张泽咸等：《中国屯垦史》（中册），农业出版社1990年版，第89页注。

〔5〕 田方、陈一筠主编：《中国移民史略》，知识出版社1986年版。

东人户分布的变迁，笔墨不多。

方英楷所著《新疆屯垦史》[1]是区域性屯垦研究的重要成果，以十一章的篇幅对西汉至民国时期新疆的屯垦历程进行了细致、深入的探讨，"既是新疆第一部屯垦通史专著，又是一部简明的新疆通史"[2]。全书详尽地论述了从公元前105年至中华人民共和国成立期间，16个朝代、政府在新疆屯垦戍边的基本状况、历史作用及经验教训。其中，第六章从唐朝在新疆屯垦的背景和屯垦的繁荣两个方面，阐述了唐朝政府在新疆实施屯田的政策起源及具体措施。作者除考证唐代新疆屯垦的分布地区以外，还对唐代屯田的组织管理体系进行了专题研究，总结了唐代新疆屯垦在政治、经济、文化等方面的四大作用。除方英楷上述力作之外，对新疆屯垦的研究，还有赵予征的《新疆屯垦》[3]《丝绸之路屯垦研究》[4]等重要成果。

刘继光所著《中国历代屯垦经济研究》[5]另辟蹊径，从农业经济发展的角度探讨古代屯田。该书采用总分式结构，在简要梳理中国历代屯垦事业的历史功绩和经验教训之后，分17个部分对秦汉至民国时期的屯垦经济状况进行了深入研究。该书第八部分"唐代屯垦经济"史论结合，用充分的史料论证了唐代屯田的规模、组织管理、成效及生产水平，并对唐代屯田进行了评论，对其衰败原因进行了分析。从中可以看出，制度建设对屯田顺利发展有着极其重要的意义，良好的法律制度促使屯田良性发展，产生较好的政治、经济和社会效益；而一旦法律制度被破坏，屯田的发展便会处于无序状态，难以发挥应有的作用，最终不得不衰败下去。

张印栋《屯田史话》[6]对汉代到清代之间历代屯田状况进行了梳理，其第三部分系"唐朝五代时期的屯田"。作者认为，唐代屯田在高宗至玄宗时期发展至顶峰，安史之乱后逐步发生变化，呈现出新的特点。在经营方式上，中晚唐以后，屯田由官府直接经营向租佃制转变，直至后周时期将屯田分赐佃户成为"永业私产"。该著作篇幅较小，对唐代屯田的阐述较为简略。

〔1〕　方英楷：《新疆屯垦史》，新疆青少年出版社1989年版。
〔2〕　方英楷：《新疆屯垦史》，新疆青少年出版社1989年版，序言。
〔3〕　赵予征：《新疆屯垦》，新疆人民出版社1991年版。
〔4〕　赵予征：《丝绸之路屯垦研究》，新疆人民出版社1996年版。
〔5〕　刘继光：《中国历代屯垦经济研究》，团结出版社1991年版。
〔6〕　张印栋：《屯田史话》，中国大百科全书出版社2000年版。

赵俪生主编的《古代西北屯田开发史》[1]是对古代屯田进行区域性研究的重要成果。该书由王希隆、刘光华、齐陈骏、李宝通、李漪诸先生撰稿，是"一部完整的、系统研究和论述古代西北屯田的历史"[2]的作品。作者将古代西北屯田开发放在中原王朝同西北边境各民族的关系的框架中加以研究，充分挖掘史料，对古代西北地区的屯田状况、屯田种类、管理体制等重要内容进行了深入、细致的探讨。在研究唐代屯田时，作者指出，唐代屯田大抵与对抗突厥、吐谷浑、吐蕃有关，其目的在于巩固边防。

第三，以其他问题为研究对象，在具体阐释时涉及唐代屯田。这类成果以土地制度史、赋役制度史、军事制度史等问题为研究对象，在论述过程中部分涉及唐代屯田，或者将唐代屯田作为其组成部分加以研究。此类著作较多，下面简要地列举几部有代表性的著作，不再一一评析。

在土地制度史方面，如陈登元的《中国土地制度》[3]，乌廷玉的《中国历代土地制度史纲》[4]，赵俪生的《中国土地制度史》[5]，赵冈、陈钟毅的《中国土地制度史》[6]，蒲坚主编的《中国历代土地资源法制研究》[7]等。这些著作以中国历代土地制度为研究对象，探讨国有土地、私有土地的发展历程，以及古代土地法律制度的发展规律。屯田作为一种国有土地经营方式，离不开一系列制度的调整，对土地制度的研究，自然绕不开屯田这一重要话题，故上述著作都或多或少地论及唐代屯田制度。耿元骊从断代的角度，探讨唐宋土地制度的发展规律，认为中国古代自春秋以来即长期处于土地私有阶段，土地的国有并不存在；作者还通过对宋代"田制不立"说的否定，对"唐宋变革说"提出了质疑[8]。此外，于干千的《唐代国家土地政策变迁与

〔1〕　赵俪生主编：《古代西北屯田开发史》，甘肃文化出版社1997年版。

〔2〕　白云："赵俪生《古代西北屯田开发史》述评"，载《西域研究》1998年第4期，第102~103页。

〔3〕　陈登元：《中国土地制度》商务印书馆1932年版。

〔4〕　乌廷玉：《中国历代土地制度史纲》，吉林大学出版社1987年版。

〔5〕　赵俪生：《中国土地制度史》，齐鲁书社1984年版。

〔6〕　赵冈、陈钟毅：《中国土地制度史》，新星出版社2006年版。

〔7〕　蒲坚主编：《中国历代土地资源法制研究》，北京大学出版社2006年版。

〔8〕　耿元骊："唐宋土地制度研究"，东北师范大学2007年博士学位论文；耿元骊：《唐宋土地制度与政策演变研究》，商务印书馆2012年版。

土地制度演进》〔1〕在论及唐代土地政策变迁过程时对屯田制有所涉及；卢向前的《唐代西州土地关系述论》〔2〕则以大量出土文书为出发点，还原西州土地关系原貌，对屯田土地关系进行了研究。王永兴的《唐代土地制度研究——以敦煌吐鲁番田制文书为中心》〔3〕以敦煌吐鲁番出土文书为依据，对唐代官田、私田制度进行了深入研究。其中，官田制度部分以天宝十四载（公元755年）为界限，将唐代分为前后两期，从管理机构、管理制度、劳动力等方面对屯田制度进行了探讨，资料翔实、论证深入。

营种是唐代防人的一项法定义务，是兵役内容之一，因而屯田本身具有一定的兵役色彩。研究唐代赋役制度时，自然会涉及唐代屯田的内容，张泽咸的《唐五代赋役史草》〔4〕即是一例。该著作对唐朝五代兵役类型、兵役征募及兵员的民族构成三个问题进行了探讨。其中对"征人、行人、健、官健""戍兵、防人、镇兵""屯丁"的研究都可被纳入唐代屯田的研究范围。

在军事史方面，如贾志刚《唐代军费问题研究》〔5〕。该著作对唐代军费问题进行了综合研究和专题考察，对唐代屯田的供军意义进行了深入研究。作者认为，唐代屯田由于与供军存在密不可分的关系，呈现出"兴而不振、停而不废"的特点，是带弊进行的，故其供军意义有限，屯田大多收不登本、破费甚多。作者还详细分析了唐代营（屯）田绩效的限度，以及唐朝带弊营田的原因，部分观点值得借鉴。

在经济史方面，如宁可主编的《中国经济通史·隋唐五代》〔6〕。该书第二章采用总分式结构，对唐代土地关系进行了详细介绍，涵盖国有土地制、地主私有土地制、农民小土地所有制以及均田制等内容。"屯田和营田"作为国有土地制的内容之一，得到了充分的研究。作者从设置、规模和兴废变化，屯田法规和屯田的经营管理，屯田上的主要劳动者，屯田制度的重要变化和营田的产生、发展五个方面剖析了唐代屯田及其制度，认为营田是屯田发展到租佃经营后出现的一种新的国有土地经营方式。该书提出了"屯田法规"

---

〔1〕 于干千：《唐代国家土地政策变迁与土地制度演进》，经济科学出版社 2007 年版。

〔2〕 卢向前：《唐代西州土地关系述论》，上海古籍出版社 2001 年版。

〔3〕 王永兴：《唐代土地制度研究——以敦煌吐鲁番田制文书为中心》，兰州大学出版社 2014 年版。

〔4〕 张泽咸：《唐五代赋役史草》，中华书局 1986 年版。

〔5〕 贾志刚：《唐代军费问题研究》，中国社会科学出版社 2006 年版。

〔6〕 宁可主编：《中国经济通史·隋唐五代》，经济日报出版社 2000 年版。

的概念，并将其外延概括为唐"令"中的"田令"和唐"格"中的"屯田格"。

以上对有关屯田著作的介绍仅仅是学界相关研究成果的一鳞半爪，从中足以看出学界有关唐代屯田的研究成果极其丰富，部分著作已涉及唐代屯田法制。

（三）国外学者的研究状况

日本学者对唐代屯田的研究比较深入，形成了诸多研究成果。按照与屯田的关联程度，这些成果也可以被分为三类：第一类直接以唐代屯田为研究对象，如青山定雄的《唐代的屯田和营田》[1]、日野开三郎的《天宝末年以前的唐代军粮田》[2]。两文都是日本学者对唐代屯田进行的专题研究，内容涉及唐代屯田的经营方式，屯田与军粮的关系，屯田绩效及其败坏等问题，具有重要的借鉴意义。第二类以唐代政治经济问题为研究对象间接论及屯田，如丸桥充拓的《唐代后期的北方财政研究：以度支诸司为中心》[3]《唐代后期北方军粮政策研究》[4]探讨了唐代后期北方财政及军粮供应问题，对屯田、和籴、赋税供军进行了阐述。第三类以唐代法律制度为研究对象，在材料或论证过程中涉及屯田，如仁井田陞的《唐令拾遗》[5]、池田温的《中国古代籍帐研究》[6]等。这两部著作是日本学者研究唐代法律制度的重要成果，其本意虽非专门研究唐代屯田，但在阐述过程中，涉及唐代屯田及其法制[7]。

（四）比较研究唐代屯田的成果

1. 纵向比较研究成果

对唐代屯田的纵向比较研究体现在两个方面：一是将唐代屯田与其前后历朝屯田进行比较；二是将唐代前后期屯田进行比较。

---

〔1〕　〔日〕青山定雄："唐代的屯田和营田"，载《史学杂志》1954年第1期，第63页。

〔2〕　〔日〕日野开三郎："天宝末年以前的唐代军粮田"，载《东洋史研究》1962年第1期，第21页。

〔3〕　〔日〕丸桥充拓："唐代后期的北方财政研究：以度支诸司为中心"，载《东洋史研究》1996年第1期，第55页。

〔4〕　〔日〕丸桥充拓："唐代后期北方军粮政策研究"，载《史林》1999年第3期，第82页。

〔5〕　〔日〕仁井田陞：《唐令拾遗》，栗劲等编译，长春出版社1989年版。

〔6〕　〔日〕池田温：《中国古代籍帐研究》，龚泽铣译，中华书局2007年版。

〔7〕　如《唐令拾遗》对《开元二十五年田令》的复原研究，其中第36~38项均系对屯田管理的法律依据。

前一类出现在有关屯田的通论性研究之中。秦汉以后，历朝历代都有屯田实践。古今学者在对屯田进行通论性研究之时，往往会梳理屯田的流变，阐述相关制度的变迁。鉴于隋、五代国祚较短，且与唐代存在承前启后的关系，学界常常将"隋唐屯田"或"唐五代屯田"并称，探讨后一朝代对前一朝代屯田制度的继承性与差异性。同时，由于"唐宋变革说"的影响，还出现了将唐代与宋代屯田进行比较研究的成果。前引冯培红的《唐五代敦煌的营田与营田使考》，杨际平的《唐五代"屯田"与"营田"的关系辨析》，李宝通的《联系语言词汇的发展规律试析屯田营田的分合异同》《北朝隋唐的屯田与均田》等文对唐代屯田与隋代屯田、五代屯田、宋代屯田进行了比较研究。

后一类研究的成果相对而言更丰富一些。前引张泽咸的《唐代盛世的屯田与供军》与《唐后期屯田的变质与败坏》、黄正建的《唐代前期的屯田》与《唐代后期的屯田》就是典型的例子。此外，还有诸多对唐代屯田进行综合研究的成果都对唐代前后期屯田的异同进行了研究，如前引张泽咸的《中国屯垦史》、刘继光的《中国历代屯垦经济研究》等。这些研究成果往往将"安史之乱"或"两税法"的实施作为唐代屯田发展的分水岭，将唐代屯田分成若干个时期加以比较研究。

2. 横向比较研究及其成果

唐代屯田的横向比较研究往往体现在唐代屯田的区域性研究中，将某地屯田状况与其他地区加以比较。由于还原历史原貌的考据式研究方法在屯田研究中占有重要地位，故对唐代屯田的区域性研究多着眼于某地在唐代某时的屯田状况，而有意地将该区域与其他地区的屯田明确加以比较，得出相同点和不同点的研究成果似乎还很缺乏。

在横向比较研究中，中外比较是一个重要的视角。崔卫国的《新疆和北海道的屯田兵》[1]便是这一方面的重要成果。文章回顾了公元前110年至中华人民共和国时期新疆屯田兵的历史，以及1800年至1904年间北海道屯田兵的历史，比较了二者的相同与不同，对北海道屯田的高度制度化进行了分析与总结，并对中国屯田制度化不足的状况进行了反思，提出了加强新疆生产建设兵团制度化建设的两点建议。该文拓宽了屯田研究的领域，在中外屯

---

〔1〕 崔卫国："新疆和北海道的屯田兵"，载《喀什师范学院学报》1995年第4期，第19~30页。

田史比较研究方面具有极其重要的意义。[1]由于唐代屯田在中国古代屯田史上具有重要地位，该文对中日屯田史的比较研究得出的结论对唐代屯田也是适用的。

除以上研究成果外，李文益、李少林还对唐代屯田研究成果进行了综述[2]，从唐代屯田的分布、屯田的生产者、屯田与营田的关系、屯田的管理、屯田的分类、屯田的收获、屯田其他方面的研究、《天圣令》的整理与复原及其对屯田研究的意义等八个方面梳理了1939年张君约《历代屯田考》以来的有关唐代屯田研究的成果，资料翔实、梳理细致，是了解唐代屯田研究状况的重要成果。

综上所述，研究唐代屯田的成果极为丰硕，但专题研究唐代屯田法制的成果较为缺乏。对唐代屯田的已有研究多侧重于从历史学的角度还其原貌，或从政治学、军事学的角度阐述其与政权稳固的关系，或从经济学的角度阐述其效用，间或有学者论述屯田对生态环境的破坏，而从制度化建设（尤其是屯田法制的表现形式、具体内容及其成效）角度进行论述的成果不多。法史学界对唐代屯田现象没有给予应有的关注，唐代屯田法制的整体状况及其演变有待深入研究。就已有成果来看，张中秋的《唐代经济民事法律述论》[3]没有对屯田法制进行专题阐述，蒲坚主编的《中国历代土地资源法制研究》[4]也只对三国两晋南北朝的屯田法制进行了系统阐述，对唐代屯田法制则忽略不计。仅宁可主编的《中国经济通史·隋唐五代》对唐代屯田法制进行了简要梳理，提出了"屯田法规"的概念。黄正建的《试论唐代屯田制度》对唐代屯田管理制度进行了比较深入的探讨，李宝通的《唐代屯田的历史经验与教训》对唐代屯政速败的反思引出了屯田法制不健全的话题。崔卫国的《新疆和北海道的屯田兵》虽反思了中国古代屯田的制度化建设之不足，但没有建立在对屯田法制，尤其是唐代屯田法制进行系统考察的基础上。有鉴于此，本书试图对唐代屯田法制的表现形式、屯田职官法、屯田管理法

---

[1] 当然，该文在中外比较上也存在一定的"非对称性"——将中国数千年的屯田历史与日本一百年间的屯田历史进行比较，二者存在一个可比性的问题，但这并不妨碍该文在中外屯田比较研究中的重要地位。

[2] 李文益、李少林："唐代屯田研究综述"，载《中国史研究动态》2011年第4期，第36~44页。

[3] 张中秋：《唐代经济民事法律述论》，法律出版社2002年版。

[4] 蒲坚主编：《中国历代土地资源法制研究》，北京大学出版社2006年版。

的具体内容及其在实践中的运作进行系统阐述，以期为今日屯垦事业的发展提供一定的借鉴。

### 三、相关概念的界定

#### （一）屯田与营田

研究屯田自然绕不开另一个概念——营田。关于这两个概念的内涵及其相互关系，自古以来即众说纷纭。

1. 屯田

所谓"屯"，即聚集、集结之意。《广雅·释诂三》："屯，聚也。"人聚集在一起共同生活，必然需要组建一定的社会结构，故"屯"既可以指聚集的行为，也可引申为相应的组织。如《史记》记载："二世元年七月，发闾左谪戍渔阳，九百人屯大泽乡。陈胜、吴广皆次当行，为屯长。"[1]《汉书》也称："秦二世元年秋七月，发闾左戍渔阳九百人，胜广皆屯长。"颜师古注曰："人所聚曰屯，（屯长）为其长帅也。"[2]可见，"聚集"的行为及聚集者的组织机构均被称为"屯"。该九百人虽系平民，但因被征发遣戍边疆，亦有军队的性质，"屯"也指军队的驻扎、集结。如《三国志》记载，满宠"行奋威将军，屯当阳"，后"破吴于江陵有功，更拜伏波将军，屯新野"。[3]"时先主屯新野，徐庶见先主，先主器之。"[4]《资治通鉴》记载："卫尉李文为骁骑将军，屯云中；中尉程不识为车骑将军，屯雁门……"[5]

所谓"田"，指的是种植，引申为种植农作物的土地。"田，填也。五谷填满其中也。已耕者曰田。"[6]《说文解字》的解释是："树谷曰田。"《诗经·小雅·甫田》也记载："倬彼甫田，岁取十千。"可见，"田"与"屯"一样

---

〔1〕（汉）司马迁：《史记·卷四八·陈涉世家》，中华书局1959年版，第1950页。

〔2〕（汉）班固：《汉书·卷三一·陈胜项籍传第一》，中华书局1962年版，第1786页。

〔3〕（晋）陈寿：《三国志·卷二六·魏书·满宠传》，陈乃乾点校，中华书局1982年版，第722页。

〔4〕（晋）陈寿：《三国志·卷三五·蜀书五·诸葛亮传》，陈乃乾点校，中华书局1982年版，第912页。

〔5〕（宋）司马光编著：《资治通鉴》卷一七，中华书局1956年版，第577页。

〔6〕（汉）刘熙：《释名·卷一·释地》，中华书局1985年版，第10页。

具有名词和动词双重含义。[1]

　　结合"屯""田"二字的含义，"屯田"既可以指军队集结、驻扎并在驻地耕种的行为，也可以指屯军耕种的土地或耕种土地的生产经营方式。学界对这一概念的解释众说纷纭，下面将以各种辞书为例简要说明。如《辞海》将其解释为："自汉朝以后，历代政府为取得军队给养或税粮，利用士兵和农民垦种的荒废田地。一般有军屯、民屯、商屯等方式。"《财经大辞典》解释为："汉以后历代政府为取得军队给养或税粮由政府直接组织经营的一种农业集体耕作制度。"[2]《人口科学辞典》解释为："中国汉代以后历代政府组织劳动力、垦种荒地或边远土地，以满足军队给养为主要目的的农业生产组织形式。分军屯，民屯两类。"[3]《中国历史辞典》解释为："西汉以来历代封建政府利用士兵或农民经营国有土地的措施。"[4]《农业大词典》解释为："汉以后历代封建王朝利用士兵、免刑罪人或招募农民垦荒种粮的一种农业生产组织形式。亦指在这种生产组织形式下耕种的土地。称为军屯、民屯或商屯。"[5]《军事大辞典》解释为："古代军队后勤保障的一种形式。古代用兵征讨，凡遇坚城大敌，则必屯田以守卫，以资军饷。屯田包括军屯、民屯、军民混合屯田。"[6]《中国农业百科全书·农业历史卷》解释为："中国古代历代政府组织军民垦耕国有土地（包括荒地）的一种生产组织形式。屯田有军屯、民屯、商屯之别。"[7]《中国经济史辞典》则解释为："西汉至明清历代政府，或为取得军队粮食供给、国家税粮，或为安置流民，恢复农业经济，用一定组织形式，利用士兵、农民劳力垦种属于国家的荒地和无主土地。屯田形式有军屯、民屯、商屯三种。"[8]

　　以上各种辞书对"屯田"一词的解释在表述上各有不同，但总的来看，

〔1〕　正因为"屯田"的"田"字本身即有"开垦""耕种"的意思，故"屯田"也被称为"屯垦"。

〔2〕　何盛明主编：《财经大辞典》（下卷），中国财政经济出版社1990年版，第1987~1988页。

〔3〕　吴忠观主编：《人口科学辞典》，西南财经大学出版社1997年版，第720~721页。

〔4〕　张作耀等主编：《中国历史辞典》（第1册），国际文化出版公司2000年版，第188~189页。

〔5〕　农业大词典编辑委员会编：《农业大词典》，中国农业出版社1998年版，第1705页。

〔6〕　熊武一等编著：《军事大辞海》（上），长城出版社2000年版，第319页。

〔7〕　中国农业百科全书总编辑委员会农业历史卷编辑委员会、中国农业百科全书编辑部编：《中国农业百科全书·农业历史卷》，农业出版社1995年版，第323~324页。

〔8〕　赵德馨主编：《中国经济史辞典》，湖北辞书出版社1990年版，第129页。

具有如下共同点：①屯田是国家直接组织的大规模农业集体耕作，是一种农业生产组织形式；②屯田的目的主要在于满足军队给养，是军队后勤保障的一种形式；③军屯、民屯系屯田的两种主要表现形式；④屯田始自汉代。关于屯田的起源，此处暂且不论。就其他几点来看，对屯田的描述是相当准确的，可以作为分析屯田含义的参照。

无论目的是供养军队，还是单纯地发展经济，屯田都是国家组织特定的群体（如军队或平民）开垦、经营国有土地的一种手段，属于土地制度的组成部分。同时，屯田大多在边地为之，自然环境恶劣，生产条件艰苦，时常受到敌对势力的破坏，劳动者的积极性往往不高。国家要维持屯田的规模和效益，必然要采用强制手段将征发的军人或平民牢牢地束缚在土地上。可以说，强制性是屯田的显著特点。因此，在前人对屯田解释基础之上，本书认为，屯田是我国古代政权组织军队或平民集中开垦并耕种国有土地，带有浓厚强制性的，以供养军队和发展经济为目的的一种特殊土地制度。

2. 营田

《说文解字》对"营"字的解释为："帀居也。"段玉裁进一步解释说："帀居谓围绕而居，如市营曰阛，军垒曰营皆是也。……引申之为经营，营治。凡有所规度皆谓之营。"与"田"搭配之时，"营"字当取后一种理解，即"经营、营治"之意。因此，"营田"从字面理解应当是"经营土地"之意。如：

> 宋江秉之为临海太守，以简约见称，卒于官。所得禄秩悉散之亲故，妻子常饥寒。人有劝其营田，秉之正色答曰："食禄之家，岂可与人竞利？"[1]

旁人献"营田"计，意图改善江秉之的生活，而江太守斥之为"与（农）人竞利"，可见，此处的"营田"指的是经营土地。又如：

> 冀州鹿城女子王阿足者，早孤无兄弟，惟姊一人。阿足初适同县李氏，未有子而夫亡。时年尚少，又多娉之，为姊年老孤寡，不能舍去，遂誓不嫁，以养其姊。每昼营田业，夜便纺绩，衣食所须，无非阿足出者。如此二十余

---

〔1〕（宋）李昉等：《太平御览·卷二六一·职官部五十九·良太守（中）》，中华书局 1960 年版，第 1224 页；（梁）沈约：《宋书·卷九二·江秉之传》，中华书局 1974 年版，第 2270 页。

年，及姊亡，葬送以礼。乡人莫不称其义行，竟令妻女求与相识，后数岁，竟终于家。[1]

节妇王阿足"每昼营田业"，独力供养其姊，其"营田业"当然是指经营土地田产。

"营田"意即经营土地田产，屯田亦属土地田产之一种，故也有"营屯田"之说。如隋制："缘边城守之地，堪垦食者，皆营屯田，署都使子使以统之。"[2]此处的"营屯田"与王阿足的"营田业"虽在组织形式等方面有显著差异，但在"经营土地田产"这一实质内容上是一致的。

可见，"营田"一词的本义，是指国家或个人等土地所有者管理、利用自己土地的行为，是行使土地所有权的表现，本身并非法律概念，也非一项法律制度。营田既可以用于指称官府管领国有土地的行为，也可以用于个人耕垦私有土地的场合。屯田作为官府直接经营管理国有土地的一种方式，显然是包含在"营田"之内的。如：

> 夫欲分兵权、存戎备、助军食，则在乎复府兵、置屯田而已。……太宗既定天下，以为兵不可去，农不可废，于是当要冲以开府，因隙地以营田。[3]

白居易前文阐述"定天下"的两大举措在于"复府兵"和"置屯田"；在回顾太宗定天下之后开府营田之举措时，又称其"因隙地以营田"，则太宗之营田即"屯田"。

唐代以后，"营田"一词也用于指称"屯田"。如：

> 唐开军府以打要冲，因隙地置营田，天下屯总九百九十二。司农寺每屯三（十）顷，州镇诸军每屯五十顷，水陆腴瘠、播植地宜与其功庸烦省、收率之多少，皆决于尚书省。[4]

---

[1] （后晋）刘昫等：《旧唐书·卷一九三·列女传》，中华书局 1975 年版，第 5144~5145 页。

[2] （唐）魏征、令狐德棻：《隋书·卷二四·食货志》，中华书局 1973 年版，第 678 页。

[3] （唐）白居易：《白氏长庆集·卷四七·策林》（文渊阁四库全书本）。

[4] （宋）欧阳修、宋祁：《新唐书·卷五三·食货三》，中华书局 1975 年版，第 1372 页。

此处，所置"营田"显然就是九百九十二处"屯田"。如果说欧阳修在修《新唐书》时将白居易"因隙地以营田"讹为"因隙地置营田"，才出现了以"营田"替代"屯田"这一说法，以下一例似乎更能说明问题。

诸屯田应用牛之处，山原川泽，土有硬软，至于耕垦用力不同。……其稻田每八十亩配牛一头，诸营田若五十顷外，更有地剩，配得丁牛者，所收斛皆准顷亩折除。[1]

联系上下文，可以发现本段中"诸营田"指的就是前文之"屯田"。

自古以来，"营田"就还包含另一种含义，即与"屯田"并列的一种土地制度。二者的一个重要区别就是："屯田以兵，营田以民"。如：

屯田因兵屯得名，则固以兵耕；营田募民耕之，而分里筑室，以居其人，略如晁错田塞之制，故以营名，其实用民而非兵也。[2]

此处，作者明确地将"屯田"与"营田"相并列，并将"固以兵耕"与"募民耕之"作为区分二者的标志。又如：

前世屯田皆在边地，使戍兵佃之，唐末，中原宿兵，所在皆置营田以耕旷土，其后又募高资户使输课佃之，户部别置官司总领，不隶州县，或丁多无役，或容庇奸盗，州县不能诘。[3]

此文中，司马光明确地指出存在一种"户部别置官司总领"的"营田"，与屯田同时存在。

由以上分析可以看出，营田的含义比较宽泛，一切经营管理土地田产的行为均可被称为"营田"，"屯田"亦可被称为"营田"，另一种与"屯田"并列的国有土地经营方式同样可被称为"营田"。鉴于"营田"的含义比较宽泛，屯田包括在营田之内，且时常被以"营田"名之，本书不对这两个概念作过多区分。本书所讨论的"屯田"，既包括名实皆为"屯田"的土地制

---

〔1〕 (唐) 杜佑：《通典·卷二·食货二·屯田》，王文锦等点校，中华书局 1988 年版，第 44 页。

〔2〕 (元) 马端临：《文献通考·卷七·田赋考》附篇，中华书局 1986 年版，第 76 页。

〔3〕 (宋) 司马光编著：《资治通鉴》卷二九一，中华书局 1956 年版，第 9488 页。

度，也包括名为"营田"、实为"屯田"的土地经营方式，只要是以国家的名义组织的、具有强制性的集体耕垦、经营土地田产的行为，均在本书"屯田"研究范围之内。

### （二）屯田法制

"法制"一词古已有之，但古今法制的内涵有显著差异。在通常情况下，对"法制"的理解可从以下两个方面进行：一是泛指国家通过一定的程序颁布的法律和制度，以及这些法律和制度在社会实践中的实施；二是特指统治阶级按照民主原则把国家事务制度化、法律化，并严格依法进行管理的一种方式。

前一种意义的"法制"我国自古就有。这种意义上的法制反对的是擅断，强调设范立制，使民众及统治者有所遵循，但君主不在受约束的范围之内。后一种意义上的"法制"建立在民主政治的基础之上，是近代的产物。它强调的是通过民主程序制定出法律制度，并通过法律制度的实施来保障和实现民主。唐代法制当然无法达到这一层次。

从字面来看，"法制"包含"法"与"制"两个方面的内容。在中国法制史的研究中，这两个方面的关系决定了研究的对象范围，陈顾远先生对此有过经典的论述：

> 治中国法制史之学者，遂有两派之分。一则以制统法，纵不然，亦认为法自法，制自制，故对于中国法制史之范围，不仅限于法律一端，举凡典章文物刑政教化，莫不为其对象：是为广义的中国法制史。一则以法统制，纵不然，亦认为法制即刑法之谓，故对于中国法制史之范围，只以法律上之制度为限，举凡制之不入于法者，换言之，制之无关于刑狱律令者，皆除于外：是为狭义的中国法制史。[1]

在其看来，"以制统法"的"法制"观将法律与未上升为国家法律的"典章文物刑政教化"均包罗在内，称为广义的"法制"；而"以法统制"的"法制"观则仅将"制"之"入于法者"纳入研究的视野，"制"之无关于"刑狱律令者"，皆予以摒弃，此为狭义的"法制"。陈先生接着指出他所坚

---

〔1〕　陈顾远：《中国法制史》，商务印书馆 1934 年版，第 2~3 页。

持的是广义的"法制"观:

> 及现代之法理、政理而言，制度之条文固可曰法，制度之见诸明令、为众所守，虽未定于律、入于刑者又何尝非法；即认为以法统制，亦应两者并举，不能以狱讼为限，故愚从广义焉。[1]

本书亦赞同广义的"法制"观，认为法律及未经立法程序上升为法律，但在实际社会生活中起着规范、约束、指导人们行为等作用的规则都可被称为"法制"。

基于对"法制"一词的解释，"屯田法制"指的是与屯田有关的一切法律和制度，无论其表现形式是否为成文法典。

就唐代法律体系而言，"律令格式"当然是其主要内容，四者相互配合，共同构成一个完整的系统。"凡律以正刑定罪，令以设范立制，格以禁违止邪，式以轨物程事。"[2]宋人也说："令者，尊卑贵贱之等数，国家之制度也；格者，百官有司之所常行之事也；式者，其所常守之法也。凡邦国之政，必从事于此三者，其有所违及人之为恶而入于罪戾者，一断以律。"[3]唐代屯田法制的主要法律渊源即律、令、格、式。中唐以后，唐代基本上停止了对律、令、格、式的大规模修订，转而以编纂"格后敕"为主。因此，将唐代屯田法制的渊源局限于律令格式是不全面的。本书在探讨唐代屯田法制时，以律令格式为主，同时兼及诏敕中的相关屯田规范。

---

〔1〕 陈顾远：《中国法制史》，商务印书馆 1934 年版，第 3 页。

〔2〕 （唐）李林甫等：《唐六典·卷六·刑部尚书》，陈仲夫点校，中华书局 1992 年版，第 185 页。

〔3〕 （宋）欧阳修、宋祁：《新唐书·卷五十六·刑法志》，中华书局 1975 年版，第 1407 页。

第一章

# 唐代以前的屯田法制

屯田作为一种历史现象，有一个产生、发展并不断完善的过程。作为国家组织军队或平民在国有土地上进行的集体生产活动，它在唐代之前就已经产生并得到了一定程度的发展。唐代与之前的朝代虽有世系的划分，但并非割裂的、分离的存在。唐代屯田实践及屯田法制都建立在前代屯田基础之上，深受其影响。因此，研究唐代屯田法制有必要对前代屯田及其法律制度进行简要回顾。

## 第一节　屯田的起源

### 一、古代史家的观点

古代史家一般认为屯田起源于汉代，但具体年限尚存争议。正如杨际平所言："屯田始于西汉，古今史家无异词。但屯田始于西汉何时，各家就诸说纷纭。"[1]

杜佑的《通典》论及屯田，篇目以"汉、魏、晋、东晋、齐、后魏、北齐、隋、大唐"为名。正文开篇即称："汉昭帝始元二年，诏发习战射士诣朔方，调故吏将屯田张掖郡。"[2]可见，其认为屯田始于汉昭帝始元二年（公元前85年）。

宋人徐天麟认为屯田起源于汉文帝采纳晁错建议"募民徙塞下"。[3]汉文帝前元十一年（公元前169年），"太子家令颍川晁错上言兵事"，建议文帝募

---

〔1〕 杨际平："西汉屯田的几个问题"，载《中国社会经济史研究》1991年第4期，第8页。

〔2〕 （唐）杜佑：《通典·卷二·食货二·屯田》，王文锦等点校，中华书局1988年版，第40页。

〔3〕 （宋）徐天麟：《西汉会要·卷五九·兵·屯田》，上海人民出版社1977年版，第673页。

民至边塞，"使远方无屯戍之事"，塞下之民"无系虏之患"〔1〕。徐天麟所言即"晁错上言兵事"被采纳之事。

《册府元龟》探讨屯田时称："夫千里馈粮，士有饥色；樵苏后爨，师不宿饱。屯田之利，由是兴矣！自汉武创制，置吏卒五六万人；……魏、晋而下，无代无之。"〔2〕编者将汉武帝"置吏卒五六万人"屯田戍边作为古代屯田的起源。元狩四年（公元前119年），武帝命卫青、霍去病率十万大军出击匈奴，大获全胜。"汉渡河自朔方以西至令居，往往通渠，置田官，吏卒五六万人，稍蚕食匈奴以北……"〔3〕"置吏卒五六万人"即元狩四年（公元前119年）事，王钦若将其作为屯田之始。

宋人王应麟认为"汉文帝募民耕塞下已有屯田之说，武帝屯渠犂始有屯田之规，成于昭、宣，广于魏、晋，而极盛于唐"〔4〕。将屯田的行为与屯田法制分别定位于文帝"募民徙塞下"和"武帝屯渠犂"，其对屯田起源时间的认识与徐天麟基本一致。

马端临所撰的《文献通考》称："屯田所以省馈饷，因农为兵，而起于汉昭宣之时。"将"汉昭宣之时"作为屯田的起点，时间界限似比较模糊。但第七卷开篇写道："汉昭帝始元二年，发习战射士，调故吏将屯田张掖郡。"〔5〕可见，其与杜佑观点一致。

宋濂所撰的《元史》称："屯田：古者寓兵于农，汉、魏而下，始置屯田为守边之计。有国者善用其法，则亦养兵息民之要道也。"〔6〕对屯田起源的描述，仅一个"汉"字而已。

邱浚所撰的《大学衍义补》："汉文（帝）从晁错言，募民徙塞下。……臣按：此后世言屯耕边塞之始。"〔7〕将汉文帝"募民徙塞下"作为边地屯田

---

〔1〕（宋）司马光编著：《资治通鉴》卷一五，中华书局1956年版，第489页。

〔2〕《册府元龟·卷五〇三·邦计部·屯田》（文渊阁四库全书本）。

〔3〕（宋）司马光编著：《资治通鉴》卷一九，中华书局1956年版，第645页。

〔4〕（宋）王应麟辑：《玉海·卷一七七·食货·屯田》（影印宋元刊本），江苏古籍出版社、上海书店1987年版，第3343页。

〔5〕（元）马端临：《文献通考·卷七·田赋考七·屯田》，中华书局1986年版，第73页。

〔6〕（明）宋濂：《元史·卷九八·兵志三》，中华书局1976年版，第2558页。

〔7〕（明）邱浚：《大学衍义补·卷三五·屯营之田》，林冠群、周济夫校点，京华出版社1999年版，第317页。

的起源。

陈梦雷所编纂的《古今图书集成·屯田部》开篇即言："文帝前元十一年，募民耕塞下。"[1]编者也将文帝"募民徙塞下"作为古代屯田之始。

可见，古代史家基本一致认为屯田起源于汉代，但在具体时限上有不同的说法，除去模糊不清的"汉""汉昭宣之时"外，大致有三种观点：即汉文帝前元十一年（公元前169年）"募民徙塞下"说、汉武帝元狩四年（公元前119年）"置吏卒五六万人"屯田朔方至令居说、汉昭帝始元二年（公元前85年）"发习战射士诣朔方"说。

### 二、近现代学者的观点

（一）民国时期学者的观点

张君约《历代屯田考》、唐启宇《历代屯垦研究》是民国时期研究屯田的重要成果，对屯田的起源有直接或间接的阐述。张君约认为：

"……其时（秦）虽不须糜款以养坐食之兵，惟转师饭饷，亦极劳费。故刘敬晁错建徙民实边，常居田作以备胡寇之策。是后世言屯田之所由昉也。"

"武帝破匈奴，自朔方以西，至令居，置田官吏卒五六万人。又置张掖酒泉郡，而上郡西河等处开田官，斥塞卒六十万戍田之。是为用兵耕种之始。"

"及破大宛，又置田卒于敦煌以西，至轮台渠犁。其后桑弘羊请屯田轮台以东，始有屯田之名。"[2]

屯田的起源被分为三个层次——屯田之议、军屯之举、屯田之名。张君约认为，屯田之议"创自晁错，意在实边"[3]，但同时指出早在高祖时期刘敬即曾提出类似建议[4]。军屯之举，始自汉武帝置田官吏卒五六万人屯田朔方至令居。屯田之名，始自桑弘羊奏请屯田轮台以东[5]。据《汉书·西域

---

[1]　（清）陈梦雷编纂：《古今图书集成·经济汇编·卷二四一·戎政典·屯田部汇考一》（影印本），中华书局2011年版。

[2]　张君约：《历代屯田考》，商务印书馆1939年版，第3~4页。

[3]　张君约：《历代屯田考》，商务印书馆1939年版，附录第2页。

[4]　张君约：《历代屯田考》，商务印书馆1939年版，第44页。

[5]　（汉）班固：《汉书·卷九六·西域传》，中华书局1962年版，第3912页。

传》载，桑弘羊上奏是在征和四年（公元前89年），故屯田之议、军屯之举、屯田之名分别始于公元前201年、公元前119年和公元前89年。从作者的论述来看，"军屯之举"才是实质意义上的屯田起源，即屯田始于汉武帝元狩四年（公元前119年）。

唐启宇对屯田的起源问题没有作出明确的回答。其在《绪论》部分指出："屯垦制度为最有效之兵农制度，其创立亦为我国之一最大发明。自汉迄清，其内容日见充实，其效用日见显著。"[1]似表明屯垦制度起源于汉代。但第一章"屯垦制度之起源、意义及演进"部分却作出了不同阐述。该章第一节以匈奴对北部边防的威胁作为屯垦起源的背景，历数秦代、汉初匈奴对边境的侵扰，并对和、守、战三种应对之策逐一评析。"欲建一巩固而有效之国防，舍树立据□耕屯兼务，自战其地而谁与归？屯垦制度之起源，盖亦出于不得已也。"[2]此节将屯垦起源的背景上溯至秦代。第三节阐述屯垦制度演进，再次将秦汉作为起点。如在论述"由民屯而兵屯而犯屯而商屯"时，作者指出：

秦汉时徙民实边之事屡见。"秦以谪戍民五十万人守五岭，与越杂处。"又"以谪戍民实河南地"。其戍役有定期，及期而更，虽无民屯之名，而有暂居之实。及"汉文帝募民徙塞下，为备屋庐田器予衣食"，则易暂居而为常居矣，此一转变也。自"汉武帝之募民十万徙朔方"，"发徙民充实酒泉"，至"自朔方以西至令居置田官吏卒五六万人"，则由民屯而启兵屯，此一增益也。[3]

作者意在说明，屯田的第一种形式为"民屯"，萌芽于秦以谪戍民"守五岭""实河南地"，正式确立于汉文帝"募民徙塞下"。可见，唐启宇认为屯田的起源可以追溯到秦代。

（二）中华人民共和国成立后学术界的观点

1. 屯田起源于先秦时期

（1）有关西周"军事屯田制"的辩难

20世纪60年代，于省吾撰文否定了屯田起源于汉代昭宣之世的一贯说

---

〔1〕 唐启宇：《历代屯垦研究》（上册），正中书局1944年版，"绪论"。

〔2〕 唐启宇：《历代屯垦研究》（上册），正中书局1944年版，第5页。

〔3〕 唐启宇：《历代屯垦研究》（上册），正中书局1944年版，第9页。

法，认为应该把它提早到西周时代。他在《略论西周金文中的"六𠂤"和"八𠂤"及其屯田制》[1]中通过对西周金文中"六𠂤"和"八𠂤"所设"冢司土"等职官的考察，认为"这是我国历史上最初的军事屯田制"。在论证过程中，作者"大胆假设"的一面较为明显——由于史料不足，作者在多个环节进行了推论，在结论的归纳上比较谨慎。

不久，杨宽撰文对于省吾的观点进行商榷。在《论西周金文中的"六𠂤""八𠂤"和乡遂制度的关系》[2]中，杨宽认为"六𠂤""八𠂤"与乡遂制度有关，并非军事屯田制。作者指出，西周时期实行乡遂制度，天子之军，取之六乡，同时还征发六遂居民服劳役。"六乡"中的"国人"或"士"平时并不脱离农业生产，也未脱离乡邑组织，即"军队编制和乡邑组织是相结合的"[3]。基于此，在"六𠂤""八𠂤"等军队组织中需要设置"冢司土"等官职，以管理关涉土地和徒役之事，"不能仅仅根据'六𠂤''八𠂤'设有掌管土地和农业的官，就说当时已实行军事屯田制"。

次年，于省吾先生撰文对杨宽的观点进行了反驳，否认西周时代有乡遂制度，仍然坚持"六𠂤""八𠂤"是"以兵营田"的屯田制性质[4]。杨宽以《费誓》为依据，认为西周初期已有乡遂制度。于省吾对《费誓》的文章风格进行了探讨，认为它是春秋时代的作品。以春秋时代的作品证明西周初期即存在乡遂制度，"这种说法实在难以成立"。既然没有充足的证据证明西周初期就有乡遂制度，当然很难说"六𠂤""八𠂤"与乡遂制度有关，从而将杨宽的质疑予以化解。

之后，杨宽再次撰文论证自己的观点[5]，认为于省吾的观点不全面——"六𠂤""八𠂤"是对内镇压奴隶反抗和对外掠夺的暴力工具，与西汉时期的屯

---

[1]　于省吾："略论西周金文中的'六𠂤'和'八𠂤'及其屯田制"，载《考古》1964年第3期，第152~155页。

[2]　杨宽："论西周金文中的'六𠂤''八𠂤'和乡遂制度的关系"，载《考古》1964年第8期，第414~419页。

[3]　杨宽："论西周金文中的'六𠂤''八𠂤'和乡遂制度的关系"，载《考古》1964年第8期，第418页。

[4]　于省吾："关于《论西周金文中六𠂤八𠂤和乡遂制度的关系》一文的意见"，载《考古》1965年第3期，第131~133页。

[5]　杨宽："再论西周金文中'六𠂤'和'八𠂤'的性质"，载《考古》1965年第10期，第525~528页。

田兵"性质显然不同"。杨宽重申了前一篇文章的观点，并对于省吾立论的基础——"成周八皀"的"屯田"地点进行了质疑[1]，认为"成周八皀"不可能既常驻东都，又在地旷人稀地区从事屯田。

上述论战反映出了两位学者对屯田起源的不同观点：于省吾坚持的西周即已出现军事屯田说[2]，及杨宽赞同的典籍所持的"屯田起源于汉昭宣之际"说。

（2）屯田起源于先秦说

马值杰认为屯田制度起源于汉代以前，大约为战国之时。"屯田制度固完善于曹魏，其渊源尚可追溯到汉代以前。我先民自古即注重农事，操国柄者皆知战胜或御敌，都离不开军粮供应。故晁错《论贵粟疏》引神农之教曰：'有石城十仞、汤池百步、带甲百万，而亡粟，弗能守也。''神农'虽非真有其人，但假托者至少亦为战国时人，则可相信。"[3]此论虽有一定道理，但由于文献不足征，只能算是推测。

李宝通认为："若不拘泥于其名而探究其实，中国古代屯田之起源似可溯自先秦，而秦虽未认真实行但可行性始终存在。若作一较为大胆但不失合理性之推测，那么，自进入阶级社会，确切地说，自有国家机器以来，随着战争尤其是边境战事的开展，势必存在与后世相仿的'转输劳弊'问题，这一问题因当时生产力水平低下而更形严重，因地制宜开展屯垦，应在情理之中。"[4]可见，屯田可能产生得非常久远，"自有国家机器以来，随着战争尤

---

　　〔1〕　杨宽："再论西周金文中'六皀'和'八皀'的性质"，载《考古》1965年第10期，第525页。

　　〔2〕　于省吾先生的观点似乎应当概括为"西周时已出现军事屯田制"，而非"屯田起源于西周"，因为于先生在另一篇论文中提出"农田垦殖"起源于商代的观点。"垦殖对于我国古代农业的发展关系很重要，据典籍所载，垦田始见于《国语·周语》，今验之于甲骨文，则商代武丁时期已经有了农田垦殖。商代的统治阶级为了扩大生产，集中财富，在农业方面，除去大令众人□田和籍田外，又派遣他的爪牙率领众人到远方异域，经年累月地从事艰苦的劳役，对劳动人民进行压迫和剥削。"（见于省吾："从甲骨文看商代的农田垦殖"，载《考古》1972年第4期，第40~45页。）虽然该文并未明言"屯田起源于商代"，但文中可以看出商代农田垦殖已具备屯田的两大根本属性：国家直接组织民众从事劳动、大规模地开垦耕种国有土地，似乎已有屯田起源于商代之意。朱和平则直接将于省吾先生的观点概括为"于省吾先生认为屯田始于商代"。朱和平："汉代民屯说"注1，载《农业考古》2004年第1期，第63页。

　　〔3〕　马植杰：《三国史》，人民出版社1993年版，第206页。

　　〔4〕　李宝通：《唐代屯田研究》，甘肃人民出版社2001年版，第4~5页。

其是边境战事的开展"，屯田即有产生的必要与可能。同样，由于缺乏足够的文献资料支持，只能大致推断。

2. 屯田起源于秦代

方英楷认为"我国屯垦开始于秦朝"[1]，"历史上赫赫有名的秦始皇嬴政"，首创我国古代的屯垦事业[2]。他认为，秦始皇在位时曾实施过三次屯垦戍边活动：

秦始皇三十三年（公元前214年），派大将蒙恬"西北斥逐匈奴。自榆中并河以东，属之阴山，以为三十四县，城河上为塞。又使蒙恬渡河取高阙、陶山、北假中，筑亭障以逐戎人。徙谪，实之初县"。

"三十三年，发诸尝逋亡人、赘婿、贾人，略取陆梁地，为桂林、象郡、南海，以适遣戍。"

秦始皇三十六年（公元前211年），"迁北河、榆中三万家，拜爵一级"。[3]

方英楷以主父偃对蒙恬率军在河套地区开发边地的肯定[4]为基础，认为秦始皇的上述三次"徙""迁"行为是为了保卫边疆，由国家组织军民，在国有荒地上集体进行的农垦活动，实质上就是古代的屯田[5]，从而提出屯田始于秦代之说。

刘继光也认为屯田起源于秦代，但认为并非始于始皇发诏徙谪百姓、刑徒至边地屯戍，而是早在孝公任用商鞅变法之时即已奠定屯田的思想，并开始付诸实施[6]。

李书卷等人称："中国的屯垦从秦朝算起，至今经历了两千多年的时间……"[7]，也认为屯田始自秦朝。

---

〔1〕　方英楷：《新疆屯垦史》，新疆青少年出版社1989年版，第38页。

〔2〕　方英楷："秦始皇首创屯垦事业"，载《新疆农垦科技》1987年第4期，第47~48页。

〔3〕　引文均出自（汉）司马迁：《史记·卷六·秦始皇本纪》，中华书局1959年版，第253~259页。

〔4〕　"偃盛言朔方地肥饶，外阻河，蒙恬城之以逐匈奴，内省转输戍漕，广中国，灭胡之本也。"（汉）司马迁：《史记·卷一一二·平津侯主父列传》，中华书局1963年版，第2961页。

〔5〕　方英楷："秦始皇首创屯垦事业"，载《新疆农垦科技》1987年第4期，第47页。

〔6〕　刘继光：《中国历代屯垦经济研究》，团结出版社1991年版，第30~31页。

〔7〕　李书卷主编：《毛泽东屯垦思想研究》，新疆人民出版社2000年版，第65页。

刘光华对此持不同看法。他在《论"徙民实边"不是屯田》[1]一文中以建安时期的曹魏屯田为例,总结出了民屯的两大特点——不同于郡县的田官管理系统、分成租制的经济剥削,并以此为标准认定秦始皇三十三年(公元前214年)、三十六年(公元前211年)、汉文帝前元十一年(公元前169年)的"徙民实边"并非民屯(更非军屯),并最终否定了其屯田属性。

3. 屯田起源于西汉

屯田起源于西汉的观点,不仅是古代史家的通说,也是当代学界的主流观点。前文在讨论"屯田"含义时引述过诸多辞典的解释,从中可以看出,几乎所有的辞典都将西汉作为解说屯田的起点。

细究起来,学界对屯田起源于西汉的具体年代仍存争议,一如古代史家的分歧。如田方、陈一筠认为"屯垦始于汉文帝时期"[2],以"募民徙塞下"为起点。张泽咸认为"汉武帝元狩四年(公元前119年),击败匈奴后,在国土西陲进行大规模屯田,以给养边防军"[3]的边防屯田是屯田之始。在《历代屯田概论》中,张先生虽未明言屯田的起源,但在论及屯田的"发展概况"和"规模"时,皆以汉武帝故事为先。[4]张印栋认为屯田"产生于汉武帝时期"[5],是当时社会经济、政治和军事发展到一定阶段的产物。杨际平在《关于西汉屯田的几个问题》一文中将"屯田的初始"定位于"元狩四年(公元前119年)以后于朔方至令居一带的屯田"[6]。可见,屯田起源于西汉虽系通说,但仍存诸多分歧。

4. 其他观点

近年来,有学者重新审视屯田的含义之后,提出关于屯田起源的新观点。董建勇在《中国古代屯田起源探析》中指出:"屯田是我国古代国家政府实施的一项包括政治、经济、军事等方面综合性的特殊政策","它萌芽于我国的

---

〔1〕 刘光华:"论'徙民实边'不是屯田",载《兰州大学学报(社会科学版)》1987年第1期,第50~57页。

〔2〕 田方、陈一筠主编:《中国移民史略》,知识出版社1986年版,第1~2页。

〔3〕 张泽咸:《历代屯田概论》,中华书局2008年版,第247~248页。

〔4〕 《历代屯田概论》精简自作者为《中国大百科全书》所撰写的词条,详细内容见张泽咸:《晋唐史论集》,中华书局2008年版,第249页。

〔5〕 张印栋:《屯田史话》,中国大百科全书出版社2000年版,第1页。

〔6〕 杨际平:"西汉屯田的几个问题",载《中国社会经济史研究》1991年第4期,第8页。

原始社会末期、奴隶社会之初，兴起于战国时代，发展于秦汉，在西汉武帝时期已经较为完备，到三国时期又有新的发展，并一直沿袭到明清"。[1]作者提出这一新观点，是基于对屯田的含义和基本因素的重新理解。他认为屯田是一种特殊政策，由政府聚集和组织一定数量和规模的劳力进行开垦和耕种田地。该政策的实施需具备政治、经济、军事三方面的因素，并需以郡县制的确立作为基础。

张积博士对屯田的起源也有独特的看法。在论及蒙恬北逐匈奴时，根据主父偃对蒙恬徙民开发边地的评价，提出"似乎蒙恬当时修筑了朔方城，就已经开始了屯田活动"，对秦代已出现屯田持谨慎的肯定态度。随后，笔锋一转，认为晁错的"移民实边"战略及文帝对其建议的采纳"与真正的屯田制度尚有一些区别"[2]，即主体存在显著差异；并指出，"汉代真正的屯田活动，是从汉武帝时期卫青、霍去病率军大规模反击匈奴开始的"。可见，张积博士在一定程度上肯定了秦代"徙民实边"的屯田性质，但又完全否定汉代"徙民实边"的屯田性质，与前引诸家观点均有一定的差异。

### 三、本书的基本观点

#### （一）屯田的主要特征是判断屯田起源的标准

学界对屯田起源的不同观点，缘于对屯田概念的不同理解。在阐述起源之前，学者们通常先解释屯田的含义，归纳屯田的特点或基本要素，以此为标准来阐明自己的观点。

李宝通在阐述屯田的定义时，先指出"屯田应以国有土地、严密组织、自成系统、政府资助、高额榨取这五项为基本特征"。在此基础上，他认为："屯田的定义似可表述为：'我国古代国家政权将生产者严密组织于国有土地之上以榨取高额租赋的土地经营方式。'"[3]从而认为，若不拘泥于屯田之名而探究其实，则屯田似可溯自先秦，秦代虽未认真实行但可行性始终存在。

杨际平在分析"屯田的创始年代"时，先概括出屯田的四个特点：其一，

---

〔1〕董建勇："中国古代屯田起源探析"，载《石河子大学学报（哲学社会科学版）》2007年第2期，第32页。

〔2〕蒲坚主编：《中国历代土地资源法制研究》，北京大学出版社2006年版，第108页。

〔3〕李宝通：《唐代屯田研究》，甘肃人民出版社2001年版，前言第3页。

屯田的土地所有权属于政府，屯田兵民充其量只有土地的使用权，而无所有权；其二，屯田兵民的组织形式，一般采取军事编制或准军事编制，不同于一般的编户齐民；其三，政府取之于屯田的，不是作为国税的田租地税，而是封建地租，或者是政府统收统支；其四，屯田的田土与劳力一般都比较集中。[1]以此为标准，杨际平认为秦汉的募民实边既无特殊组织体系，也不征收封建地租，故将其排除在屯田之外。

刘光华在分析"徙民实边"是否为民屯时的思路与杨际平基本相同，先从建安时期的曹魏屯田中总结出民屯的两大特点：其一，民屯是由与郡县行政管理系统平行的田官系统管理的，其主管官员均有军衔；其二，屯田民是"专以农桑为业"的，因之其所受剥削仅仅是分成租制，其他征戍杂役一概豁免。[2]以此为标准，刘光华得出与杨际平基本一致的结论："徙民实边不是屯田"，从而排除了屯田起源于汉武帝之前的可能性。

张印栋将屯田的特点概括为五个方面：其一，屯田是有组织的行为；其二，屯田基本上是有计划的行为；其三，一般说来，历代政府开办屯田往往是强制军队或农民进行；其四，政府一般供给屯田劳动者土地、耕牛、家具、种子等，但征收的屯租往往比民田重；其五，屯田有其落后性。[3]论者以此为标准，认定屯田起源于汉武帝时期。

可见，厘清屯田起源于何时，需要准确理解屯田的含义与特点。对屯田的理解可从两个角度切入：一是其字面含义；二是历代屯田的共同特征。

从字面上看，屯田是"组织数量众多的劳动力大规模地集体耕种田地"的意思。理解这一含义需注意以下要素：其一，屯田法律关系的双方主体即组织者与被组织者，具有不同的特定身份。从历代屯田实践来看，组织屯田往往需要投入大量的财力、物力。无论以强迫的手段迁徙民众从事屯垦，还是以招募的方式开展屯田，都需要雄厚的政治、经济或军事实力作后盾。在古代政权体系中，拥有这种实力的主体通常是官府，既可体现为最高统治者，亦可体现为手握实权、奉行最高统治者政令的地方官员；在特定历史时期，

---

〔1〕 杨际平："西汉屯田的几个问题"，载《中国社会经济史研究》1991年第4期，第8页。

〔2〕 刘光华："论'徙民实边'不是屯田"，载《兰州大学学报（社会科学版）》1987年第1期，第52页。

〔3〕 张印栋：《屯田史话》，中国大百科全书出版社2000年版，第2页。

也可能是雄霸一方的诸侯或军事割据集团[1]。被组织者则呈现出多元化的特征，既可以是普通编户齐民，也可以是军队士卒，还可以是徒流罪因。可见，屯田的组织者有身份上的限制——国家或地方诸侯，而被组织者为个人，且士兵、平民、罪因都可能成为屯田的劳动力。其二，屯田的规模——屯田人数众多，耕垦土地面积较大，投入生产资料较多。"屯"有聚集之意，自然从事劳动的人数较多，随之带来的就是大片土地的耕垦和大量生产工具、种子等物资的使用，客观上与以"户"为单位的小农生产存在显著区别。在某些特殊情况下，屯田人数较少、规模很小，如唐代烽铺屯田。这种特例应当被纳入研究视野，但不应成为总结、归纳屯田基本特征的依据。其三，屯田土地的性质——国有。既然屯田规模较大，那么当然需要大片土地予以承载，小农所掌握的分散地块难以承担如此重任。历史上，置屯的土地主要有以下几种形式：①通过军事征战取得的土地。如汉武帝元狩四年（公元前119年）大破匈奴后，"渡河自朔方以西至令居，往往通渠，置田官，吏卒五六万人"进行屯田，是以"杀虏匈奴合八九万"，"匈奴远遁，而幕南无王庭"为前提条件的。这种通过征战方式获得的土地，属于国家所有。②已在国家掌控范围之内的荒地。"其旧屯重置者，一依承前封疆为定。新置者，并取荒闲无籍广占之地"[2]，荒地一直是古代置屯的首选。③贫民流徙形成的荒闲无主田土。如"三国时，江淮为战争之地，其间不居者各数百里，此诸县并在江北淮南，虚其地无复民户"[3]；"淮南滨江屯侯皆撤兵远徙，徐、泗、江、淮地不居者各数百里"[4]。江淮之间因常年争战，民户逃散，土地荒闲，孙吴政权正是在这些无主田地上设立军屯对抗曹操的。南宋时期，两淮、荆襄和川陕是宋金对峙的沿边战略要地。由于多年战争的直接破坏，已是满目疮痍。南宋政府在此地组织军队且耕且守，利用的也是大量无主荒闲土地。国家通过对无主土地事实上的处置将其国有化，重新加以利用，"无主"的状况得以改变，重新成为"国有土地"。正如古人所说："往者以民各有累世之业，难

---

〔1〕　如三国时期，曹操"挟天子以令诸侯"，与之鼎立的孙权、刘备集团均组织民众实施屯田。但很显然，孙刘集团的屯田是无法冠以"东汉屯田"的，曹操本人组织的屯田亦然。

〔2〕　[日] 仁井田陞：《唐令拾遗》，栗劲等编译，长春出版社1989年版，第584页。

〔3〕　（梁）沈约：《宋书·卷三五·州郡志》，中华书局1974年版。

〔4〕　（晋）陈寿：《三国志·卷五一·吴书·孙韶传》，陈乃乾点校，中华书局1982年版，第1216页。

中夺之，是以至今。今承大乱之后，民人分散，土业无主，皆为公田。"〔1〕

前述诸多学者对屯田定义的概括多强调屯田组织和屯田剥削的特殊性，这些无疑是屯田区别于其他土地经营方式的一个重要特征，概括屯田的含义时应将其纳入。另有学者将屯田视为军事制度的一个组成部分，认为屯田"是军队实行劳武结合、保障军实、巩固边防的一种重要措施"〔2〕。本书认为，这种观点失之偏颇。屯田的确为巩固边防做出过重大贡献，至今仍在保卫边疆、建设边疆方面发挥着举足轻重的作用〔3〕。在汉唐明清等大一统时期，屯田是解决军队给养，长期坚守边防的重要举措。但不能因此将屯田单纯地视作军事后勤保障制度的组成部分。屯田包括军屯和民屯已是学界通行的观点，民屯则很难说属于"军队劳武结合"的一种重要措施，其目的并非全在为戍边军队提供给养。如曹操在许下的民屯，唐宋时期在内地的屯田，参与者并非士卒而是流民；目的也不全在供军，还包括恢复生产、发展经济，增加政府的财政收入等。如果将屯田定位于一种军事措施，则难以涵盖为数众多、影响深远的民屯。

本书认为，屯田是一种以国有土地为劳动对象的生产组织形式，受到国家一系列法律和制度的规范，与其他土地法律规范共同构成古代中国的土地制度。由此观之，屯田是国家直接组织大量劳动力，通过大规模的集体劳动耕种国有土地的生产经营方式。屯田带有人身束缚性，通常表现为特殊的组织形式和特定的剥削方式。屯田既指代经营、管理、耕种国有土地的行为，也可指代被耕种的土地以及国家为规范相关行为而颁布的法律和制度。在这一理解中，大规模集体劳动、耕种国有土地来源于屯田的字面意义，而其强制性、特殊的组织性及不同的剥削方式则是对屯田历史实践的总结。有必要指出的是，屯田通常采用"军事编制或准军事编制"，民屯至曹魏时采用"由与郡县行政管理系统平等的田官系统"的特殊组织形式，但是这些特殊组织形式有一个发生、发展并日益成熟的过程。因此，在讨论屯田起源时，不能以后世完备的体制去苛求古人，不能对屯田起源时的组织形式作过高要求。

---

〔1〕（晋）陈寿：《三国志·卷一五·司马朗传》，陈乃乾点校，中华书局 1982 年版，第 467~468 页。

〔2〕 欧阳国华：《新屯田制与屯海制论》，军事科学出版社 2004 年版，第 2 页。

〔3〕 新疆生产建设兵团的屯垦戍边，对维护新疆乃至整个西北地区的稳定、发展新疆经济就起着至关重要的作用。

（二）屯田起源于秦代

屯田是一项特殊的土地制度，其经营方式与普通农业劳动不同。它突破了一家一户"男耕女织"的小农生产模式，代之以国家直接经营、管理的"集约化"农业生产方式。屯田通常实施于条件艰苦、环境恶劣之地，国家剥削程度比较高，若没有一定的强制措施，劳动者将很快逃亡。集约化、强制性可以说是屯田的最本质特征。从这个角度看，屯田起源于秦代，发展于西汉。

第一，西周军事屯田制的观点有一定的合理性，但由于文献不足，"六自""八自"所设官职与乡遂制度关系的观点尚无确论，故以西周为屯田起始之时尚有待进一步研究。倘若"六自""八自"中的"冢司土"等官职的确与乡遂制度有关，则其劳动方式并未超越当时的主流，农业生产的规模化无法得到体现。虽然士卒也是平时为农、战时从征，但称之为屯田尚有不足。

第二，秦代的"徙民实边"已具备屯田的主要特征。秦始皇二十六年（公元前221年），初并天下，即"徙天下豪杰于咸阳十二万户"[1]。虽然史籍没有提到这十二万户到咸阳后从事过农业开发，但从当时的社会经济结构以及秦始皇信奉的法家重农思想来看，这十余万户"豪杰"是无法坐享其成的。秦始皇二十八年（公元前219年），"乃徙黔首三万户琅琊台下，复十二岁……"[2]胡三省认为，秦始皇此举有迁都之意。[3]琅琊是一个海滨小镇，作为都城尚需大力开发，秦始皇对迁徙的民众免除十二年的赋税当有劝勉开发之意。有学者指出，秦始皇迁徙三万户农民至此的主要目的就是进行垦殖。[4]如此说来，似乎也可将此次迁徙民众的行为视为屯田之举。

虽然秦始皇二十六年（公元前221年）徙十万户豪杰于咸阳一事由于文献资料的不足而无法认定被徙豪杰被组织起来从事大规模农业生产，但秦始皇二十八年（公元前219年），"徙黔首三万户琅琊台下"进行垦殖，就是利用国家强制力组织大量民众开垦荒闲土地。无论是否系为日后迁都作准备，农业劳动的集约化与强制性都体现得比较明显，称之为屯田已无不可。秦始皇

---

〔1〕（汉）司马迁：《史记·卷六·秦始皇本纪》，中华书局1959年版，第239页。

〔2〕（汉）司马迁：《史记·卷六·秦始皇本纪》，中华书局1959年版，第244页。

〔3〕（宋）司马光编著：《资治通鉴》卷七，中华书局1956年版，第239页。

〔4〕闫土："屯田：两千年农地规模开发（上）——中国土地文化系列之四"，载《中国土地》1999年第6期，第44页。

三十三年（公元前 214 年）、三十六年（公元前 211 年）发"七科谪"南北戍边时，这种特征体现得就更为明显了。虽然这一时期到文帝前元十一年（公元前 169 年）"募民徙塞下"，在组织和剥削方式上与后世屯田略有不同，但这完全有可能是屯田诞生之初制度不完备的表现，不能据此否定其屯田的本质。

第三，虽然"屯田"一词始见于《汉书》言武帝时屯田渠犁事[1]，但这一用法也只是史家众多说法之一。《汉书》乃班彪父子"采其旧事，旁贯异闻"，"为《史记》作后传"的结果，其所记之内容虽为信史，但也只能充分说明武帝时已有屯田，不能就此认为屯田始于此时。若此前无"屯田"之名但有屯田之实，与《汉书》的记载也并不矛盾。

## 第二节　唐代以前的屯田法制

### 一、秦汉时期屯田法制

（一）秦代屯田实践及其法制

1. 秦代屯田实践

秦代屯田实践主要体现为迁徙民众到边地屯垦。前文已有所涉及，现简要概括如下：

秦始皇二十六年（公元前 221 年），"徙天下豪富于咸阳十二万户"[2]，另一部分迁到巴蜀等地。秦始皇此举意在打击六国旧贵族势力，使之脱离旧有控制范围，消除中央集权统治的障碍，实现政治稳定。这一举措从客观上大大增加了咸阳及巴蜀等地的劳动力，提高了当地的农业技术，发展了农业经济。

二十八年（公元前 219 年），秦始皇"乃徙黔首三万户琅琊台下，复十二岁"。[3]有学者认为，这就是"民屯的萌芽"[4]。之后，秦始皇先后北征匈奴、南取陆梁，并迁徙大量民众到边地垦殖、戍守，掀起了秦代屯田的高潮。

---

〔1〕《汉书》："自武帝初通西域，置校尉，屯田渠犁。"（汉）班固：《汉书·卷九六·西域传下·渠犁》，中华书局 1962 年版，第 3912 页

〔2〕（汉）司马迁：《史记·卷六·秦始皇本纪》，中华书局 1959 年版，第 239 页。

〔3〕（汉）司马迁：《史记·卷六·秦始皇本纪》，中华书局 1959 年版，第 244 页。

〔4〕刘继光：《中国历代屯垦经济研究》，团结出版社 1991 年版，第 31 页。

在北方，为抗击匈奴的不断袭扰，秦始皇迁徙民众到边地居住、屯戍。三十二年（公元前 215 年），"乃使将军蒙恬发兵三十万人北击胡，略取河南地"〔1〕。次年，再次派兵"西北斥逐匈奴"，"自榆中并河以东，属之阴山，以为四十四县，城河上为塞。又使蒙恬渡河取高阙、阳山、北假中，筑亭障以逐戎人。徙谪，实之初县，禁不得祠"〔2〕。屯田与军事行动密切配合，在北方筑城、徙民，初步树立起亭障等防线。三十四年（公元前 213 年），"适治狱吏不直者"北筑长城。〔3〕三十六年（公元前 211 年），又"迁北河、榆中三万家，拜爵一级"，进一步加强当地的防御力量。

在南方，秦始皇三十三年（公元前 214 年），"发诸尝逋亡人、赘婿、贾人略取陆梁地，为桂林、象郡、南海，以适遣戍"〔4〕。此次征发从军者以刑徒、贱民等为主要力量。这些人员攻占南越地区后，就地垦殖与戍守，与越人杂处。次年，又迁徙部分办案不公的"狱吏"至"南越地"从事屯戍。

秦代二世而亡，屯田实践持续时间较短，效果不及后世，但它开启了以屯田的方式开发边地、增强军事防御力量的先河，进一步推行商鞅的农战政策，促进了经济的发展。

2. 秦代屯田法制概况

秦代屯田法制未见诸史籍记载。"今从所见的秦律可知，直接调整土地制度、土地关系的法律是《田律》及《厩苑律》"〔5〕，而这两部法律所存条文中并无屯田规范。秦以法治国，自诩"治道运行，诸产得宜，皆有法式"〔6〕，如此重要的安边举措不可能毫无制度加以规范。秦始皇二十八年（公元前 219 年）、三十六年（公元前 211 年）两次迁徙黔首三万户于琅琊台及北河、榆中，均有一定的优惠待遇，即"复十二岁""拜爵一级"，二者具有一定的共性。三十二年（公元前 215 年）至三十四年（公元前 213 年）间，秦始皇数次派往北方、南方屯戍以抗击匈奴和征服越人的，均系"七科谪"之对象——赃吏、逃亡者、赘婿、商贾等，也具有一定的共性。

〔1〕（汉）司马迁：《史记·卷六·秦始皇本纪》，中华书局 1959 年版，第 252 页。
〔2〕（汉）司马迁：《史记·卷六·秦始皇本纪》，中华书局 1959 年版，第 253 页。
〔3〕（汉）司马迁：《史记·卷六·秦始皇本纪》，中华书局 1959 年版，第 253 页。
〔4〕（汉）司马迁：《史记·卷六·秦始皇本纪》，中华书局 1959 年版，第 253 页。
〔5〕蒲坚主编：《中国历代土地资源法制研究》，北京大学出版社 2006 年版，第 79 页。
〔6〕（汉）司马迁：《史记·卷六·秦始皇本纪》，中华书局 1959 年版，第 243 页。

《韦伯斯特字典》以及《美国文化遗产大字典》认为，制度就是行为规范。在《辞海》里，制度的第一含义是指要求成员共同遵守的、按统一程序办事的规程。有学者认为，其含义可以归纳为，以法令为主要表现形式的规则和以财产权让渡为内容的规定。[1]制度是对行为的一种约束，既涉及程序层面，也涉及实体层面。秦代屯田实践中类似的行为一再出现，已基本形成了对屯田行为程序和内容上的约束，具有制度的雏形。

在表现形式上，鉴于以上举措多与军事行动有关，制定成文法加以明确规定即上升为"律"的可能性不大，极有可能采用行政命令的方式作出。秦代命为"制"，令为"诏"，始皇颁布的单行法律，往往比成文的"律"具有更高的法律效力。

秦代屯田往往采用徙、迁、谪、发的形式进行。四者名称虽异，但基本可归入"迁与谪"两类，均属于秦代的流放刑，都是强制罪犯迁徙到边远地区落户服役的刑罚[2]。从商鞅把"乱化之民""尽迁之于边城"[3]开始，"迁"就作为一种刑罚措施被确定下来。《法律答问》规定："五人盗，臧一钱以上，斩左止，有黥以为城旦；不盈五人，盗……不盈二百廿以下到一钱，（迁）之。"[4]"谪戍"之刑也在秦朝被广泛使用，和"迁"一样，二者都有流放的性质。"两者的主要区别体现在迁刑是秦律规定的法定刑名，而谪刑除了作为一种刑事处罚措施之外，还有因为政治形势需要而'谪'者；秦时甚至允许自愿受'谪'以豁免亲属之罪。另外，受迁之人'终身毋得去迁所'，而有些被处谪刑者在完成某种劳役之后可以返回原籍。"[5]秦代推行重刑主义，轻罪重刑，并将受刑之罪犯作为边防屯田的重要劳动力。可以说，秦代屯田法制是刑事法律的一个组成部分，屯田是罪犯服刑的一种劳役方式。这也是后世晁错以"秦以威劫行之"，"行者深怨，有背畔（叛）之心"[6]之语作出评价的重要原因。

---

〔1〕 卢现祥主编：《新制度经济学》，武汉大学出版社 2004 年版，第 106 页。

〔2〕 范忠信、陈景良主编：《中国法制史》，北京大学出版社 2007 年版，第 174 页。

〔3〕 （汉）司马迁：《史记·卷六八·商君列传》，中华书局 1959 年版，第 2231 页。

〔4〕 睡虎地秦墓竹简整理小组编：《睡虎地秦墓竹简》，文物出版社 1978 年版，第 150 页。

〔5〕 范忠信、陈景良主编：《中国法制史》，北京大学出版社 2007 年版，第 174~175 页。

〔6〕 （汉）班固：《汉书·卷四九·晁错传》，中华书局 1962 年版，第 2284 页；（宋）司马光编著：《资治通鉴》卷一五，中华书局 1956 年版，第 488 页。

（二）汉代屯田实践及其法制

1. 汉代屯田实践

汉代屯田蓬勃发展，主要集中于河套、河西地区，西域地区，河湟地区及内地郡县四个区域。

（1）河套、河西地区。文帝"募民徙塞下"拉开了该地区屯田的序幕，武帝时期该地区的屯田得到了进一步发展。武帝元朔二年（公元前 127 年），立朔方郡，"募民徙朔方十万口"[1]。武帝元狩三年（公元前 120 年）秋，"乃徙贫民于关以西及充朔方以南新秦中七十余万口"[2]。元狩四年（公元前 119 年），卫青、霍去病大败匈奴之后，"汉渡河自朔方以西至令居，往往通渠，置田官，吏卒五六万人，稍蚕食匈奴以北"[3]，军屯即始于此。武帝太初元年（公元前 104 年），"置张掖、酒泉郡，而上郡、朔方、西河、河西开田官，斥塞卒六十万人戍田之"[4]。太初三年（公元前 102 年）四月，匈奴破坏光禄勋徐自为率兵修建的城障列亭后，武帝"益发戍田卒十八万酒泉、张掖北，置居延、休屠，屯兵以卫酒泉"[5]。昭帝始元二年（公元前 85 年）冬，"发习战射士诣朔方，调故吏将屯田张掖郡"，进一步加强河套地区的屯田。昭宣之际，"居延地区形成了两大屯田基地：一是大湾附近的骍马田官，一是瓦因托尼及附近地区，两地都有成千的田卒从事屯垦，规模很大"[6]。从文帝开始，历经百年耕战，河套、河西地区的屯田繁盛一时。

东汉时期，河套、河西地区的屯田在光武帝时已有萌芽，但规模较小。明帝时，这一地区的屯田正式恢复。

永平八年（公元 65 年），初置度辽将军，屯五原柏曼。十月，募国中都官死罪系囚，减罪一等，勿笞，诣度辽将军营，屯朔方五原之边县，妻子自随，便占著边县。父母同产欲相代者，恣听之。凡徙者，赐弓弩衣粮。

---

〔1〕（宋）司马光编著：《资治通鉴》卷一八，中华书局 1956 年版，第 605 页。

〔2〕（宋）司马光编著：《资治通鉴》卷一九，中华书局 1956 年版，第 636 页。

〔3〕（宋）司马光编著：《资治通鉴》卷一九，中华书局 1956 年版，第 645 页。

〔4〕（汉）班固：《汉书·卷二四下·食货志下》，中华书局 1962 年版，第 1173 页。

〔5〕张君约：《历代屯田考》，商务印书馆 1939 年版，第 49 页。此条史料，《资治通鉴》作"益发戍甲卒十八万……"[（宋）司马光编著：《资治通鉴》卷二一，中华书局 1956 年版，第 705 页。] 如此，则十八万士卒并非屯田卒。

〔6〕张印栋：《屯田史话》，中国大百科全书出版社 2000 年版，第 7 页。

（永平）九年（公元 66 年）春三月辛丑，诏郡国死罪囚减罪，与妻子诣五原、朔方占著，所在死者皆赐妻父若男同产一人复终身；其妻无父兄独有母者，赐其母钱六万，又复其口算。[1]

经过连续多年大规模地募士卒、徙罪囚，河套、河西地区的屯田得到了恢复和发展，为对抗北匈奴提供了坚实的物质基础。

（2）西域地区。西汉在西域的屯田分布在轮台、渠犁、车师、伊循、赤谷城等地，最早始自武帝时细君公主和亲乌孙，"最晚到王莽积失恩信、西域反叛，前后约一个世纪"[2]。武帝元封六年（公元前 105 年），"汉以江都王建女细君为公主，往妻乌孙"[3]，"又北益广田至眩雷为塞，而匈奴终不敢以为言"。[4]"北益广田至眩雷为塞"可视为西域屯田之始。之后，武帝遣贰师将军李广利伐大宛后，"于是自敦煌西至盐泽，往往起亭，而轮台、渠犁有田卒数百人，置使者校尉领护，以给使外国者"[5]。昭帝元凤四年（公元前 77 年），派扜弥王子赖丹屯田渠犁。赖丹被刺后，轮台屯田随之中辍。同年，应新任楼兰王尉屠耆的请求，昭帝"遣司马一人、吏士四十人田伊循以镇抚之"[6]。宣帝地节二年（公元前 68 年），"遣侍郎郑吉、校尉司马憙将免刑罪人田渠犁，积谷，欲以攻车师"。[7]当时，渠犁屯田士卒已有一千五百余人，规模比较大，渠犁屯田再次兴盛起来。之后，郑吉又派遣三百人至车师屯田，后被匈奴"围城数日"，郑吉"归渠犁，凡三校尉屯田"[8]。神爵二年（公元前 60 年），宣帝"使吉并护北道，号曰都护"。之后，郑吉将渠犁屯田迁徙至北胥鞬，"披莎车之地，屯田校尉始属都护"。宣帝甘露元年（公元前 53 年），乌孙内乱，"汉复遣长罗侯将三校屯赤谷，因为分别人民地界，大昆弥户六万余，小昆弥户四万余"[9]。汉元帝时，"复置戊己校尉，屯田车

〔1〕（南朝宋）范晔：《后汉书·卷二·明帝纪》，中华书局 1965 年版，第 112 页。

〔2〕 张德芳："从悬泉汉简看两汉西域屯田及其意义"，载《敦煌研究》2001 年第 3 期，第 113 页。

〔3〕（宋）司马光编著：《资治通鉴》卷二一，中华书局 1956 年版，第 695 页。

〔4〕（汉）司马迁：《史记·卷一一〇·匈奴列传》，中华书局 1959 年版，第 2913 页。

〔5〕（汉）班固：《汉书·卷九六·西域传上》，中华书局 1962 年版，第 3873 页。

〔6〕（宋）司马光编著：《资治通鉴》卷二三，中华书局 1956 年版，第 773 页。

〔7〕（汉）班固：《汉书·卷九六·西域传下》，中华书局 1962 年版，第 3922 页。

〔8〕（汉）班固：《汉书·卷九六·西域传下》，中华书局 1962 年版，第 3923 页。

〔9〕（宋）司马光编著：《资治通鉴》卷二七，中华书局 1956 年版，第 884 页。

师前王庭"〔1〕。可见,西汉时期,在眩雷、轮台、渠犁、伊循、车师、北胥鞬等地以进击匈奴、镇抚西域为目标着力经营屯田。

东汉与西域曾"三绝三通",西域屯田也随之兴废更迭,屯田区域主要集中在伊吾、柳中、车师、楼兰等地〔2〕。永平十六年(公元73年),明帝命将帅"取伊吾卢地,置宜禾都尉以屯田"〔3〕,开启了东汉与西域的首次"复通"。永平十七年(公元74年)冬,"以(耿)恭为戊己校尉,屯后王部金蒲城;谒者关宠为戊己校尉,屯前王柳中城,屯各置数百人"〔4〕,拉开了屯田金蒲城和柳中城的序幕。章帝建初二年(公元77年),罢伊吾卢屯田兵,戊己校尉和都护官均被撤销,西域与中原的联系中断。

和帝永元三年(公元91年),"复置戊己校尉,领兵五百人,居车师前部高昌壁,又置戊部候,居车师后部候城,相去五百里"〔5〕,车师的两处屯田得以恢复。次年,"中郎将任尚持节卫护屯伊吾",伊吾屯田也得以恢复。安帝永初元年(公元107年),在西域诸国的反叛和朝廷公卿的反对下,再罢都护,并派遣"骑都尉王弘发关中兵迎憧、禧、博及伊吾卢、柳中屯田吏士"〔6〕,西域屯田再次中断。

安帝元初六年(公元119年),长史索班将千余人屯伊吾,但不久即被北匈奴攻没。延光二年(公元123年),安帝以班勇为西域长史,于次年"将弛刑士五百人,西屯柳中"〔7〕。顺帝永建六年(公元131年),"复令开设屯田为永元时事,置伊吾司马一人",伊吾屯田再次恢复。这一时期,车师的屯田也得到恢复。桓帝元嘉元年(公元151年),北匈奴三千余骑寇伊吾,"伊吾司马毛恺遣吏兵五百人,于浦类海东,与呼衍王战,悉为所没。呼衍王遂攻伊吾

---

〔1〕 (汉)班固:《汉书·卷九六·西域传上》,中华书局1962年版,第3874页。

〔2〕《后汉书》载:"自永平以来,……北征匈奴,西开三十六国,频年服役,转输烦费。又远屯伊吾、楼兰、车师、戊己,民怀土思,怨结边域。"东汉时西域屯田的主要区域由此可大略。见(南朝宋)范晔:《后汉书·卷四八·杨终传》,中华书局1965年版,第1597页。

〔3〕 (南朝宋)范晔:《后汉书·卷八八·西域传》,中华书局1965年版,第2909页。

〔4〕 (南朝宋)范晔:《后汉书·卷一九·耿恭传》,中华书局1965年版,第720页。

〔5〕 (南朝宋)范晔:《后汉书·卷八八·西域传》,中华书局1965年版,第2910页。

〔6〕 (南朝宋)范晔:《后汉书·卷四七·梁慬传》,中华书局1965年版,第1592页。

〔7〕 (南朝宋)范晔:《后汉书·卷八八·西域传》,中华书局1965年版,第2912页。《资治通鉴》作"将兵五百人出屯柳中"。[见(宋)司马光编著:《资治通鉴》卷五〇,中华书局1956年版,第1626页。]

屯城"，后敦煌太守司马达率兵来救，"呼衍王闻而引去，汉军无功而返"〔1〕。桓帝永兴元年（公元 153 年），"车师后部阿罗多⋯⋯忿戾反畔，攻围汉屯田且固城，杀伤吏士"〔2〕。此后，由于北匈奴势力扩张，东汉朝政不振，汉对西域的控制逐渐减弱，屯田也慢慢消失。

由于两汉边患主要来自匈奴，故河套、河西屯田，西域屯田在两汉屯田中占有重要地位。相比较而言，西汉在西域地区的屯田远胜于东汉。无论是屯田所到达的最西地域、屯田规模，还是由此产生的中原政权对西域地区的影响力来说，东汉都要逊色得多。

（3）河湟地区。两汉在河湟地区的屯田始于赵充国湟水上游平羌期间，后得到进一步发展。永光二年（公元前 42 年）秋，元帝遣冯奉世陇西屯田被羌人击败〔3〕，后增兵六万余人始平息叛乱。之后，元帝下诏："羌虏破散创艾，亡逃出塞，其罢吏士，颇留屯田，备要害处。"〔4〕和帝永元十四年（公元 102 年），汉镇压了烧当羌叛乱后，在其故地西海、大小榆谷开设屯田，以曹凤为金城西部校尉，率领"徙士"屯龙耆城，以"金城长史上官鸿开置归义、建威屯田二十七部。侯霸复置东西邯屯田五部，又增置逢留二部，列屯夹河，合三十四部"〔5〕。此次屯田规模相当大，与冯奉世屯田有相同之处，都是战后置屯、以屯养军，使大军得以屯驻边地镇抚羌人。此处屯田在持续五年之后因羌人再次叛乱而废罢，史载"永初中，羌叛而废"。顺帝永建四年（公元 129 年），"复（朔方、西河、上郡）三郡。使谒者郭璜督促徙者，各归旧县，缮城郭，置候驿。既而激河浚渠，为屯田，省内郡费岁一亿计"〔6〕。郭璜屯田于三郡，所储谷粟，可周数年，足见屯田效益之高。永建五年（公元 130 年），右扶风韩皓"转湟中屯田，置两河间，以逼群羌"〔7〕。"阳嘉元

〔1〕（南朝宋）范晔：《后汉书·卷八八·西域传》，中华书局 1965 年版，第 2930 页。

〔2〕（南朝宋）范晔：《后汉书·卷八八·西域传》，中华书局 1965 年版，第 2931 页。

〔3〕（汉）班固：《汉书·卷七九·冯奉世传》，中华书局 1962 年版，第 3297~3298 页。

〔4〕（汉）班固：《汉书·卷七九·冯奉世传》，中华书局 1962 年版，第 3299 页。

〔5〕（清）顾祖禹：《读史方舆纪要》卷六四，贺次君、施和金点校，中华书局 2005 年版，第 3010 页。

〔6〕（南朝宋）范晔：《后汉书·卷八七·西羌传》，中华书局 1965 年版，第 2893 页。

〔7〕《册府元龟·卷五〇三·邦计部·屯田》（文渊阁四库全书本）。

年（公元 132 年），以湟中地广，更增置屯田五部，并为十部。"[1]顺帝永和五年（公元 140 年），羌人再次反叛，该地屯田被废。羌人反叛系两汉边患，河湟地区的屯田因羌人之叛而兴，也因羌人之叛而废。

（4）内地郡县。内地郡县屯田往往是为了恢复生产、发展经济。光武帝更始二年（公元 24 年），尚书仆射鲍永采冯衍屯田积谷以收民心之计，"以衍为立汉将军，领狼孟长，屯太原，与上党太守田邑等缮甲养士，扞卫并土"[2]。此次屯田开内地郡县屯田之先河。光武帝建武四年（公元 28 年）冬，绥德将军马援"以三辅地旷土沃，而所将宾客猥多，乃上书求屯田上林苑中，帝许之"[3]。随后，各路军队多有屯田之举。建武"六年春，扬武将军马成，督诛虏将军刘隆等，斩李宪，尽平江淮地。遣隆屯田武当"[4]；"夏，前将军李通领捕虏将军王霸等十营，击汉中贼，大破之。通还屯田顺阳，霸屯田新安"[5]建武六年（公元 30 年）冬，各路军队屯田取得显著成效，光武帝于是下诏减轻农人负担："顷者师旅未解，用度不足，故行什一之税。今军士屯田，粮储差积。其令郡国收见田租三十税一，如旧制。"[6]可见，当时屯田经济非常发达，不仅可供军队之需，还足以充当减轻百姓负担的后盾，屯田的目的已从单纯的军队后勤补给过渡到恢复战乱地区生产，推动经济发展上来。

2. 汉代屯田法制概况

（1）汉代屯田法制的表现形式

汉代屯田法制的表现形式主要是诏令。汉代屯田的设置与经营，如屯田地域、土地和劳动力来源等，均由皇帝决断。如晁错上疏建议募民实边，"上从其言，募民徙塞下"[7]。屯田发展初期，作为一种防边固边的临时行政措施，由皇帝颁布诏令予以实施是顺理成章的。前引元狩五年（公元前 118 年）"诏徙天下奸猾吏民于边"[8]，永建六年（公元 131 年）"帝……令开设屯田

〔1〕（南朝宋）范晔：《后汉书·卷八七·西羌传》，中华书局 1965 年版，第 2894 页。

〔2〕（南朝宋）范晔：《后汉书·卷二八·桓谭冯衍列传》，中华书局 1965 年版，第 969 页。

〔3〕（南朝宋）范晔：《后汉书·卷二四·马援列传》，中华书局 1965 年版，第 831 页。

〔4〕《册府元龟·卷五〇三·邦计部·屯田》（文渊阁四库全书本）。

〔5〕张君约：《历代屯田考》，商务印书馆 1939 年版，第 72 页。

〔6〕（南朝宋）范晔：《后汉书·卷一·光武帝纪》，中华书局 1965 年版，第 50 页。

〔7〕（宋）司马光编著：《资治通鉴》卷一五，中华书局 1956 年版，第 489 页。

〔8〕（宋）司马光编著：《资治通鉴》卷二〇，中华书局 1956 年版，第 649 页。

如永元时事，置伊吾司马一人"[1]，建武七年（公元31年）"诏骠骑大将军杜茂引兵北屯田晋阳、广武，以备敌寇"[2]等屯田备边的举措，史籍明确记载了"诏""令"等表现形式。元朔二年（公元前127年）募民徙朔方，元狩三年（公元前120年）徙贫民充新秦中，元狩四年（公元前119年）置田官于朔方以西至令居，太初元年（公元前104年）斥塞卒六十万人戍田张掖、酒泉[3]等，这些屯田举措多事关军政战略，最终决策权在皇帝手中，史籍虽未明言"诏令"，但可推知源自皇帝的意志。

汉代成文法律首推律令。杜周曾言："前主所是著为律，后主所是疏为令。"[4]认为律是先皇确定的基本法典，令是当世皇帝对律的补充。晋人杜预说："律以正罪名，令以存事制。"[5]无论是作为基本刑事法典的"律"，还是作为国家行政一般规制的"令"，都是皇帝意志的体现。广而言之，皇帝的意志既可以体现为成文的律令，也可以体现为律令之外的制度，只要对下级官员或普通民众的行为产生一定的约束，均可归入法制的范畴。对汉代屯田法制的理解应当建立在广义的法制概念之上。

汉律六十篇并无"屯田律"，汉令有《学令》《功令》《田令》等[6]，未见"屯田令"。"屯田"一词在桑弘羊上武帝《扩大轮台屯田书》中业已出现，且两汉屯田实践持续了约四百年，历朝皇帝发布的与屯田有关的诏令不胜枚举，却始终未见"著为律"或"疏为令"者。也就是说，两汉屯田诏令均未能上升为有关屯田的一般法令，均停留在对一时一事等特定的对象加以规范的层面。这表明两汉时期屯田在顶层设计上并未成为一种治国方略，主要是一种救弊的权宜之计。以西域屯田为例，匈奴（或北匈奴）威胁越严重，屯田就越受重视，派遣的屯田士卒也越多、持续时间也越长；一旦军事行动取得重大胜利或承平日久，对屯田的重视程度就会逐步下降，屯田也会日趋衰败下去。在这种思想的指导之下，对屯田的规制仅限于针对一时一事的屯田诏令，而很难形成稳定的法律规范。

---

〔1〕（南朝宋）范晔：《后汉书·卷八八·西域传》，中华书局1965年版，第2912页。

〔2〕《册府元龟·卷五〇三·邦计部·屯田》（文渊阁四库全书本）。

〔3〕（汉）班固：《汉书·卷二四下·食货志下》，中华书局1962年版，第1173页。

〔4〕（汉）班固：《汉书·卷六〇·杜周传》，中华书局1962年版，第2659页。

〔5〕（宋）李昉等：《太平御览·卷六三八·刑法部四》，中华书局1960年版，第2859页。

〔6〕详见范忠信、陈景良主编：《中国法制史》，北京大学出版社2007年版，第198页。

（2）汉代屯田管理机构

两汉屯田发展过程中，形成了较为完善的管理组织体系。在中央，屯田由最高农官大司农管理。"治粟内史，秦官，掌谷货，有两丞。景帝后元年更名大农令，武帝太初元年更名大司农。"〔1〕大司农以下，有大司农丞和农都尉等属官负责具体的屯田管理事务。敦煌悬泉汉简记载：

十一月丁巳，中郎安意使领护敦煌、酒泉、张掖、武威、金城郡农田官，常平籴调均钱谷，以大司农丞印封下敦煌、酒泉、张掖、武威、金城郡太守，承书从事下当用者，破羌将军军吏士毕已过，具移所给吏士赐诸装实……（Ⅱ0114②；293）〔2〕

简文内容为中郎代大司农丞下发给敦煌、酒泉等诸郡太守的文书，从中可以看出大司农丞负责屯田之事。除大司农丞外，农都尉也负责屯田事务。"农都尉、属国都尉，皆武帝初置。"〔3〕《续汉书·百官志》曰："边郡置农都尉，主屯田殖谷。"居延汉简记载元帝永光二年（公元前42年）诏，曰：

……大司农光禄大夫臣调昧死言：守受簿臣庆，前以请给护军屯食，守部丞，……以东至西河郡十一农都尉官，官调物钱谷漕转籴，为民困乏，户调有余给……〔4〕

据陈梦家先生考证，"以东至西河郡十一农都尉官"前缺"敦煌"二字。〔5〕由此，敦煌、酒泉、张掖、武威、金城、陇西、天水、安定、北地、上河、西河等河西十一郡都设置了农都尉，"边郡置农都尉"得到了很好的贯彻。〔6〕

农都尉置于边郡，但并非地方官吏，而是大司农的属官。居延汉简载：

---

〔1〕　（汉）班固：《汉书·卷一九·百官公卿表上》，中华书局1962年版，第731页。

〔2〕　胡平生、张德芳编撰：《敦煌悬泉汉简释粹》，上海古籍出版社2001年版，第51～52页。

〔3〕　（汉）班固：《汉书·卷一九·百官公卿表》，中华书局1962年版，第742页。

〔4〕　劳干：《居延汉简考释》（第1册），商务印书馆1949年版，第79页。

〔5〕　陈梦家：《汉简缀述》，中华书局1980年版，第40页。

〔6〕　当然，也可能出现一郡置二农都尉的特殊情形，如汉简中有"张掖农都尉""居延农都尉"等多处记载，而据《汉书·卷二八下·地理志第八下》居延为张掖郡所辖十县之一，而张掖郡农都尉治所在番和县。王勇认为，别置居延农都尉的原因在于"居延地区屯田规模大"的"实际需要"。王勇："秦汉地方农官建置考述"，载《中国农史》2008年第3期，第16～23页。

"二月戌寅，张掖太守福，库丞承熹，兼行丞事，敢告张掖农都尉。"[1]太守对农都尉提出"弹劾"，而非直接处理，可见农都尉并非太守属官。《汉书》载班况"举孝廉为郎，积功劳，至上河农都尉，大司农奏课连最，入为左曹越骑校尉"[2]。根据汉代考课法，"最"为上级对下级考核结果的优等。既然农都尉由大司农考课而非由太守考课，表明农都尉并不隶属于郡，而是大司农的属官。[3]

在地方，汉代也设置了不同的官员主管屯田事务。河西地区管理屯田的官员主要有农令、部农长、别田令史、农亭长等。[4]

农令是屯田区的长官，负责各个屯田区的具体生产事务。陈梦家先生的研究表明，居延农都尉辖区至少有骍马、居延两个屯田区。[5]这些屯田区的管理机构通常称为"田官"，陈梦家所言骍马屯田区在汉简中常称为"骍马田官"，如"始元二年（公元前85年）戍田卒千五百人为骍马田官穿泾渠（303.15）"[6]。汉简中，田官的首长就是农令。如"元凤元年（公元前80年）十一月己巳朔乙未骍马农令宜王丞安世敢言之谨速移卒名籍一编敢言之（19.34）"[7]，"一封章曰骍马农令印（513.21）"[8]，"骍马农令写□（515.20）"[9]，等等。

农令之下，主管屯田事务的官员即为部农长。见诸汉简的部农长称谓有"左农左长""右农右长""部农第某长"及其属官"左农右丞""左农右守丞""右农前丞""部农第某丞"等。[10]部农长及其属官管理的屯田人数及屯

---

〔1〕 朱和平："汉代民屯说"，载《农业考古》2004年第1期，第61页。

〔2〕 （汉）班固：《汉书·卷一百·叙传》，中华书局1962年版，第4198页；（宋）王钦若等编：《宋本册府元龟·卷六八四·牧守部·课最》，中华书局1989年版，第2357页。

〔3〕 王勇认为，"农都尉是郡一级的屯田管理官员"，"主管郡内各屯田区的全面生产及与生产有关的事务"。这一说法似只能理解为农都尉是设在郡一级的中央官员，而不应理解为一级的地方行政官员。王勇："秦汉地方农官建置考述"，载《中国农史》2008年第3期，第16~23页。

〔4〕 参见王勇："秦汉地方农官建置考述"，载《中国农史》2008年第3期，第23页。

〔5〕 陈梦家：《汉简缀述》，中华书局1980年版，第4页。

〔6〕 甘肃省文物考古研究所等编：《居延新简》，文物出版社1990年版，第497页。

〔7〕 甘肃省文物考古研究所等编：《居延新简》，文物出版社1990年版，第31页。

〔8〕 甘肃省文物考古研究所等编：《居延新简》，文物出版社1990年版，第623页。

〔9〕 甘肃省文物考古研究所等编：《居延新简》，文物出版社1990年版，第628页。

〔10〕 参见王勇："秦汉地方农官建置考述"，载《中国农史》2008年第3期，第16~23页。

田面积在汉简中亦有记载。如"第四长安亲，正月乙卯初作尽八月戊戌，积二百〔廿〕四日，用积卒二万七千一百卌三人。率日百廿一人，奇卌九人。垦田卌一顷卌四亩百廿四步，率人田卅四亩，奇卌亩百廿四步得（E.J.C：1）。"〔1〕部农第四长平均每天率领约一百二十一人垦田积谷。又如"第二丞官卒七十人。""第二丞"当为"第二长"的属官，可指挥七十人。可见，部农的规模当在百人左右。

汉简中，在部农长之下有别田令史的官职，如"五凤三年（公元前55年）十一月甲戌朔庚子左农右丞别田令史居付甲渠令史庆尉史常富/候汉（E.P.T51：308）"〔2〕，"第五丞别田令史信元凤五年（公元前76年）四月铁器出入集薄（310.19）"〔3〕，等等。别田令史之前被冠以"左农右丞""第五丞"等部农长丞的官衔，可见其为部农长丞的下级属官。陈梦家先生指出："长丞以下有别田令史，各率田卒若干人，各领土地若干谓，各有兵器、铁器（即农具）之簿。"〔4〕

汉代屯田基层管理机构为农亭，长官称农亭长。汉简中农亭长的记载比较多，如"征和四年（公元前89年）十二月辛卯朔己酉广地里王舒付居延农亭亭长延寿"〔5〕，"（后元）二年（公元前87年）八月辛亥朔辛亥第二亭长舒受第六长延寿以食吏卒五人人六升辛亥尽己卯廿九日积百卌五人（275.21）"〔6〕，"（后元）三年（公元前86年）正月己卯朔辛巳第二亭长舒受第六长延寿（278.9）"〔7〕，等等。简中提到了两位农亭长的姓名，其中"延寿"在征和四年（公元前89年）担任"居延农亭亭长"之后，于后元二年（公元前87年）已升任"第六长"，表明农亭长的地位在部农长之下。

西域地区屯田官员主要有都护、校尉及屯长、令史等。都护即西域都护，校尉则有"戊己校尉""屯田渠犁校尉""伊循都尉"等多种名号。

西域都护是汉朝设在西域地区的最高军政长官。西域屯田最初没有统一

〔1〕　甘肃省文物考古研究所编：《居延汉简释粹》，兰州大学出版社1988年版，第87~88页。

〔2〕　甘肃省文物考古研究所等编：《居延新简》，文物出版社1990年版，第199页。

〔3〕　甘肃省文物考古研究所等编：《居延新简》，文物出版社1990年版，第506页。

〔4〕　陈梦家：《汉简缀述》，中华书局1980年版，第27页。

〔5〕　中国社会科学院考古研究所编：《居延汉简甲乙编》（下册），中华书局1980年版，第280页。

〔6〕　甘肃省文物考古研究所等编：《居延新简》，文物出版社1990年版，第465页。

〔7〕　甘肃省文物考古研究所等编：《居延新简》，文物出版社1990年版，第468页。

的管理机构，各地屯田往往由朝廷临时派员加以管理，有使者、校尉、都尉等多种名号。宣帝神爵二年（公元前 60 年），郑吉携破车师之威，"降日逐，威震西域，遂并护车师以西北道，故号都护"[1]。西域都护秩二千石，治所在乌垒城，从地域上可以兼顾西域南北两道。郑吉任西域都护之后，"于是徙屯田，田于比胥鞬，披莎车之地，屯田校尉始属都护"[2]，西域都护担负起了统一领导西域屯田的职责。

管理西域屯田的校尉中以戊己校尉最有代表性。"戊己校尉，元帝初元元年置，有丞、司马各一人，候五人，秩比六百石。"[3]戊己校尉在西域都护的领导之下，有事护道，无事屯田。戊己校尉的属官，《汉书》记载有丞、司马及候，共 7 人，机构设置比较精简。但从悬泉汉简的记载来看，戊己校尉置府设史，属官有校尉丞、司马；校尉下设左右部，部下设曲，曲有曲候，曲候下有令史等职，组织体系比较完备，人数较《汉书》记载为多。[4]

除戊己校尉外，还有屯田校尉。如郑吉"田于比（北）胥鞬，披莎车之地，屯田校尉始属都护"[5]，"屯田校尉"即是管理北胥鞬屯田的武官。

汉简中还有"渠犁校尉"的记载：

渠犁校尉□□□。（V92DXT1309④：44）

□□渠犁□□垂王常、□忠更终罢，诣北军，诏□为驾一封轺传，一人共载，有请。甘露□年……谓……（II90DXT0214③：67）

将田渠黎军候千人会宗上书一封。初元□□。（II90DXT0216②：26）

送使渠犁校尉莫府，橡迁会大风折伤盖□十五枚　御赵定伤□。（II90DXT0215④：36）

将田渠犁校尉史移安汉□□□送武，军司令史田承□□□□。谨长至罢诣北军以传。诏为驾一封轺传，传乘为载。（91DXC：59）

---

〔1〕（宋）司马光编著：《资治通鉴》卷二六，中华书局 1956 年版，第 859 页。

〔2〕（唐）杜佑：《通典·卷一九一·边防七·西戎三》，王文锦等点校，中华书局 1988 年版，第 5193 页。

〔3〕（汉）班固：《汉书·卷一九·百官公卿表》，中华书局 1962 年版，第 738 页。

〔4〕胡平生、张德芳编撰：《敦煌悬泉汉简释粹》，上海古籍出版社 2001 年版，第 67~102 页。

〔5〕（唐）杜佑：《通典·卷一九一·边防七·西戎三》，王文锦等点校，中华书局 1988 年版，第 5193 页。

简文表明了"渠犁校尉"的存在，且简文所载年号为"甘露""初元"，说明相关史实发生在宣帝、元帝时期。此时，屯田校尉隶属都护管辖行之已久，渠犁校尉也应受西域都护的节制。另外，"从简中看，'屯田渠犁校尉'是负责渠犁屯田的最高长官，下属有军候、司马、千人、令史等，属典型的军屯性质"[1]。

（3）汉代屯田管理制度

籍簿制度是汉代屯田管理的重要制度。所谓"籍簿"，指的就是有关屯田生产经营的台账（登记册），用于记载与屯田有关的各种数据和信息。汉代屯田籍簿的种类较多，主要有计簿、算簿、田簿、食簿、器用簿、牛簿等，分别记载不同的内容。"计簿，是统计各种事物的登记簿；算簿，是征收人头税的登记簿；田簿，是登记田亩产量的登记簿；食簿，是记屯田卒领取口粮的登记簿；器用簿，是记兵器和农具的登记簿；牛簿，是记耕牛的登记簿。"[2]籍簿记载的数据和信息向上级层层汇报，以便大司农掌握全国屯田生产情况，同时是上级对下级屯田官员考核的依据。日常管理中，籍簿记录了屯田官所辖田卒的"姓名、籍贯、年龄、面貌、衣服等"详细信息，屯田官员可据此考察其品行及能力，战时召集其入伍，逃亡时向原籍追捕。种类如此繁多的登记簿表明汉代政府对屯田生产经营的管理比较重视，且当时的屯田管理水平达到了一定的高度。

赵充国上屯田奏时提出："今大司农所转谷至者，足支万人一岁食，谨上田处及器用簿。"[3]其所上"田处及器用簿"即用于记录拟屯田之土地分布及所用器具等。此外，汉简中有大量关于籍簿的记载，如"第五丞别田令史信元凤五年（公元前76年）四月铁器出入集簿（310.19）"[4]中提到的"铁器出入集簿"显然就是有关铁制农具出入的登记册。陈梦家先生认为，屯田的基层管理官员"各率口卒若干人，各领土地若干亩，各有兵器、铁器（即农具）之簿"，可见，这种登记台账实施得比较普遍。罗布淖尔汉简二七记有"里公乘史隆家属畜产衣器物簿"，简二八记有"□□□时簿"[5]等。又如：

---

〔1〕 张德芳："从悬泉汉简看两汉西域屯田及其意义"，载《敦煌研究》2001年第3期，第114页。

〔2〕 方英楷：《新疆屯垦史》，新疆青少年出版社1989年版，第83~84页。

〔3〕 （宋）司马光编著：《资治通鉴》卷二六，中华书局1956年版，第851页。

〔4〕 甘肃省文物考古研究所等编：《居延新简》，文物出版社1990年版，第506页。

〔5〕 黄文弼："罗布淖尔汉简考释"，载黄文弼：《西北史地论丛》，上海人民出版社1981年版，第309~354页。

第四长安亲，正月乙卯初作尽八月戊戌，积二百［廿］四日，用积卒二万七千一百卌三人。率日百廿一人，奇卅九人。垦田卌一顷卌四亩百廿四步，率人田卅四亩，奇卅亩百廿四步得。(E.J.C：1)[1]

这一简文详细地记录了第四部农长安亲自正月至八月共二百二十四日间屯田劳动的总账目，涉及所用人力、日使用劳动力、垦田总规模及人均垦田数量等内容。又如：

妻一人，子男二人，子女二人，男同产二人，女同产二人（领）宅一区，直三千，田五十亩，直五千，用牛二，直五千。[2]

这一简文详细地记录了屯田卒家属从政府所领取的田宅牛犁等生产及生活资料，如此详细、完备的籍簿表明汉代屯田管理非常规范。

（4）汉代屯田土地和劳动力来源

汉代屯田土地来源主要有三种类型：一是西北边境通过战争新夺取的土地。如武帝遣将大破匈奴之后，随即在新占领的地域设置郡县进行管理，所属土地即成为西汉的土地，河西十一郡的屯田即以此为基础。又如赵充国屯田河湟时，"计度临羌东至浩亹，羌虏故田及公田，民所未垦，可二千顷以上"[3]。如此广袤的荒田旷野在军队控制之后即用于屯田。二是西域地区的荒闲土地。汉代虽在西域地区设有西域都护，"秩二千石"，地位与太守相同，但并未采用相同的郡县管理体制。汉代在西域的屯田是在西域三十六国控制的土地上进行的，颇有地役权的特点。如汉昭帝元凤四年（公元前77年），尉屠耆就任鄯善王之前，恳求汉廷派人保护，昭帝"遣司马一人、吏士四十人田伊循以镇抚之"[4]。此次屯田伊循的土地是鄯善国境内土地肥美的伊循城，汉军吏士四十余人的屯田仅起镇抚作用，并不导致该土地所有权发生变化。三是内地荒闲或没收的土地。内地屯田的发展始于东汉初年，其背景是两汉之际的战乱和天灾导致百姓流离、田地荒芜。此时，光武帝命令各军队

---

〔1〕 甘肃省文物考古研究所编：《居延汉简释粹》，兰州大学出版社 1988 年版，第 87~88 页。

〔2〕 "居延汉简考释·名籍类"，引自刘继光：《中国历代屯垦经济研究》，团结出版社 1991 年版，第 50 页。

〔3〕 （宋）司马光编著：《资治通鉴》卷二六，中华书局 1956 年版，第 851 页。

〔4〕 （宋）司马光编著：《资治通鉴》卷二三，中华书局 1956 年版，第 773 页。

将领就地屯田，所占用的土地包含大量抛荒土地。

两汉屯田劳动力包括应募之民、戍卒及刑徒或弛刑徒。文帝采纳晁错的建议"募民徙塞下"，大量内地贫民应募到边地屯田。汉简中有相关记载，如：

简 27：里公乘史隆家属畜产衣器物簿

简 29：霸陵西新里田由

简 30：应募士长陵仁里大夫孙尚

简 32：小巷里王护

简 34：土（士）南阳郡涅阳石里宋钧亲□□□妻玑年卅□□私从者同县籍同里交上□□

简 35：右六人，其二亡土（士），四土（士）妻子

简 36：妻□二人，一伯子

简 41：□□□□□家属六人，官驼二匹，食率匹二升〔1〕

上引简文中，史隆、田由、孙尚、王护、宋钧等人均系到西域从事屯田的贫民或志愿人员。其中，史隆、孙尚分别被授予公乘、大夫的爵位〔2〕；宋钧及简 35、简 36、简 41 的主人公则均携妻子、亲属前往屯田。

自武帝屯田渠犁之后，以戍卒为劳动力的军屯逐步发展起来。元狩四年（公元前 119 年），卫青、霍去病大败匈奴之后，"汉渡河自朔方以西至令居，往往通渠，置田官，吏卒五六万人，稍吞食匈奴以北"〔3〕。戍卒屯田，即始于此。之后，太初元年（公元前 104 年）塞卒六十万人戍田上郡、朔方、西河、河西〔4〕，太初三年（公元前 102 年）四月"置居延、休屠，屯兵以卫

---

〔1〕　所引简文均出自黄文弼："罗布淖尔汉简考释"，载黄文弼：《西北史地论丛》，上海人民出版社 1981 年版，第 309~354 页。

〔2〕　《汉书》载："爵：一级曰公士，二上造，三簪袅，四不更，五大夫，六官大夫，七公大夫，八公乘，九五大夫，十左庶长，十一右庶长，十二左更，十三中更，十四右更，十五少上造，十六大上造，十七驷车庶长，十八大庶长，十九关内侯，二十彻侯。皆秦制，以赏功劳。"二人应募到西域屯田被授予八级、五级爵位，体现了汉代对西域屯田的鼓励和重视。（汉）班固：《汉书·卷一九·百官公卿表上》，中华书局 1962 年版，第 739 页。

〔3〕　（宋）司马光编著：《资治通鉴》卷一九，中华书局 1956 年版，第 645 页。

〔4〕　（汉）班固：《汉书·卷二四·食货志下》，中华书局 1962 年版，第 1173 页。

酒泉"〔1〕，昭帝始元二年（公元前 85 年）冬"调故吏将屯田张掖郡"以及居延地区的两大屯田基地〔2〕等都是军屯的进一步发展。东汉时期，"永平元年（公元 58 年）七月，捕虏将军马武等与烧当羌战，大破之。募士卒戍陇右，人赐钱三万"。〔3〕按方英楷的解释，所募之"士"，"指戍卒"〔4〕。永平十六年（公元 73 年），"明帝乃命将帅，北征匈奴，取伊吾卢地，置宜禾都尉以屯田"〔5〕。永平十七年（公元 74 年）冬，"以（耿）恭为戊己校尉，屯后王部金蒲城；谒者关宠为戊己校尉，屯前王柳中城，屯各置数百人"〔6〕。和帝永元三年（公元 91 年），西域都护班超"复置戊己校尉，领兵五百人，居车师前部高昌壁，又置戊部候，居车师后部候城，相去五百里"〔7〕。次年，"遣大将军左校尉耿夔，授于除鞬印绶，使中郎将任尚持节卫护屯伊吾"〔8〕。诸多史料表明汉代军屯广泛存在，戍卒是屯田的重要劳动力。

刑徒或弛刑徒也是汉代屯田的劳动力之一。元狩五年（公元前 118 年），"诏徙天下奸猾吏民于边"〔9〕；地节二年（公元前 68 年），"侍郎郑吉、校尉司马憙将免刑罪人田渠犁"等。〔10〕东汉时期，利用罪犯或弛刑之人从事屯田劳动的制度得以延续。应劭的《汉宫仪》记载："马援……乃建立三营，屯田殖谷，弛刑谪徙以充实之。"《资治通鉴》载："永平八年（公元 65 年）……十月，募国中都官死罪系囚，减罪一等，勿笞，诣度辽将军营，屯朔方五原之边县，妻子自随，便占著边县。""永平九年（公元 66 年）三月，诏郡国，死罪囚减罪，与妻子诣朔方五原，占著所在。"〔11〕延光二年（公元 123 年），安帝以班勇为西域长史，于次年"将弛刑士五百人，西屯柳中"〔12〕。

〔1〕（宋）司马光编著：《资治通鉴》卷二一，中华书局 1956 年版，第 705 页。

〔2〕张印栋：《屯田史话》，中国大百科全书出版社 2000 年版，第 7 页。

〔3〕（南朝宋）范晔：《后汉书·卷二·明帝纪》，中华书局 1965 年版，第 99 页。

〔4〕方英楷：《新疆屯垦史》，新疆青少年出版社 1989 年版，第 85 页。

〔5〕（南朝宋）范晔：《后汉书·卷七八·西域传》，中华书局 1965 年版，第 2929 页。

〔6〕（南朝宋）范晔：《后汉书·卷一九·耿恭传》，中华书局 1965 年版，第 720 页。

〔7〕（南朝宋）范晔：《后汉书·卷七八·西域传》，中华书局 1965 年版，第 2910 页。

〔8〕（宋）司马光编著：《资治通鉴》卷四八，中华书局 1956 年版，第 1531 页。

〔9〕（宋）司马光编著：《资治通鉴》卷二〇，中华书局 1956 年版，第 649 页。

〔10〕（汉）班固：《汉书·卷九六·西域传》，中华书局 1962 年版，第 3922 页。

〔11〕（南朝宋）范晔：《后汉书·卷二·明帝纪》，中华书局 1965 年版，第 112 页。

〔12〕（南朝宋）范晔：《后汉书·卷八八·西域传》，中华书局 1965 年版，第 2912 页。

汉简中亦有免刑罪人至边地屯田的记载。罗布淖尔汉简记载："没临中女子二七□为□男子十□"[1]，"没"字体现出该女子、男子亲属的罪犯身份，以及因株连而受到的刑事制裁。悬泉汉简载：

> 甘露三年（公元前51年）四月甲寅朔庚辰，金城太守贤、丞文，谓过所县、道，官遣浩亭长贺，以诏书送施刑伊循。当舍传舍，从者如律令。（II90DX0114④：338）
>
> □□□□元年十二月送徒施刑□□□□，二月廿九日至敦煌，积五十九日。□二十□阳关积三月。□□□三月五日发敦煌，十九日至文侯，积十五日，留四月廿五□□□□□。闰月八日至伊循。缓□□。（II90DXT0115②：66）[2]

此二简文均分别记载了送施刑徒（即弛刑徒）到伊循屯田的通关文书，及送施刑徒至伊循的行程日志，从中可以看出史料中有关遣送罪犯至边地屯田的法制得到了切实的执行。

汉承秦制，"徙""迁"都是一种刑事制裁措施。晁错"募民徙塞下"建议中实已包含了强制迁徙民人到边地屯田的意思。之后，刑徒、弛刑徒被迁往边地屯田的事便经常出现。武帝发"七科谪"之后，没有实施犯罪行为，仅仅因为身份为"七科"之一者也被作为罪犯迁往边地从事屯田生产。可以说，将罪犯作为屯田生产的劳动力是两汉一贯坚持的法律制度。

## 二、三国两晋南北朝屯田法制

三国两晋南北朝分裂动荡的社会背景为屯田准备了充分的条件。自东汉末年黄巾大起义到隋文帝杨坚重新统一中国，历经约四百年[3]的分裂动荡时期。仅初平之元迄于建安之末三十年中，已是"万姓流散，死亡略尽"

---

[1] 黄文弼："罗布淖尔汉简考释"，载黄文弼：《西北史地论丛》，上海人民出版社1980年版，第309~354页。

[2] 悬泉汉简，转引自张德芳："从悬泉汉简看两汉西域屯田及其意义"，载《敦煌研究》2001年第3期，第115页。

[3] 以公元220年曹丕称帝（魏文帝），计算至公元589年隋文帝杨坚灭陈，为369年。但早在曹丕称帝之前，天下已陷入大乱的境地，在镇压黄巾起义过程中强大起来的各路诸侯已成为事实上的割据势力，虽有曹操"挟天子以令诸侯"，但统一的局面早已不复存在。因此，这一分裂时期可计算至更早的时候。

的局面〔1〕。战乱导致经济萧条、社会凋敝，田地荒芜、流民遍野，社会生产遭受严重破坏。曹操父子均曾作诗描述当时的社会衰败状况："白骨露于野，千里无鸡鸣"（曹操《蒿里行》），"丧乱悠悠过纪，白骨纵横万里，哀哀下民靡恃"（曹丕《令诗》）〔2〕，"中野何萧条，千里无人烟"（曹植《送应氏》）。仲长统曰："名都空而不居，百里绝而无民者，不可胜数。"〔3〕由于人民流离失所、土地荒闲，田无常主、民无常居，大量荒地为东汉政府及各割据力量从事屯田准备了充分的土地资源。同时，饱受战乱之苦四处流浪的百姓为开展屯田准备了充足的劳动力资源。若能采取措施将广大失地农民和荒闲土地有效地结合起来，屯田必然会蓬勃发展。建安元年（公元196年），曹操"募民屯田许下"〔4〕。此后，屯田在各割据势力控制的范围内相继展开，并一直延续至南北朝末期。鉴于这一阶段屯田规模不及汉代，下文不对屯田实践进行专题介绍，而是将其融入屯田法制阐述之中。

（一）三国时期的屯田法制

三国时期屯田以曹魏最为突出，取得的成效也最大，孙吴、蜀汉屯田规模相对较小且成效不甚显著。

1. 曹魏屯田法制及其渊源

三国时期屯田，源于曹操东汉末年的屯田举措。汉献帝建安元年（公元196年）冬十月，献帝拜曹操为司空、行车骑将军，"是岁用枣祗、韩浩之议，始兴屯田"。曹操颁布《置屯田令》，在发展屯田的同时，屯田法制建设一并展开。《三国志》载：

> 公曰："夫定国之术，在于强兵足食，秦人以急农兼天下，孝武以屯田定西域，此先代之良式也。"是岁乃募民屯田许下，得谷百万斛。于是州郡例置田官，所在积谷。征伐四方，无运粮之劳，遂兼并群雄，克平天下。〔5〕

---

〔1〕（唐）房玄龄：《晋书·卷四三·山简传》，中华书局1974年版，第1229页。

〔2〕（晋）陈寿：《三国志·卷二·魏书·文帝纪》注引《献帝纪》，陈乃乾点校，中华书局1982年版，第65页。

〔3〕（南朝宋）范晔：《后汉书·卷四九·仲长统传》，中华书局1965年版，第1649页。

〔4〕（晋）陈寿：《三国志·卷一·魏书·武帝纪》注引，陈乃乾点校，中华书局1982年版，第14页。

〔5〕（晋）陈寿：《三国志·卷一·魏书·武帝纪》注引，陈乃乾点校，中华书局1982年版，第14页。

曹操颁布《置屯田令》时"自述了屯田目的和屯田法的渊源"[1]，屯田是为了强兵足食以达到安定天下的目的，秦汉以来对农业的重视和屯田的实践是曹操颁布屯田令的历史渊源。曹操"挟天子以令诸侯"，其颁布的《置屯田令》具有国家法律的性质。从名称上看，《置屯田令》系有关屯田设置、管理等规范的集合，属于有关屯田的专门法律文件，遗憾的是史籍并未记载具体内容。《置屯田令》颁布之后，曹操"募民屯田"于许县等地，次年又下令"州郡例置田官"。《三国志》载："是时岁饥旱，军食不足，羽林监颍川枣祗建置屯田，太祖以（任）峻为典农中郎将，募百姓屯田于许下，得谷百万斛，郡国列置田官，数年中所在积粟，仓廪皆满。"[2]此外，"《魏略》曰：'典农校尉，太祖置，秩比二千石'"[3]。从这些记载中似可以推知，除募民屯田之外，"典农中郎将""典农校尉"等田官组织体系也属《置屯田令》的内容。

以"令"的形式规范屯田生产，在秦汉时即已出现，但彼时之令系停留在一事一令层面的诏令，未上升为一般行为规则。《置屯田令》则较之以往有所突破，在屯田法制史上具有开创性的意义。《置屯田令》开三国时期屯田法制建设之先河，之后，曹操进一步完善屯田法制。其当政时，国渊被辟为司空掾属，"太祖欲广置屯田，使渊典其事。渊屡陈损益，相土处民，计民置吏，明功课之法，五年中仓廪丰实，百姓竞劝乐业"[4]。在曹操的指示下，国渊实施的"相土处民""计民置吏""明功课之法"三项举措使屯田地域的选择、屯田劳动力的配置、屯田官吏的设置以及屯田租税的确定有了科学、明确的依据，屯田生产进一步法制化、规范化。此外，军屯作为一种制度性的措施也见于曹操当政时期。建安二十三年（公元218年），"军司马言于魏武曰：'昔箕子陈谋，以食为首。今天下不耕者盖二十余万，非经国远筹也，虽戎甲未卷，自宜且耕且守。'魏武纳之，于是务农积谷，国用丰赡"[5]。司马懿的建议使之前零星出现的军队屯田——如夏侯惇屯田陈留、济阴等——成了一种制度得以固定下来，直接影响了曹魏军屯的发展。

曹魏时期，成文的屯田法制进一步发展的结果是"屯田法"的出现。西

---

〔1〕　蒲坚主编：《中国历代土地资源法制研究》，北京大学出版社2006年版，第119页。

〔2〕　（晋）陈寿：《三国志·卷一六·魏书·任峻传》，陈乃乾点校，中华书局1982年版，第489页。

〔3〕　（宋）李昉等：《太平御览·卷二四二·职官部四十》，中华书局1960年版，第1147页。

〔4〕　（晋）陈寿：《三国志·卷一一·魏书·国渊传》，陈乃乾点校，中华书局1982年版，第339页。

〔5〕　（唐）房玄龄等：《晋书·卷一·宣帝纪》，中华书局1974年版，第2页。

晋武帝咸宁元年（公元275年）十二月，诏曰："出战入耕，虽自古之常，然事力未息，未尝不以战士为念也。今以邺奚官奴婢著新城代田兵种稻，奴婢各五十人为一屯，屯置司马，使皆如屯田法。"〔1〕"屯田法"的文本未见诸史籍记载，从引文中可以看出"田兵种稻""五十人为一屯""屯置司马"皆为"屯田法"的内容。

魏元帝咸熙元年（公元264年）冬十月，"罢屯田官以均政役，诸典农皆为太守，都尉皆为令长"〔2〕。曹魏末年废罢屯田，此时政权已落入司马氏之手。晋武帝泰始二年（公元266年）十二月，司马炎下诏"罢农官为郡县"〔3〕。可见，西晋延续了废弃屯田的政策。由此，咸宁元年（公元275年）诏所称"屯田法"并非西晋新法，而是沿用曹魏旧制。西晋代魏，部分继受曹魏立法顺理成章，"屯田法"出自曹魏时期是一个合理的推论。〔4〕"屯田法"的出现使屯田法制的成文化发展进一步向前推进。

可见，曹魏时期屯田法制的渊源主要有两种：一是专门的"屯田法"，即系统性的、成文的专门法规，这是秦汉时期未曾有过的；二是"令"，且"令"也有两种类型，即专门的"置屯田令"和单个的屯田诏令。前者已从具体行为规范上升到抽象行为规范，并非针对一时一事而发，较之秦汉时期已有明显进步；后者与秦汉时期基本相同。屯田法制渊源上的变化表明曹魏对屯田的重视程度较之秦汉时期有所提高，由一时一事的权宜之计上升到基本国策的层面上来，同时也表明屯田立法技术进一步提高。

2. 曹魏屯田管理机构

曹魏屯田组织比较完善，无论是中央、地方，还是民屯、军屯均有相应的组织管理体系。

中央屯田管理机构名义上仍是大司农，事实上却并非如此。〔5〕东汉以后，随着君主专制体制的强化，内朝尚书台已逐渐取代三公九卿掌握朝廷实权。

---

〔1〕（唐）房玄龄等：《晋书·卷二六·食货志》，中华书局1974年版，第787页。

〔2〕（晋）陈寿：《三国志·卷四·魏书·三少帝纪》，陈乃乾点校，中华书局1982年版，第153页。

〔3〕（唐）房玄龄等：《晋书·卷三·武帝纪》，中华书局1974年版，第55页。

〔4〕蒲坚、杨翠微即持此种观点。蒲坚主编：《中国历代土地资源法制研究》，北京大学出版社2006年版，第122页。

〔5〕参见刘静夫："曹魏屯田官隶属大司农说质疑"，载《南充师院学报（哲学社会科学版）》1980年第3期，第1~9页。

曹操屯田之始，对究竟应"执分田之术"还是"计牛输谷"犹豫不决〔1〕，令枣祗与守尚书令荀彧商议，这表明尚书令已开始兼管屯田事务。邓艾在得到司马懿的赏识后，"辟之为掾，迁尚书郎"，朝廷欲广田蓄谷，故使邓艾"行陈、项已（以）东至寿春"，邓艾随后在淮南的大规模屯田即以"尚书郎"的身份从事。〔2〕可见，尚书台属员已开始管理具体屯田事务。曹魏后期，尚书"（何）晏等专政，共分割洛阳、野王典农部桑田数百顷"〔3〕，"尚书令裴秀占官稻田"〔4〕。从这些史料来看，尚书台与屯田事务有一定的关联性，否则难以如此大规模地侵占屯田。尚书台对屯田事务的介入可见一斑，故大司农并非如前代全面负责屯田管理事务。

地方屯田管理机构因民屯、军屯而有所不同。就民屯而言，《后汉书》载："《魏志》曰：曹公置典农中郎将，秩二千石，典农都尉，秩六百石，典农校尉秩比二千石，所主如中郎，部分别而少为校尉丞。"〔5〕《通典》载："典农中郎将、典农都尉、典农校尉（并曹公置……），劝农谒者。"〔6〕典农中郎将、典农校尉、典农都尉均为民屯管理机构。此外，见诸史籍的民屯管理机构还有"屯田都尉"〔7〕"绥集都尉"〔8〕等。《三国志》载：

---

〔1〕　（晋）陈寿：《三国志·卷一六·魏书·任峻传》，陈乃乾点校，中华书局1982年版，第490页。

〔2〕　（晋）陈寿：《三国志·卷二八·魏书·邓艾传》，陈乃乾点校，中华书局1982年版，第775页。

〔3〕　（晋）陈寿：《三国志·卷九·魏书·曹爽传》，陈乃乾点校，中华书局1982年版，第284页。

〔4〕　（唐）房玄龄：《晋书·卷三五·裴秀传》，中华书局1974年版，第1039页。

〔5〕　（南朝宋）范晔：《后汉书·百官志三》"大司农"条注引，中华书局1965年版，第3591页。

〔6〕　（唐）杜佑：《通典·卷二六·职官八》，王文锦等点校，中华书局1988年版，第729页。

〔7〕　《三国志》载："（梁）习表置屯田都尉二人，领客六百夫，于道次耕种菽粟，以给人牛之费。"〔（晋）陈寿：《三国志》卷一五《魏书·梁习传》，陈乃乾点校，中华书局1982年版，第469页。〕梁习所置二屯田都尉，劳动者为六百屯田客，可见系民屯。同书《贾逵传》载弘农太守贾逵"疑屯田都尉藏亡民，都尉自以不属郡，言语不顺。逵怒，收之，数以罪，挝折脚，坐免。"可见，屯田都尉虽设于郡，但并非太守属官，而属于专门的民屯系统。但下文注引则有所不同，称"逵前在弘农，与典农校尉争公事，不得理，乃发愤生瘿……"若注引属实，则正文所谓"屯田都尉"即"典农校尉"。又《三国志·卷十六·魏书·任峻传》引《魏武故事》所载令曰："故陈留太守枣祗，天性忠能。……孤乃然之，使为屯田都尉，施设田业。其时岁则大收，后遂因此大田，丰足军用，摧灭群逆，克定天下，以隆王室。"建安元年（公元196年）议兴屯田的枣祗被曹操任命为"屯田都尉"，并取得骄人的成就，为曹操平定天下奠定了坚实的物质基础。

〔8〕　《三国志》载："仓慈字孝仁，淮南人也，始为郡吏。建安中期，太祖开募屯田于淮南，以慈为绥集都尉。"〔（晋）陈寿：《三国志·卷一六·魏书·仓慈传》，陈乃乾点校，中华书局1982年版，第512页。〕仓慈担任的"绥集都尉"是曹操募民屯田淮南的负责人，属于民屯管理机构。

邓艾字士载，义阳棘阳人也。……为都尉学士，以口吃，不得作干佐，为稻田守丛草吏。同郡吏父怜其家贫，资给甚厚，艾初不称谢。每见高山大泽，辄规度指画军营处所，时人多笑焉。后为典农纲纪，上计吏，因使见太尉司马宣王。宣王奇之，辟之为掾，迁尚书郎。[1]

邓艾担任过的"稻田守丛草吏""典农纲纪""上计吏"等职务，均与民屯有关。在典农将校之下，"典农属员尚有典农司马、典农功曹、典农纲纪、上计吏、稻田守丛草吏、屯田掌辖人等等，分别负责屯田的有关事宜"[2]。具体而言，典农中郎将或典农校尉置于州郡，负责一州郡的民屯。屯田都尉则设于县，负责所管区域内的民屯。[3]屯司马率领各属吏直接指挥民屯生产，属基层屯田管理者，管理大约五十名屯民。

军屯稍有不同，除各军将吏自行劝课耕作以外，还设有不同于民屯的管理组织。黄初年间（公元 220 年至公元 226 年），大司农派司农度支中郎将、度支校尉、度支都尉到军队中管理屯田。"《魏略》云：'司农度支校尉，黄初四年（公元 223 年）置，比二千石，掌诸军兵田。'"[4]到魏文帝时，设度支尚书主其事。

曹魏时期，汉代掌管西域屯田的戊己校尉也得以复置。魏文帝黄初三年（公元 222 年）二月，"鄯善、龟兹、于阗王各遣使奉献。……是后西域遂通，置戊己校尉"[5]。从楼兰汉简的记载来看，西域长史也在楼兰地区管理着屯田事务。[6]

曹魏屯田组织与地方行政系统的关系较为复杂。军屯隶属于军队系统，与地方体制本有不同，不必细说。民屯在史籍中既存在二者分立、并行不悖的记载，也有屯田官兼领地方事务或郡县长官兼管屯田的记载。

曹魏初期，典农官作为专职的屯田官员，与郡县官分属不同组织系统，互不统属。《魏书》载：弘农太守贾逵"疑屯田都尉藏亡民，都尉自以不属

---

〔1〕（晋）陈寿：《三国志·卷二八·邓艾传》，陈乃乾点校，中华书局 1982 年版，第 775 页。

〔2〕张泽咸等：《中国屯垦史》（中册），农业出版社 1990 年版，第 10 页。

〔3〕刘继光：《中国历代屯垦经济研究》，团结出版社 1991 年版，第 70 页。

〔4〕（宋）李昉等：《太平御览·卷二四二·职官部四十》，中华书局 1960 年版，第 1147 页。

〔5〕（晋）陈寿：《三国志·卷二·魏书·文帝纪》，陈乃乾点校，中华书局 1982 年版，第 79 页。

〔6〕林梅村编：《楼兰尼雅出土文书》，文物出版社 1985 年版，第 3~4 页。

郡，言语不顺。遽怒，收之，数以罪，挝折脚，坐免"。〔1〕可见，屯田都尉虽设于弘农，但并非太守属官，而是属于专门的民屯系统。其下注引称"遽前在弘农，与典农校尉争公事，不得理，乃发愤生瘿……"无论与贾逵发生争执的是"屯田都尉"还是"典农校尉"，其秩均不超过"比二千石"，敢与"二千石"的太守"言语不顺"，其所侍者无非二者分属不同行政体系而已，此为民屯与郡县系统分治之例。另，京兆太守颜斐之事也可见一斑。"青龙中，司马宣王在长安立军市，而军中吏士多侵侮县民，（颜）斐以白宣王。宣王乃发怒召军市侯，便于斐前杖一百。时长安典农与斐共坐，以为斐宜谢，乃私推筑斐。"〔2〕此事发生在明帝青龙年间（公元233年至公元237年），长安典农既然能与京兆太守"共坐"并私下提醒颜斐，表明二者地位相当，没有明显的上下级之分，二者当分属不同的组织体系。

典农官往往在郡县之外别置治所。如史载正始末（约公元249年），"洛阳典农治在城外"〔3〕；《水经注》："今荥阳东二十里有故城，……世谓之都尉城，盖荥阳典农都尉治"〔4〕。洛阳典农中郎将、荥阳典农都尉治所都在城外，体现出与郡县行政系统的互不统属。除治所有别以外，典农官在权限上也不同于郡县官，明显差异在于典农官没有贡举权。史载文帝即位，裴潜任"散骑常侍。出为魏郡、颍川典农中郎将，奏通贡举，比之郡国，由是农官进仕路泰"〔5〕。在裴潜"奏通贡举"之前，典农官是没有提拔下属的权力的，其权力明显小于郡县官；文帝以后，典农官的地位得到提升。

地方官兼领屯田事务的记载也见诸史籍。建安初年（约公元196年），魏武"以沛国刘馥为扬州刺史，镇合肥，广屯田"〔6〕。可见，曹操当政时期，有刺史兼管屯田事务的先例。"文帝即王位，（赵俨）为侍中。顷之，拜驸马

---

〔1〕（晋）陈寿：《三国志·卷一五·魏书·贾逵传》，陈乃乾点校，中华书局1982年版，第481页。

〔2〕（晋）陈寿：《三国志·卷一六·魏书·仓慈传》注引，陈乃乾点校，中华书局1982年版，第513~514页。

〔3〕（晋）陈寿：《三国志·卷九·曹爽传·注引·魏略》，陈乃乾点校，中华书局1982年版，第291页。

〔4〕（北魏）郦道元：《水经注校证·卷七·济水》，陈桥驿校证，中华书局2007年版，第194页。

〔5〕（晋）陈寿：《三国志·卷二三·裴潜传》，陈乃乾点校，中华书局1982年版，第672页。

〔6〕（唐）房玄龄等：《晋书·卷二六·食货志》，中华书局1974年版，第784页。

都尉，领河东太守，典农中郎将。"〔1〕赵俨在文帝即位之初就以河东太守的身份兼任典农官员。同一时期，卢毓为梁、谯太守，文帝"大徙民"至谯"以为屯田"〔2〕，卢毓的任职与赵俨基本相同。弘农太守兼领典农校尉的事例也见诸史籍。"（孟）康字公休，安平人。……正始中，出为弘农，领典农校尉。"〔3〕傅玄在曹魏时，也曾"迁弘农太守，领典农校尉"〔4〕。可见，地方官员兼领屯田事务的现象在曹魏不同时期一直存在。

可见，自建安年间直至曹魏末期，郡县、民屯分治与郡县兼领民屯两种组织方式均见诸史籍。晋武帝太康十年（公元 289 年）淮南相刘颂上疏云："昔魏武帝分离天下，使人役居户各在一方，既事势所须，且意有曲为，权假一时以赴所务，非正典也。……魏氏错役，亦应改旧。"〔5〕"错役"指的就是"人役居户各居一方"，即把屯田劳动者与一般编户齐民区分开，分别居住于不同的地方。刘颂认为曹魏错役"非正典也"，表明郡县、民屯分治只是权宜之计，二者合一才是国家定制。

3. 曹魏屯田的劳动力及管理方式

曹魏屯田劳动力视军屯、民屯而有所不同，前者为士兵，称为田兵、屯兵、佃兵、士，后者为平民，称为典农部民〔6〕、百姓、屯田客、客。在管理方式上，军屯隶属于军队系统，依军法管理，强制性比较突出。民屯往往"募民"而耕，看上去似乎出于贫民自愿，但实际上强制色彩亦十分浓厚。"是时，新募民开屯田，民不乐多逃亡。涣白太祖曰：'夫民安土重迁，易以顺行，难以逆动，宜顺其意，乐之者乃取，不欲者勿强。'太祖从之。百姓大悦。"〔7〕可

〔1〕（晋）陈寿：《三国志·卷二三·魏书·赵俨传》，陈乃乾点校，中华书局 1982 年版，第 671 页。

〔2〕（晋）陈寿：《三国志·卷二二·魏书·卢毓传》，陈乃乾点校，中华书局 1982 年版，第 651 页。

〔3〕（晋）陈寿：《三国志·卷十六·魏书·杜恕传》注引，陈乃乾点校，中华书局 1982 年版，第 506 页。

〔4〕（唐）房玄龄等：《晋书·卷四七·傅玄传》，中华书局 1974 年版，第 1317 页。

〔5〕（唐）房玄龄等：《晋书·卷四六·刘颂传》，中华书局 1974 年版，第 1305 页。

〔6〕后以屯田闻名的邓艾，即出身"典农部民"。《三国志》载："世语曰：'邓艾少为襄城典农部民，与石苞皆年十二三。谒者阳翟郭玄信，武帝监军郭诞元奕之子。建中，少府吉本起兵许都，玄信坐被刑在家，从典农司马求人御，以艾、苞与御，行十余里，与语，悦之，谓二人皆当远至为佐相。艾后为典农功曹，奉使诣宣王，由此见知，遂被拔擢。'"〔（晋）陈寿：《三国志·卷二十八·魏书·邓艾传》，陈乃乾点校，中华书局 1982 年版，第 775 页。〕

〔7〕（晋）陈寿：《三国志·卷一一·魏书·袁涣传》，陈乃乾点校，中华书局 1982 年版，第 334 页。

见，最初的募民实际上是被迫从事屯田劳作的，曹操采纳袁涣的建议之后才有所改变。募民从事屯田之后，一般由典农官吏管辖，被编入半军事性组织，人身自由受到限制。除"募民"以外，强制性的迁徙仍然存在。如文帝即位时，卢毓为"黄门侍郎，出为济阴相，梁、谯二郡太守。帝以谯旧乡，故大徙民充之，以为屯田。而谯土地硗瘠，百姓穷困，毓愍之，上表徙民于梁国就沃衍，失帝意。虽听毓所表，心犹恨之，遂左迁毓，使将徙民为睢阳典农校尉"[1]。文帝不顾其"旧乡""土地硗瘠"，迁徙大量民众屯田谯郡，卢毓上谏被贬，奉旨带领徙民至睢阳屯田，这些"徙民"即被强制迁徙从事屯田者。司马孚任度支尚书后，"遣冀州农丁五千，屯于上邽"[2]，这些"农丁"同样是被"遣"至上邽从事屯田生产的。

　　曹魏时期出现了一类特殊的屯田兵丁，此即"士家"[3]或"兵户"[4]。"士家"即士兵家属，多来源于改编战俘，以户为单位进行编制，别立户籍，婚配限于同类。如建安十一年（公元 206 年）三月，曹操打败并州刺史高干后，"使陈郡梁习以别部司马领并州刺史。……习到官，诱喻招纳，皆礼召其豪右，稍稍荐举，使诣幕府；豪右已尽，次发诸丁强以为义从；又因大军出征，令诸将分请以为勇力。吏兵已去之后，稍移其家，前后送邺，凡数万口；其不从命者，兴兵致讨，斩首千数，降附后者万计。单于恭顺，名王稽颡，服事供职，同于编户"[5]梁习以强迫的手段将降附者招为士卒随大军出征之后，又将其家属"数万口"迁徙至邺从事屯田，以增强当地的经济实力，此即为"士家"。曹丕称帝于洛阳，"欲徙冀州士家十万户实河南，时连蝗民饥，群司以为不可，……帝遂徙其半"[6]。士家屯田与普通士兵屯田组织形式有所不同，前者以户为单位，而后者往往以营为单位。

---

〔1〕（晋）陈寿：《三国志·卷二二·魏书·卢毓传》，陈乃乾点校，中华书局 1982 年版，第 651 页。

〔2〕（唐）房玄龄等：《晋书·卷三七·司马孚传》，中华书局 1974 年版，第 1083 页。

〔3〕刘继光即称之为"士家"，刘继光：《中国历代屯垦经济研究》，团结出版社 1991 年版，第 73~74 页。

〔4〕张泽咸、郭松义即称之为"兵户"。张泽咸、郭松义：《中国屯垦史》，文津出版社 1997 年版，第 26 页。

〔5〕（宋）司马光编著：《资治通鉴》卷六五，中华书局 1956 年版，第 2067 页。

〔6〕（晋）陈寿：《三国志·卷二五·魏书·辛毗传》，陈乃乾点校，中华书局 1982 年版，第 696~697 页。

### 4. 曹魏屯田劳动者的法律地位

曹魏屯田劳动者所受的经济剥削较为沉重。军屯农战结合、且耕且战，田兵的全部生产资料和生活资料均由官府供给，屯田所获的粮食产品也一律上交官府，或留一部分口粮后，其余部分上交官府。对田兵而言，劳动所得仅糊口而已，不可能有超越基本生活的收益，所受经济剥削极其严重。明帝时，护军将军蒋济言屯田军士"宿兵边陲，且耕且战，怨旷积年"〔1〕，当有这方面的原因。

民屯稍异于军屯，屯田客携家带口应募而来或是被强制迁徙而从事屯田，官府在最初的一二年内提供全部或大部分所需生产资料如犁、牛、农具、种子等以外，还提供口粮、住房与必要的生活用具。待屯田客具备独立经营能力时，官府开始征收租税。"一年中与百姓，二年分税，三年计赋税以使之，公私兼济"〔2〕。征收赋税的比例，按封裕上谏所载，"魏、晋虽道消之世，犹削百姓不至于七八，持官牛田者官得六分，百姓得四分，私牛而官田者与官中分，百姓安之，人皆悦乐"〔3〕。可见，赋税征收的比例依是否持官牛耕种而分为"六四分"与"中分"两种形式。士家屯田与之相同。傅玄曾指出："旧兵持官牛者，官得六分，士得四分。自持私牛者，与官中分。施行以来，众心安之。"〔4〕此处因"兵""士"持"私牛"屯田，故不应系田兵屯田，而应属士家屯田，四六分成或中分制与封裕所言完全相同。辛劳一年，泰半均为政府所夺，即便持自家私牛耕种，也需"与官中分"，屯田客或士家所受剥削是比较沉重的。正如曹丕所言："比来东征，经郡县，历屯田，百姓面有饥色，衣或短褐不完……"〔5〕

屯田劳动者还要承担较重的苛碎杂徭。建安二十三年（公元218年），曹操下令："军兴于外，垦田损少，吾甚忧之。……老耄须侍养者，年九十以

〔1〕（晋）陈寿：《三国志·卷一四·魏书·蒋济传》，陈乃乾点校，中华书局1982年版，第453页。

〔2〕（唐）房玄龄等：《晋书·卷二六·食货志》，中华书局1974年版，第792页。

〔3〕（唐）房玄龄等：《晋书·卷一〇九·慕容皝载记》，中华书局1974年版，第2823～2824页。

〔4〕（唐）房玄龄等：《晋书·卷四七·傅玄传》，中华书局1974年版，第1321页。

〔5〕（晋）陈寿：《三国志·卷二·魏书·文帝纪》注，陈乃乾点校，中华书局1982年版，第66页。

上，复不事家一人。"〔1〕如此，家家须承担赋役，家中有九十岁以上的老人方能豁免一人以为侍养。曹操统治时期，垦田的主力军是屯田劳动者而非编户齐民，故这一令更倾向于针对屯田劳动者而发。从当时的社会状况来看，高寿达九十者寥寥无几，这一法令的适用面并不宽泛。正元二年（公元255年）冬十月诏曰："其令所在郡典农及安抚夷二护军各部大吏慰恤其门户，无差赋役一年；其力战死事者，皆如旧科，勿不所漏。"〔2〕此令系洮西战败后安抚民众所作，其中明言典农所部也曾差为"将士"，且需承担赋役。可见，屯田客在屯田之外还需服兵役及其他差役，前引应詹上表所言"三年计赋税以使之"确非虚言。屯田客的兵役在建安年间早已出现，建安二十三年（公元218年）春正月，"汉太医令吉本与少府耿纪、司直韦晃等反，攻许，烧丞相长史王必营，必与颍川典农中郎将严匡讨斩之"。〔3〕典农中郎将为民屯屯官，并无军权，严匡讨斩叛贼只能率屯田客为之，可见屯田客需承担一定的兵役。宫室营造之役，往往也加之屯田客头上。明帝时，毋丘俭"出为洛阳典农。时取农民以治宫室，俭上疏曰：'臣愚以为天下所急除者二贼，所急务者衣食。诚使二贼不灭，士民饥冻，虽崇美宫室，犹无益也'"。〔4〕虽不能说治宫室者均为屯田客，但洛阳典农所辖屯田客参与修宫室是极有可能的。此外，屯田客还负有经商之责。如《司马芝传》所载：

> （芝）后为大司农。先是诸典农各部吏民，末作治生，以要利入。芝奏曰："……今商旅所求，虽有加倍之显利，然于一统之计，已有不赀之损，不如垦田益一亩之收也。……今诸典农，各言'留者为行者宗田计，课其力，势不得不尔。不有所废，则当素有余力。'臣愚以为不宜复以商事杂乱，专以农桑为务，于国计为便。"明帝从之。〔5〕

曹操设屯田之始，令屯田客"专以农桑为业"，并无杂项徭役。文帝即位

---

〔1〕（晋）陈寿：《三国志·卷一·魏书·武帝纪》，陈乃乾点校，中华书局1982年版，第51页。

〔2〕（晋）陈寿：《三国志·卷四·魏书·三少帝纪》，陈乃乾点校，中华书局1982年版，第134页。

〔3〕（晋）陈寿：《三国志·卷一·魏书·武帝纪》，陈乃乾点校，中华书局1982年版，第50页。

〔4〕（晋）陈寿：《三国志·卷二八·魏书·毋丘俭传》，陈乃乾点校，中华书局1982年版，第761页。

〔5〕（晋）陈寿：《三国志·卷一二·魏书·司马芝传》，陈乃乾点校，中华书局1982年版，第388~389页。

以后，诸典农"末作治生，以要利入"，将屯田客用于经商获利，"以商事杂乱"屯田客的农业生产。司马芝上奏将"治禀系桥，运输租赋，除道理梁，墐涂室屋"等事务也当成"无日不为农事"的一个组成部分。这些事务事实上与农业生产并无直接关联。若将这些考虑在内，则足见屯田客在屯田之外，还需承担为诸典农谋求末利等诸多杂役。正因如此，"正始初，（司马昭）为洛阳典农中郎将。值魏明奢侈之后，帝躬除苛碎，不夺农时，百姓大悦"[1]。典农中郎将作为主管屯田的官员，所躬除的当然是不利于屯田、影响农时的劳役。从"百姓大悦"来看，这些负担已经严重地影响了屯田客的劳动积极性。于是，出现了一幕很奇怪的现象："魏氏给公卿已下租牛、客户数各有差，自后小人惮役，多乐为之，贵势之门动有百数。"[2]屯田客被官方与租牛一起赐给公卿贵势之家，本是贱辱屯田客之举，结果屯田客"多乐为之"，原因在于繁重的杂役让屯田客无力承受。

屯田劳动者社会地位较为低下。军屯的田兵且耕且战，劳动强度较大，政治地位并无优于普通军人之处，屯田客及士家则更不如田兵。据前引《晋书》所载："魏氏给公卿以下租牛、客户数各有差"，表明屯田客可以被随便赏赐给公卿贵势之家，法律地位与"租牛"无异。此外，屯田的士家别立户籍，与编户齐民有异，且婚配限于同类，民事权利受到了极大限制。

5. 吴蜀的屯田实践及其法制

孙吴、蜀汉也实施过屯田，如建安八年（公元 173 年）左右，陆逊"出为海昌屯田都尉，并领县事"[3]。屯田都尉是民屯管理机构，陆逊担任此职意味着孙吴屯田的开展。《水经注》记载阳新"水之左右，公私裂溉，咸成沃壤，旧吴屯所在也"[4]，表明长江沿岸已有孙吴的诸多屯田。《晋书》载："吴分会稽无锡已西为屯田，置典农校尉"，山越人聚居地也成了孙吴的重要屯田据点。永安六年（公元263 年）十月，"丞相兴建取屯田万人以为兵"[5]。

---

〔1〕 （唐）房玄龄等：《晋书·卷二·文帝纪》，中华书局1974 年版，第32 页。

〔2〕 （唐）房玄龄等：《晋书·卷九三·外戚·王恂传》，中华书局1974 年版，第2412 页。

〔3〕 （晋）陈寿：《三国志·卷五八·吴书·陆逊传》，陈乃乾点校，中华书局1982 年版，第1343 页。

〔4〕 （北魏）郦道元：《水经注校证》卷三五，陈桥驿校证，中华书局2007 年版，第809~810 页。

〔5〕 （晋）陈寿：《三国志·卷四八·吴书·三嗣主传第三》，陈乃乾点校，中华书局1982 年版，第1161 页。

孙吴能取屯田万人以为兵，足见民屯规模之大。屯田虽有规模，但孙吴屯田法制的建设远不及曹魏兴盛，史料中相关记载难以寻觅。黄武五年（公元 226年）春，"陆逊以所在少谷，表令诸将增广农亩。权报曰：'甚善！今孤父子亲自受田，车中八牛以为四耦，虽未及古人，亦欲与众均其劳也'"。〔1〕孙权鉴于"军兴日久，民离农畔，父子夫妇，不听相恤"，于是下令与民休息。在此背景下，陆逊上表请求命令各路将领"增广农亩"，进一步发展军屯，得到了孙权的首肯。可见，孙吴屯田法制的渊源也体现为"令"的形式。此外，孙吴在屯田管理体制、屯田兵民的法律地位上与曹魏屯田有相同之处，此处不赘。蜀汉屯田规模较小，时间也不长，在屯田法制上难有大的建树。

（二）两晋屯田法制

前已述及，咸熙元年（公元 264 年）曹魏"罢屯田官以均政役，诸典农皆为太守，都尉皆为令长"〔2〕。事实上，这一时期仍有屯田存在。"咸熙初，（侯史光）为洛阳典农中郎将，封关中侯。"〔3〕泰始二年（公元 266 年）"十二月，罢农官为郡县"〔4〕。此诏书表明曹魏废屯法令没有得到很好的贯彻，同时也表明了西晋对民屯的态度。泰始二年（公元 266 年）后，民屯被废，但军屯仍然存在。泰始四年（公元 268 年），傅玄上疏提及了军屯的剥削率问题。此外，咸宁元年（公元 275 年）诏令也针对军屯：

> 出战入耕，虽自古之常，未尝不以战士为念也。今以邺奚官奴婢著新城，代田兵种稻。奴婢各五十人为一屯，屯置司马，使皆如屯田法。〔5〕

可见，咸宁元年（公元 275 年）仍有军屯的存在，且在沿用曹魏屯田旧制的基础上有所变通——以"奴婢"取代"田兵"种稻。此外，晋代还出现过其他人员参与屯田的实例。如明帝时应詹上疏云："都督可课佃二十顷，州十顷，郡五顷，县三顷。皆取文武吏医卜，不得扰乱百姓。三台九府，中外诸

---

〔1〕（晋）陈寿：《三国志·卷四七·吴书·吴主传二》，陈乃乾点校，中华书局 1982 年版，第1132 页。

〔2〕（晋）陈寿：《三国志·卷四·魏书·三少帝纪》，陈乃乾点校，中华书局 1982 年版，第 153 页。

〔3〕（唐）房玄龄等：《晋书·卷四五·侯史光传》，中华书局 1974 年版，第 1289 页。

〔4〕（唐）房玄龄等：《晋书·卷三·武帝纪》，中华书局 1974 年版，第 55 页。

〔5〕（唐）房玄龄等：《晋书·卷二六·食货志》，中华书局 1974 年版，第 787 页。

军，有可减损，皆令附农。市息末伎，道无游人，不过一熟，丰穰可必。"[1]
应詹之言，虽然重在谈论整饬吏治之方，但也提及以"文武吏医卜""三台九
府"减损之员等非军事人员从事屯田生产的内容。随着该建议的部分实施，
晋代屯田劳动者也并非全是军士。

从渊源上看，两晋屯田法制没有超越前代，甚至退回到了汉代的水平上，
没有颁布一般性的屯田法令，仅仅针对一时一事颁布与具体屯田事务有关的诏令。

晋代屯田组织体系基本沿用了曹魏法制且有所发展。中央管理机构方面，
尚书台对屯田的管理进一步法制化。晋初所置六曹尚书中，即有"屯田尚书"，
后改称"田曹尚书"。[2]虽然此尚书为晋新设，但尚书台的权力由内而外地扩
张则一如曹魏时期。前引咸宁元年（公元275年）诏中，"屯置司马和出耕入战
之办法，便是明显地沿袭曹魏旧制"[3]。此外，杜预曾上疏："时下都督度支
共处当，各据所见，不从遵言。……都督度支方复执异，非所见之难，直以不
同害理也。……豫州界二度支所领佃者，州郡大军杂士，凡用水田七千五百
余顷耳，计三年之储，不过二万余顷。"[4]其中"都督""度支"即曹魏时期
都督、度支中郎将、度支校尉等军屯职官在西晋时的延续。除此之外，在西
域地区，晋代延续曹魏时期的做法，在该地区设置西域长史管理屯田。

坞壁屯田是晋代屯田的一大特色。坞壁实为军阀混战时期地主豪强为自
保而建立的城堡，最初出现于东汉末年。东晋时期，坞壁再次出现，但与东
汉时期有所不同。坞中百姓以宗族为单位聚居，"千家共户，百家同室"，共
同推举坞主进行管理。坞壁普遍采用且耕且战的军屯方式组织生产，是东晋
时期富有特色的屯田组织形式。坞壁屯田以家为单位，平时务农、战时从军，
颇有士家屯田之风，但自治的一面为士家屯田所不及。[5]

〔1〕（唐）房玄龄等：《晋书·卷七〇·应詹传》，中华书局1974年版，第1860页。

〔2〕《晋书》载："及晋置吏部、三公、客曹、驾部、屯田、度支六曹，而无五兵。咸宁二年
（公元276年），省驾部尚书。四年，省一仆射，又置驾部尚书。太康中，有吏部、殿中及五兵、田
曹、度支、左民为六曹尚书，又无驾部、三公、客曹。"详见（唐）房玄龄等：《晋书·卷二四·职官
志》，中华书局1974年版，第731页。

〔3〕张泽咸等：《中国屯垦史》（中册），农业出版社1990年版，第58页。

〔4〕（唐）房玄龄等：《晋书·卷二六·食货志》，中华书局1974年版，第789页。

〔5〕坞壁屯田的有关论述，可参见刘继光：《中国历代屯垦经济研究》，团结出版社1991年版，
第97~99页。

从剥削率来看，晋代屯田劳动者法律地位更为低下。由于民屯废罢，军屯中的士卒屯田无所谓与国家分成的问题，故屯田的剥削率仅体现在士家屯田上。泰始四年（公元268年），御史中丞傅玄上疏曰："旧兵持官牛者，官得六分，士得四分。自持私牛者，与官中分。施行以来，众心安之。今一朝减持官牛者，官得八分，士得二分；持私牛及无牛者，官得七分，士得三分，人失其所，必不欢乐。臣愚以为宜佃兵持官牛者与四分，持私牛与官中分，则天下兵作欢然悦乐，爱惜成谷，无有损弃之忧。"[1]可见，晋初改变了曹魏时的分成比例，士家屯田所得各降20%，对屯田劳动者的积极性产生了负面影响。

（三）南北朝屯田法制

南北朝时期，北朝屯田优于南朝，是三国之后唐代以前屯田最有成效的时期，下文的论述以北朝为主。

1. 屯田法制渊源

北朝屯田法制的建立，起始于北魏登国九年（公元394年）。是年三月，"使东平公元仪屯田于河北五原，至于椆阳塞外。五月田于河东"[2]。可见，北朝屯田法制确立之初，仍体现为具体的诏令。宣武帝正始元年（公元504年）九月，"诏缘淮南北，所在镇戍，皆令及秋播麦，春种粟稻。随其土宜，水陆兼用。必使地无遗利，兵无余力，比及来稔，令公私俱济也"[3]。这一诏令针对的是淮南淮北全部镇戍的军屯，要求"随其土宜，水陆兼用"，尽全力扩大屯田生产，较之前一诏令调整的范围有所扩大。至北齐武成帝河清三年（公元564年）"定令。……缘边城守之地，堪垦食者，皆营屯田，署都使子使以统之。一子使当田五十顷，岁终考其所入，以论褒贬"[4]。此令在均田的同时，对屯田进行了一般性规范，条文虽然简略，但却涵盖了屯田地域、屯田组织管理体系、管辖权限以及屯田考课方式等内容。这一令与曹操《置屯田令》、曹魏"屯田法"性质相同，都已超越具体行政行为，上升至抽象行政行为的层面，具有立法的性质，在我国屯田法制史上有着里"程碑式"的意义。

---

〔1〕 （唐）房玄龄等：《晋书·卷四七·傅玄传》，中华书局1974年版，第1321页。

〔2〕 （唐）李延寿：《北史·卷一·魏本纪一》，中华书局1974年版，第13页。

〔3〕 （北齐）魏收：《魏书·卷八·世宗纪》，中华书局1974年版，第198页。

〔4〕 （唐）魏征、令狐德棻：《隋书·卷二四·食货志》，中华书局1973年版，第677页。

### 2. 屯田管理机构

北朝时，屯田管理组织体系在继承前代做法的基础上有所创新。中央有专门管理屯田事务的机构。如北齐时，裴让之担任过屯田主客郎中，邢臧曾任尚书屯田郎。在尚书省的祠部尚书下设有屯田曹，主管"诸州屯田等事"。司农寺下设的"典农署"亦有屯田之责，负责山阳、平头、督亢三部屯。

北朝地方屯田机构沿用曹魏时期中郎将、校尉等官职，并出现了负责屯田管理的使职。如前引范绍屯田义阳，"八座奏绍为西道六州营田大使，加步兵校尉"[1]。作为地方军政大员，范绍拥有宁远将军、义阳太守和步兵校尉等多个头衔，但负责屯田管理的显然是"营田大使"一职。范绍"勤于劝课，频岁大获"，后来"追赏营田之勤，拜游击将军"[2]。太和十二年（公元488年），孝文帝采纳秘书丞李彪的建议，"别立农官，取州郡户十分之一以为屯人"[3]。既然"别立"屯田官员，可见其与郡县官员在组织体系上是分立的。即使郡县官员兼管屯田事宜，也会另设专职负责屯田管理。如李绘任高阳内史时，即设"农正"专主劝课，"高阳旧多陂淀，绘至后，淀水皆涸，乃置农正，专主劝课，垦田倍增，家给人足"[4]。迨至后期，北齐河清三年（公元564年）令明确规定："缘边城守之地，堪垦食者，皆营屯田，署都使子使以统之。"[5]边境地区的屯田管理者被确定为"都使""子使"等使职，与前代相比发生了明显的变化。

### 3. 屯田劳动力

北朝屯田既有军屯，亦有民屯。军屯劳动力为士兵，如北魏真君五年（公元444年），薄骨律镇将刁雍"总勒戎马，以防不虞，督课诸屯，以为储积"[6]，开屯田达四万余顷。其身为将军，统率"戎马"并督课其屯田积谷，劳动者应为士兵。太和五年（公元481年），彭城镇将徐州刺史薛虎子针对"州镇戍兵，资绢自随，不入公库"的状况，上表曰：

---

〔1〕（北齐）魏收：《魏书·卷七九·范绍传》，中华书局1974年版，第1756页。

〔2〕（北齐）魏收：《魏书·卷七九·范绍传》，中华书局1974年版，第1756页。

〔3〕（北齐）魏收：《魏书·卷六二·李彪传》，中华书局1974年版，第1386页。

〔4〕（唐）李延寿：《北史·卷三三·李绘传》，中华书局1974年版，第1208页。

〔5〕（唐）魏征、令狐德棻：《隋书·卷二四·食货志》，中华书局1973年版，第677页。

〔6〕（北齐）魏收：《魏书·卷三八·刁雍传》，中华书局1974年版，第867页。

今徐州良田十万余顷，水陆肥沃，清、汴通流，足以溉灌。若以兵绢市牛，可得万头，兴置屯田，一岁之中，且给官食。半兵芸殖，余兵屯戍，且耕且守，不妨捍边。一年之收，过于十倍之绢；暂时之耕，足充数载之食。于后兵资皆贮公库，五稔之后，谷帛俱溢，非直戍座丰饱，亦有吞敌之势。[1]

薛虎子建议以兵绢买牛万头用于兴置屯田，将士兵分成两部分，一半屯垦，一半戍守，五年之后即有吞敌之势。史载"魏人从之"，即得到了孝文帝的采纳，半数士兵屯田的建议得到了实施。之后，义阳太守范绍"发河北数州田兵二万五千人，通缘淮戍兵五万余人，广开屯田"[2]。从"田兵""戍兵"的用语来看，范绍率领的屯田劳动力均为士兵。永平年间（公元508年至公元512年），河北定州"有宗子稻田，屯兵八百户"[3]。宗子稻田耕种者却并非皇族子弟，而是"屯兵八百户"。屯田士卒以"户"为单位进行劳动，当为曹魏时期士家屯田之延续。此外，《隋书》载："孝昭皇建中，平州刺史稽晔建议，开幽州督亢旧陂，长城左右营屯，岁收稻粟数十万石，北境得以周赡。又于河内置怀义等屯，以给河南之费。"[4]史籍未载幽州及河内屯田的性质，但其地理位置均系边境地区，屯田积谷是为战争做准备，因此其劳动者为士兵的可能性更大。

民屯在北朝时也得到恢复和发展。北魏太和十二年（公元488年），秘书丞李彪建议"别立农官，取州郡户十分之一以为屯人，相水陆之宜，料顷亩之数，以赃赎杂物余财市牛科给，令其肆力"[5]。对李彪的建议，"帝览而善之，寻施行焉"[6]。可见，设立有别于郡县的典农官吏开展民屯的设想得到了实施，且取得了"水旱不为灾"的良好效果。其劳动力来源于"州郡户十分之一"，可见均系平民。北齐时，曾强制迁徙冀、定、瀛三州没有田业的人到幽州、范阳去开垦荒地，沿袭了秦汉以来强制贫民迁徙至边地屯田的做法。

〔1〕（宋）司马光编著：《资治通鉴》卷一三五，中华书局1956年版，第4247页。

〔2〕（北齐）魏收：《魏书·卷七九·范绍传》，中华书局1974年版，第1756页。

〔3〕（北齐）魏收：《魏书·卷五八·杨椿传》，中华书局1974年版，第1287页。

〔4〕（唐）魏征、令狐德棻：《隋书·卷二四·食货志》，中华书局1973年版，第677页。

〔5〕（北齐）魏收：《魏书·卷六二·李彪传》，中华书局1974年版，第1386页。

〔6〕（北齐）魏收：《魏书·卷一一〇·食货志》，中华书局1974年版，第2857页。

### 三、隋代屯田法制

隋朝的建立结束了三百余年的分裂局面，使中国重新获得统一。隋代继承前代做法，在边地设置屯田以捍御突厥、吐谷浑，在内地零星地设置屯田以发展经济。由于隋代大力推行均田之制，屯田所需的土地和劳动力资源较之前代甚为匮乏，屯田发展受到较大限制。隋代短命而亡，屯田法制建设没有太多可圈可点之处。

文帝时期，屯田主要见于朔州和河西地区。开皇五年（公元585年），郭衍"选授朔州总管，所部有恒安镇，北接蕃境，常劳转运。衍乃选沃饶地，置屯田，岁剩粟万余石，民免转输之劳"[1]。开皇十年（公元590年）后，继任朔州总管赵仲卿扩大了屯田的规模。"是时突厥犯塞，吐谷浑寇边，军旅数起，转输劳敝。帝乃令朔州总管赵仲卿，于长城以北，大兴屯田，以实塞下。"[2]朔州屯田"收获岁广，边戍无馈运之忧"，但由于赵仲卿行事过于酷暴，开皇十八年（公元598年）左右被免职，朔州屯田的发展便陷入困境。河西地区的屯田在隋初即已出现。文帝以贺娄子干为行军总管，"驰驿至河西，发五州兵"出击吐谷浑，并在当地"营田积谷，以备不虞"。贺娄子干基于屯田"获少费多，虚役人功"的现实，建议"屯田疏远者，请皆废省"，为文帝所采纳。[3]可见，文帝时期河西地区屯田规模较为有限。

炀帝时期，"盛兴屯田于玉门、柳城之外"[4]，西北、东北边境地区都有屯田出现。大业五年（公元609年），隋在西域、河湟地区"谪天下罪人，配为戍卒，大开屯田"[5]。炀帝命令刘权"过曼头、赤水，置河源郡、积石镇，大开屯田，留镇西境"取得了"诸羌怀附，贡赋岁入，吐谷浑余烬远遁"的效果[6]。《敦煌县志》载："炀帝大业五年西巡河右时，（刘）权为卫尉卿，帝遣之击吐谷浑。至青海虏获千余口，追奔至伏侯城而还。……置西海、河源、鄯善、且末等郡，命权镇河源积石，大开屯田捍御吐谷浑，以通西域

〔1〕（唐）魏征、令狐德棻：《隋书·卷六一·郭衍传》，中华书局1973年版，第1469页。

〔2〕（唐）魏征、令狐德棻：《隋书·卷二四·食货志》，中华书局1973年版，第681页。

〔3〕（唐）魏征、令狐德棻：《隋书·卷五三·贺娄子干传》，中华书局1973年版，第1352页。

〔4〕（唐）魏征、令狐德棻：《隋书·卷四·炀帝纪下》，中华书局1973年版，第94页。

〔5〕（唐）魏征、令狐德棻：《隋书·卷二四·食货志》，中华书局1973年版，第687页。

〔6〕（唐）魏征、令狐德棻：《隋书·卷六三·刘权传》，中华书局1973年版，第1504页。

之路。"〔1〕东北地区的屯田见于柳城,大业九年(公元 613 年),"发诸州丁,分为四番,于辽西柳城营屯"〔2〕。从史籍记载来看,炀帝时期屯田成效并不显著。大业五年(公元 609 年)河湟、西域地区罪囚大开屯田,仍需"发西方诸郡运粮以给之"〔3〕;大业九年(公元 613 年),"诏课关中富人,计其赀产出驴,往伊吾、河源、且末运粮"〔4〕。可见,河湟、西域地区在屯田数年之后仍需从内地运粮加以供应。东北边地的柳城屯田给征发的均田百姓带来了深重的负担,"严重干扰与破坏了正在推行的均田体制,几乎可谓完全失败之举"〔5〕。

隋代在中央尚书省下设吏部、礼部、兵部、都官、度支、工部六曹,屯田事务由工部掌管。《隋书》载:"工部尚书统工部、屯田侍郎二人",尚书省六部"凡三十六侍郎,分司曹务"。可见,屯田事务由工部屯田侍郎具体执掌。柳彧在文帝时期担任过屯田侍郎。史载:"高祖受禅,(柳彧)累迁尚书虞部侍郎,以母忧去职。未几,起为屯田侍郎,固让弗许。"〔6〕除屯田侍郎外,隋代还有"屯田主事"之职。《隋书》载:"大业三年(公元 607 年),屯田主事常骏、虞部主事王君政等请使赤土。"〔7〕

由于隋代短命而亡,屯田持续时间不长,屯田法制并不发达。由于均田制的大力推进,大量土地被分授给百姓,屯田土地以国有荒地为主。屯田劳动力的来源既包括士卒,也包括平民和罪囚。至于屯田的日常管理规范,则由于史籍记载不详而难以考证。

---

〔1〕 (清)苏履吉修、曾诚纂:《敦煌县志·卷五·人物志·名宦》(影印版),成文出版社有限公司 1970 年版,第 194 页。

〔2〕 (唐)魏征、令狐德棻:《隋书·卷二四·食货志》,中华书局 1973 年版,第 688 页。

〔3〕 (唐)魏征、令狐德棻:《隋书·卷二四·食货志》,中华书局 1973 年版,第 687 页。

〔4〕 (唐)魏征、令狐德棻:《隋书·卷二四·食货志》,中华书局 1973 年版,第 688 页。

〔5〕 李宝通:"隋代屯田的历史作用及其限制",载《西北师大学报(社会科学版)》2001 年第 3 期,第 96 页。

〔6〕 (唐)魏征、令狐德棻:《隋书·卷六二·柳彧传》,中华书局 1973 年版,第 1481 页。

〔7〕 (唐)魏征、令狐德棻:《隋书·卷八二·赤土传》,中华书局 1973 年版,第 1834 页。

第二章

# 唐代屯田法制的表现形式

唐代继承前代做法，大力发展屯田。武德初年就开始屯垦供军，最初的屯垦多属于军士屯田，由领兵镇守一方的总管、都督主持。如李渊起兵后不久，即命薛大鼎为"山南道副大使，开屯田以实仓廪"[1]，并州大总管府长史窦静于太原"置屯田以省馈运"[2]，武德三年（公元 620 年），荆州大总管李孝恭于荆州"开置屯田，创立铜冶"[3]，益州道行台左仆射窦轨"于松州置屯田"[4]，等等。屯田能在唐初即受到如此重视，一方面离不开秦汉至隋代长期积累的历史经验，另一方面也与当时的经济凋敝、军粮供应不足的客观情况紧密相关。在这两方面因素的作用下，自唐初开始，统治者即形成了大力屯垦以保证军粮供应、促进经济发展的基本政策，并采用不同形式的法律文件进行规制，形成了富有特色的唐代屯田法制。

## 第一节　律令格式对屯田事务的规制

律令格式无疑是唐代最主要的法律渊源，屯田法律规范在这四种成文法典中均有一定的体现。总的来说，令、格、式是唐代屯田法制的主要表现形式，而律仅起到间接调整的作用。

### 一、唐令有关屯田的规定

唐令关于屯田的规定，以《开元二十五令》最为典型。仁井田陞、池田

---

〔1〕（宋）欧阳修、宋祁：《新唐书·卷一九七·循吏传》，中华书局 1975 年版，第 5621 页。
〔2〕（后晋）刘昫等：《旧唐书·卷六一·窦威附窦静传》，中华书局 1975 年版，第 2369 页。
〔3〕（后晋）刘昫等：《旧唐书·卷六〇·河间王孝恭传》，中华书局 1975 年版，第 2348 页。
〔4〕《册府元龟·卷五〇三·邦计部·屯田》（文渊阁四库全书本）。

温、戴建国、宋家钰等学者的研究为探讨这一问题提供了坚实的基础。仁井田陞和池田温从诸多中日古籍中辑录出大量亡佚的唐令条文，其《唐令拾遗》及《唐令拾遗补》为研究唐令提供了丰富的资料。戴建国在宁波天一阁发现了原以为失传的宋《天圣令》，其中保存了大量已佚唐《开元二十五年令》原文，附录的唐《田令》相当完整地保持了原貌，弥足珍贵。黄正建、宋家钰等学者以《天圣令》为基础，对唐令进行了复原、校证。根据这些学者的研究，《开元二十五年令》中直接规范屯田的条文主要集中在《田令》部分，大致如下：[1]

1. 诸屯隶司农寺者，每地三十顷以下二十顷以上为一屯；隶州镇诸军者，每五十顷为一屯。其屯应署（置）者，皆从尚书省处分。

2. 诸[2]旧屯重置者，一依承前封疆为定。新置者，并取荒闲无籍广占之地。其屯虽料五十顷，易田之处，各依乡原量事加数。

3. 诸[3]屯官，取勋官五品以上及武散官并前资边州县府镇戍八品以上文武官内，简堪者充。据所收斛斗等级为功优。

4. 诸屯田应用牛之处，山原川泽，土有硬软，至于耕垦，用力不同，其土软之处，每地一顷五十亩配牛一头，强硬之处，一顷二十亩配牛一头。即当屯之内，有硬有软者，亦准此法。其地皆仰屯官明为图状，所管长官亲自问检，以为定簿，依此支配。其营稻田之所，每地八十亩配牛一头。若蔓（？）草种稻者不在此限。

5. 诸营田若五十顷外更有地剩配丁牛者，所收斛斗皆准顷亩折除。其大麦、荞麦、干萝卜等，准粟计折斛斗，以定等级。

6. 诸屯应役丁之处，每年所管官司与屯官司准来年所种色目及顷亩多少，依式料功申所司支配。其上役之日，所司仍准役月闲要，量事配遣。

---

[1] 宋家钰："唐开元田令复原研究"，载天一阁博物馆、中国社会科学院历史研究所天圣令整理课题组校证：《天一阁藏明钞本天圣令校证　附唐令复原研究》（下册），中华书局 2006 年版，第 452~453 页。亦可参见戴建国："唐《开元二十五年令·田令》研究"，载《历史研究》2000 年第 2 期，第 39~40 页。本书中对各小节重新编号。

[2] 仁井田陞从《通典》中辑录此条，行文为"其旧屯重置者……"[日] 仁井田陞：《唐令拾遗》，栗劲等编译，长春出版社 1989 年版，第 584 页。

[3] 仁井田陞从《通典》中辑录此条，行文为"其屯官……"[日] 仁井田陞：《唐令拾遗》，栗劲等编译，长春出版社 1989 年版，第 584 页。

7. 诸屯每年所收杂子杂用之外，皆即随便贮纳。去京近者，送纳司农。三百里外者，纳随近州县。若行水路之处，亦纳司农。其送输斛斗及仓司领纳之数，并依限各申所司。

8. 诸屯隶司农寺者，卿及少卿每至三月以后，分道巡历。有不如法者，监官、屯将，随事推罪。

9. 诸屯每年所收薰草，饲牛供屯杂用之外，别处依式贮积，具言去州镇及驿路远近，附计帐申所司处分。

10. 诸屯收杂种须以车运纳者，将当处官物勘量市付。其扶车子力，于菅田及饲牛丁内均融取充。

11. 诸屯纳杂子无槁（薰）之处，应须蘧蒢（籧篨）及供窖调度，并于菅田丁内随近有处采取造充。

12. 诸屯之处，每收刈时，若有警急者，所管官司与州镇及军府相知，量差管内军人及夫，一千人以下，各役五日功，防授（守）助收。

13. 诸管屯处，百姓田有水陆上次及上熟、次熟，亩别收获多少，仰当界长官勘问，每年具状申上，考校屯官之日，量其虚实，据状褒贬。

14. 诸屯官欠负，皆依本色本处理填。

15. 诸屯课帐，每年与计帐同限申尚书省。

上引十五条令文构成了唐开元田令中规制屯田事务最基础的法律规范，内容涉及屯田管理机构、屯田设置、屯官的任职条件及其职责、屯田土地来源、屯田规模、屯田日常管理、屯田收获物的处理、屯官考课等多个方面。除此之外，《田令》的其他条文涉及屯田与其他官田、屯田与私田的关系问题，也间接涉及屯田事务。

除《田令》之外，唐令中通过规范屯田官员的行为间接作用于屯田生产与管理的内容也较多，《官品令》《考课令》《军防令》《仓库令》《厩牧令》《医疾令》《捕亡令》等等，或多或少都与屯田存在一定的关联，下举数例以资说明。

如，《官品令》。前文提到了"诸屯官，取勋官五品以上及武散官并前资边州县府镇戍八品以上文武官内，简堪者充"的唐开元《田令》条文，从中可以看出，"五品以上勋官""武散官"以及"前资边州县府镇戍八品以上文武官"可以充当屯官，但要确定这些官员的具体范围，仅有《田令》是不够的，还必须参考《官品令》关于官员等级的规定。可见，《官品令》间接规范了有资格充任屯官的文武官员范围。

又如，《考课令》关于屯官考课标准的规定亦与屯田密切相关。该令规定："诸内外文武官九品已上，每年当司长官，考其属官应考者，皆具录一年功过行能，对众读，议其优劣，定九等考第。"具体标准为"四善二十七最"，即"德义有闻者，为一善。清慎明著者，为一善。公平可称者，为一善。恪勤匪懈者，为一善"，"二十七最"中"耕耨以时，收获剩课，为屯官之最"〔1〕。此外，《考课令》还详细规定了九等考第的审核标准〔2〕，屯官之考第当然也适用这一准则。

再如，《军防令》中的部分条文对军屯进行了规范与调整，亦属与屯田相关之规定。如：

> 防人在防，守固之外，唯得修理军器、城隍、公廨、屋宇。各量防人多少，于当处侧近给空闲地，逐水陆所宜，斟酌营种，并杂蔬菜，以充粮贮及充防人等食。〔3〕

本条规定了边防军士在执行军事勤务之余，还需修理营缮，并根据人数多少就近从事屯田生产，对边防士兵课予就近屯田的义务。本条为边防前线的众多烽燧开展屯田提供了直接的法律依据，相对于《田令》来说，属于唐代屯田的特别法律规范。此外，《军防令》对十二转勋官作了明确规定，从侧面限定了担任屯官的勋官范围。

> 诸勋十有二等。……六转为上骑都尉，比正五品；五转为骑都尉，比从五品；四转为骁骑尉，比正六品；三转为飞骑尉，比从六品；二转为云骑尉，比正七品；一转为武骑尉，比从七品。〔4〕

---

〔1〕　[日] 仁井田陞：《唐令拾遗》，栗劲等编译，长春出版社1989年版，第240~248页。

〔2〕　[日] 仁井田陞：《唐令拾遗》，栗劲等编译，长春出版社1989年版，第249页；亦可见（唐）李林甫等：《唐六典·卷二·考功郎中条》，陈仲夫点校，中华书局1992年版，第42~43页。

〔3〕　（唐）长孙无忌等：《唐律疏议·卷一六·擅兴》，刘俊文点校，中华书局1983年版，第312页。

〔4〕　《唐令拾遗·辑录·开元七年令·军防令》第17条，[日] 仁井田陞：《唐令拾遗》，栗劲等编译，长春出版社1989年版，第289页。

依此令文，再比照《田令》的相关规定，就可以得出"骁骑尉、飞骑尉、云骑尉、武骑尉"没有担任屯官资格的结论。

以上分析表明，唐令对屯田的规定比较丰富和完备，从各个方面对屯田事务加以规制。有关屯田的主要法律规范集中规定在《田令》中，但由于屯田并非单纯的土地制度，有关屯田的活动还涉及其他多方面的政府职能，故唐令中有关屯田的法律规范散见于诸多篇目，并非仅限于《田令》中的专门规定。

前引《田令》规定："诸屯官欠负，皆依本色本处理填。"本条是关于屯官欠负如何处理的规定。单独地看待此条文，颇有突兀之嫌，若结合《仓库令》的相关规定，理解起来就比较容易了。《仓库令》规定："诸欠负官仓应征者，若分付欠损之徒未离任者，纳本仓；已去任者，听于后任所及本贯便纳。其隐藏及贷用者，不限在任去任，纳京。"[1]可见，仓库令对于欠负官仓应征粮食者，视其在任或去任，纳还不同的仓库。而《田令》对于屯官欠负则不分在任、去任，一律纳还于屯田所在地的仓库。从二者的关系上看，《田令》"屯官欠负"条无疑是对《仓库令》的变通，属于后者"欠负官仓应征"条的特别法，具有优先适用的效力。因此，《田令》以外的其他唐令条文不仅可以作为屯田法制的特别内容，还可以作为屯田法制的一般规范而存在。在理解唐代屯田法制时，不能将两部分内容割裂开。

## 二、唐格有关屯田的规定

唐格系整理、编纂皇帝所发布的诏令，从中抽象出一般行为规范"以为永格"而形成的法律形式。其以尚书省二十四司为篇目，内容自然离不开各司职掌。从尚书各部来看："工部尚书、侍郎之职，掌天下百工、屯田、山泽之政令。其属有四：一曰工部，二曰屯田，三曰虞部，四曰水部；尚书、侍郎总其职务而奉行其制命。"[2]可见，屯田政令由工部执掌，具体由屯田司负责。屯田司设屯田郎中、员外郎，专司屯田事务，"掌天下屯田之政令。凡

---

〔1〕 李锦绣："唐仓库令复原研究"，载天一阁博物馆、中国社会科学院历史研究所天圣令整理课题组校证：《天一阁藏明钞本天圣令校证 附唐令复原研究》（下册），中华书局2006年版，第495页。

〔2〕 （唐）李林甫等：《唐六典·卷七·屯田郎中员外郎》，陈仲夫点校，中华书局1992年版，第215页。

军、州边防镇守转运不给，则设屯田以益军储。其水陆腴瘠，播植地宜，功庸烦省，收率等级，咸取决焉"〔1〕。如此，则《屯田格》事关工部屯田司职掌，其内容当系直接规制屯田事务的法律规范。由于史籍亡佚，完整的《屯田格》已无从知晓，仅《通典》保留了《屯田格》的一个条文：

> 又屯田格：幽州盐屯，每屯配丁五十人，一年收率满二千八百石以上，准营田第二等，二千四百石以上准第三等，二千石以上准第四等。大同横野军盐屯配兵五十人，每屯一年收率千五百石以上准第二等，千二百石以上准第三等，九百石以上准第四等。〔2〕

这一格文明确规定幽州和大同、横野军盐屯各自的配丁人数及考第等级的标准。从中可以看出，幽州盐屯系民屯，所配劳动力为"丁"，而大同、横野军盐屯为军屯，所配劳动力为"兵"。两类盐屯考第等级的标准也大不相同，军屯明显低于民屯；且无论是哪一种形式的盐屯，最高考核等第均仅为"营田第二等"。

《通典》在上引《屯田格》条文之后，尚有如下记载：

> 又成州长道县盐井一所，并节级有赏罚。蜀道陵、绵等十州盐井总九十所，每年课盐都当钱八千五十八贯。（陵州盐井一所，课都当钱二千六十一贯。……）若闰月，共计加一月课，随月征纳，任以钱银兼纳。其银两别常以二百价为估。其课依都数纳官，欠即均征灶户。（自兵兴，上元以后，天下出盐，各置盐司，节级权利，每岁所入九百余万贯文。）〔3〕

这一内容究竟是否系《屯田格》的内容，值得商榷。吉成名将其视为《仓部格》的内容〔4〕，而霍存福先生则将其列入《开二五屯田格》条目之

---

〔1〕（唐）李林甫等：《唐六典·卷七·尚书工部·屯田郎中》，陈仲夫点校，中华书局1992年版，第222页。

〔2〕（唐）杜佑：《通典·卷十·食货十·盐铁》所引《屯田格》条文，王文锦等点校，中华书局1988年版，第231～232页。

〔3〕（唐）杜佑：《通典·卷十·食货十·盐铁》，王文锦等点校，中华书局1988年版，第232页。

〔4〕吉成名："唐代前期的盐业政策"，载《温州师范学院学报（哲学社会科学版）》1990年第1期，第64页。

下，作为《屯田式》的附文[1]。从内容上看，这一段主要记载的是陵、绵等十州的盐井"课盐都当钱"即盐税的数量（"八千五十八贯"）、征纳时限（"每年"及"随月征纳"）、方式（"钱银兼纳"）及逾期交税的后果（"均征灶户"）。其规范的主体显然是"蜀道陵、绵等十州"的"灶户"。所谓"灶户"，是指"从事井盐生产的人户"，陈国灿教授将其与从事池盐生产的"屯丁"并列，作为另一种合法从事盐业生产的民户[2]。因而灶户是专门从事井盐生产的特殊社会阶层，并非屯田劳动者。此外，前述幽州盐屯，大同、横野军盐屯，无论是民屯还是军屯，均以盐的产量作为屯官考绩的依据，收获越多，屯官考第等级越高，但收获物的多少与屯丁或屯兵的权利并无直接的关联，行文中并未提及屯丁或屯兵所承担的赋税；而后文只强调陵、绵等十州灶户所定税额，丝毫未提及相应官员的考课问题，内容及行文方式与前文明显不同。故本部分不属于《屯田格》组成部分的观点，更符合情理和逻辑。鉴于仓部的职掌涉及租税的收纳，"仓部郎中、员外郎掌国之仓庾，受纳租税，出给禄禀之事"[3]，此段文字属于《仓部格》内容的结论更加合理。

### 三、唐式有关屯田的规定

唐式为具体、细致的操作性规范，而非《公式令》中所规定的"公文程序"[4]。古人云："式以轨物程事。"[5]又云："式者，其（百官有司）所常守之法也。"[6]式文与令文风格迥异，后者规定国家基本制度，文字要言不烦，而前者规定的是具体实施细则，文字特点在于详尽而周备[7]。唐式也以尚书省六部二十四司及其他机关的名称为篇目，故《屯田式》《司农式》等与屯田主管部门相关的唐式条文必然对屯田事项作出具体而细致的规定。由

---

[1]  霍存福：《唐式辑佚》，社会科学文献出版社 2009 年版，第 494~495 页。

[2]  陈国灿：《唐代的经济社会》，文津出版社 1999 年版。

[3]  （唐）李林甫等：《唐六典·卷三·尚书户部·仓部郎中员外郎》，陈仲夫点校，中华书局 1992 年版，第 222~223 页。

[4]  霍存福：《唐式辑佚》，社会科学文献出版社 2009 年版，第 33~45 页。

[5]  （唐）李林甫等：《唐六典·卷六·尚书刑部·刑部郎中员外郎》，陈仲夫点校，中华书局 1992 年版，第 185 页。

[6]  （宋）欧阳修、宋祁：《新唐书·卷五六·刑法志》，中华书局 1975 年版，第 1407 页。

[7]  戴建国："唐《开元二十五年令·田令》研究"，载《历史研究》2000 年第 2 期，第 47 页。

于史料亡佚，完整的唐式现已不存，本书仅以学者从浩如烟海的史料中辑录出的若干唐式条文作为分析的基础。

《唐六典》共记录了三段有关屯田生产、管理的细则性规范（下文括号中的文字部分）：

（1）诸屯分（衍一"分"字）田役力，各有程数。（凡营稻一顷，料单功九百四十八日；禾，二百八十三日；大豆，一百九十二日；……）

（2）凡天下诸军、州管屯，总九百九十有二。（河东道大同军四十屯，横野军四十二屯，云州三十七屯，朔州三屯，蔚州三屯，岚州一屯，蒲州五屯。……）

（3）凡屯皆有屯官、屯副。（屯官取前资官，尝选人、文武散官等强干善农事，有书判，堪理务者充；屯副取品子及勋官充。六考满，加一阶，听选；得三上考者，又加一等。）[1]

以上三段文字，王永兴认为系《田令》的组成部分[2]，而戴建国则认为此说不妥。戴先生对律、令、式进行研究并佐以开元《水部式》进行详细分析后认为，"其所谓'式'，就是具体的实施细则"，以上三段文字所叙述的内容十分详尽周备，"应属式"，"确切地说，是《屯田式》的遗文，而非《田令》"[3]。其出现在《唐六典》注文中，是因为《唐六典》系摘抄唐令格式而成的政书，在摘抄时并未对令文和式文加以区分，导致今天我们在认识上遭遇了困难。霍存福教授认为："屯田郎中、员外郎掌理屯田，《六典》注文中应有《屯田式》。如'凡营稻一顷，料单功九百四十八日'等注文，可能就是《屯田式》文。"霍教授对上述条文属性的判断极为谨慎，"因缺乏旁证"，仅将第三段肯定为《屯田式》的条文，第一段"暂不列入"，第二段未列入。[4]

上列第一段文字详细记录了各种不同农作物所需耗费的功时数，与《田

---

[1]（唐）李林甫等：《唐六典·卷七·尚书工部·屯田郎中员外郎》，陈仲夫点校，中华书局1992年版，第83页。

[2] 王永兴："唐田令研究——从田令和敦煌文书看唐代土地制度中几个问题"，载《纪念陈垣诞辰百周年史学论文集》，北京师范大学出版社1981年版，第172页。

[3] 戴建国："唐《开元二十五年令·田令》研究"，载《历史研究》2000年第2期，第47页。

[4] 霍存福：《唐式辑佚》，社会科学文献出版社2009年版，第491~492页。

令》屯田令文之"诸屯应役丁之处，每年所管官司与屯官司准来年所种色目及顷亩多少，依式料功申所司支配"条恰好对应，解决了令文"依式料功"的具体实施问题，将其视为《屯田式》的条文具有一定的合理性。第二段文字对开元二十五年（公元 737 年）前后全国所有的屯田进行了详细的列举，并未涉及对屯官或屯田兵丁行为的调整，不具有法律规范的属性。同时，屯田会随政治、经济形势的变化而变化，不可能一成不变，将此条文视为式文，与唐式系百官有司"常守之法"的性质相抵牾。本书认为，第二段文字仅对大唐开元盛世时的屯田盛况进行了客观的描述，本身并不具有法律制度的性质，在没有充足的证据之前，不宜视为《屯田式》或《田令》的组成部分。第三段文字对屯官、屯副的任职资格作了进一步规定，尤其是屯副的任职资格为屯田令文所未载，本条亦属实则细则性的法律规范，理应归入《屯田式》中[1]。

除《屯田式》外，敦煌出土的唐开元《水部式》也提供了唐式对屯田事务进行规制的线索。其曰：

> 沧、瀛、贝、莫、登、莱、海、泗、魏、德等十州，共差水手五千四百人。三千四百人海运，二千人平河。宜二年与替，不烦更给勋赐，仍折免将役年及正役年课役。兼准屯丁例，每夫一年各贴一丁。其丁取免杂徭人家道稍殷有者，人出二千五百文资助。[2]

本条款是关于选拔海上货船水手的规定[3]。其中"兼准屯丁例"表明此条为准用性规范，意即水手除"折免课役"之外，还适用"屯丁例"。而"屯丁例"就是有关屯田兵丁待遇的规定，其内容即下文"每夫一年各贴一丁，其丁取免杂徭人家道稍殷有者，人出二千五百文资助"。式文中"夫"字

---

〔1〕 霍存福教授在分析此内容时运用了类比的方法，即兵部职方司主管烽帅、烽副、烽子的设置数量及要求标准规定在《职方式》中，那么工部屯田司主管屯官、屯副的设置数量及要求标准，亦应规定在《屯田式》中。（见霍存福：《唐式辑佚》，社会科学文献出版社 2009 年版，第 492 页。）本书对此颇为赞同。

〔2〕 《唐开元二十五年（公元七三七年）水部式残卷》，见唐耕耦、陆宏基编：《敦煌社会经济文献真迹释录》（第 2 辑），全国图书馆文献缩微复制中心 1990 年版，第 575 页。

〔3〕 郑显文："敦煌吐鲁番文书中所见的唐代交通管理的法律规定"，载《西南师范大学学报（人文社会科学版）》2005 年第 6 期，第 140 页。

即"贴助夫"之意〔1〕，式文表明"唐代每一屯丁由一名'贴助夫'资助其一定数额的货币"，目的在于"不烦更给勋赐"，即免除政府的恩赏义务〔2〕。屯丁从贴助夫处所获得的资助为每年二千五百文，其数额与唐代色役代役金相当。《唐六典》载："其防阁、庶仆、白直、士力纳课者，每年不过二千五百（文）。"〔3〕贴助夫正是通过缴纳这笔资助屯丁的钱财获得免役的权利。屯丁只能获得资助，通过法律的规定间接从国家得到一定的经济收入，无权得到政府的直接恩赏。《水部式》在准用屯田规范时并未指出依唐令、格之文，仅言"兼准屯丁例"。据此推断，"屯丁例"也被规定在唐式中的可能性较大。另外，从"屯丁例"规定得极为细致、操作性强的特点来看，其也极可能属于《屯田式》的内容。由于缺乏进一步的证据，姑且作如此猜想。

### 四、唐律对屯田事务的规制

唐律中没有直接规制屯田事务的专门条款。以"屯田""营田"为关键词遍检光绪十六年（1890 年）沈家本重校刻本《唐律疏议》，结果为零。以"屯"字为关键词检索，结果有三条：

1.224　……其寇贼卒来，欲有攻袭，即城屯反叛，若贼有内应，急须兵者，得便调发。……〔4〕

本条律文中有"城屯反叛"之文，但疏议将"屯"解释为"屯聚兵马之处"，并非"屯田"之意，故此条实与屯田无关。

2.409　诸不应入驿而入者，笞四十。……

【疏】议曰：……杂令："私行人，职事五品以上、散官二品以上、爵国公以上，欲投驿止宿者，听之。边远及无村店之处，九品以上、勋官五品以

---

〔1〕　王永兴："敦煌写本唐开元水部式校释"，北京大学中国中古史研究中心编：《敦煌吐鲁番文献研究论集》（第 3 辑），北京大学出版社 1986 年版，第 56 页。

〔2〕　赵吕甫："关于唐代前期军屯田经营管理的几个问题"，载《四川师范学院学报（哲学社会科学版）》1989 年第 4 期，第 47~48 页。

〔3〕　（唐）李林甫等：《唐六典·卷三·尚书户部》，陈仲夫点校，中华书局 1992 年版，第 78 页。

〔4〕　（唐）长孙无忌等：《唐律疏议·卷一六·擅兴》，刘俊文点校，中华书局 1983 年版，第 299 页。

上及爵，遇屯驿止宿，亦听。并不得辄受供给。"……〔1〕

　　本条律文中并无"屯"字，但疏议在对"不应入驿而入者"的情形进行解释时引用了杂令对"可入驿"的规定："边远及无村店之处，九品以上、勋官五品以上及爵，遇屯驿止宿，亦听。"从前引《田令》屯田令文来看，"屯"指的是基层屯田组织。〔2〕故本条疏议明确规定了边远地区屯田组织负有接待"九品以上、勋官五品以上及爵"的义务。本条虽见诸《唐律疏议》，且对屯田组织设定了义务，但由于引以为据者实为《杂令》〔3〕，故仍不属于唐律对屯田事务的直接规制。

　　3.456　诸邻里被强盗及杀人，告而不救助者，杖一百；……
　　【疏】议曰：……"其官司不即救助者"，依捕亡令："有盗贼及伤杀者，即告随近官司、村坊、屯驿。闻告之处，率随近军人及夫，从发处追捕。"……〔4〕

　　本条与前一条相似，律文中并无涉及屯田的内容，但疏议所引令文为屯田组织设定了义务——维护社会治安，"率随近军人及夫，从发处追捕（盗贼及伤杀者）"。引以为据者实为《捕亡令》，故亦不属唐律对屯田事务的直接规制。〔5〕

　　唐律不对屯田事务进行直接规制，只表明与屯田事务相关的违法、犯罪行为与其他违法犯罪行为相比不具有特殊性，无需单独设定其法律后果，但这并不意味着屯田事务完全不受唐律的规制。《新唐书》曰：

　　唐之刑书有四，曰：律、令、格、式。令者，尊卑贵贱之等数，国家之

―――――――――――

〔1〕　（唐）长孙无忌等：《唐律疏议·卷二六·杂律》，刘俊文点校，中华书局1983年版，第491页。

〔2〕　钱大群教授将"屯"解释为"军屯单位"，参见钱大群：《唐律疏义新注》，南京师范大学出版社2007年版，第862页。

〔3〕　仁井田陞将其辑录为《唐令拾遗·杂令二十三·官人私行投驿止宿条》，见［日］仁井田陞：《唐令拾遗》，栗劲等编译，长春出版社1989年版，第793页。

〔4〕　（唐）长孙无忌等：《唐律疏议·卷二八·捕亡》，刘俊文点校，中华书局1983年版，第530~531页。

〔5〕　上引2、3两条律文所引令文，再次表明对屯田事务进行规制的法律规范并不仅见于《田令》，《捕亡令》《杂令》等其他令文中的零散规定也是屯田法制的组成部分。

制度也；格者，百官有司之所常行之事也；式者，其所常守之法也。凡邦国之政，必从事于此三者。其有所违及人之为恶而入于罪戾者，一断以律。[1]

可见，违反令、格、式"并入于罪戾者"，均依照律文追究法律责任。《唐律疏议》对此作了如下具体规定：

449 诸违令者，笞五十；谓令有禁制而律无罪名者。别式，减一等。

【疏】议曰："令有禁制"，谓仪制令"行路，贱避贵，去避来"之类，此是"令有禁制，律无罪名"，违者，得笞五十。"别式减一等"，谓礼部式"五品以上服紫，六品以下服朱"之类，违式文而着服色者，笞四十，是名"别式减一等"。物仍没官。[2]

这一律文表明，违反令、式的法律后果有二：一是律有罪名时，直接依律文追究法律责任；二是律无罪名时，依本条处罚——笞五十或笞四十。可见，此条律文使违反令、式之禁制者无所遁形，无论律文是否有相对应的罪名均须受到一定的处罚，体现了唐律"疏而不漏"的特点。对屯田令、式的违反也适用这一条文。违格的法律后果与违令式的处理同中有异：律有明文规定者依律处断；律无明文者可能依格科断，特殊情况下依"违制"论处。

除违令、违式等罪名之外，《唐律疏议》"不得应为"条也具有一定的"口袋"效果，可以作为制裁屯官违法行为的依据。

500 诸不得应为而为之者，笞四十；谓律、令无条，理不可为者。事理重者，杖八十。

【疏】议曰：杂犯轻罪，触类弘多，金科玉条，包罗难尽。其有在律在令无有正条，若不轻重相明，无文可以比附。临时处断，量情为罪，庶补遗阙，故立此条。情轻者，笞四十；事理重者，杖八十。[3]

---

〔1〕（宋）欧阳修、宋祁：《新唐书·卷五六·刑法志》，中华书局1975年版，第1407页。

〔2〕（唐）长孙无忌等：《唐律疏议·卷二七·杂律》，刘俊文点校，中华书局1983年版，第521~522页。

〔3〕（唐）长孙无忌等：《唐律疏议·卷二七·杂律》，刘俊文点校，中华书局1983年版，第522页。

疏议措辞将"不得应为"的"口袋罪"性质表露无遗。由于没有确立罪刑法定原则，针对"杂犯轻罪，触类弘多，金科玉条，包罗难尽"的客观状况，在律令无正条的情况下依情依理临时处断，是解决成文法局限性的重要手段。这一条款将不合情理的行为界定为违法行为，并处以笞杖之刑，虽与现代法理不合，却是当时解决立法不能尽其辞的先进手段。这一条款的存在使得不合情理的诸多行为都处于唐律的规制之下，其中就包括屯官的行为。敦煌出土 P. 2754 文书载：

71　郭微先因傔从，爰赴二庭，遂补屯官，方牒万石，未闻检校之效

72　遽彰罪过之蹤。笞挞有情，岂缘公务。所为无赖，只事

73　阴私。握手足即破三人，役正副，便轻一命。人闻驯燕，何愆而被嗔

74　兵下养驹，驹何好而抑买。城局专行粗杖，岂是使人之方。牛子

75　无事再笞，难见牧群之失。况营农之务，本资气力。悦喻之法

76　诚表难容。寒耕热耘，霑体涂足。高宗所以迪野，帝舜由是号

77　天。带经之荣，于兹见矣。敬恺之责，岂为别途；常合免诸，以诫其

78　事。何得不思其位，不恤其忧，浪有预忻，漫行威福。略问并今符

79　会，元情实可重科。但为再问即臣，亦足聊依轻典。按杂律云

80　诸不应得为而为之者，笞卌

（后缺）[1]

文中记载的郭微本为傔从，后调任二庭担任屯官。其间漫行威福、不体恤下属，在牛子并无过失的情况下因私事两次加以笞挞，且"专行粗杖"致牛子受伤。安西都护府[2]主管官员在判词中对其行为进行了谴责，并依律对其予以惩处，所适用的法律依据便是唐律"不得应为"条。"略问并今符会，

---

[1] 唐耕耦、陆宏基编：《敦煌社会经济文献真迹释录》（第 2 辑），全国图书馆文献缩微复制中心 1990 年版，第 613~614 页。刘俊文认为此文书可能是高宗麟德二年（公元 665 年）前后安西都护府判集，见刘俊文：《敦煌吐鲁番唐代法制文书考释》，中华书局 1989 年版，第 470 页。

[2] 刘子凡认为 P. 2754 文书应当是西州都督府判集，而非安西都护府判集。见刘子凡：《瀚海天山——唐代伊、西、庭三州军政体制研究》，中西书局 2016 年版，第 166 页。

元情实可重科。但为再问即臣，亦足聊依轻典。按杂律云：诸不应得为而为之者，笞卌"之语，表明郭微的行为从情理来看应当重处，但鉴于其认罪态度较好，依律从轻笞四十。有学者认为，"郭微案"是唐代"官吏犯法按律令量刑、公正执法的典范"[1]。由此可见，唐律虽无直接规制屯田事务的条文，但并不能就此认为唐律对屯田的发展起不到任何作用。"不应得为"之律条为令、式规定的行为模式补充确立起了相应的法律后果，使有关屯田事务的法律规范从逻辑结构上变得完整，最终对屯田事务起到间接规制的作用。

在以律令格式为主要组成部分的唐代成文法体系中，屯田主要由积极法律规范的集合体——令、格、式——加以调整，其中令规定了屯田法的基本原则，式则将其细化为操作性规范，格则对令和式的内容予以补充、修改或变通；违反令、格、式之规定时，则依律进行处罚。《唐六典》所称"凡律以正刑定罪，令以设范立制，格以禁违止邪，式以轨物程事"[2]，道出了四种成文法典不同的功能。而宋人所谓"凡邦国之政，必从事于此三者。其有所违及人之为恶而入于罪戾者，一断以律"，则更突出了四种法律形式之间相互配合、共同构成严密的法律体系的一面。

综上所述，唐代律令格式对屯田事务的规制主要体现在两个方面：一是以令为纲，以格、式为目，从正面对屯田行为加以引导的积极法律规范体系。在相互关系上，屯田令的地位明显高于屯田式，前者更多地体现为原则性的规定，而后者则体现为细致的操作性规则，屯田格往往系优先适用的特别规定。二是以律为基础，以格为补充，从反面对违法行为予以制裁的消极法律规范体系。这两个方面共同构成了唐代成文法典对屯田的法律规制。

总之，唐代屯田法律规范主要体现在唐令、格、式之中，《田令》中的屯田令文以及《屯田格》《屯田式》可以被视为有关屯田事务的专门规范。在适用上，屯田令文原则性较强，而屯田式为细则性规范，操作性更加突出；屯田格则系源自诏敕，属于有关屯田事务的特别规定，通常优先于令、式。当然，唐代屯田法制并不限于这三部分内容，其他令、格、式中凡调整屯田法律关系者，均可视为其组成部分。而唐律则不直接规制屯田事务，但通过

---

[1]　解梅："P. 2754《唐安西判集残卷》研究"，载《敦煌研究》2003 年第 5 期，第 92~93 页。
[2]　（唐）李林甫等：《唐六典·卷六·刑部郎中员外郎》，陈仲夫点校，中华书局 1992 年版，第 185 页。

对违反屯田令、格、式行为的制裁，起到确保令、格、式屯田规范法律效力的作用，从而对屯田法律关系进行间接调整。从法律规范的逻辑结构上看，唐田令、屯田格、屯田式重在规定有关屯田事务的行为模式，而唐律则重在强调相关的法律后果，两部分相辅相成，共同构成完整的屯田法律规范。

### 第二节　唐代诏敕对屯田事务的规制

屯田作为唐代一种重要的军事、经济措施，其确立与发展除以成文法典为依据外，还受到皇帝诏敕的调整与规范。在探寻唐代屯田法律规范时，诏敕也是一种不容忽视的资料。

从法律渊源的角度来看，《屯田格》、格后敕与诏敕都存在一定的关联性，二者都系编纂皇帝屯田制敕而来。在通常情况下，皇帝发布的诏敕如不经编纂上升为成文法典，则不能视为法的表现形式，不能归入法律渊源之列。本书将诏敕与律令格式二者并列，作为规制唐代屯田事务的另一类法律渊源，主要原因有二：其一，由于史籍亡佚，完整的唐《屯田格》、格后敕已不可得，流传下来的诏敕究竟哪些曾被编纂成为屯田格或格后敕的一部分，现已无法一一考证、核对（个别诏敕除外）[1]。史籍记载的部分诏敕对屯田法律关系有一定的调整，将其完全摒弃在法律渊源之外，也不利于对唐代屯田法制的深入研究。其二，诏敕的效力并不以编纂为成文法典为前提，即便不对诏敕进行任何修纂，诏敕照样有效，且会实际生效。如果诏敕创立了一定的法律规范，则该规范往往具有即时生效的特点，并不以是否整理、编纂为唐格、格后敕为前提。基于这两方面的原因，本书将诏敕作为与律令格式并列的另一类法律文件加以探讨。鉴于《屯田格》仅保存下来一个条文，诏敕与《屯田格》之间理论上的交叉关系在本书的论述中暂不予考虑。

具体来说，诏敕是指诏令、制敕，即皇帝发布的命令。皇帝口头发布的命

---

〔1〕　戴建国先生指出："唐后期曾修纂过多部格后敕，如《元和格后敕》《大和新编格后敕》《大中刑法总要格后敕》。然而，在传世的唐宋文献中，除了敦煌文书有一件记载外，我们几乎找不到明确以'格后敕'冠名的法律条文。"参见戴建国："唐格后敕修纂体例考"，载《江西社会科学》2010年第9期，第146页。

令被称为"王言"，形成文字即为诏敕，"王言所敷，惟诏令耳"[1]。唐代诏敕包括册书、制书、慰劳制书、发日敕、敕旨、论事敕书、敕牒七种形式。[2]从《唐大诏令集》《唐大诏令集补编》《全唐文》等典籍的记载来看，唐代诏敕对屯田事务的规制包括个别性规制与一般性规制两种形式。

### 一、唐代诏敕对屯田事务的个别性规制

所谓个别性规制，系指唐代诏敕对特定地域的屯田因事制宜地作出指示、下达命令的行为，通常不具有创设法律规范的意义。这类诏敕往往一次性适用，不能作为其他屯田活动的依据。如玄宗开元八年（公元 720 年）《褒姜师度诏》：

> ……同州刺史姜师度，识洞于微，智形未兆。匪躬之节，所怀必罄，奉公之道，知无不为。顷职大农，首开沟洫，岁功犹昧，物议纷如。……本营此地，欲利平人，缘百姓未闲，恐三农虚弃，所以官为开发，冀令递相教诱，功既成矣，思与共之。其屯田内先有百姓挂籍之地，比来召人作主，亦量准顷亩割还。其官屯熟田，如同州有贫下欠地之户，自办功力能营种者，准数给付，余地且依前官取。……[3]

此诏专为褒扬姜师度屯田功绩而颁，针对特定的对象，不足以为后世设范立制。敕文前半部分盛赞姜师度在同州刺史任上重视农业生产，大力发展屯田，使"榛棘之所"成为"秔稻之川"，"仓庾有京坻之饶，关辅致珠金之润"的丰硕成果。后半部分针对同州屯田土地的去向作出了两方面的指示：其一，屯田不得侵占私田，"其屯田内先有百姓挂籍之地，比来召人作主，亦量准顷亩割还"；其二，屯田应酌情分配给无地之民，"其官屯熟田，如同州有贫下欠地之户，自办功力能营种者，准数给付，余地且依前官取"。

又如玄宗于开元二十五年（公元 737 年）曾前后下诏对陈、许、豫、寿

---

〔1〕　（清）纪昀总纂：《四库全书总目提要·卷五五·史部十一》，河北人民出版社 2000 年版，第 1498 页。

〔2〕　（唐）李林甫等：《唐六典·卷九·中书省》"中书令"注，陈仲夫点校，中华书局 1992 年版，第 273~274 页。

〔3〕　（清）董诰等编：《全唐文·卷二八·褒姜师度诏》，中华书局 1983 年版，第 318 页。

等地屯田予以废弃：

开元二十五年（公元 737 年）四月庚戌诏曰：陈、许、豫、寿四州，本
开稻田，将利百姓。度其收获，甚役功庸。何如令地均耕，令人自种，先所
置屯田，宜并定其地，量给逃还及贫下百姓。〔1〕

开元二十六年（公元 738 年）正月诏：顷以栎阳等县，地多咸卤，人力
不及，便至荒废，近者开决，皆生稻苗，亦既成功，岂专其利！京兆府界内
应新开稻田，并宜散给贫丁及逃还百姓，以为永业。〔2〕

上引两份诏敕均针对陈、许、豫、寿四州屯田〔3〕以及京兆府内新开稻田
的处置问题，对象非常特定，属于典型的个别性规制，无法从中直接得出一
般性的法律规范。

又如代宗大历八年（公元 773 年）七月颁布的《废华州屯田制》：

敕：间者戎旅未息，征求烦重，四郊之赋，乃至五税其一。居人荡析，
邦廪空虚，遂命宰臣，大修农政，天下郡国，散诸屯田，转漕入关，以资均
济。……今宿麦颇登，秋苗益茂，私田加辟，公用渐充。华州人户，土地非
广，其屯田并宜给以贫下百姓。自顷关中乏牛力，封圻千里，半是邱荒，置
屯田已来，皆变良沃。惠散其利，以及困穷，藏之于人，孰与不足？宣示郡
县，宜悉朕怀。〔4〕

这一诏敕是大历五年（公元 770 年）《屯田除华同泽三州外并停诏》的继
续。该诏敕曰："诸州置屯田，并停。特留华、同、泽等三州屯。"〔5〕这两份
诏敕分别针对特定地域的屯田作出废罢的决定，对象特定且一次性适用，亦
属于对屯田事务的个别性规制。

---

〔1〕《册府元龟·卷五〇三·邦计部·屯田》（文渊阁四库全书本）。

〔2〕（宋）宋敏求编：《唐大诏令集·卷七三·视祀东郊德音》，中华书局 2008 年版，第 408 页。

〔3〕根据（唐）李林甫等：《唐六典》所载，开元二十五年（公元 737 年）下诏废止的还包括长
春宫屯田。"（开元）二十五年，敕以为不便，并长春宫田三百四十余顷，并令分给贫人。"见（唐）李
林甫等：《唐六典·卷七·尚书工部·屯田郎中员外郎》，陈仲夫点校，中华书局 1992 年版，第 83 页。

〔4〕（清）董诰等编：《全唐文·卷四一〇·废华州屯田制》，中华书局 1983 年版，第 4206 页。

〔5〕李希泌主编：《唐大诏令集补编·卷二七·屯田除华同泽三州外并停诏》，上海古籍出版社
2003 年版，第 1263 页。

这类对屯田事务进行个别性规制的诏敕不属于屯田法的表现形式，但关注这些诏敕并非毫无意义。尽管单个的诏敕针对一时一地屯田事务而发，类似于现代行政法上的具体行政行为，不具法的普遍性、规范性，但如果某一类型的诏敕在某一时期反复出现，则统治者对待某一类屯田事务的基本立场与态度必然体现于其中。这样，这些诏敕也可以成为了解、探寻该时期屯田政策的依据，对于增进对屯田法规范的理解具有一定的积极意义。前引开元、大历年间的四份诏敕尽管对象有所不同，颁布的年代最远相距三十余年，但都表达出了一个共同的指导思想，即屯田是在百姓逃亡、土地抛荒背景下，由官府组织人力加以耕种以发展经济的一种权宜之计，倘若逃亡百姓返回、土地不足，则应当废屯田将土地分配给百姓。这与《褒姜师度诏》中的"官为开发，冀令递相教诱，功既成矣，思与共之"表达的含义是一脉相承的。这是理解唐代屯田法制及其实践，尤其是内地屯田发展演变规律的一把钥匙。

**二、唐代诏敕对屯田事务的一般性规制**

所谓一般性规制，是指唐代诏敕对屯田事务作出具有普遍约束力的决定或命令的规制方式。唐代诏敕通常针对一时一事而发，个别性规制是诏敕的重要特点。但某些诏敕在个别性规制的基础上还规定了一些具有普遍约束力的原则或规则——类似于现代行政法理论上的抽象行政行为——具有立法的性质。这类一般性规制的诏敕中蕴含的法律原则或规则也是唐代屯田法制的重要组成部分。如玄宗时期《定屯官叙功诏》：

屯官叙功，以岁丰凶为上下。镇戍地可耕者，人给十亩以供粮。方春，令屯官巡行，谪作不时者。[1]

这一诏敕从行文上看，并未针对特定的屯田，只是泛泛规定了屯田叙功的依据、镇戍屯兵口粮田的面积以及屯官的监督职责，属于一般性的规制，具有创设法律规范的性质。

又如元和十三年（公元818年）七月《停诸道支度营田使敕》：

事关军旅，并属节制，务系州县，悉归廉察，二使所领，实曰管辖。诸

---

〔1〕（清）董诰等编：《全唐文·卷三一·元宗皇帝》，中华书局1983年版，第347页。

道支度、营田，承前各置使。自艰虞以后，名制因循，方镇除授之时，或有兼带此职，遂令纲目，所在各殊。今日务修旧章，思一法度，去烦就理，众心为宜。唯别敕置营田处置使，且令仍旧。其忠武、凤翔、武宁、魏博、山南东道、横海、邠宁、义成、河阳等道支度营田使及淮南度支，近已停省。其余诸道，并准此处分。〔1〕

这一诏敕适用的对象是除忠武、凤翔、武宁等之外的其余诸道，并非某一特定区域的屯田事务，且向后生效，属于一般性规制的诏敕。这一诏敕创设了除专门下达诏敕设立营田使以外，各道支度、营田使一律废罢的法律原则，对屯田职官体系进行了改变。

对屯田事务进行一般性规制的诏敕并非只存在于玄宗和宪宗时期，上引诏敕虽只有区区两例，但足以从反面说明，不能因为诏敕往往因一时一事而颁发就简单地认为所有诏敕都不具有创设法律规范的性质。一般性规制的诏敕中蕴含的法律原则或规则也是唐代屯田法制的组成部分。反过来说，这类诏敕也是唐代屯田法的表现形式。

总之，律令格式等成文法典是唐代法律体系的主要组成部分，有关屯田的法律原则与规范也主要体现在其中。但是，主要体现在律令格式之中，并不等于完全体现为律令格式。除律令格式外，对屯田事务进行一般性规制的诏敕也创设了一定的法律原则或规范，具有立法的性质，也是唐代屯田法制的重要表现形式。

## 第三节 成文法典与诏敕在屯田法制中的关系

律令格式等成文法典是唐代法律体系的基本组成部分，其对屯田事务的规制构成唐代屯田法制的基础性内容。由于成文法典为常行之法，内容较为系统，统治者对其颁行较为慎重，颁布过程较为漫长，颁布之后也注重保持其稳定性，取向于行之久远。而诏敕的颁行过程则较为简略，内容比较单一，具有较强的灵活性，便于应对与克服成文法典的滞后性，属应变之策。张晋

---

〔1〕 （宋）宋敏求编：《唐大诏令集·卷一〇一·停诸道支度营田使敕》，中华书局 2008 年版，第 515 页。

藩教授在论及中国古代治世之道与法制实践时，提出了"礼乐刑政，综合为治"的思想[1]，可以作为理解唐代成文法典与诏敕关系的指引。《礼记·乐记》曰："礼以导其志，乐以和其声，政以一其行，刑以防其奸。礼乐刑政，其极一也，所以同民心而出治道也。"唐代诏敕作为王言的载体，可归于"政"之列，而律令格式等成文法典正是宋人所言"唐之刑书有四"。从总体上看，唐代成文法典与诏敕在实现治道上互为补充、互相配合，综合为治；在调整屯田法律关系过程中，呈现出丰富多彩的形态。

### 一、诏敕与成文法典的规定保持一致

对屯田事务进行个别性规制的诏敕本身不具有立法的性质，往往根据既有法律规范对具体事务进行处理，表现出执行法律规范的特征。由于史料有限，难以逐条找到与屯田令、格、式相对应的诏敕，但从以下两个方面可以看出诏敕对成文法典的落实或变通落实。

（一）屯田与私田的关系

屯田与私田的关系问题属于唐代土地制度的顶层设计部分，本身并非屯田令、格、式条文所能容纳，但由于事关屯田土地与其他土地之间的外部关系，同样应属屯田法的内容。依《田令》之规定，在均田制的框架之下，国家需要将掌握的土地授予百姓为口分田、永业田。屯田作为国家直接经营土地的一种方式，所属土地通常直接处于官府控制之下，必要时官府可以废屯田将土地授予百姓。前引玄宗开元二十五年（公元737年）诏、开元二十六年（公元738年）诏都明确指出屯田发展到一定程度之后，"宜并定其地，量给逃还及贫下百姓"，"并宜散给贫乏及逃还百姓，以为永业"。这两份诏敕的精神实际上与《开元二十五年令·田令》确立的土地制度总体保持一致。同时，私田系百姓私人所有的土地，官府不得擅自括占。建立在逃亡百姓抛荒土地之上的屯田，在百姓逃还之时，应当归还，否则即构成对私田所有权的侵害。玄宗的两份诏敕对此都持肯定态度，符合《田令》的精神。代宗大历五年（公元770年）、大历八年（公元773年）也废止了诸多州县屯田，"其

---

屯田并宜给以贫下百姓"，"惠散其利，以及困穷"〔1〕。大历年间，均田制已走入困境，但在规范意义上并未被最终废止。代宗诏敕与玄宗诏敕在颁布的背景上存在重大差异，但在诏敕行文上体现出的官府主动废屯田将土地分配给百姓的做法则仍具有内在的一致性。

（二）屯田丁夫的征发

唐开元《田令》规定："诸屯应役丁之处，每年所管官司与屯官司准来年所种色目及顷亩多少，依式料功申所司支配。其上役之日，所司仍准役月闲要，量事配遣。"〔2〕依本条令文之规定，开元年间屯田所需劳动力，主要靠征发来的丁夫。征发程序是由屯田所在地的官员与屯官根据次年耕种面积及耕种作物的种类，依《屯田式》之规定确定总的劳动时间，上报屯田主管部门批准。由屯田主管部门根据实际服役时的人力状况，具体决定征发的人数。据前引《屯田格》之规定："屯田之处，每屯皆配有定额丁夫，大约分为四等，各依收获量多寡而定。"〔3〕而《屯田式》则进一步规定了种植稻、禾、大豆、小豆、乌麻、麻、穈黍等不同农作物需要的工作量。〔4〕主管部门在确定某一处屯田需要的丁夫之时，除以《田令》所载屯田令文为依据之外，还需要结合《屯田格》所规定之屯田等级，以及《屯田式》所规定的工作量，综合确定征发丁夫的数额。这一令、格、式配套规定的精神在《天宝十载南郊敕》中有一定的体现：

> ……天下百姓，今载地税，并诸色勾征欠负等色，在百姓腹内未纳者，并一切放免。且京兆府及三辅郡，百役殷繁，自今以后，应差防丁屯丁，宜令所由支出别郡。……〔5〕

本诏敕前一部分与普通恩赦诏敕一样，大赦天下并放免百姓未纳之"地

---

〔1〕（清）董诰等编：《全唐文·卷四一〇·废华州屯田制》，中华书局1983年版，第4206页。

〔2〕宋家钰："唐开元田令复原研究"，载天一阁博物馆、中国社会科学院历史研究所天圣令整理课题组校证：《天一阁藏明钞本天圣令校证 附唐令复原研究》（下册），中华书局2006年版，第453页；戴建国："唐《开元二十五年令·田令》研究"，载《历史研究》2000年第2期，第40页。

〔3〕戴建国："唐《开元二十五年令·田令》研究"，载《历史研究》2000年第2期，第46页。

〔4〕（唐）李林甫等：《唐六典·卷七·尚书工部·屯田郎中员外郎》，陈仲夫点校，中华书局1992年版，第83页。

〔5〕（宋）宋敏求编：《唐大诏令集》卷六十八，中华书局2008年版，第381页。

税并诸色勾征欠负"，以体现浩荡皇恩。下文"自今以后，应差防丁屯丁，宜令所由支出别郡"，则部分涉及屯田事务。屯丁乃屯田劳动力，其征发程序已如前述。而本诏敕针对特定的地域——京兆府及三辅郡——作出免除百姓被征发从事屯田徭役的决定。从表面上看，这一诏敕作出的决定与屯田令、格、式的规定相反，而不是相同。但从内容上看，京兆三辅地区"百役殷繁"，百姓不堪重负才是免除的理由，而最终的结果并不是简单地免除全部力役，只是转嫁到其他郡县而已。可见，本诏敕是在肯定屯田令文征发屯田丁夫规定的前提下对特定地域作了变通性规定。

### 二、诏敕补充成文法典的规定

补充成文法典的规定需要创设新的法律规范，只有一般性规制屯田事务的诏敕方能如此。前引玄宗《定屯官叙功诏》即体现出对屯田令、格、式予以补充、完善的特点。该诏敕颁布于开元二十五年（公元 737 年）[1]，在时间上或许并非产生于前引屯田令、格、式之后，但如果考虑到成文法典的编纂并非横空出世，而是自武德初年不断删修的结果，则完全可以将成文法典视为常法，而将诏敕视为补充立法。

《定屯官叙功诏》的三句话分别规定了三个方面的内容：屯官叙功的标准——以每年收获的多少确定等级，镇戍屯兵口粮地的面积——人给十亩，以及屯官对屯田生产的监督权。前两个方面的内容不见于屯田令、格、式等成文法典，诏敕的颁布使得相关法律制度更加完善，具有补充立法的意义。第三个方面的内容（"方春，令屯官巡行，谪作不时者"）与开元《田令》中的屯田令文"诸屯隶司农寺者，卿及少卿每至三月以后，分道巡历。有不如法者，监官、屯将，随事推罪"[2]有相同的一面，都强调屯田官员在农忙开始之时的督促职责。但也有不同的一面：屯田令文针对"诸屯隶司农寺者"，没有规定"隶州镇诸军"屯田如何督责，而这一诏敕恰好弥补了这一不足。此外，二者督责的对象不同，屯田令文规定的是中央主管官员司农寺卿、

---

〔1〕 （宋）欧阳修、宋祁：《新唐书·卷五十九·食货三》，中华书局 1975 年版，第 1372 页。

〔2〕 宋家钰："唐开元田令复原研究"，载天一阁博物馆、中国社会科学院历史研究所天圣令整理课题组校证：《天一阁藏明钞本天圣令校证　附唐令复原研究》（下册），中华书局 2006 年版，第 453 页。

司农少卿的巡历督责，其对象为监官、屯将，而诏敕规定的是屯官对屯田劳动者的巡行督责。这一诏敕言令文之不足，创设了规制唐代屯田事务的重要法律规范。

### 三、诏敕创制新的屯田法律规范

新屯田法律规范的创设是一个立法的过程，也只能体现在一般性规制的诏敕之中。前引《停诸道支度营田使敕》即是实例之一，该诏敕的颁布体现了中央恢复单独设立营田使职的努力。营田使一职起源于北魏太和年间，为后世相沿袭，是唐代地方屯田管理机构中的重要职务。营田使职具有临时差遣的性质，该职务在唐代的确立本身就是诏敕作用的结果。延载元年（公元694 年）一月，武则天以娄师德为河源等军检校营田大使。何汝泉据此认为延载元年（公元 694 年）为唐代营田使职确立的最早时间。[1]之后，"沃衍有屯田之州，则置营田使"[2]，营田使职得以广泛设立。

"安史之乱"前，支度使、营田使分别设立，《停诸道支度营田使敕》所言"承前各置使"即是此意。《唐会要》载："初，景云、开元间，节度、支度、营田等使，诸道并置，又一人兼领者甚少。"[3]平定"安史之乱"过程中，地方割据势力得到加强，多种分散的职务逐步集于一身："艰难以来，优宠节将，天下拥旄者，常不下三十人，例衔节度、支度、营田、观察使，其边界藩镇，增置名额者，又不一。"节度使掌握军事、财政大权之后，驱役百姓，或事征战，或事屯田，形成尾大不掉之势。宪宗时期，逐步采取措施加强中央集权，裁抑藩镇，在营田使职设置上考虑"修旧章、一法度"，除别敕设置以外，诸道节度使兼支度营田使职即行停罢。可见，营田使职的设立，营田使与其他使职不应兼任的制度均来源于诏敕的规定。

又如罪囚屯田是唐代屯田的类型之一，但开元《田令》中并无罪囚屯田的相关规定，罪囚屯田的法律规范主要建立在诏敕基础之上。太宗贞观年间即下诏募自首罪囚戍西州。贞观十四年（公元 640 年），"诏流罪无远近尽皆

---

〔1〕 何汝泉："唐代使职的产生"，载《西南师范大学学报（人文社会科学版）》1987 年第 1 期，第 57、63 页。

〔2〕 （宋）欧阳修、宋祁：《新唐书·卷四九·百官四下》，中华书局 1975 年版，第 1316 页。

〔3〕 （宋）王溥：《唐会要·卷七八·诸使中·节度使》，上海古籍出版社 2006 年版，第 1696 页。

徙边要州，后犯者寖少。十六年（公元 642 年），又徙死罪以实西州，流者戍之，以罪轻重为更限"[1]。太宗诏令使得死、流、徒等罪囚都可以通过移往边地服劳役得以免罪。开元十六年（公元 728 年）正月庚申，"许徒以下囚，保任营农。三月辛丑，免营农囚罪"。[2] 罪囚可通过"营农"得以免罪，从而使农业活动成为罪囚劳役的具体内容。天宝四载（公元 745 年）八月，玄宗敕曰："今后应犯徒罪者，并量事宜，配于诸军效力。"[3] 这一诏敕改变了徒罪通常在原籍居作的规定，将徒罪囚置于诸军管束之下，为其从事屯田活动奠定了基础。玄宗还另颁《释放流徒等罪诏》："天下见禁囚徒，犯流以下徒以上，特宜免以常科，并遣随军展效。"[4] 再次对流徒罪囚的刑罚执行方式加以变更。尽管这些诏敕未明确提到罪囚移往边地或配于诸军之后从事屯田劳动，但罪囚屯田是客观事实。长庆元年（公元 821 年）穆宗即位大赦天下的诏书规定："其天德军流人，满十年即放回，其粮赐，委防御使便别召人充补营田驱使。"[5] 这一诏敕说明流于天德军的罪囚所从事的正是屯田劳动。此后，武宗会昌六年（公元 846 年）五月诏敕、宣宗大中三年（公元 849 年）八月诏敕、大中四年（公元 850 年）春正月诏敕一再重申罪囚屯田的劳役义务，本书不予赘述。[6]

当然，诏敕还具有为成文法典的制定、修改提供指导思想的作用，但这超出了屯田诏敕的内容范围，暂不予讨论。

总之，唐代成文法典与诏敕共同对屯田事务进行规制。唐代成文法典与个别性规制的诏敕之间，"经"（长久之道）与"权"（应变之策）的关系比较突出；与一般性规制的诏敕之间，则互补性更加明显。从总体上看，成文法典与诏敕之间相互为用，共同实现"综合为治"的目标。

---

〔1〕（宋）欧阳修、宋祁：《新唐书·卷五六·刑法志》，中华书局 1975 年版，第 1412 页。

〔2〕（宋）欧阳修、宋祁：《新唐书·卷五·玄宗纪》，中华书局 1975 年版，第 133 页。

〔3〕（宋）王溥：《唐会要·卷四 ·君上慎恤》，上海古籍出版社 2006 年版，第 841 页。

〔4〕（清）董诰等编：《全唐文·卷二八·释放流徒等罪诏》，中华书局 1983 年版，第 321 页。

〔5〕（宋）李昉等编：《文苑英华·卷四二六·翰林制诏七·长庆元年正月三日南郊改元赦文》，中华书局 1966 年版，第 2159 页。

〔6〕可参见拙作："论唐代罪囚屯田的法律规制"，载《中国监狱学刊》2012 年第 4 期，第 152~155 页。

第三章

# 唐代屯田组织法制

唐代屯田组织法制，是指唐代有关屯田事务的各级管理机构的设置、职权及权力运行方式等内容的法律制度。从层级上看，唐代屯田管理机构包括中央和地方两大部分。相应地，唐代屯田组织法制也包括中央和地方两大部分。

## 第一节　唐代中央屯田管理机构

唐代继承并发展了隋代的三省六部制，在中央设中书省、门下省为天子之下的政令起草与审核机构。"国家本置中书、门下以相检察，中书诏敕或有差失，门下当行驳正。"[1]形成了中书省起草诏旨制敕、门下省审查封驳的管理体制。另有尚书省负责政令的执行，行使行政管理大权，在屯田管理中居于核心地位。

### 一、法定中央屯田管理机构

唐代法律明确规定的中央屯田管理机构，主要有尚书省及所属各部（尤其是工部及所属屯田司）、司农寺、御史台等。

（一）尚书省及所辖各部

1. 尚书省

《通典》载："大唐开元二十五年，令诸屯隶司农寺者，每三十顷以下，二十顷以上为一屯。隶州镇诸军者，每五十顷为一屯。应置者，皆从尚书省处

---

[1]　（宋）司马光编著：《资治通鉴》卷一九二，中华书局 1956 年版，第 6041 页。

分。"〔1〕可见,《开元二十五年令》明确赋予尚书省屯田设置的处分权,司农寺及州镇诸军所辖屯田的设置均包括在内。尚书省是皇帝之下的最高执行机构,下设六部分掌具体行政事务。《新唐书》称:"(尚书省)……庶务皆会决焉。……天下大事不决者,皆上尚书省。"〔2〕各部不能决断的大事,都由尚书省"会决"。屯田的设置权由尚书省行使,可见唐代对屯田设置是极其慎重的。

2. 工部及屯田司

隋朝创立三省六部制时,在尚书省下设立工部,"工部尚书统工部、屯田侍郎各二人,虞部、水部侍郎各一人"〔3〕。各侍郎"分司曹务",屯田事务由工部屯田侍郎专门负责。唐代继承了这一制度,工部负有屯田管理职责,史称"掌山泽、屯田、工匠、诸司公廨纸笔墨之事"〔4〕。工部下设四司,"一曰工部,二曰屯田,三曰虞部,四曰水部",屯田事务由屯田司执掌。屯田司官吏署置及权限为:"屯田郎中一员(从五品上),员外郎一员(从六品上),主事二人(从九品上),令史七人,书令史十二人,计史一人,掌固四人。郎中、员外郎之职,掌天下屯田之政令。凡边防镇守,转运不给,则设屯田以益军储。其水陆腴瘠,播植地宜,功庸烦省,收率等级,咸取决焉。"〔5〕可见,工部屯田司是中央专司屯田事务的重要机关,配备近三十名官员,从"天下屯田之政令"到屯田生产经营中的具体事项等诸多事务均在其职掌之内。

3. 户部

唐代后期,户部也参与屯田管理。后周广顺三年(公元953年)诏曰:"唐末,中原宿兵,所在皆置营田以耕旷土,其后又募高赀户使输课佃之,户部别置官司总领,不隶州县。"〔6〕这一诏敕表明,"唐末"时户部参与屯田管理,所属"营田""不隶州县",由"户部别置官司总领"。

---

〔1〕 (唐)杜佑:《通典·卷二·食货二·屯田》,王文锦等点校,中华书局1988年版,第40页。

〔2〕 (宋)欧阳修、宋祁:《新唐书·卷四六·百官志》,中华书局1975年版,第5621页。

〔3〕 (唐)魏征、令狐德棻:《隋书·卷二七·百官志下》,中华书局1973年版,第774页。

〔4〕 (宋)欧阳修、宋祁:《新唐书·卷四六·百官一》,中华书局1975年版,第1201页。

〔5〕 (唐)李林甫等:《唐六典·卷七·尚书工部·屯田郎中》,陈仲夫点校,中华书局1992年版,第222页。

〔6〕 (宋)司马光编著:《资治通鉴》卷二九一,中华书局1956年版,第9488页。

户部营田务的设置时间尚存争议，除前述"唐末"之说外，尚有"唐后期"〔1〕"唐宣宗时"〔2〕"元和十三年（公元818年）七月以后"〔3〕等多种见解，但其设置的广泛性与普遍性是有共识的——"所在皆置营田以耕旷土"。《中国历史大辞典》称："唐后期，户部在全国专设营田务，以农民强户与高赀户耕种营田，免其地方徭役。"〔4〕《中国古代典章制度大辞典》也认为，各地营田"由中央户部总领，由各道设置营田务分别管理，不隶州县"〔5〕。鉴于营田是一种特殊类型的屯田，可以说，唐代后期户部也是一个重要的屯田管理机关，但另设何种专门机构管理具体事务，以及属吏的详细情况，则不见诸史籍记载。

4. 尚书省其他各部

除工部、户部外，屯田还涉及尚书省刑部、吏部、兵部的职责。如刑部比部司"周知内外之经费，而总勾之"，"比部郎中、员外郎之职，掌勾诸司百僚俸料、公廨、赃赎……，凡仓库出纳、……和籴屯收亦勾复之"〔6〕。可见，屯收勾复即财务审计审核之职由刑部比部司掌管。而屯官的考绩，则由吏部考功司负责，具体标准是"四善"及二十七最之"耕耨以时，收获剩课，为屯官之最"〔7〕。

此外，屯田事务与兵部职掌也有一定的关联。如田令规定："诸屯之处，每收刈时，若有警急者，所管官司与州镇及军府相知，量差管内军人及夫，一千人以下，各役五日功，防授（守）助收。"〔8〕各地屯田若差管内人夫助收，往往涉及兵曹职掌。《开元年间西州诸曹符帖目》载："兵曹符：为差输

〔1〕 中国历史大辞典编纂委员会编纂：《中国历史大辞典》，上海辞书出版社2000年版，第2643页。

〔2〕 赵德馨主编：《中国经济史辞典》，湖北辞书出版社1990年版，第278页。

〔3〕 唐嘉弘主编：《中国古代典章制度大辞典》，中州古籍出版社1998年版，第995~996页。

〔4〕 中国历史大辞典编纂委员会编纂：《中国历史大辞典》，上海辞书出版社2000年版，第2643页。

〔5〕 唐嘉弘主编：《中国古代典章制度大辞典》，中州古籍出版社1998年版，第995~996页。

〔6〕 （后晋）刘昫等：《旧唐书·卷四三·职官志》，中华书局1975年版，第1839页。

〔7〕 （唐）李林甫等：《唐六典·卷二·吏部·考功郎中》，陈仲夫点校，中华书局1992年版，第43页。

〔8〕 宋家钰："唐开元田令复原研究"，载天一阁博物馆、中国社会科学院历史研究所天圣令整理课题组校证：《天一阁藏明钞本天圣令校证　附唐令复原研究》（下册），中华书局2006年版，第453页。

丁廿人助天山（军）屯事。"〔1〕文书所载即系差遣二十人夫防守助收上报兵曹之事。既然屯田事务涉及地方兵曹，其最高主管机关兵部自然不能置身事外。又如，《唐六典》载，凡将帅出征，兵满万人以上，"置营田副使一人"〔2〕。营田副使是主管屯田事务的地方官员之一，其职务与将帅出征及兵员数量密切相关，不能说与兵部职掌毫无关联性。

（二）司农寺

唐代司农寺也有屯田管理职责。明人丘浚称："我朝之制，……有卫所之处则有屯营之田，非若唐人专设农寺以领之也。"〔3〕清人黄辅辰亦称："唐设农寺，专领其事。"〔4〕《通典》载："隋置诸屯监及副监，畿内者隶司农，自外者隶诸州。大唐因之，置监及丞，掌营种屯田、句当功课畜产等事。"〔5〕前引开元《田令》载："……诸屯隶司农寺者，每三十顷以下，二十顷以上为一屯。"〔6〕可见杜佑所言非虚，作为九寺之一的司农寺也具有屯田管理职责，具体管理机构为司农寺下辖之诸屯监。《新唐书》载："诸屯监一人，从七品下；丞一人，从八品下。掌营种屯田，勾会功课及畜产簿帐，以水旱蝝蝗定课。"〔7〕《唐六典》亦载："诸屯监各掌其屯稼穑，丞为之贰。凡每年定课有差。"〔8〕此外，屯田收获物的管理关涉"仓储委积之事"，与司农寺卿之职掌紧密相关。故司农寺也属于唐代中央屯田管理机构。从权限上看，司农寺职掌较工部屯田司具体、细致，屯田司"掌天下屯田之政令"，而司农寺通过诸屯监直接管理诸屯，受屯田司之节制。

司农寺诸屯监的屯田管理职责唐初即已出现，据《元和郡县图志》记载，

---

〔1〕　〔日〕池田温：《中国古代籍帐研究》，龚泽铣译，中华书局2007年版，第363页。

〔2〕　（唐）李林甫等：《唐六典·卷五·兵部郎中》，陈仲夫点校，中华书局1992年版，第158页。

〔3〕　（明）邱浚：《大学衍义补·卷三五·屯营之田》，林冠群、周济夫校点，京华出版社1999年版，第320页。

〔4〕　（清）黄辅辰编著：《营田辑要校释》，马宗申校释，农业出版社1984年版，第53页。

〔5〕　（唐）杜佑：《通典·卷二六·职官八·司农寺诸屯监》，王文锦等点校，中华书局1988年版，第729页。

〔6〕　宋家钰："唐开元田令复原研究"，载天一阁博物馆、中国社会科学院历史研究所天圣令整理课题组校证：《天一阁藏明钞本天圣令校证　附唐令复原研究》（下册），中华书局2006年版，第452页。

〔7〕　（宋）欧阳修、宋祁：《新唐书》卷四十八，中华书局1975年版，第1263页。

〔8〕　（唐）李林甫等：《唐六典·卷十九·司农寺》，陈仲夫点校，中华书局1992年版，第530页。

贞观四年（公元 630 年）于永寿县置醴泉监，兼置屯五所，隶司农寺。[1]司农寺所管屯田，至迟在开元年间出现了变化，即设置专使来管理宫苑屯田[2]，包括苑内营田使、长春宫使等。开元七年（公元 719 年）三月，"以左武卫大将军、检校内外闲厩使、苑内营田使王毛仲行太仆卿"[3]。《唐会要》载："开元九年（公元 721 年）十二月十七日敕：'同、蒲、绛、河东西并沙苑内，无问新旧注田蒲萑，并宜收入长春宫使，仍令长春宫使检校。'二十九年（公元 741 年）十一月十七日敕：'新丰、朝邑屯田，令长春宫使检校。'"[4]苑内营田使之职、长春宫使的屯田管理职责由此可见一斑。

（三）御史台

御史台是唐代最高监察机关，所属察院设有监察御史，掌管屯田勾检复核之事，因此御史台也属于中央屯田管理机构。《旧唐书》载："监察掌分察巡按郡县、屯田、铸钱、岭南选补……"[5]《新唐书》及前引开元《田令》亦称"御史巡行莅输"，可见监察御史对于屯田法制的运行起着监察督促之责。《通典》载："开元五年（公元 717 年），监察御史杜暹往碛西覆屯。"[6]此即监察御史参与屯田管理之例证。又如颜真卿"为监察御史，充河西陇右军试覆屯交兵使。……又充河东朔方试覆屯交兵使"[7]。颜真卿两度以监察御史充任"覆屯交兵使"，史籍所载之具体事务虽与屯田无直接关联，但御史监察屯田事务的职权仍可见一斑。至唐代后期，皇帝诏敕仍强调御史对屯田情况的监察。敬宗即位后下诏，"军屯营种，有侵占丁田课役税户者，宜委御史台切加访察"[8]，即是明证。

可见，唐代确立了一套比较庞杂的中央屯田管理系统。在这套系统中，尚书省掌管屯田设置的最高权力并会决重大屯田事务，各部分工负责管理具

---

〔1〕（唐）李吉甫：《元和郡县图志·卷三·关内道·邠州》，中华书局 1983 年版，第 63 页。

〔2〕宁可主编：《中国经济通史·隋唐五代》，经济日报出版社 2000 年版，第 90 页。

〔3〕（宋）司马光编著：《资治通鉴》卷二一二，中华书局 1956 年版，第 6735 页。

〔4〕（宋）王溥：《唐会要·卷五十九·尚书省诸司下》，上海古籍出版社 2006 年版，第 1222 页。

〔5〕（后晋）刘昫等：《旧唐书·卷四四·职官志三》，中华书局 1975 年版，第 1863 页。

〔6〕（唐）杜佑：《通典·卷二四·御史台·监察侍御史》，王文锦等点校，中华书局 1988 年版，第 676 页。

〔7〕（后晋）刘昫等：《旧唐书·卷一二八·颜真卿传》，中华书局 1975 年版，第 3589 页。

〔8〕《册府元龟·卷九〇·帝王部·赦宥》（文渊阁四库全书本）。

体屯田事务，监察御史负责勾检复核、察举非违，司农寺负责所属屯田的具体管理，其他机构在权限范围内对尚书省及各部的屯田管理予以配合。这套系统具有明显的分散性，尽管屯田在唐代发展到前所未有的高峰，但中央并没有一个独立的机构专门负责相关事务的管理。工部屯田司虽以"屯田"命名，但其职掌并不限于屯田事务，还包括"在京文武职事官""京兆、河南府及京县官"的职分田，以及"在京诸司"的公廨田等官田的管理。更重要的是，工部屯田司级别低下，其郎中秩仅从五品上，不足以担当全面管理屯田事务的职责。尚书省作为最高政令执行机关，且长官兼带宰相衔，自然在中央屯田管理机构中居于核心地位。

### 二、尚书省核心地位的虚置

尽管尚书省在制度层面居于屯田管理的核心地位，但在唐代屯田实践中，这种核心地位却难以显现。依唐令规定，屯田的设置由尚书省处分，这是唐代成文法典规定的尚书省有关屯田管理的最高权限。然而，唐令的这一规范在实践中却是另一种形态。

（一）《开元二十五年令》颁布之前的状况

开元二十五年（公元 737 年）之前，屯田的设置往往并非由尚书省处分。如武德初年，薛大鼎"授大将军府察非掾，出为山南道副大使，开屯田以实仓廪"〔1〕。此时李渊登基不久，法律制度不可能如后世那般完备，薛大鼎所开屯田是否经过尚书省的"处分"无从知晓。同时期的窦静屯田则显然并非由尚书省处分：

> 武德初，（窦静）累转并州大总管府长史。时突厥数为边患，师旅岁兴，军粮不属，静表请太原置屯田以省馈运。时议者以民物凋零，不宜动众，书奏不省。静频上书，辞甚切至。于是征静入朝，与裴寂、萧瑀、封德彝等争论于殿庭，寂等不能屈，竟从静议。岁收数千斛，高祖善之，令检校并州大总管。〔2〕

窦静拟屯田太原"以省馈运"，解决"师旅岁兴，军粮不属"的实际困难，但遭到了群臣反对。窦静一再上书之后，高祖征其入朝，与反对置屯者

---

〔1〕 （宋）欧阳修、宋祁：《新唐书·卷一九七·循吏传》，中华书局 1975 年版，第 5621 页。
〔2〕 （后晋）刘昫等：《旧唐书·卷六一·窦威附窦静传》，中华书局 1975 年版，第 2369 页。

"争论于殿庭"，最终才使太原屯田的计划得以实施。窦静廷辩之时已有尚书省之设，《唐会要》载："武德元年（公元 618 年），因隋旧制，为尚书省"[1]，但太原屯田并非简单地由尚书省决断，而是在廷议后由高祖定夺。可见，唐政权建立之初，尚书省在屯田设置方面地位并不突出。

武德三年（公元 620 年），窦轨"迁益州道行台左仆射。……度羌必为患，始屯田松州"[2]。次年，李孝恭迁荆州大总管，"孝恭治荆，为置屯田，立铜冶，百姓利之"[3]。这两处屯田的设立离不开窦轨和李孝恭个人的努力，最终是否由尚书省定夺，未见史籍记载。

贞观元年（公元 627 年）代州都督张公谨"上表，请置屯田，以省转运。又前后言时政得失十余事，并见纳用"[4]。《唐六典》载："……凡下之所以达上，其制亦有六，曰：表、状、笺、启、牒、辞。（表上于天子，其近臣亦为状。……）"[5]六典注文明言上表的对象是"天子"，故张公谨请置代州屯田是向皇帝提出；从"并见纳用"来看，皇帝批准了他的请求。可见，贞观元年（公元 627 年）时，屯田的设置并不取决于尚书省，而是皇帝。

仪凤三年（公元 678 年）九月，"吐蕃败洮河行军大总管李敬玄，总管刘审礼死之。帝博咨群臣，求所以御之之术。或言不可和，或言屯田严守为便。其议帝俱未用"[6]。唐蕃前线败绩关系重大，高宗"博咨群臣"以求良策，屯田严守的建议初时并未得到高宗许可。尽管如此，河源军经略大使黑齿常之仍在该地屯田供军。调露二年（公元 680 年），"常之以河源军正当贼冲，欲加兵镇守，恐有运转之费，遂远置烽戍七十余所，度开营田五千余顷，岁收百余万石"[7]。此处言"度开营田五千顷"，似乎在该地营田只是一个构思。但《新唐书》称："黑齿常之为河源经略大使，乃严燧逻，开屯田，虏谋稍折"[8]，表明黑齿常之在该地屯田的计划得到了落实，并取得了丰硕的成

〔1〕（宋）王溥：《唐会要·卷五七·尚书省诸司上》，上海古籍出版社 2006 年版，第 1154 页。

〔2〕（宋）欧阳修、宋祁：《新唐书·卷九五·窦轨传》，中华书局 1975 年版，第 3845 页。

〔3〕（宋）欧阳修、宋祁：《新唐书·卷七八·河间王孝恭传》，中华书局 1975 年版，第 3523 页。

〔4〕（后晋）刘昫等：《旧唐书·卷六八·张公谨传》，中华书局 1975 年版，第 2507 页。

〔5〕（唐）李林甫等：《唐六典·卷一·尚书都省》，陈仲夫点校，中华书局 1992 年版，第 11 页。

〔6〕张君约：《历代屯田考》，商务印书馆 1939 年版，第 156 页。

〔7〕（后晋）刘昫等：《旧唐书·卷一〇九·黑齿常之传》，中华书局 1975 年版，第 3295 页。

〔8〕（宋）欧阳修、宋祁：《新唐书·卷二一六·吐蕃传》，中华书局 1975 年版，第 6077 页。

果，"常之在军七年，吐蕃深畏惧之，不敢复为边患"。河源地处偏远，运输困难，军粮供应的任务颇为繁重，若无屯田供军，黑齿常之就无法取得抗御吐蕃的成就。从史料记载来看，屯田的设置权仍由皇帝掌握，故廷议中虽有人力主屯田严守，但高宗不采纳即不能得到落实。但此后黑齿常之的屯田究竟是自发之举，还是得到了高宗的许可，史籍则语焉不详。

垂拱初年（约公元685年），麟台正字陈子昂向武后上疏：

河西诸州，军兴以来，公私储蓄，尤可嗟痛。凉州岁食六万斛，屯田所收不能偿垦。……甘州地广粟多，左右受敌，但户止三千，胜兵者少，屯田广夷，仓庾丰衍，瓜、肃以西，皆仰其餫，一旬不往，士已枵饥。是河西之命系于甘州矣。且其四十余屯，水泉良沃，不待天时，岁取二十万斛，但人力寡乏，未尽垦发。……宜益屯兵，外得以防盗，内得以营农，取数年之收，可饱士百万，则天兵所临，何求不得哉？[1]

疏言凉州"屯田所收不能偿垦"，绩效较差，而甘州"屯田广夷""积粟万计"，却又"人力寡乏，未尽垦发"，"兵少不足以制贼"。欲制河西，必须增加屯兵人数，扩大屯田面积。陈子昂的这一建议是采用上疏的方式向武后提出，可见在其看来屯田的决策权在武后手中。

开元年间，宰相张说请于河北置屯田而上《请置屯田表》：

……臣再任河北，备知川泽，窃见彰水可以灌巨野，淇水可以溉汤阴，若开屯田，不减万顷，化萑苇为秔稻，变斥卤为膏腴，用力非多，为利甚溥。……[2]

张说在表中称"臣再任河北"，当是玄宗"敕说为朔方军节度大使，往巡五城，处置兵马"[3]之时，即开元十年（公元722年）。此前张说早已位居宰相之职，对当时的屯田法制无疑有清楚的认识。并且，此时距开元二十五年（公元737年）田令颁布也只有十五年的时间，屯田法制在一定程度上已趋于完善。在河北屯田的设置上，张说直接向玄宗上表。这表明，张说认为

---

〔1〕（宋）欧阳修、宋祁：《新唐书·卷一〇七·陈子昂传》，中华书局1975年版，第4072~4073页。

〔2〕（唐）张说：《张燕公集·卷一三·请置屯田表》，上海古籍出版社1992年版，第98页。

〔3〕（后晋）刘昫等：《旧唐书·卷九七·张说传》，中华书局1975年版，第3053页。

屯田的设立决定于皇帝，而且这是一种制度性的安排。

开元二十二年（公元734年），张九龄建议在河南开水屯，玄宗命他"兼河南稻田使"〔1〕。"九龄在相位时，建议复置十道采访使，又教河南数州水种稻，以广屯田。"〔2〕当时，张九龄身为宰相，设置屯田之事并未自专，而是提出建议由皇帝定夺，可见其对屯田设置权限的认识与张说如出一辙。后河南道陈、许、豫、寿等州设置水稻田百余屯，由于该地屯田"费功无利，竟不能就"，开元二十五年（公元737年）四月，玄宗诏罢之。"诏曰：陈、许、豫、寿四州，本开稻田，将利百姓。度其收获，甚役功庸。何如令地均耕，令人自种，先所置屯田，宜并定其地，量给逃还及贫下百姓。"〔3〕可见，陈、许、豫、寿四州屯田的设立和废罢均由玄宗直接决定。

玄宗曾下诏称："朕虽在九重，心悬万里，念虑之至，想所知之。近既加兵，惟忧粮贮，诸处屯种，今复何如？逆贼有谋，还虑残暴，必须善守，无令损失。若诸城有粮，兵复足用，忿戾之虏，行应再来，劳众离心，岂能无隙？……近日狂虏形势如何，屯收是时，尤需预备。"〔4〕从敕文中可以看出，玄宗对远在万里之外的西域屯田深表挂虑并直接干预。

以上分析表明，开元二十五年（公元737年）之前，在屯田设置这一重大事项上，尚书省的地位似无足轻重。在这一阶段，无论是屯垦实践，还是名臣关于屯田的言论，都表明皇帝直接控制着屯田的设置权。

（二）《开元二十五年令》颁布之后的状况

《开元二十五年令》颁布之后，屯田设置并不取决于尚书省的事例也多见诸史籍。代宗大历五年（公元770年），"诏罢诸州所置屯田，特留华、同、泽等三州屯田"〔5〕；大历八年（公元773年）七月，代宗宣布废华州屯田，"其屯田并宜给以贫下百姓"〔6〕。虽然这两份诏敕的着眼点并非屯田的设置，而是"废罢"，但作为一种影响屯田存在的消极措施，其与设置这一积极措施

---

〔1〕（宋）欧阳修、宋祁：《新唐书·卷一二六·张九龄传》，中华书局1975年版，第4428页。

〔2〕（后晋）刘昫等：《旧唐书·卷九九·张九龄传》，中华书局1975年版，第3099~3100页。

〔3〕《册府元龟·卷五○三·邦计部·屯田》（文渊阁四库全书本）。

〔4〕（清）董诰等编：《全唐文·卷二八五·敕安西节度王斛斯书》，中华书局1983年版，第2896页。

〔5〕张君约：《历代屯田考》，商务印书馆1939年版，第172页。

〔6〕（宋）宋敏求编：《唐大诏令集·卷一一一·废华州屯田制》，中华书局2008年版，第577页。

的权限应当是一致的。华、同、泽三州屯田的保留与废罢均由诏敕决定之，可见屯田设置权由皇帝直接掌控。

李翰在论及苏州嘉兴屯田时称："……广德初，乃命相国元公倡其谟，分命诸道节度观察都团练使统其事。择封内闲田荒壤，人所不耕者为之屯。"[1]文中提到皇帝对屯田的挂念及指示地方官员择地开屯的诏敕。史称李翰"为文精密而思迟"，"天宝末，房管、韦陟俱荐为史官，宰相不肯拟"，后"累迁左补阙、翰林学士"[2]。可见，李翰有史官之才，其文中所述天子对屯田"旰食宵兴"应不是空穴来风。

德宗建中元年（公元 780 年），"宰相杨炎请置屯田于丰州，……京兆尹严郢尝从事朔方，知其利害，以为不便，疏奏不报。郢又奏，五城（振武、天德、灵武、盐、夏）旧屯，其数至广。以开渠之粮贷诸城，约以冬输，又以开渠功直布帛，先给田者，据估转谷。如此则关辅免调发，五城田辟，比之浚渠，利十倍也。时杨炎方用事，郢议不用，而陵阳渠卒不成，然振武、天德田，广袤千里"[3]。宰相杨炎拟屯田于丰州，但未自行决定，而是"请置"，其对象显然是德宗。京兆尹严郢反对在该地置屯，也是采用向德宗上奏的方法加以劝阻。虽然此事以杨炎用事、郢议不用而告终，但从实际效果上看，似乎严郢的建议得到了落实。从丰州屯田的设置一事来看，杨炎、严郢均将皇帝作为屯田设置的决定者。

"元和中，振武军饥，宰相李绛请开营田，可省度支漕运及绝和籴欺隐。宪宗称善，乃以韩重华为振武、京西营田、和籴、水运使，起代北，垦田三百顷，出赃罪吏九百余人，给以耒耜、耕牛，假种粮，使偿所负粟，二岁大熟。"[4]李绛请开营田得到了宪宗的肯定之后才付诸实施，同样说明屯田的设置权由皇帝掌控。

从上引代宗、德宗、宪宗等时期的屯田实践来看，开元二十五年（公元737 年）之后，在屯田的设置与废罢过程中，尚书省究竟扮演了什么角色没有得到史籍的明确记载，皇帝对屯田设置权的直接掌控倒是体现得比较明显。

---

〔1〕（清）董诰等编：《全唐文·卷四三〇·苏州嘉兴屯田纪绩颂》，中华书局 1983 年版，第4375 页。

〔2〕（宋）欧阳修、宋祁：《新唐书·卷二百三·李翰传》，中华书局 1975 年版，第 5779 页。

〔3〕（宋）欧阳修、宋祁：《新唐书·卷五三·食货志三》，中华书局 1975 年版，第 1372 页。

〔4〕（宋）欧阳修、宋祁：《新唐书·卷五三·食货志三》，中华书局 1975 年版，第 1373 页。

　　虽然《开元二十五年令》规定的屯田设置者是尚书省，但无论是开元二十五年（公元 737 年）之前还是之后，有关屯田设置的史料中都难觅尚书省的踪影。这些史料一再表明，皇帝直接掌控着屯田设置权，唐令的成文规定在屯田实践中是另外一种状态。对此，可以从以下几个方面来理解：其一，唐初政权草创、法律制度不完善之时，屯田的设置由人主权断甚至地方大员自行决定理所当然。窦静屯田太原之事廷议后由高祖作出决定，以及陇右军州大使郭元振令甘州刺史李汉通开置屯田，就是典型的事例。其二，不能将屯田简单地与农业生产画等号，很多情况下它是政治策略、军事战略的重要组成部分，需要最高决策者统筹兼顾、合理安排。尚书省仅仅是中央政令的执行机构，虽然其长官尚书令、尚书仆射兼带宰相衔可以参与中枢决策，但尚书省并没有独立的决策权，因而无法自行决定屯田设置与否。张公谨屯田的代州、黑齿常之屯田的河湟、陈子昂建议扩大屯田的河西、张说请置屯田的河北、玄宗深表忧虑的安西等地，都是与少数民族政权交锋的边陲之地。在这些地方开展屯田，涉及军队的调派、与周边政权关系的处理，政治、军事意义明显大于经济意义，这些事务是尚书省及其所属各部无权自行措置的。其三，陈、许、豫、寿、华、同、泽、丰等内地各州屯田的开展涉及逃户产业问题，屯田与均田的关系问题，以及中央与地方藩镇的关系问题。这些问题对唐政权的稳固同样具有根本性意义，尚书省同样力有不逮。其四，开元二十五年（公元 737 年）以前，屯田的设置权长期由皇帝执掌，这一习惯性的做法本身就具有制度的性质。中国古代，皇权至上具有不证自明的合法性与正当性，在中央集权不断加强的背景下，《开元二十五年令》的颁布不可能改变长期形成的传统。

　　除皇帝亲自过问屯田事务外，宰相对屯田经营的直接掌控也是值得注意的现象。开元二十二年（公元 734 年）七月，"遣中书令张九龄充河南开稻田使"。八月，"又遣张九龄于许、豫、陈、亳等州置水屯"[1]。张九龄以中书令之职兼开稻田使，足见唐廷对屯田的重视。此次屯田持续时间较短，恐未取得良好成效。《唐六典》载："开元二十二年（公元 734 年），河南道陈、许、豫、寿又置百余屯。二十五年（公元 737 年），敕以为不便，并长春宫田

---

〔1〕（后晋）刘昫等：《旧唐书·卷八·玄宗纪上》，中华书局 1975 年版，第 201 页。

三百四十余顷，并令分给贫人。"〔1〕可见，河南所开稻田仅三年时间就废屯分给贫民，具体理由是"度其收获，甚役功庸"〔2〕。开元二十五年（公元737年），玄宗下诏："宜令中书门下与诸道节度使，各量军镇闲剧，审利害，计兵防健儿等作定额，委节度使放诸色征行人内及客户中召募，取丁壮情愿充健儿长任边军者，每岁加于常例，给田地屋宅，务加忧恤，便得存济，每年逐季，本使具数报中书门下，至年终一时录奏。"〔3〕中书门下对军屯健儿的招募及相关屯田事务具有一定的参与权。代宗广德元年（公元763年），同中书门下平章事、度支转运使元载"以度支转运使职务繁碎，负荷且重，虑伤名，阻大位，素颜与刘晏相友善，乃悉以钱谷之务委之，荐晏自代，载自加营田使"〔4〕。《旧唐书》载："元载为诸道营田使，（于顽）又署为郎官，令于东都、汝州开置屯田。"〔5〕可见，元载卸去度支转运使之职后，仍带宰相衔，同时兼任诸道营田使。刘玉峰认为，张九龄以宰相身份开置稻田，是唐朝廷探索以宰相掌控屯田经营管理的尝试；开元二十五年（公元737年）诏则是宰相直接参与管理军屯事务的表现；而元载兼任诸道营田使，"总负责全国屯田营田"，"取代了安史之乱之前由尚书省工部及屯田司总负责的体制"，是唐代屯田管理体制的重大变化。〔6〕尽管宰相在《开元二十五年令》颁布前后曾一定程度上参与管理甚至掌控屯田事务，但从史籍的记载来看，宰相的权力仍处于皇权的控制之下，是皇帝享有屯田事务最高决定权的延伸。上引史料中"遣""令""录奏"等用语表明宰相掌控屯田事务受命于君，宰相并没有独立的处置权。

总之，虽然唐代确立了成熟、完善的官僚组织体系，成文法对其职掌作出了明确而细致的规定，但文本意义的法并不等于实践意义的法，不能对唐代法律规定作机械的理解。就屯田管理而言，有关屯田设置之类的重大政务

〔1〕（唐）李林甫等：《唐六典·卷七·尚书工部·屯田郎中员外郎》，陈仲夫点校，中华书局1992年版，第223页。

〔2〕《册府元龟·卷五三·邦计部·屯田》（影印本），中华书局1960年版，第6036页。

〔3〕（清）董诰等编：《全唐文·卷三一·命诸道节度使募取丁壮诏》，中华书局1983年版，第345~346页。

〔4〕（后晋）刘昫等：《旧唐书·卷一一八·元载传》，中华书局1975年版，第3410页。

〔5〕（后晋）刘昫等：《旧唐书·卷一四六·于顽传》，中华书局1975年版，第3966页。

〔6〕刘玉峰：《唐代经济结构及其变化研究——以所有权结构为中心》，山东大学出版社2014年版，第72~79页。

由皇帝直接决策，即便是位高权重的尚书省也只有名义上的处分权，工部、屯田司、司农寺之流更无权置喙，所谓"掌天下屯田政令"理解为依照皇帝所颁政令具体处理日常屯田管理事务更加恰当。可以看出，唐代屯田中央管理机构实际上由皇帝、尚书省、尚书省各部（尤其是工部及屯田司）、司农寺组成，并由监察御史对尚书省以下各机构的屯田管理行为行使监察权。

## 第二节　唐代地方屯田管理机构

唐代地方行政区域包括道、州（军）、县三级，地方军政长官对辖区内的一切军政事务一般负有最高管理职责。通常，这种管理主要表现为一种间接管理，即军政长官负领导责任，具体事务由专职属官加以处理，屯田事务也不例外。唐代继承前代的做法，设置了以经营管理屯田为其本职工作的地方行政管理机构[1]，如营田使、田曹参军、营田务等。

### 一、地方军政长官

唐代前期，地方军政长官（如刺史、大总管、都督、军使等）曾直接负责辖区内的屯田管理事务。

刺史开置并管理屯田史籍多有记载。如贞观元年（公元 627 年），朔州刺史张俭在州内"广营屯田，岁致谷十万斛，边粮益饶。及遭霜旱，劝百姓相赡，遂免饥馁，州境独安"[2]。又如大足元年（公元 701 年），郭元振任凉州都督、陇右诸军州大使，"……令甘州刺史李汉通开置屯田，尽其水陆之利"[3]。此次屯田的决定者似乎是凉州都督、陇右诸军州大使郭元振，但实际屯田管理者则应当是甘州刺史李汉通。《朝野佥载》称姜师度在任沧州刺史时也曾"于鲁城界内种稻置屯，穗蟹食尽，又差夫打蟹。苦之，歌曰：'卤地抑

---

〔1〕　通常情况下，职与官是相对应的，二者结合在一起，构成职官制度。但在唐代，有时也会出现职与官相分离的非制度性职务，为论述方便，这种情况下的屯田管理职务本书也一并列入屯田管理"机构"之列。

〔2〕　（后晋）刘昫等：《旧唐书·卷八三·张俭传》，中华书局 1975 年版，第 2775 页。

〔3〕　（后晋）刘昫等：《旧唐书·卷九七·郭元振传》，中华书局 1975 年版，第 3044 页。

种稻，一概被水沫。年年索蟹夫，百姓不可活'。"〔1〕后姜师度在同州屯田卓有成效，玄宗下诏褒奖之，当时姜师度所任职即为"同州刺史"。

除刺史外，总管、都督、军使等军事长官也曾直接管理屯田事务。总管设置于唐代初年，后改称（大）都督。"武德初，边要之地置总管以统军……七年，改总管曰都督，总十州者为大都督。贞观二年（公元 628 年），去'大'字……"〔2〕可见，总管、都督是唐初设置于边地的军事将领。高祖时，"突厥数为边患，师旅岁兴，军粮不属"，窦静一再主张在"太原置屯田以省馈运"，遭到朝臣反对，后经与反对者"争论于殿庭"，其议才被采纳。〔3〕当时窦静的身份是"并州大总管府长史"，史籍中并未详细交代太原屯田的实际主持者，但其作为属吏的身份似不足以独当一面，屯田的实际管理者应当是并州大总管。后因屯田成效显著，窦静也被提升为"检校并州大总管"。贞观元年（公元 627 年），代州都督张公谨"上表，请置屯田，以省转运。又前后言时政得失十余事，并见纳用"〔4〕，可见张公谨请置屯田之时系代州都督。仪凤三年（公元 678 年）九月，李敬玄青海大败之后，娄师德收集了散亡残兵，被任命为河源军司马"兼知营田事"，在今青海西宁一带兴办屯田。〔5〕永隆元年（公元 680 公元），黑齿常之在河源打败吐蕃军队，晋升为河源军经略大使，他认为"欲加兵镇守恐有转运之费"，便在当地"远置烽戍七十余所，度开营田五千余顷，岁收百余万石"〔6〕。

哈拉和卓出土的《伊吾军屯田残籍》中附有一纸文书，上有"朝请大夫使持节伊州诸军事守伊州刺史兼伊吾军使"字样，黄文弼"疑此纸与上屯田残籍有关，或为一纸被人截断者"〔7〕。这一文书直观地体现了地方长官兼任军镇长官且负责屯田事务的情形。

上述刺史、都督、总管以及军使管理屯田之事，基本上都发生在唐代前

〔1〕 （唐）张鷟：《朝野佥载·卷二·唐宋史料笔记丛刊》，赵守俨点校，中华书局 1979 年版，第 47 页。

〔2〕 （宋）欧阳修、宋祁：《新唐书·卷四九·百官四下》，中华书局 1975 年版，第 1315~1316 页。

〔3〕 （后晋）刘昫等：《旧唐书·卷六一·窦静传》，中华书局 1975 年版，第 2369 页。

〔4〕 （后晋）刘昫等：《旧唐书·卷六八·张公谨传》，中华书局 1975 年版，第 2507 页。

〔5〕 （后晋）刘昫等：《旧唐书·卷九三·娄师德传》，中华书局 1975 年版，第 2975 页。

〔6〕 （后晋）刘昫等：《旧唐书·卷一百九·黑齿常之传》，中华书局 1975 年版，第 3295 页。

〔7〕 黄文弼：《吐鲁番考古记》，中国科学院 1954 年版，第 41 页。

期营田使职经常出现之前。高宗、武后时期，为了应对因政治经济形势变化而出现的新事务，开始大量出现独立于原有行政机构的使职差遣，且从临时性逐步向固定化方向发展。此后，屯田所在区域的刺史、都督、军使常带营田使衔，其对屯田的管理职责并非基于军政长官的身份，而是其兼带的屯田职官身份。如武周时期，冉实在河西屯田卓有成效，"朝廷赖之，迁使持节河州诸军事河州刺史，仍知营田使"。冉实"睹恭肃而无竞，见礼义而兴行，不言而庶事熙，非教而群下顺：故得大田多稼，人和岁丰，穰军廪师，处勤余裕"，得到武则天的赞赏："河州军镇冲，屯田最多，卿以足食为心，朕无西顾之忧矣。"[1]冉实屯田河州时所任职务为河州刺史，并兼"营田使"之衔，正是这一兼职使管理屯田成了其分内之事。开元二年（公元714年）四月，玄宗下制："……云麾将军、检校右骁卫将军兼北庭都护、瀚海军经略使、金山道副大总管、招慰营田等使、上柱国、太原县开国子郭虔瓘，……顷者柳中、金满，偏师御敌，萧条穷漠之外，奔迫孤城之下。……"[2]郭虔瓘作为北庭军政长官兼带营田等使衔，所管屯田事务与其营田使衔正相对应。

当然，地方军政长官管理屯田事务只是一个笼统的说法，同一个地区不同时期军政体制可能会发生变化，军政长官也并非一成不变，具体负责屯田事务的军政长官名号也会有所不同。以西域伊西庭地区为例，贞观年间唐朝在伊吾设西伊州，后改称伊州；在高昌故地设西昌州，后改称西州；在可汗浮图城设庭州，并于三州之上设安西都护府镇抚诸蕃、统领三州军事。显庆二年（公元657年），安西都护府迁至龟兹，不再节制伊西庭三州军事。同时，西州升级为都督府，负责西州军政事务。[3]文明元年（公元684年），唐朝于庭州设置瀚海军，统兵12 000人。[4]长安二年（公元702年），于庭州设北庭都护府。景龙四年（公元710年），又于伊州设伊吾军，统兵3000人。

〔1〕（清）董诰等编：《全唐文·卷二二八·河州刺史冉府君神道碑》，中华书局1983年版，第2310页。

〔2〕（后晋）刘昫等：《旧唐书·卷一〇三·郭虔瓘传》，中华书局1975年版，第3187~3188页。

〔3〕（宋）王钦若等编：《宋本册府元龟·卷九九一·外臣部·备御第四》，中华书局1989年版，第3993页。

〔4〕（宋）王溥：《唐会要·卷七八·安西四镇节度使》，上海古籍出版社2006年版，第1690页。

开元二年（公元714年），置天山军，管兵5000人。[1]这一时期，伊西庭地区先后受到朝廷差遣的大量使职的节制，三州及各军之间并无相互隶属关系。先天元年（公元712年），阿史那献以北庭都护兼伊西节度、瀚海军使，标志着伊西节度使的创立。[2]之后，伊州和西州正式隶属于北庭。开元二十九年（公元741年），北庭伊西节度使成为统领西域军政力量的两节度之一。[3]可以说，唐代前期，伊西庭地区的军政体制大体经历了各州并立——安西都护府节制三州——各州再次并立——北庭节度使与伊西北庭节度使节制三州的变化过程。这一时期，伊西庭地区的军政长官也经历着相同的变化。在固定化的营田使职出现之前，这些军政长官对当地的屯田事务都负有管理之责。

营田使职出现之后，地方军政长官并非完全卸去屯田管理的职责。首先，营田使职由地方军政长官兼任的现象较为普遍。在这种情况下，营田使名为专职屯田管理机构（职官），事实上只是将屯田管理事务予以专门化，对军政长官来说屯田管理仍是其分内之事。其次，在州、军之上设立的营田使[4]并不完全取代州、军一级地方军政长官的屯田管理职责。如伊西北庭地区，开元年间已有伊西北庭（支度）营田使的设置。从吐鲁番阿斯塔那226号墓出土的文书来看，伊西北庭（支度）营田使统管伊州、西州、北庭三地的屯田。并且，伊西北庭（支度）营田使之下，西州都督府、伊州伊吾军、北庭瀚海军对三地屯田仍负有具体的管理职责。如《唐支度营田使下管内军州牒》：

1　支度营田使
2　管内军州
3　牒准　　旨诸军州所须□□□□
4　支度使处[分]　□□□□
　　（后缺）[5]

---

　　[1]《元和郡县图志》载："长安二年（公元702年）初置烛龙军，三年，郭元振改为瀚海军。"见（唐）李吉甫：《元和郡县图志·卷四〇·陇右道庭州条》，中华书局1983年版，第1033页。

　　[2]（宋）王溥：《唐会要·卷七八·安西四镇节度使》，上海古籍出版社2006年版，第1690页。

　　[3]（宋）欧阳修、宋祁：《新唐书·卷六七·方镇表》，中华书局1975年版，第1867页。

　　[4]通常是道营田使或无道营田使之名但有其实的其他营田使，下文将详述。

　　[5]国家文物局古文献研究室、新疆维吾尔自治区博物馆、武汉大学历史系编：《吐鲁番出土文书》（第8册），文物出版社1987年版，第223页。

从内容来看，文书是伊西北庭支度营田使下达给管内军州的公文。其管内军州即伊州、西州和北庭。文书内容虽然不全，但从行文方式上可以看出，支度营田使是通过管内军州实现其对三地财政、屯田事务管理职能的。又如《唐西州都督府上支度营田使为具报当州诸镇戍营田顷亩数事》中有：

1 西州都督府　牒上　敕□□□□

2 合当州诸镇戍营田，总壹拾□顷陆拾　□□□□

（中略）

7 右被□度营田使牒，当州 镇 戍 □田顷亩□□□□

（后略）〔1〕

从内容上看，文书反映的是支度营田使令西州申报当州镇戍屯田的面积，西州都督府于是将管内各镇戍屯田的亩数一一上报。从中可以看出，西州都督府对西州境内的军屯负有管理职责。再如《唐伊吾军上西庭支度使牒为申报应纳北庭粮米事》：

1 敕伊吾军　牒上西庭支度使

2 合军州应纳北庭粮米肆仟硕，

　叁阡捌佰伍拾叁硕捌斗叁升伍合，军州前后检纳得，

　肆拾叁硕壹斗陆升伍合，前后欠不纳。

3 壹佰玖拾柒硕纳伊州仓讫。叁阡陆佰肆拾陆硕捌斗叁升伍合纳军仓讫。

（后缺）〔2〕

从内容上看，伊吾军向西庭支度使详细汇报了伊州伊吾军需缴纳的"北庭粮米"的情况，包括缴纳数量及缴纳地点等信息。此处向西庭支度营田使汇报情况的是伊吾军，可见其对伊州屯田负有具体的管理职责。又如《唐开元十一年状上北庭都护所属诸守捉屝田顷亩牒》：

〔1〕　国家文物局古文献研究室、新疆维吾尔自治区博物馆、武汉大学历史系编：《吐鲁番出土文书》（第8册），文物出版社1987年版，第219~220页。

〔2〕　国家文物局古文献研究室、新疆维吾尔自治区博物馆、武汉大学历史系编：《吐鲁番出土文书》（第8册），文物出版社1987年版，第212页。

（前略）

7　　□□□一年七月□□□牒

8　　□□郎行仓曹参军□□□

9　　□□州和政府折冲都□□□

10　　□□□府崇信府折□□

11　　□□北庭副都兼□使赐紫金□□

12　　□□光禄大夫检校北庭都护兼经略□□〔1〕

这一文书与前引西州都督府牒性质相同，都是向支度营田使汇报管内镇成屯田面积的公文。文书落款中的"北庭副都兼□使"应是"兼副使"，即北庭副都护兼瀚海军副使，"检校北庭都护兼经略"应当是北庭都护兼瀚海军经略使。〔2〕这一文书清晰地反映出北庭军政长官对屯田负有管理职责。综合以上四份出土文书来看，伊西北庭营田使统领西州、伊州、北庭三地屯田，但营田使的管理权往往通过三地军政长官具体加以落实。当然，出土文书中同样存在反面的例证，如《唐开元十九年正月至三月西州天山县到来符帖目》记载：

15　营田使牒为天山屯车牛农具、差人领屯官家具、限牒到日送事。营田使牒为十八年屯〔3〕

从文书中可以看出，伊西北庭营田使〔4〕对西州天山屯车牛农具、屯官家

---

〔1〕　国家文物局古文献研究室、新疆维吾尔自治区博物馆、武汉大学历史系编：《吐鲁番出土文书》（第8册），文物出版社1987年版，第92页。

〔2〕　刘子凡：《瀚海天山——唐代伊、西、庭三州军政体制研究》，中西书局2016年版，第305页。

〔3〕　［日］池田温：《中国古代籍帐研究》，龚泽铣译，中华书局2007年版，第215页。

〔4〕　张安福、王玉平认为此文书中的营田使为"西州都督府下专门管理屯田的官职"（见张安福、王玉平："唐代西州屯区民众的生产与生活"，载《中国社会经济史研究》2014年第2期，第16页），这一理解可能受到了陈国灿先生的启发。（陈国灿：《斯坦因所获吐鲁番文书研究》，武汉大学出版社1995年版，第104~105页。）从吐鲁番阿斯塔那出土的《唐西州都督府上支度营田使牒为具报当州诸镇成营田顷亩数事》《唐开元十年伊吾军上支度营田使留后司牒为烽铺屯田不济事》《唐开元十一年状上北庭都护所属诸守捉属斤田顷亩牒》等文书来看，开元十年（公元722年）之前伊西北庭营田使已成为伊、西、庭三地屯田的统领机构，西州都督府须就西州屯田事务向营田使汇报，因此本书倾向于认为开元十九年（公元731年）文书中的营田使理解为伊西北庭（支度）营田使更为合理。

具等事，以及十八年屯的某些事务进行了直接的管理[1]，而不是通过西州都督府或天山军间接管理。因此，既不能笼统地说伊西北庭营田使的设立使伊、西、庭三地军政长官的屯田管理职责被取代，也不能笼统地说营田使只能通过伊、西、庭三地的军政长官实现对屯田事务的间接管理。营田使对三地屯田事务具有全面的管理权限，在具体事务的处理上视情况而定，采取直接或间接的管理方式。总之，伊西北庭营田使的设置强化了伊、西、庭三地的屯田管理，但并没有当然地卸去西州都督府（天山军）、伊吾军、瀚海军的屯田管理职责。

## 二、专职屯田管理机构

### （一）营田使及其属官

1. 营田使

顾名思义，营田使即掌管屯营田事务的使职。[2]而所谓使职，"指的是代表中央朝廷，衔命出使四方的专门官员"[3]。也有学者认为，使职"就是以'使'这个称谓为主要特征来规定官员治事内容，职与官相分离，且带有差遣性质的非制度性职务"[4]。营田使职起源于北朝，营田使之名最早出现于隋末王世充时期，唐代始置营田使职约在延载元年（公元 694 年）前后。唐代营田使有州营田使、军营田使及道营田使三种情形。

第一，州营田使。州营田使通常设于置有屯田的边境州郡。《新唐书》载：

都督掌督诸州兵马、甲械、城隍、镇戍、粮廪，总判府事。[……贞观二年（公元 628 年），去'大'字，凡都督府有刺史以下如故，然大都督又兼刺史，而不检校州事。……边州别置经略使，沃衍有屯田之州，则置营田使。……][5]

---

〔1〕 参见刘子凡：《瀚海天山——唐代伊、西、庭三州军政体制研究》，中西书局 2016 年版，第307 页。

〔2〕 刘学林、迟铎主编：《古文观止词典》，陕西人民出版社 1994 年版，第 1075 页。

〔3〕 薛明扬："论唐代使职的功能与作用"，载《复旦学报（社会科学版）》1990 年第 1 期，第27 页。

〔4〕 陈自强、龙立军、王燕飞："唐代职官制度之使职的产生的原因及特点"，载《广西社会科学》2006 年第 7 期，第 126 页。

〔5〕 （宋）欧阳修、宋祁：《新唐书·卷四九·百官四下》，中华书局 1975 年版，第 1315~1316 页。

　　由注文可以看出，贞观二年（公元 628 年）之后，"沃衍有屯田"之边州，则置营田使，这是州营田使的设立原则。《张仁楚墓志》称："如意元年，（张仁楚）授宁远将军、检校庭州刺史兼营田大使。"[1]这是唐代州置营田使的最早例证。[2]其后各州置屯田者是否一律设有营田使则未见诸史籍的明确记载，只能据"沃衍有屯田之州，则置营田使"的原则加以推断。《唐六典》称开元年间"凡天下诸军州管屯，总九百九十有二"[3]，并在注文中详细列明了各军州的屯田数目。按该记载，设有屯田的州可见下表：

**表 1　开元年间各州屯田情况简表**

| | 道 | 州置屯田 | 屯田数量 |
|---|---|---|---|
| 1 | 河东道 | 云州三十七屯，朔州三屯，蔚州三屯，岚州一屯，蒲州五屯 | 5 州 49 屯 |
| 2 | 关内道 | 盐州监牧四屯，胜州一十四屯，会州五屯，盐池七屯，原州四屯，夏州二屯 | 5 州 36 屯（含监牧、盐池） |
| 3 | 河南道 | 陈州二十三屯，许州二十二屯，豫州三十五屯，寿州二十七屯 | 4 州 107 屯 |
| 4 | 河西道 | 甘州一十九屯，肃州七屯 | 2 州 26 屯 |
| 5 | 陇右道 | 渭州四屯，秦州四屯，成州三屯，武州一屯，岷州二屯，河州六屯，鄯州六屯，廓州四屯，兰州四屯 | 9 州 34 屯 |
| 6 | 河北道 | 幽州五十五屯 | 1 州 55 屯 |
| 7 | 剑南道 | 嶲州八屯，松州一屯 | 2 州 9 屯 |

　　由上表可以看出，开元年间共有 28 州置有屯田，共计 316 屯，除去监牧、盐池尚有 27 州共置 305 屯，约占"总九百九十有二"的三分之一。宁志

────────────────

　　[1]　周绍良主编：《唐代墓志汇编·长安〇四四·大周故岷州刺史张府君（仁楚）墓志铭并序》，上海古籍出版社 1992 年版，第 1022 页。

　　[2]　宁志新："唐朝营田使初探"，载《厦门大学学报（哲学社会科学版）》1997 年第 2 期，第 107 页。

　　[3]　（唐）李林甫等：《唐六典·卷七·尚书工部·屯田郎中员外郎》，陈仲夫点校，中华书局 1992 年版，第 223 页。文中所记实际屯数为 1041 屯，"其中北、西、南、盐州监牧使、盐池、军器、长春宫使及长阳都使都不属于军州，将之减去（总屯数 49），则得军州屯数 992 屯"。李锦绣：《唐代财政史稿》（上卷），北京大学出版社 1995 年版，第 685 页。

新据此推断，"可能有 27 州设置有屯田使"。[1]从《新唐书》行文来看，"沃衍有屯田之州，则置营田使"系紧承"边州别置经略使"而来，州置营田使也应专指"边州"。如此，上表中河南道 4 州是否应当被纳入设置营（屯）田使诸州，尚有待考证。[2]

设有营田使的州不限于上表所列诸州，《唐六典》成书以后，州营田使的设置随着屯田范围的扩大也逐步扩展至六典未载之州。如"开元八年（公元720 年）六月，同州刺史姜师度兼营田长春宫使"[3]，同州营田使的设置也发生于开元年间，但并未被收入《唐六典》。又如楚州，史载宝应县"西南八十里有白水塘、羡塘，证圣中开置屯田"。可见，早在证圣元年（公元 695年）楚州即置有屯田，但同样未见诸《唐六典》所列屯数，其营田使设置与否也未见记载。肃宗时期，"上元中于楚州右射阳湖置洪泽屯，寿州置芍陂屯，厥田沃壤，大获其利"[4]。代宗时期，"薛珏为楚州刺史本州营田使"[5]。德宗时期，"贞元三年（公元787 年）三月二十三日敕：'杜亚宜兼充管内营田使，其楚州营田使宜停'"[6]。王遘曾任"楚州刺史兼团练、营田等使"[7]。又如檀州，高霞寓曾任"檀州刺史兼营田、团练等使"[8]。再如银州，傅孟恭曾

---

〔1〕 宁志新："唐朝营田使初探"，载《厦门大学学报（哲学社会科学版）》1997 年第 2 期，第 107 页。

〔2〕 五代十国时期，南唐设有寿州营田使。《旧五代史》载：后周显德四年（公元 957 年）三月，后周攻克南唐寿州，"以江南伪命寿州营田副使孙羽为太仆卿"。[见（宋）薛居正等：《旧五代史·卷一一七·周书·世宗纪》，中华书局 1976 年版，第 1557 页。]可见，南唐时期寿州有营田副使之设，同时也应有寿州营田使一职，但史籍中未见唐代陈、许、豫、寿等地有营田使的设置。此外，寿州属于淮南道，不应列入河南道。（后晋）刘昫等：《旧唐书·卷八·玄宗纪》载开元二十二年（公元 734 年）八月"遣张九龄于许、豫、陈、亳等州置水屯"。《唐六典》所记"开元二十二年，河南道陈、许、豫、寿又置百余屯"，其中"寿州"可能是亳州之误。参见宁可主编：《中国经济通史·隋唐五代》，经济日报出版社 2000 年版，第 121 页。

〔3〕（宋）王溥：《唐会要·卷五九·长春宫使》，上海古籍出版社 2006 年版，第 1221 页。

〔4〕（元）马端临：《文献通考·卷七·田赋考》，中华书局 1986 年版，第 75 页。

〔5〕（宋）王钦若等编：《宋本册府元龟·卷六八九·牧守部·革弊》，中华书局 1989 年版，第2392 页。

〔6〕（宋）王溥：《唐会要·卷七八·诸使杂录》，上海古籍出版社 2006 年版，第 1703 页。

〔7〕 周绍良主编：《唐代墓志汇编·大和〇一五·唐故知盐铁福建院事监察御史里行王府君（师正）墓志铭并序》，上海古籍出版社 1992 年版，第 2107 页。

〔8〕 周绍良主编：《唐代墓志汇编·大和〇六六·唐故幽州节度押衙金紫光禄大夫检校太子宾客摄妫檀等州刺□□□□□等使兼御史中丞东海郡公高公（霞寓）玄堂铭并序》，上海古籍出版社 1992年版，第 2144 页。

任"银州刺史、御史中丞,充本州押蕃落及监牧副使,兼度支银州营田使"[1]。

州营田使有时以宰相遥领,但主要权力在刺史。"初,州有营田,宰相遥领使,而刺史得专达……"[2]唐睿宗景云二年(公元711年)之后,藩镇兴起,节度使之下设有支度营田使,主管诸节度使辖下各州屯田事务。"安史之乱"后,节度使往往兼任营田使,"艰难以来,优宠节将,天下拥旄者,常不下三十人,例衔节度、支度、营田、观察使"[3]。如河西节度使在凉州设置了支度营田使,其余各州分设州营田使等。[4]

第二,军营田使。军营田使的设置也有章可循。屯田的最初目的即在于供应军粮,因而军屯是屯田的一种重要类型,各军为了便于屯田管理,均设置有相应的营田使职。《唐六典》载:"诸军各置使一人,五千人已上置副使一人,万人已上置营田副使一人。"[5]《唐六典》仅言"诸军各置使一人"和"万人已上置营田副使一人",表明营田使系由诸军军使兼任之[6]。可见,唐代诸军均置有营田使,仅本军人数在万人以上时,才加置营田副使一人。此规定见诸《唐六典》,当为开元年间成熟的法律制度。军营田使之设早在延载年间即已出现,何汝泉先生在考察营田使始置时间时即已论及"延载元年(公元694年)一月:以娄师德为河源等军检校营田大使"。又如,"(唐璿)……转安西副都护、检校庭州刺史。长寿中,武威军大总管王孝杰之复四镇,实赖其谋,表公为西州刺史。……无何,迁灵州都督,新昌军防御、营田等使"。[7]可见,唐璿早在长寿年间(公元692年至公元694年)就担任过新昌

---

〔1〕 (清)董诰等编:《全唐文·卷七四九·傅孟恭除威州刺史宣敏加祭酒兼侍御史依前宣歙道兵马使防事等制》,中华书局1983年版,第7758页。

〔2〕 (宋)欧阳修、宋祁:《新唐书·卷一四三·薛钰传》,中华书局1975年版,第4688~4689页。

〔3〕 (宋)王溥:《唐会要·卷七八·诸使中·节度使》,上海古籍出版社2006年版,第1696页。

〔4〕 冯培红:"唐五代敦煌的营田与营田使考",载《兰州大学学报(社会科学版)》2001年第4期,第35页。

〔5〕 (唐)李林甫等:《唐六典·卷五·兵部郎中员外郎》,陈仲夫点校,中华书局1992年版,第158页。

〔6〕《唐六典》称"其横海、高阳、唐兴、恒阳、北平等五军皆本州刺史为使。(其兵各一万人,十月已后募,分为三番教习。)"鉴于此五军军使由刺史兼任,则营田使一职亦应由刺史兼任之。(唐)李林甫等:《唐六典·卷五·兵部郎中员外郎》,陈仲夫点校,中华书局1992年版,第158页。

〔7〕 (清)董诰等编:《全唐文·卷二五七·右仆射太子少师唐璿神道碑》,中华书局1983年版,第2605页。

军营田使一职。军营田使负责管内军屯事务，以所在军的名义进行。考古工作者在吐鲁番哈拉和卓出土文书《伊吾军屯田残籍》，"估计为伊吾军屯田册籍"[1]，其上就加盖有"伊吾军之印"。

开元年间屯田的盛况可见诸《唐六典》，剔除各州屯田后的结果见下表：

**表 2　开元年间各道军屯情况简表**

| | 道 | 军置屯田 |
|---|---|---|
| 1 | 河东道 | 大同军四十屯，横野军四十二屯 |
| 2 | 关内道 | 北使二屯，太原一屯，长春一十屯，单于三十一屯，定远四十屯，东城四十五屯，西城二十五屯，中城四十一屯，丰安二十七屯 |
| 3 | 河南道 | 无 |
| 4 | 河西道 | 赤水三十六屯，大斗一十六屯，建康一十五屯，玉门五屯，安西二十屯，疏勒七屯，焉耆七屯，北庭二十屯，伊吾一屯，天山一屯 |
| 5 | 陇右道 | 军器四屯，莫门军六屯，临洮军三十屯，河源军二十八屯，安人一十一屯，白水十屯，积石一十二屯，富平九屯，平夷八屯，绥和三屯，平戎一屯，南使六屯，西使一十屯 |
| 6 | 河北道 | 清夷一十五屯，北郡六屯，威武一十五屯，静塞二十屯，平川三十四屯，平卢三十五屯，安东一十二屯，长阳使六屯，渝关一十屯 |
| 7 | 剑南道 | 无 |

上表所列系将《唐六典》所载唐代屯田盛况中各州屯田排除之后的结果，总计 43 处 727 屯，但并非全为军屯。关内道北使二屯，陇右道南使六屯、西使一十屯，据王永兴考证，分别位于原州、泾州、鄯州境内，均系"太仆寺诸牧监使或牧监都使，既不属于节镇，亦不属于司农寺"[2]，故不应计入军屯。此外，关内道长春一十屯系指长春宫使管领之屯田，不应计入军屯。关内道太原一屯，王永兴认为系关内道与河南道交界处之太原仓屯田，可能属于司农寺屯田系统[3]，也不应计入军屯。由此，上表中最多有 39 处 698 屯系

〔1〕　吴大旬："从出土文书看唐代伊州的屯田管理"，载《新疆师范大学学报（哲学社会科学版）》2005 年第 4 期，第 71 页。

〔2〕　王永兴：《唐代土地制度研究——以敦煌吐鲁番田制文书为中心》，兰州大学出版社 2014 年版，第 56 页注 1。

〔3〕　王永兴：《唐代土地制度研究——以敦煌吐鲁番田制文书为中心》，兰州大学出版社 2014 年版，第 57 页注 1。

军屯。[1]但由于各处屯田并未与各军名号一一对应，如东、中、西三受降城统归灵武军（朔方军）管辖但却分为三处，故并不能就此断言当时设有 39 处军营田使。并且，各军人数不一，营田副使设置与否各有不同。宁志新通过分析《旧唐书·地理志》所记载的九大节度使下辖边军的人数情况，认为天宝元年（公元 742 年）时九大节度使所辖 44 个军中，兵士超过万人的达 12 军，按前述军置营田使的规定，"这 44 个军都应设置有营田使，那超过万人的 12 个军还须再加置营田副使"[2]。但实际上，这 44 个军尚有 21 个军没有屯田，约占诸军总数的 48%，因此军营田使的设置数量并不能据各军数量简单地推断出来。

州营田使和军营田使有时也由一人兼任，如娄师德曾出任"河源、积石、怀远等军及河、兰、鄯、廓等州检校营田大使"[3]，三军四州的屯田事务均由其掌管。

第三，道营田使。道营田使的设置包括两种情形：一种是各道分别设立的营田使；另一种若干道专设的诸道营田使。前一种情形始见于神龙年间（公元 705 年至公元 707 年）的河北道，史载"神龙初，（姜师度）累迁易州刺史，兼御史中丞，为河北道监察兼支度、营田使"[4]。景元元年（公元 710 年）十二月，"置河西节度、支度、营田等使，领凉、甘、肃、伊、瓜、沙、西七州，治凉州"[5]，此虽多使并设且未明言河西道营田使，但河西营田使领七州亦是事实，可见其地位在州军营田使之上。伊西节度使设立之后，伊州、西州屯田事务不再归属河西，而改隶地位类似的伊西庭营田使。前引吐鲁番阿斯塔那 226 号墓出土的开元十年（公元 722 年）前后的《唐伊吾军上西庭支度使牒为申报应纳北庭纳粮米事》文书中有"西庭支度使"一职。

1　敕伊吾军　牒上西庭支度使
2　合军州应纳北庭粮米肆仟硕，

---

[1]　陇右道军器四屯、河北道长阳使六屯，似乎都不能算作军屯。

[2]　宁志新："唐朝营田使初探"，载《厦门大学学报（哲学社会科学版）》1997 年第 2 期，第 108 页。

[3]　《册府元龟·卷三二九·宰辅部·奉使》（文渊阁四库全书本）。

[4]　（后晋）刘昫等：《旧唐书·卷一八五·良吏下·姜师度传》，中华书局 1975 年版，第 4816 页。

[5]　（宋）司马光编著：《资治通鉴》卷二一〇，中华书局 1956 年版，第 6660 页。

叁阡捌佰伍拾叁硕捌斗叁升伍合，军州前后检纳得，

肆拾叁硕壹斗陆升伍合，前后欠不纳。

3　壹佰玖拾柒硕纳伊州仓讫。叁阡陆佰肆拾陆硕捌斗叁升伍合纳军仓讫。

（后缺）[1]

本文书钤有"伊吾军之印"二方，系伊吾军向西庭支度使汇报屯粮上纳情况的上行公文。从中可以看出，"西庭支度使"负有管理伊吾军屯田的权力，当为西庭支度营田使的简称。"西庭"当指西州与北庭。刘子凡认为："从该墓出土的相关文书看，北庭的支度营田使在管理伊州和西州的营田事务。"[2]由此，则北庭、伊州（伊吾军）、西州的屯田事务均由设于北庭的营田使掌管。尽管此营田使并无道营田使之名，但由于其管理的屯田涵盖伊吾军及西州、北庭，地位在普通州、军营田使之上，故与道营田使有相同之处。开元前后，陇右道、剑南道、河北道、河东道也分别设置营田使。如开元之前傅文静曾任陇右营田使[3]。开元二年（公元 714 年），"以益州长史领剑南道支度、营田，松、当、姚、嶲州防御、处置、兵马经略使"[4]，可见当时已设置剑南道营田使。"开元中，（宋庆礼）累迁贝州刺史，仍为河北支度营田使"[5]，可见河北道营田使也设置于开元年间。又史载"玄宗立，擢（崔隐甫）汾州长史，兼河东道支度、营田使，迁洛阳令"[6]，表明河东道营田使在玄宗继位不久即已设立。

各道营田使的设置在开元年间发生了明显的变化。"初，景云开元间，节度、支度、营田等使，诸道并置，又一人兼领者甚少"，即各道营田使与节度使、支度使由不同的人员分别担任。开元年间，支度、营田二使兼任的情形得到了承认并制度化。如《唐和守阳墓志》载："（和守阳）居无几何，转北

[1]　国家文物局古文献研究室、新疆维吾尔自治区博物馆、武汉大学历史系编：《吐鲁番出土文书》（第 8 册），文物出版社 1987 年版，第 212 页。

[2]　刘子凡：《瀚海天山——唐代伊、西、庭三州军政体制研究》，中西书局 2016 年版，第 265 页。

[3]　（后晋）刘昫等：《旧唐书·卷一〇三·牛仙客传》，中华书局 1975 年版，第 3195 页。

[4]　（宋）欧阳修、宋祁：《新唐书·卷六七·方镇表四》，中华书局 1975 年版，第 1862~1863 页。

[5]　（后晋）刘昫等：《旧唐书·卷一八五·宋庆礼传》，中华书局 1975 年版，第 4814 页。

[6]　（宋）欧阳修、宋祁：《新唐书·卷一三〇·崔隐甫传》，中华书局 1975 年版，第 4497 页。

庭副都护兼右司御副率，专知仓库支库营田使。始终十年，储蓄巨亿。"[1]和守阳以北庭副都护、右司御副率的身份兼任仓库支度营田使。这十年间，北庭地区的支度使与营田使由其一人担任。"开元十年（公元722年）敕，度支、营田若一使专知，宜同为一额，共置判官两人。"[2]与此同时，节度使兼任本道营田使的情形一再出现，并于开元十五年（公元727年）成为定制。安史之乱以后，节度使大量增加，其兼任营田使的状况进一步延续下去，"艰难以来，优宠节将，天下拥旄者，常不下三十人，例衔节度、支度、营田、观察使"[3]。据宁志新统计："唐朝至少有34个方镇的节度使兼任营田使，约占当时方镇总数（48个）的70%。"可见，节度使兼任营田使在唐代中期以后已成为普遍现象。并且，营田使仅为节度使兼任诸多使职中的一个，其他如支度、观察、处置等使也一并兼任。[4]如《五续贞石证史》转引《白氏长庆集》卷三十七，"……可灵州大都督府长史充朔方、灵、盐、定远城节度副大使知节度事管内支度、营田、观察、处置、押蕃落等使"，使职的兼任可见一斑。马端临也指出："盖唐制，一道兵政属之节度使，民事属之观察使，然节度多兼观察；又各道虽有度支、营田、招讨、经略等使，然亦多以节度使兼之，盖使名虽多，而主其事者每道一人而已。"[5]元和十三年（公元818年）七月宪宗颁布《停诸道支度营田使敕》，力图改变节度兼任支度、营田使职的状况。

事关军旅，并属节制，务系州县，悉归廉察，二使所领，实曰管辖。诸道支度、营田，承前各置使。自艰虞以后，名制因循，方镇除授之时，或有

---

〔1〕 周绍良主编：《唐代墓志汇编·天宝〇七一·唐故中大夫使持节江华郡诸军事江华郡太守上柱国和府君墓志铭并序》，上海古籍出版社1992年版，第1581页。

〔2〕 （元）马端临：《文献通考·卷六一·职官考十五》，中华书局1986年版，第556页。

〔3〕 （宋）王溥：《唐会要·卷七八·节度使》，上海古籍出版社2006年版，第1696页。

〔4〕 其登峰造极者非杨国忠莫属，其任宰相时，共领四十余使职。见《文献通考》引《容斋随笔》："杨国忠为度支郎，领十五徐使；至宰相，凡领四十余使。第署一字不能尽，胥吏因是恣为奸欺。新、旧唐史皆不详载其职。按其拜相制前衔云'御史大夫判度支，权知太府卿事，兼蜀郡长史，剑南节度、度支、营田等副大使，本道兼山南西道采访处置使，两京太府、司农、出纳、监仓、祠祭、木炭、宫市、长春九成宫等使，关内道及京畿采访处置使，拜右相兼吏部尚书、集贤殿崇元馆学士、修国史、太清太微宫使。'自余所领，又有管当租庸、铸钱等使。……"见（元）马端临：《文献通考·卷六一·职官考十五》，中华书局1986年版，第556页。

〔5〕 （元）马端临：《文献通考·卷六一·职官考十五》，中华书局1986年版，第555页。

兼带此职，遂令纲目，所在各殊。今日务修旧章，思一法度，去烦就理，众心为宜。唯别敕置营田处置使，且令仍旧。其忠武、凤翔、武宁、魏博、山南东道、横海、邠宁、义成、河阳等道支度营田使及淮南度支，近已停省。其余诸道，并准此处分。[1]

从敕文上看，宪宗的真实意图并不是废罢全部营田使职，而是"修旧章""一法度"，使方镇所兼任的支度、营田使职废除，"唯别敕置营田处置使，且令仍旧"，从而恢复到"承前各置使"的状态。

多道共同设置的"诸道营田使"主要见于唐代宗时期。宝应元年（公元762年）六月，宰相元载"以度支转运使职务繁碎，负荷且重，虑伤名，阻大位。素与刘晏相友善，乃悉以钱谷之务委之，荐晏自代，载自加营田使"[2]。此前，元载的头衔除"中书侍郎、同中书门下平章事、集贤殿大学士、银青光禄大夫"外，尚兼任"度支使并诸道转运使"，其将度支、转运之职委与刘晏之后，自任"诸道营田使"。"大历中，第五琦署为河东租庸、粮料、盐铁等使务，元载为诸道营田使，又署为郎官，令于东都、汝州开置屯田。"可见，直至大历年间，元载仍在担任"诸道营田使"一职。除元载外，独孤问俗也担任过这一职务，《授独孤问俗鄂岳等州团练使制》所载其官职为"银青光禄大夫、试秘书监、寿州刺史兼侍御史、本州团练守捉使，及诸道营田使知本州营田事、上柱国独孤问俗"。唐末，张浚也担任过京畿诸道营田使，《贬张浚鄂岳观察使制》记载其被贬为鄂岳观察使之前的头衔为"光禄大夫守尚书右仆射兼中书侍郎、同中书门下平章事、集贤殿大学士判度支兼京畿诸道营田修葺太庙使、充河东诸道行营兵马招讨指挥制置等使、河东节度观察处置等使、上柱国河间郡开国公食二千户食实封二百户张浚"[3]，"京畿诸道营田"系其兼任的诸多使职之一。诸道营田使之下，尚有诸道营田副使之职，据宁志新考察，张延赏、崔瓘二人担任过此职。[4]

〔1〕 （宋）宋敏求编：《唐大诏令集·卷一〇一·停诸道支度营田使敕》，中华书局2008年版，第515页。

〔2〕 （后晋）刘昫等：《旧唐书·卷一一八·元载传》，中华书局1975年版，第3410页。

〔3〕 （清）董诰等编：《全唐文·卷九十·贬张浚鄂岳观察使制》，中华书局1983年版，第939页。

〔4〕 宁志新："唐朝营田使初探"，载《厦门大学学报（哲学社会科学版）》1997年第2期，第110页。

　　除上述三种营田使之外，唐代似乎还有"都营田使"一职。《全唐文补遗》载有"承议郎、前行坊州司田参军"徐剑所撰《唐故廊坊节度都营田使兼后军兵马使军前讨击使同节度副使云麾将军试鸿胪卿兼试殿中监太原县开国子食邑五百户上柱国王府君（崇俊）墓志铭并序》。文中称王崇俊在担任"关内同州支度营田"之前，曾于"兴元初，充节度都营田，迁殿中监"〔1〕。兴元为德宗年号，时为公元784年。王崇俊担任的"廊坊节度都营田"，自然是廊坊节度使兼任都营田使无疑，可见"都营田使"职的存在。此外，都营田使还在归义军政权中存在过，且形成了独立的营田职官系统。《唐大中六年四月沙州都营田李安定牒》记载了归义军建立之次年调查土地之事，由都营田及其副手具体检核，并呈报张议潮处分。

1 壹段叁拾伍亩（东至□通颊地切崖，西至官道，南至泽，北至石碛。）

2 □□□今责检状过者，谨依就检。

3 □□生荒空闲，见无主是实。伏□（望）

4 尚书请乞处分。

5 牒件状如前。谨牒。

6 大中六年四月　日都营田李安定谨牒。

7 副营

　　（后缺）〔2〕

　　此文本记载的都营田李安定及副营调查荒闲土地的情形，从中可以看出都营田的屯田管理之职责。"都营田亦称都营田使，归义军时期全称为管内都营田使，是营田机构中的都级长官，负责方镇全境的营田事宜，其下有各州、防戍都营田使。"〔3〕可见，都营田使是归义军政权中的一个屯田职官系统，管内都营田设置于归义军一级，相当于道营田使，各州都营田使及防戍都营田使级别各有等差。敦煌文书P.3718《阎子悦生前邈真赞并序》记载阎子悦

　　〔1〕　吴钢主编：《全唐文补遗》（第7辑），三秦出版社2006年版，第67页。

　　〔2〕　唐耕耦、陆宏基主编：《敦煌社会经济文献真迹释录》（第2辑），全国图书馆文献缩微复制中心1990年版，第463页。

　　〔3〕　冯培红："唐五代敦煌的营田与营田使考"，载《兰州大学学报（社会科学版）》2001年第4期，第39页。

"锡治鸿波，愿酬绩重之哲。乃加管内都营田使，兼擢右班之领"〔1〕。可见，阎子悦曾兼任归义军管内都营田使。前述敦煌文书中李安定的职务为"沙州都营田"，当为归义军管内都营田使的下级。

2. 营田副使

营田使之下，尚有营田副使之职。唐兵志，万人以上置营田副使一人。《唐高耀墓志》载："宝应二年（公元763年），（高耀）特加银青光禄大夫，试卫尉卿，充伊西庭支度营田副使。"〔2〕"伊西庭"系伊州、西州和北庭的合称，可见高耀曾任伊西北庭节度使之下的营田副使。广德元年（公元763年），吐蕃袭京师，代宗幸陕，"孝德徙邠宁，（段秀实）署支度营田副使"〔3〕。《唐雁门王田氏神道碑》载："右《唐魏博节度使雁门郡王田承嗣碑》，营田副使裴抗撰，子绪碑，节度判官邱绛撰。"〔4〕可见，代宗时裴抗曾任魏博节度使之下的营田副使。贞元十三年（公元797年），李益漫游河朔，幽州节度使"刘济辟置幕府，进为营田副使"〔5〕。

营田副使以"营田"为名，其主要职掌当然在于屯田事务。前引《唐高耀墓志》称赞高耀担任伊西庭支度营田副使后，"辟充国之田，敫庾委积；阐弘羊之计，帑藏其殷"〔6〕，前半句显然是履行营田副使职责的体现。又如段秀实担任营田副使时的事迹：

初，秀实为营田官。泾大将焦令谌取人田自占，给与农，约熟归其半。是岁大旱，农告无入，令谌曰："我知入，不知旱也。"责之急，农无以偿，往诉秀实。秀实署牒免之，因使人逊谕令谌。令谌怒，召农责曰："我畏段秀实邪？"以牒置背上，大杖击二十，舁致廷中。秀实泣曰："乃我困汝。"即自裂裳裹疮注药，卖己马以代偿。淮西将尹少荣颇刚鲠，入骂令谌曰："汝诚人

〔1〕郑炳林：《敦煌碑铭赞辑释》，甘肃教育出版社1992年版，第424页。

〔2〕周绍良、赵超主编：《唐代墓志汇编续集·建中〇〇八·大唐伊西庭支度营田副使银青光禄大夫试卫尉卿上柱国渤海高公墓志铭并序》，上海古籍出版社2001年版，第727页。

〔3〕（宋）欧阳修、宋祁：《新唐书·卷一五三·段秀实传》，中华书局1975年版，第4848页。

〔4〕（宋）欧阳修：《欧阳修全集·卷一四〇·集古录跋尾卷七》，李逸安点校，中华书局2001年版，第2257页。

〔5〕（宋）欧阳修、宋祁：《新唐书·卷二〇三·李益传》，中华书局1975年版，第5785页。

〔6〕周绍良、赵超主编：《唐代墓志汇编续集·建中〇〇八·大唐伊西庭支度营田副使银青光禄大夫试卫尉卿上柱国渤海高公墓志铭并序》，上海古籍出版社2001年版，第727页。

乎！泾州野如赭，人饥死，而尔必得谷，击无罪者。段公，仁信大人，惟一马，卖而市谷入汝，汝取之不耻？凡为人傲天灾、犯大人、击无罪者，尚不愧奴隶邪！"令谌闻，大愧流汗，曰："吾终不可以见段公。"一夕，自恨死。[1]

段秀实因佃农无法交纳租课，故署牒免之，虽然在遭到焦令谌的抵制时，采取"市马偿之"的办法加以解决，但所为终究是其分内之事。另一方面，营田副使之职掌似又不限于屯田事务。贞元十年（公元 794 年），潞州长史、昭义军节度支度营田、泽潞磁邢观察使李抱真卒，其子缄欲自代之，故匿丧不发，参与其谋者尚有营田副使卢会昌，其"诈为抱真表，请以职事付缄。翌日，又令诸将连奏请缄领军"[2]。后因归罪于抱真从甥元仲经，"卢会昌不坐"。卢会昌所为非其所宜，系违法行为，不足以说明营田副使之职掌。贞元十五年（公元 799 年）八月，吴少诚围许州，陈许节度使上官涗"欲弃城走，营田副使刘昌裔止之曰：'城中兵足以办贼，但闭城勿与战，不过数日，贼气自衰，吾以全制其弊，蔑不克矣'"[3]。刘昌裔所任官职即陈许节度使之下的营田副使。其墓志亦云："公常在军间，（曲）环领陈许军，公因为陈许从事，以前后功劳累迁检校兵部郎中、御史中丞、营田副使。"[4]可见，营田副使亦可参谋军事。

3. 营田巡官

唐代巡官之职掌，多有言"掌屯田者"。如王寿南称："节度使僚佐，巡官一人；观察使僚佐，巡官一人。职掌不详，有'掌屯田者'。"[5]石云涛也认为："巡官当亦在开元，天宝时边镇幕府中已有设置。……巡官职掌不详，据严（耕望）先生的考证，有'掌屯田者'。"[6]赖瑞和详加考释后认为："巡官可说是使府正职当中最低一级的文官。……使府的巡官，好比县的县尉，或州的参军。三者都是相关组织中最低一级的正职。"从职掌上看，"是一种低层的执行官，并无固定职掌，要看他所属的使府而定，主要职务是协

〔1〕（宋）欧阳修、宋祁：《新唐书·卷一五三·段秀实传》，中华书局 1975 年版，第 4849～4850 页。

〔2〕（后晋）刘昫等：《旧唐书·卷一三二·李抱真传》，中华书局 1975 年版，第 3649 页。

〔3〕（宋）司马光编著：《资治通鉴》卷二三五，中华书局 1956 年版，第 7584 页。

〔4〕（清）董诰等编：《全唐文·卷五六五·检校尚书左仆射右龙武军统军刘公墓志铭》，中华书局 1983 年版，第 5716 页。

〔5〕王寿南：《隋唐史·唐代节度观察使僚佐表》，三民书局 1986 年版，第 515 页。

〔6〕石云涛：《唐代幕府制度研究》，中国社会科学出版社 2003 年版，第 100 页。

助府主执行任务"[1]。由此看来，营田巡官当是节度使专门负责屯田事务的僚佐。《新唐书》载：

> 节度使、副大使知节度事、行军司马、副使、判官、支使、掌书记、推官、巡官、衙推各一人，……兼观察使，又有判官、支使、推官、巡官、衙推各一人；……支度使复有遣运判官、巡官各一人。[2]

上列史料表明节度使兼观察使、支度使有巡官各一人，兼营田使时仅有营田副使、营田判官各一人，并未言及营田巡官。然而，营田巡官之职在史料中并不鲜见。如卢绍于大和九年（公元 835 年）四月十日所撰《唐故楚州营田巡官将仕郎徐州彭城县主簿范阳卢府君（处约）墓志铭并序》称："（大和）六年（公元 832 年），李德修刺楚州，以营田巡官召，遂如楚。"[3]可见，卢处约于大和六年（公元 832 年）被楚州刺史李德修召为营田巡官。另从形成于会昌三年（公元 843 年）十一月一日的《唐故楚州营田巡官庐州舒城县丞卢府君夫人陇西李氏墓志铭》[4]来看，八年之后，另一位卢姓官员担任楚州营田巡官。会昌五年（公元 845 年）九月中书门下奏："……楚州望减营田巡官一员。"[5]从奏文措辞上看，楚州营田巡官似不止一员。以上三个材料中出现的营田巡官均就任于楚州，似乎《新唐书·百官志》所言"巡官"之设并未涵盖"营田巡官"，楚州刺史只要带营田使或营田副使之衔，就可以辟营田巡官作为掾属。另，贞元十五年（公元 799 年）秋，韩愈有《贺徐州张仆射白兔状》一文，称"伏闻今月五日，营田巡官陈从政献瑞兔，毛质皦白，天驯其心，其始实得之符离安阜屯"[6]。状文表明"徐州张仆射"治下有"安阜屯"，且有"营田巡官"之僚属，则徐州刺史必兼营田使或营田副使。

---

〔1〕 赖瑞和：《唐代基层文官》，中华书局 2008 年版，第 241~243 页。

〔2〕 （宋）欧阳修、宋祁：《新唐书·卷四九下·百官四下》，中华书局 1975 年版，第 1309 页。

〔3〕 洛阳市文物局编：《耕耘论丛》（一），科学出版社 1999 年版，第 153 页，引自郁贤皓："《唐刺史考全编》订补"，载《南京师大学报（社会科学版）》2001 年第 3 期，第 153 页。

〔4〕 引自郁贤皓："《唐刺史考全编》订补"，载《南京师大学报（社会科学版）》2001 年第 3 期，第 150 页。

〔5〕 （宋）王溥：《唐会要·卷七九·诸使下》，上海古籍出版社 2006 年版，第 1715 页。

〔6〕 （清）董诰等编：《全唐文·卷五五一·贺徐州张仆射白兔状》，中华书局 1983 年版，第 5580 页。

《旧唐书》曰："贞元四年（公元 788 年），以（张）建封为徐州刺史，兼御史大夫、徐泗濠节度、支度营田观察使。……贞元时，文人如许孟容、韩愈诸公，皆为之从事。"〔1〕这一记载与前文推论恰相印证，进一步说明《新唐书·百官志》对巡官的记载是不全面的。

4. 营田判官

营田使之下，设有营田判官一职以资佐理。《新唐书·百官志》载：节度使"兼支度、营田、招讨、经略使，则有副使、判官各一人"〔2〕。史籍中关于营田判官一职的记载比比皆是。开元年间担任过吏部侍郎的裴漼，其侄裴谞曾担任过襄邓营田判官一职。《新唐书》载："（裴）谞，字士明，擢明经，调河南参军事，……虢王巨表署襄、邓营田判官。"〔3〕同时期的颜杲卿也担任过营田判官一职，史载其"……擢授魏郡录事参军，当官正色，举劾无所回避。采访使张守珪以清白闻，迁范阳郡户曹。安禄山雅闻其名，奏为营田判官、光禄、太常二寺丞，……"〔4〕宝应年间（公元 762 年至公元 763 年），马燧"历太子通事舍人，迁著作郎、营田判官"。〔5〕同一时期，顾湘也曾任泾原营田判官。杜牧称"前振武军节度判官文林郎监察御史里行顾湘"除泾原营田判官〔6〕。大约与此同时，邵真担任成德军"支度、营田判官，兼节度掌书记，朝请大夫、殿中侍御史、内供奉"等职。〔7〕大历五年（公元 770 年）前后，独孤玙担任过河南营田判官，为崔昭僚佐。其墓志曰："御史中丞崔公昭之尹河南也，盛选僚佐，表府君为太常丞兼殿中侍御史，营田判官，使罢，转湖州别驾。"〔8〕建中三年（公元 782 年），凤翔、陇右节度使张镒

〔1〕（后晋）刘昫等：《旧唐书·一四〇·张建封传》，中华书局 1975 年版，第 3832 页。

〔2〕（宋）欧阳修、宋祁：《新唐书·卷四九下·百官四下》，中华书局 1975 年版，第 1309 页。

〔3〕（宋）欧阳修、宋祁：《新唐书·卷一三〇·裴谞传》，中华书局 1975 年版，第 4490 页。

〔4〕（清）董诰等编：《全唐文·卷三四一·摄常山郡太守卫尉卿兼御史中丞赠太子太保谥忠节京兆颜公神道碑铭》，中华书局 1983 年版，第 3463 页。

〔5〕（后晋）刘昫等：《旧唐书·卷一三四·马燧传》，中华书局 1975 年版，第 3690 页。

〔6〕（清）董诰等编：《全唐文·卷七四九·顾湘除泾原营田判官夏侯觉除盐铁巡官等制》，中华书局 1983 年版，第 7765 页。

〔7〕张建宁："从《李宝臣纪功碑》看成德军的早期发育"，中央民族大学 2007 年硕士学位论文。

〔8〕周绍良总主编：《全唐文新编·卷三九一·唐故大理寺少卿兼侍御史河南独孤府君墓志铭》，吉林文史出版社 1999 年版，第 4488 页。

"奏（韦）皋为营田判官"〔1〕。之后，"朱泚镇凤翔，遣其将牛云光将幽州兵五百人戍陇州，以陇右营田判官韦皋领陇右留后"〔2〕。元和四年（公元 809 年），雍王李房六世孙李讷也曾担任营田判官一职，其撰写《高凉泉记》时职务为"营田判官前殿中侍御史内供奉"〔3〕。史载元和十四年（公元 819 年），"前平卢营田判官陆行俭忍弃慈亲，偷安异俗"〔4〕，后被赐死〔5〕，可见其生前担任过平卢军营田判官。有时一军设多名营田判官，如元和十二年（公元 817 年），在武宁军节度使李愿之下担任营田判官的就有何授、郭行余二人。〔6〕

以上史料的记载比较零散，而《金石续编》卷十一集中记载了大和至开成年间的十位营田判官，其中可辨认姓名者有九位，如张庚（担任营田判官的地域和年代不详）、司马□□（淮南营田判官，年代不详）、崔郿 [淮南营田判官，大和四年（公元 830 年）]、顾元之 [淮南营田判官，大和六年（公元 832 年）三月]、崔郿 [淮南营田判官，大和八年（公元 834 年）正月]、郭宗元 [淮南营田判官，大和九年（公元 835 年）十二月]、杨柬之 [开成二年（公元 837 年）十月]、王輗 [开成四年（公元 839 年）]、萧实 [会昌二年（公元 842 年）]、韦潘 [会昌三年（公元 843 年）] 等。〔7〕

除史籍外，唐代诗文中也有较多关于营田判官的记载。如王维《送李补阙充河西支度营田判官序》〔8〕，仅从标题上就可以看出作者送别的这位"李补阙"新任的官职就是河西支度营田判官。序文中，作者还对李补阙的任职进行了一番展望，"广屯田之蓄，度长府之羡，以赡边人，以弱敌国"。又如

---

〔1〕（后晋）刘昫等：《旧唐书·卷一四〇·韦皋传》，中华书局 1975 年版，第 3821 页。

〔2〕（宋）司马光编著：《资治通鉴》卷二二八，中华书局 1956 年版，第 7367 页。

〔3〕（清）董诰等编：《全唐文·附·唐文拾遗·卷二六·高凉泉记》，中华书局 1983 年版，第 10665 页。

〔4〕（宋）王钦若等编：《宋本册府元龟·卷一五〇·帝王部·宽刑》，中华书局 1989 年版，第 265 页。

〔5〕（宋）李昉等：《太平广记·卷三五一引·投荒杂录》，中华书局 1961 年版，第 2780 页。

〔6〕（清）王昶：《金石萃编·卷一〇七·使院新修石幢记》（影印本），国联图书出版公司 1973 年版。

〔7〕（清）陆耀遹："金石续编·卷十一·楚州使院石柱题名"，载中国东方文化研究会历史文化分会编：《历代碑志丛书》（第 8 册），江苏古籍出版社 1998 年版，第 44～49 页。

〔8〕（唐）王维：《王右丞集笺注》卷十九，（清）赵殿成笺注，上海古籍出版社 1998 年版，第 348 页。

刘长卿《送营田判官郑侍御赴上都》[1]，作者送别的郑侍御（郑甫）在大历年间即担任营田判官一职。

　　营田判官作为营田使的僚佐，通常由营田使自行选任，但须经朝廷正式任命。德宗初年，属官任命之权曾被牢牢地掌握在皇帝手中。史载：

> 上即位之初，用杨炎、卢杞秉政，树立朋党，排摈良善，卒致天下沸腾，銮舆奔播。惩是之失，贞元已后，虽立辅臣，至于小官除拟，上必再三详问，久之方下。及贽知政事，请许台省长官自荐属官，仍保任之，事有旷败，兼坐举主。上许之，俄又宣旨曰："外议云：'诸司所举，多引用亲党，兼通赂遗，不得实才。'此法行之非便，今后卿等宜自选择，勿用诸司延荐。"[2]

　　德宗朝令夕改，出尔反尔，陆贽为此再次上书，坚持由台省长官自荐属官之策，"帝虽嘉之，然卒停荐士诏"[3]，于是属官之荐任虽不由台省长官自为，但也不再由皇帝牢牢掌控，而是由宰相等人审核。实践中，长官举荐判官的做法仍是存在的。贞元十一年（公元795年）二月，韩愈曾向宰相赵憬、贾耽等人上书曰："……且今节度、观察使及防御营田诸小使等，尚得自举判官，无间于已仕未仕者；况在宰相，吾君所尊敬者，而曰不可乎？"[4]可见，"营田小使"是可以自行举荐判官的，只是仍需朝廷任命。王维在《送李补阙充河西支度营田判官序》中称"将军幕府，请命介于本朝；天子琐闱，辍谏官以从事"，表明营田判官尚需请命于朝廷。前引独孤玙墓志也提到"御史中丞崔公昭之尹河南也，盛选僚佐，表府君为太常丞兼殿中侍御史，营田判官"，可见河南尹选中之后，还需上表请求任命方可。前引《金石续编》资料中，楚州营田判官在大和至开成年间频繁更换人选，而每次都伴随着楚州刺史的变动，二者的对应关系可见下表：

　　[1]　（清）曹寅等：《全唐诗·第一四七卷·送营田判官郑侍御赴上都》，中华书局1960年版，第1497页。

　　[2]　（后晋）刘昫等：《旧唐书·卷一三九·陆贽传》，中华书局1975年版，第3800~3801页。

　　[3]　（宋）欧阳修、宋祁：《新唐书·卷一五七·陆贽传》，中华书局1975年版，第4924页。

　　[4]　（清）董诰等编：《全唐文·卷五五一·后十九日复上宰相书》，中华书局1983年版，第5584页。

表 3　大和至开成年间楚州刺史与营田判官变动情况简表

| 序号 | 主　官 | 上任时间 | 营田判官 | 上任时间 |
|---|---|---|---|---|
| 1 | 不详 | 不详 | 不详 | 不详 |
| 2 | 使朝议郎检校□□□常侍…… | 不详 | 张庚 | 不详 |
| 3 | 朝散大夫使持节楚州诸军…… | 不详 | 司马□□ | 不详 |
| 4 | 朝散大夫使持节楚州诸军事守楚州刺史充木（本）州团使淮南营田副使骁骑尉郭行馀 | 不详〔1〕 | 崔郦 | 大和四年（公元830年） |
| 5 | 太中大夫使持节楚州诸军事守州刺史充本州团练习使淮南营田副使上柱国袭赵国公食邑三千户赐紫金鱼袋李德修 | 大和五年（公元831年）四月十九日授 | 顾元之 | 大和六年（公元832年）三月九日自充 |
| 6 | 朝议大夫使持节楚州诸军事守楚州刺史兼御史中丞充本州团使淮南营田副使上柱国荥阳县开国男食邑三百户赐紫金郑复 | 大和七年（公元833年） | 崔郯 | 大和八年（公元834年）正月七日自楚州□城县丞春天授试大理评事充迁官请摄 |
| 7 | 朝散大夫使持节楚州诸军事守楚州刺史兼治御史中丞充本州团练使淮南营田副使上柱国赐紫金鱼袋严謇 | 大和九年（公元835年）七月廿六日授 | 郭宗元 | 大和九年（公元835年）十二月廿五日自前大理寺丞奏授检校□省秘书郎 |
| 8 | 朝议郎使持节楚州诸军事守楚州刺史兼御史中丞充本州（缺若干字）三百户赐紫金鱼袋萧俶 | 不详〔2〕 | 杨柬之 | 开成二年（公元837年）十月廿日自太子校书充 |
| 9 | 朝请（议）大夫使持节楚州诸军事守楚州刺史（缺若干字）紫金鱼袋李师稷 | 开成四年（公元839年）四月廿四日 | 王辅 | 开成四年（公元839年）六月廿□日自□□□□守奉礼□充 |

---

〔1〕　其团练判官韦□的任命时间为"大和三年（公元829年）□月十二日"，故郭行馀担任营田副使的时间当在此之前。

〔2〕　其团练判官张□夫系"开成二年（公元839年）九月七日自前河阳监察御史里行□三年十二月"，则萧俶担任营田使职的时间当在此之前。

续表

| 序号 | 主　官 | 上任时间 | 营田判官 | 上任时间 |
|---|---|---|---|---|
| 10 | 朝议郎使持节楚州诸军事守楚州刺史（缺若干字）金鱼袋李拭 | 会昌 | 萧实 | 会昌二年（公元842年）四月廿八日自投至当年十月廿日 |
| 11 | 朝议郎使持节楚州诸军事守楚州刺史（缺若干字）金鱼袋卢阿上 | 会昌三年（公元843年）六月十三日自吏部郎拜□□□□四日给事中 | 韦潘 | 会昌三年（公元843年）九月四日 |

该名单之后有关于"唐楚州使院石柱题名"的简要论述，其中提到"按唐楚州使院石柱题名剥蚀殆半，撰记之人与立石之岁月，皆不可考。其可辩者，自文宗大和三年（公元829年）到武宗会昌三年（公元843年）十五年中，刺史八人，……团练判官九人，……营田判官十一人：张庾、司马□□、崔邺、李敬方、顾元之、崔郕、郭宗元、杨柬之、王较、萧实、韦潘。……"[1]从记载来看，15年中，更换了8位刺史、11位营田判官。考诸石柱题名，另三位营田判官名单之上，尚有"使朝……""使朝议郎检校……常侍……""使朝散春寺使持节楚州诸军……"的字样。从后续8位营田判官的名单来看，这些多半是"持节楚州诸军事守楚州刺史充本州团练使淮南营田副使"的姓名，只是由于石柱剥蚀的原因而不可考。可见，15年中，在更换了11位营田判官的同时，也几乎更换了11位营田副使（刺史）。且从时间上看，营田判官的任职时间都紧随营田副使之后。该名单虽不足以表明刺史、营田副使的变动直接导致了营田判官的更换，但二者之间呈现出明显的正相关则是显而易见的事实。

营田判官的品级不见诸唐书记载，本石柱题名记补充了这一不足。"旧书谓副使、判官皆天宝后置，未见品秩。今考团练判官顾亚自太常寺协律郎充，为正八品上。营田判官崔郕大理评事充巡官请摄大理寺评事，为从八品下。巡官皇甫钰自试太子正字充，为正九品上。营田判官杨柬之自太子校书充，

---

[1] "金石续编·卷十一·楚州使院石柱题名"，载中国东方文化研究会历史文化分会编：《历代碑志丛书》（第8册），江苏古籍出版社1998年版，第46~47页。

为正九品下。是判官、巡官之秩不过八品九品。可据此题名以补唐志也。"〔1〕可见，营田判官的品级通常在从八品下至正九品下之间。

5. 营田典

典并非官员，而是胥吏。由于营田典直接负责营田事务，在此一并简要探讨。《吐鲁番出土文献词典》："州及县办理文案的胥吏，也包括兵曹、户曹中的胥吏。"〔2〕《朝野金载》卷三："五原县令阎玄一为人多忘。尝至州，于主人舍坐，州佐史前过，以为县典也，呼欲杖之，典曰：'某是州佐也。'玄一惭谢而止。须臾县典至，一疑其州佐也，执手引坐，典曰：'某是县佐也。'又愧而止。"〔3〕王梵志诗："典史频多扰，从饶必莫嗔。但知多与酒，火艾不欺人。"项楚注："典史，官府属吏。"〔4〕可见，典、典史为唐代州县官府的司吏。但实际上，典不仅存在于州县衙门。《唐六典》载："内外官吏则有假宁之节，行李之命。"注："凡别敕差使，事务繁剧要重者，给判官二人，每判官并使及副使各给典二人；非繁剧者，判官一人、典二人，使及副使各给典一人……"〔5〕《通典》载："每军：大将一人（别奏八人，傔十六人），副二人（分掌军务。奏、傔减大将半），判官二人，典四人，总管四人（二主左右虞候，二主左右押衙）。"〔6〕可见，典还是大使、副使、判官的属吏，甚至连军中也有典的存在。营田典应当属于营田大使、营田副使或营田判官的属吏，负有屯田管理的职责。营田典不见于史籍的记载，但出土文书中有所涉及。如俄藏敦煌文书《唐开元九年十一月十四日北庭都护府长行坊状为营田典孟素马事》（дx01253Е+дx01253D）：

1  长行坊    状上

2  营田典孟素

---

〔1〕 "金石续编·卷十一·楚州使院石柱题名"，载中国东方文化研究会历史文化分会编：《历代碑志丛书》（第8册），江苏古籍出版社1998年版，第48页。

〔2〕 王启涛编：《吐鲁番出土文献词典》，巴蜀书社2012年版，第236页。

〔3〕 （唐）张鷟《朝野金载》卷二，赵守俨点校，中华书局1979年版，第74页。

〔4〕 （唐）王梵志：《王梵志诗校注》，项楚校注，上海古籍出版社1991年版，第510~511页。

〔5〕 （唐）李林甫等：《唐六典·卷二·尚书吏部》，陈仲夫点校，中华书局1992年版，第35~36页。

〔6〕 （唐）杜佑：《通典·卷一四八·兵·"令制"》，王文锦等点校，中华书局1988年版，第3794页。

3　□□□□为奉大使排子，给右件典马壹疋，长□□

4　已给讫，今将排子呈验，谨□

5　牒件状如前谨牒

6　开□□□□

…………〔1〕

这一文书清楚地记载了长行坊奉大使（瀚海军经略使）的"排子"给一位叫孟素的营田典提供马匹的过程。阿斯塔那 226 号墓出土的《唐检勘伊吾军屯田顷亩数文书》记载了伊吾军屯田面积检勘的情况，内容如下：

（前缺）

1　使通□□□□军使上柱国贾□□□□

2　□□□□日 典张琼

3　检往

4　依检与前报数同，典张琼检

5　伊吾军屯田数勘与□□□□

6　通同记谘，休如白

7　六日

（后缺）〔2〕

这一文书两次提到一位叫张琼的"典"。虽然文书中没有明文称之为营田典，但从文书所记载的工作内容来看，他属于营田典的可能性非常大。"典张琼"的名字还出现在其他几份吐鲁番出土文书中，此处不予赘述。

（二）田曹参军

田曹参军又称"司田参军""司田参军事"。《中国官制大辞典》解释为："官名。唐景龙三年（公元 709 年）于诸州初置司田参军，掌园宅、口分、永业及荫田。上、中、下各州各置司田佐、司田史，以佐助司田参军办事。唐隆元年（公元 710 年）省，上元二年（公元 761 年）复置，并置田正三（二?）

---

〔1〕　陈国灿：《论吐鲁番学》，上海古籍出版社 2010 年版，第 181 页。

〔2〕　国家文物局古文献研究室、新疆维吾尔自治区博物馆、武汉大学历史系编：《吐鲁番出土文书》（第 8 册），文物出版社 1987 年版，第 205 页。

人。"[1]《旧唐书》载：景龙三年（公元 709 年）六月庚寅，"诸州各置司田参军一员"；景龙四年（公元 710 年）秋七月戊辰，"废司田参军"。[2]肃宗上元二年（公元 761 年）九月诏："田功在谨，农事惟勤，不有司存，何成种谷？诸州等各置司田参军一人，主农事。每县各直置田正二人，于当县拣明闲田种者充，务令劝课。"[3]此诏恢复了司田参军的设置，并在县增设田正一职，职责均为劝课农事。有关司田参军的职掌见诸《新唐书》的记载："田曹司田参军事，掌园宅、口分、永业及荫田。[景龙三年（公元 709 年），初置司田参军事，唐隆元年（公元 710 年）省，上元二年（公元 761 年）复置。有府四人，史十人。大都督府有府二人，史六人；中府有府、史各二人；下府有府一人，史二人。上州有佐二人，史五人；中州、下州减史二人。]"[4]

史籍中也多见各州司田参军的记载，如裴济"父某，蔡州司田参军"[5]；颜真卿《吴兴集》提及"汾州司田参军真弼"。又如乔融撰《唐故宋州宋城县尉河南阎公（士熊）墓铭并序》载：阎士熊"弱冠明经出身，解褐绥州大斌县丞。……朔方节度天下副元帅郭公知之，奏授隰州司田参军"[6]。再如王愷撰《唐故徐宿濠泗观察判官、试大理评事、兼监察侍御史李府君墓志铭》载墓主李税之祖父李忱曾任"汴州司田参军"[7]。可见，蔡、汾、隰、汴等州先后都有司田参军之设置。

从职掌来看，前述司田参军"掌田宅、口分、永业、荫田"，在均田制得以推行之处其职责似乎与屯田无涉，但在一些待开发地区则另当别论。郑镛论及唐代漳州开发史时，称"陈元光着力推行屯田制，劝农重本发展生产，他在州级机构中设司马和司田参军等职官，掌司有关屯田事宜。他自己带头开屯于漳水之北，僻地建宅，以为长远之计，并要求部下'平居则搜狩，有役由

〔1〕 俞鹿年编著：《中国官制大辞典》，黑龙江人民出版社 1992 年版，第 712 页。

〔2〕 （后晋）刘昫等：《旧唐书·卷七·中宗睿宗本纪》，中华书局 1975 年版，第 155 页。

〔3〕 李希泌主编：《唐大诏令集补编·卷二七·州置司田参军县置田正诏》，上海古籍出版社 2003 年版，第 1259 页。

〔4〕 （宋）欧阳修、宋祁：《新唐书·卷四九·百官志四》，中华书局 1975 年版，第 1313 页。

〔5〕 （清）董诰等编：《全唐文·卷七八四·监察御史裴府君墓志铭》，中华书局 1983 年版，第 8200 页。

〔6〕 吴钢主编：《全唐文补遗》（第 1 辑），三秦出版社 2006 年版，第 222 页。

〔7〕 陈尚君辑校：《全唐文补编》，中华书局 2005 年版，第 1031 页。

战守'实行'且耕且战，以养以教'的耕战政策，首开福建屯田之始"〔1〕。《漳州姓氏》也称陈元光之婿戴君胄即担任过司田参军一职，为陈元光的漳州屯田立下了功劳。〔2〕陈元光屯田之事不见诸两唐书记载，但明代于龙海所撰《白石丁氏古谱》称陈元光入闽后"乃募众民，得五十八姓，徙云霄地，听自垦田，共为声援"〔3〕，似确有其事。倘若如此，则其治下司田参军之职责必然以屯田为主。此外，在朔方节度使下辖的定远、丰安及东、中、西三受降城曾设田曹参军事一职，专门负责屯田事务。《新唐书》载："开元十五年（公元 727 年），朔方五城各置田曹参军事一人，品同诸军判司，专莅营田。"〔4〕《唐会要》亦载："开元十五年（公元 727 年）四月十三日，朔方五城各置田曹参军一员。阶品俸料一事已上，同军家判司，专知营田。"〔5〕可见，朔方五城的田曹参军并无管理"口分、永业、荫田"之职，而是"专知营田"。可以说，从总体上看，唐代司田参军主要负责劝课农桑，促进田地垦辟，但部分司田参军有管理屯田之职。

司田参军的人员数量，初为每州一人，属员若干。贞元十四年（公元 798 年）八月，"'魏博节度使却置管内州县官，都八十一员，仓曹参军、户曹参军、兵曹参军、法曹参军已上，请依前置双曹。田曹参军、文学、市令已上，请依前置。元城县、贵乡县已上，请依前更置县尉一员。相州、贝州、博州、澶州、卫州司法参军、司士参军、司田参军、文学、市令已上，请依前置。……'敕旨依奏"。〔6〕魏博节度使请置所属州县官员，是针对贞元五年（公元 789 年）闰五月八日裁减州县官员之诏敕而发。当年，因宰相张延赏之奏请，德宗裁减了"诸州参军一半"，并对县级官员裁减各有等差。不久之后，又有所复置，魏博节度使也要求恢复其管内州县司田参军等官员之设。贞元十七年（公元 801 年）三月敕："天下州府别驾，及司田、田曹参军，除京兆河南太

---

〔1〕　郑镛编著：《历史回眸》，海潮摄影艺术出版社 2003 年版。

〔2〕　参见林殿阁主编：《漳州姓氏》，中国文史出版社 2007 年版，第 194 页。

〔3〕　杨际平："从《颍川陈氏开漳族谱》看陈元光的籍贯家世——兼谈如何利用族谱研究地方史"，载《福建史志》1995 年第 1 期。

〔4〕　（宋）欧阳修、宋祁：《新唐书·卷四九·百官志四》，中华书局 1975 年版，第 1320 页。

〔5〕　（宋）王溥：《唐会要·卷六九·判司》，上海古籍出版社 2006 年版，第 1439 页。

〔6〕　（宋）王溥：《唐会要·卷六九·州府及县加减官》，上海古籍出版社 2006 年版，第 1450～1451 页。

原三府外，其诸州府判司双曹者，各省其一，录事参军准判司例。"〔1〕这一诏敕除规定对京兆、河南、太原三府之外的"判司双曹者"减置一员以外，肯定了天下州府司田、田曹参军的设置。

（三）营田务

营田务是唐代后期出现的隶属于户部的民屯管理机构。《资治通鉴》卷二四八"大中三年（公元 849 年）八月"胡三省注引宋白曰："营田……行之岁久，不以兵，乃招致农民强户，谓之营田户。复有主务败阙犯法之家，没纳田宅，亦系于此，自此诸道皆有营田务。"〔2〕从记载来看，一种新的屯田管理机构在唐代末期出现了，此即营田务。两唐书关于营田务的记载极少，主要见于《旧唐书》。太和六年（公元 832 年）二月"庚辰，户部尚书、判度支王起请于邠宁、灵武置营田务，从之"〔3〕。唐末的制度在五代时期得以延续。后唐庄宗同光三年（公元 925 年），在三白渠"置营田务一十一"。长兴年间，诸州府的营田都设有"营田务"，京城还设有"稻田务"。后周广顺三年（公元 953 年），罢营田务。《资治通鉴》卷二九一"广顺三年正月"条载：

……唐末，中原宿兵，所在皆置营田以耕旷土；其后又募高赀户使输课佃之，户部别置官司总领，不隶州县，或丁多尤役，或容庇奸盗，州县不能诘。……

这一记载是研究唐代后期营田务的重要资料。从中可以看出，唐末营田务具有独立的组织体系，由"户部别置官司总领，不隶州县"。当然，后周虽然颁布了废罢营田务的法令，但直到北宋初期，营田务仍存在了较长时间。

〔1〕 （宋）王溥：《唐会要·卷六九·州府及县加减官》，上海古籍出版社 2006 年版，第 1451 页。

〔2〕 这一记载被部分学者视为唐代一种新的国有土地经营管理方式——营田——出现的例证。（如宁可主编：《中国经济通史·隋唐五代》，经济日报出版社 2000 年版，第 138 页。）持屯田、营田严格区分说的学者多持此观点。本书对此不敢苟同，仅从字面上区分唐代屯田、营田是没有意义的，营田的原始含义包括屯田并广于屯田，且唐代屯田管理机构从一开始即被称为"营田"使，因而没有严格区分唐代屯田与营田的必要。本书站在国家对土地直接进行大规模的经营、管理的角度上，将二者共同作为屯垦、屯田的考察对象。

〔3〕 （后晋）刘昫等：《旧唐书·卷十七·文宗纪下》，中华书局 1975 年版，第 544 页。

### 三、基层屯田管理机构

#### (一)屯官和屯副

唐代基层屯田管理机构指的是各屯的主管官员,包括屯官和屯副。《旧唐书·卷四十三·职官志二》载:"凡天下诸军州管屯总九百九十有二。……凡屯皆有屯官、屯副。"《新唐书》亦称"苑内屯以善农者为屯官、屯副,御史巡行莅输"[1]。可见,诸军州管屯及苑内屯的直接管理者均为屯官、屯副。

#### (二)屯监、屯丞与屯主

除屯官、屯副外,史籍中还记载屯监、屯丞、屯主之职。《新唐书》载,司农寺"诸屯监一人,从七品下;丞一人,从八品下。掌营种屯田,句会功课及畜产簿帐,以水旱蝗蝗定课。屯主劝率营农,督敛地课(有录事一人,府一人,史二人,典事二人,掌固四人。每屯主一人,屯副一人,主簿一人,录事一人,府三人,史五人)"[2]。可见,司农寺诸屯设屯监掌"营种屯田"及"定课",屯丞为副,设屯主负责"劝课营农、督敛地课",屯监地位似在屯主之上。但从属吏数量上看,屯监与屯主基本相同,二者究竟是什么关系呢?

唐代屯田法制中,《田令》中的屯田条文处于基础地位。前文所引 15 条屯田令文,语及屯官者共四处,分别是"诸屯田应用牛之处,……其地皆仰屯官明为图状,所管长官亲自问检,以为定簿,依此支配","诸屯应役丁之处,每年所管官司与屯官准来年所种色目及顷亩多少,……量事配遣","考校屯官之日,量其虚实,据状褒贬","诸屯官欠负,皆依本色本处理填"[3]。这四条令文之前,均没有提及诸屯是"隶司农寺者",还是"隶州镇诸军者"。屯田令文中语及屯监的仅有一条,即"诸屯隶司农寺者,卿及少卿每至三月以后,分道巡历。有不如法者,监官、屯将,随事推罪"[4]。这一条明确限

---

〔1〕(宋)欧阳修、宋祁:《新唐书·卷五三·食货志三》,中华书局 1975 年版,第 1372 页。

〔2〕(宋)欧阳修、宋祁:《新唐书·卷四八·百官志三》,中华书局 1975 年版,第 1259 页。

〔3〕宋家钰:"唐开元田令复原研究",载天一阁博物馆、中国社会科学院历史研究所天圣令整理课题组校证:《天一阁藏明钞本天圣令校证 附唐令复原研究》(下册),中华书局 2006 年版,第 453 页。

〔4〕宋家钰:"唐开元田令复原研究",载天一阁博物馆、中国社会科学院历史研究所天圣令整理课题组校证:《天一阁藏明钞本天圣令校证 附唐令复原研究》(下册),中华书局 2006 年版,第 453 页。

定了"诸屯隶司农寺者"这一范围，且在"监官"之后还出现"屯将"一词。结合两唐书及《通典》的相关记载来看，似乎诸屯监、屯丞仅设置于隶属司农寺的诸屯。考诸屯田实践，军屯中似无屯监之设。1964年，阿斯塔那20号墓出土文书中，有中宗神龙二年（公元706年）九月十五日白涧屯官仓青稞、杂大麦的粮账。详细记载了各种粮食数量，并有仓督、监仓官、监纳官、屯官、镇副等[1]。落款如下："仓督曹建，监仓官王□，屯官侯献，监纳官、镇副刘初。"从出土文书记载的内容来看，白涧屯在交纳粮食时，除仓官、屯官外，尚有"监纳官"在场。苏北海认为，众多官员共同检验后方可交纳入仓，是为了"防止作弊和受贿行为的发生"[2]。那么，此"监纳官"是否为"屯监"呢？从行文上看，监纳官署名位列屯官之后，其地位显然低于屯官，当不是屯监。从地理位置上看，白涧屯地处西州，属唐代边防前线，该屯当为军屯。该屯不见于《唐六典》"天下总屯九百九十有二"之列，恐被废弃。由于史料有限，对屯监、屯丞与屯官、屯副的具体设置只能推论如下：隶司农寺诸屯，屯监、屯丞具体负责督责劝课；而隶州镇诸军及苑内诸屯，则设屯官、屯副管理营种。

张政烺主编《中国古代职官大辞典》"屯监"条称："①屯田机构。西魏始置。隋朝畿内所置隶司农寺，畿外所置隶诸州。唐朝皆隶司农寺。②屯田官。隋朝诸屯监各置一人为长官，视从七品。唐沿置，从七品下。掌本屯稼穑之事。宋初仅存空名，神宗元丰（1078—1085年）改制废。"其"屯丞"条称："唐朝司农寺诸屯次官，每屯一至二人。从八品下。协助屯监掌本屯稼穑之事。宋初仅存空名，神宗元丰（1078—1085年）改制废。"[3]从这两个词条的解释来看，张政烺认为唐代屯监、屯丞皆隶司农寺，与隋代有所不同。另，其"屯主"条则称："管理屯田事务的官员。南朝宋置，为屯的长官，掌屯内耕作事务，并督敛地课。唐朝属司农寺，每置一人为长官，下设屯副、主簿、录事等。"[4]本条将"屯主"作为专属司农寺的屯田官员。

《通典》论及玄宗开元官制时称："初，州县混同，无等级之差，凡所拜

---

[1] 张泽咸：《晋唐史论集》，中华书局2008年版，第289页。

[2] 苏北海：《丝绸之路与龟兹历史文化》，新疆人民出版社1996年版，第369页。

[3] 张政烺主编：《中国古代职官大辞典》，河南人民出版社1990年版，第125页。

[4] 张政烺主编：《中国古代职官大辞典》，河南人民出版社1990年版，第125页。

授，或自大而迁小，或始近而后远，无有定制。其后选人既多，叙用不给，遂累增郡县等级之差，其折冲府亦有差等。按格、令，内外官万八千八十五员，而合入官者，自诸馆学生已降，凡十二万余员。（……诸屯主、副千九百八十四员；……）"〔1〕如这一记载属实，则开元初诸屯主、屯副"合入官者"共计一千九百八十四人。按每屯屯主、屯副各一人来算，总屯恰好是六典所载"九百九十有二"。而这些屯田的性质，《唐六典》明确标称"凡天下诸军、州管屯"〔2〕，不包括司农寺诸屯。六典又称"凡屯皆有屯官、屯副"，可见《通典》所谓"屯主"，就是两唐书及《唐六典》所称"屯官"，二者名异实同。

　　本书以《旧唐书》及《通典》为准，认为唐代屯田组织体系中，直接负责组织生产经营的管理者，包括司农寺所属诸屯的屯监（从七品下），副职为屯丞（从八品下），属吏为录事一人、府一人、史二人、典事二人、掌固四人；其他诸屯则为屯主（官），副职为屯副，属吏为主簿一人、录事一人、府三人、史五人。从属员人数上看，屯监与屯主完全相同。《新唐书》将两种不同隶属关系的屯田管理体系混为一谈，故在屯监、屯丞之后还有屯主、屯副的记载。

　　（三）其他基层屯田官员

　　除屯官、屯副，屯监、屯丞外，唐代还有其他直接从事屯田管理的官职见诸史籍，如检校营田官、检校营田人、都营田及其副贰等。大谷文书2836号《武周长安三年三月敦煌县录事董文彻牒》载："其桑麻累年劝种，百姓并足自供。望请检校营田官，便即月别点阅紫子及布，城内县官自巡。"最后一行云："牒为录事董（文）彻牒劝课百姓营田判下乡事。"〔3〕该文书表明，检校营田官与县录事共同负责劝课营田。另外，据大谷文书2836号背《武周圣历二年三月二十日敦煌县检校营田人等牒》记载，检校营田官下属还有检校营田人。

　　〔1〕（唐）杜佑：《通典·卷十五·选举三》，王文锦等点校，中华书局1988年版，第362页。

　　〔2〕（唐）李林甫等：《唐六典·卷七·屯田郎中员外郎》，陈仲夫点校，中华书局1992年版，第43页。

　　〔3〕唐耕耦、陆宏基主编：《敦煌社会经济文献真迹释录》（第2辑），全国图书馆文献缩微复制中心1990年版，第328、330页。

1 平康乡

2 司马地一段十四亩　城北三里宋渠　东渠　西渠　南渠　北张住

3 右件地平康乡人宋怀道种麦

4 主簿地一段十亩　城北五里西支渠　东道　西渠　南张立　北张怀操

5 右件地神沙乡人索怀亮种麦。

6 牒件通当乡阙职官人地，见种麦，具状如前，自

7 余者，并总见空，无人佃种，今依状上，谨牒

8 圣历二年三月廿日里正泛素牒

9 检校营田人泛孝才

10 检校营田人张慈员

11 检校营田人左彻

12 检校营田人雷善仁

13 检校营田人索复

14 都检校前旅帅索爽

15 连□白　　□□日

（后缺）〔1〕

从该牒的内容来看，沙州司马、敦煌县主簿阙职离去，他们雇人耕种的土地和其他弃耕的逃户田地，都成为官府手中可任意再分配的营田。从落款来看，里正与检校营田人共同负责无主荒地的检核，故均在文书上署名，"前旅帅索爽现任官为都检校营田官，总负其责，故署名在末"〔2〕。另外，前述归义军都营田使职官系统中，管内都营田使负责归义军全境屯田事务，各州都营田使管理本州屯田事务，各防戍都营田使也属于基层屯田管理机构。

此外，李翰的《苏州嘉兴屯田纪绩碑颂》提到了"都知"管理屯田之事例：

屯有都知，群士为之。都知有治，即邑为之官府。官府既建，吏胥备设，

---

〔1〕　唐耕耦、陆宏基主编：《敦煌社会经济文献真迹释录》（第2辑），全国图书馆文献缩微复制中心1990年版，第321页。

〔2〕　冯培红："唐五代敦煌的营田与营田使考"，载《兰州大学学报（社会科学版）》2001年第4期，第35页。

田有官，官有徒，野有夫，夫有任。上下相维如郡县，吉凶相恤如乡党，有诛赏之政驭其众，有教令之法颁于时：此其所以为屯也。……至于宣上命，齐下力，经地域，制地事，辩土宜，均土法，简稼器，修稼政，陈三壤之种而敬其始，考九农之要而成其终，则都知之职，专达其事焉。[1]

都知以"宣上命，齐下力，经地域，制地事，辩土宜，均土法，简稼器，修稼政，陈三壤之种而敬其始，考九农之要而成其终"为职责，系屯田基层管理人员，但仅见于苏州嘉兴屯田，是基层屯田官员中的特例。

综上所述，唐代屯田管理组织包括两个大的层级，即中央屯田管理机构和地方屯田管理机构。中央屯田管理机构包括尚书省及所属各部、司农寺、御史台等。唐代屯田实践中，尚书省的核心地位并不突出，皇帝往往亲自过问屯田的设置与废止等重大屯田事务。地方屯田管理机构包括地方军政长官及专职屯田管理机构两个部分。其中，营田使、营田副使、营田判官、营田巡官等构成的专职屯田管理机构，在地方军政长官的领导下对屯田事务进行专门管理，意义重大。此外，基层屯田管理者屯官、屯副直接组织屯田生产及日常管理，对屯田的正常开展而言也是不可或缺的。唐代确立的屯田组织法制体系为各级屯田管理机构行使屯田事务管理职权、履行管理职责提供了基本的法律依据，是唐代屯田法制的重要组成部分。

---

[1] （清）董诰等编：《全唐文·卷四三〇·苏州嘉兴屯田纪绩碑颂》，中华书局 1983 年版，第 4375 页。

第四章

# 唐代屯田劳动力制度

明人丘浚曾言："自古屯营之田，或用兵，或用民，皆是于军伍之外，各分兵置司。"[1]可见，士兵和平民是古代屯田的两种基本劳动力类型，这一点在唐代也不例外。参与屯田的平民除普通百姓之外，还存在一定数量的罪犯。在吐蕃占领敦煌地区以后，还出现过营田夫等屯田生产者。

## 第一节　士兵屯垦实践及相关制度

### 一、士兵是唐代屯垦的重要劳动力

军屯是唐代屯田的一个重要类别，其主要劳动力就是士兵。正如学者所言："一般来说，由国家特别是军队组织经营、主要以兵士耕作的屯田是军屯。"[2]士兵参与屯田在史籍中可以找到明确的记载。

崔位《代李仆射谢加营田使表》载："伏奉某月日，敕以臣兼充当道营田使者。……臣是以谕：临边将士，首建屯田。董所属军人，力开荒壤。近为水旱之蓄，远减飞挽之劳。……"[3]从表文看，兼任道营田使的李仆射麾下"首建屯田""力开荒壤"者正是"临边将士""所属军人"。

高宗显庆五年（公元660年），刘仁轨率兵镇守百济城，"渐营屯田，积粮抚士，以经略高丽"。因其文采出众，高宗重加赏赐，"超加仁轨六阶，正授带方州刺史，并赐京城宅一区，厚赉其妻子，遣使降玺书劳勉之"。刘仁轨

---

〔1〕（明）邱浚：《大学衍义补·卷三五·屯营之田》，林冠群、周济夫校点，京华出版社1999年版，第320页。

〔2〕黄正建："试论唐代屯田制度"，武汉大学1981年硕士学位论文，第37页。

〔3〕（清）董诰等编：《全唐文》卷五四五，中华书局1983年版，第5524页。

在答谢表章中说："陛下若欲殄灭高丽，不可弃百济土地。……既须镇压，又置屯田，事藉兵士，同心同德。"[1]刘仁轨所言殄灭高丽、经营百济之策乃是双管齐下，直接军事镇压和置兵屯田予以间接威慑并行不悖。从奏章行文来看，百济城所营屯田是借兵士之力。

高宗上元年间（公元 674 年至公元 676 年），娄师德升任殿中侍御史兼河源军司马并知营田事。天授初（约公元 690 年），"累授左金吾将军，兼检校丰州都督，仍依旧知营田事"[2]。娄师德屯田成效显著，得到了武则天的褒奖：

> 卿素积忠勤，兼怀武略，朕所以寄之襟要，授以甲兵。自卿受委北陲，总司军任，往还灵、夏，检校屯田，收率既多，京坻遽积。不烦和籴之费，无复转输之艰，两军及北镇兵数年咸得支给。勤劳之诚，久而弥著，览以嘉尚，欣悦良深。[3]

从诏书内容来看，娄师德忠勤匪懈兼怀武略，武则天因而"授以甲兵"、由其"总司军任"，其检校屯田之时所担任的主要官职均为军职。《新唐书》记载娄师德丰州屯田事为："衣皮袴，率士屯田，积谷数百万……"[4]可见，其主管的屯田劳动力多为士兵。

仪凤中期（公元 676 年至公元 679 年），河源军大使黑齿常之"以河源军正当贼冲，欲加兵镇守，恐有运转之费，遂远置烽戍七十余所，度开营田五千余顷，岁收百余万石"[5]。黑齿常之河源军屯田之处位于前线，正当贼冲，其劳动力即河源军士兵。

中宗景龙末年（约公元 710 年），桂州都督王晙奏罢"桂州旧有屯兵"，"又堰江水，开屯田数千顷"[6]。王晙奏罢的对象是之前收效甚微、常需"运衡、永等州粮以馈之"的军屯，劳动力即为屯兵。开元二年（公元 714

---

〔1〕（后晋）刘昫等：《旧唐书·卷八四·刘仁轨传》，中华书局 1975 年版，第 2794 页。
〔2〕（后晋）刘昫等：《旧唐书·卷九三·娄师德传》，中华书局 1975 年版，第 2975 页。
〔3〕（后晋）刘昫等：《旧唐书·卷九三·娄师德传》，中华书局 1975 年版，第 2975 页。
〔4〕（宋）欧阳修、宋祁：《新唐书·卷一〇八·娄师德传》，中华书局 1975 年版，第 4092 页。
〔5〕（后晋）刘昫等：《旧唐书·卷一〇九·黑齿常之传》，中华书局 1975 年版，第 3295 页。
〔6〕（后晋）刘昫等：《旧唐书·卷九三·王晙传》，中华书局 1975 年版，第 2985 页。

年）闰二月，玄宗"以朔方军副大总管王晙兼安北大都护，令丰安、定远、三受降城及旁侧诸军皆受晙节度。于是，安北都护府于多次迁徙后，至此徙定于中受降城，置兵屯田"。[1]王晙中受降城屯田，劳动力显然离不开"兵"。

《历代屯田考》载："宪宗元和三年（公元 808 年），罢东都防御使，以其兵屯田旧苑。六年，又罢其营田兵。"[2]可见，东都防御使被撤销后，其下辖士兵曾于旧苑屯田三年。

《新唐书》载："宪宗末，天下营田皆雇民或借庸以耕，又以瘠地易上地，民间苦之。"[3]穆宗即位后对宪宗时期屯田的两大弊端——屯田雇民耕种与强换百姓私田——加以拨乱反正，"诏还所易地，而耕以官兵"。可见，穆宗即位后，致力于将屯田由"雇民或借庸"耕种向官兵耕种逐步转变。

文宗太和七年（公元 833 年）四月，"以宣武军先置营田，别加田卒，至是敕罢其卒，计所停粮五万七千余斛"[4]。宣武军屯田的劳动力就是"田卒"，从名称上看，不仅是士兵，似乎还有一定的专职性。

宣宗大中三年（公元 849 年）八月诏："募百姓垦辟三州、七关土田，五年不租税，自今京城罪人应配流者皆配十处。四道将吏能于镇戍之地为营田者，官给牛及种粮，……"[5]为垦辟三州七关土地，宣宗多管齐下，在募民开垦、罪人配流之外，还奖励四道将吏于镇戍之地屯田。将吏屯田，从性质上看包含军屯在内，其劳动力必然离不开士兵。大中末年，邠宁节度、河西供军安抚等使毕諴认为"边境御戎，以兵多积谷为上策"，于是"召募军士，开置屯田，岁收谷三十万石，省度支钱数百万"[6]。邠宁等地屯田的劳动力就是召募的军士，毕諴之举可以说是大中三年（公元 849 年）诏的具体实践。

以上所举虽只有寥寥数例，但士兵屯垦已为其所确证。此外，出土文书中也有士兵参与屯田劳动的记载。吐鲁番阿斯塔那 209 号墓出土有《唐王君子等配役名籍》，其中与屯田有关的内容如下：

〔1〕（宋）司马光编著：《资治通鉴》卷二一一，中华书局 1956 年版，第 6696 页。

〔2〕张君约：《历代屯田考》，商务印书馆 1939 年版，第 194 页。

〔3〕（宋）欧阳修、宋祁：《新唐书·卷五三·食货志三》，中华书局 1975 年版，第 1373 页。

〔4〕《册府元龟·卷五〇三·邦计部·屯田》（文渊阁四库全书本）。

〔5〕（宋）司马光编著：《资治通鉴》卷二四八，中华书局 1956 年版，第 8039~8040 页。

〔6〕（后晋）刘昫等：《旧唐书·卷一七七·毕諴传》，中华书局 1975 年版，第 4609 页。

4　赵　才　达　屯　　　　白荀□　□堭烽

5　翟　孝　贞　望　子　王阿隆　屯

12　□　□五　见定　　史行义　屯

13　苏怀远<sup>镇将仗身</sup>　　黄祥印　屯

15　马怀定　屯

16　董猪仁　捉道〔1〕

陈国灿教授将第4行"□堭烽"断为"草堭烽"，并进一步确定本文书是一件蒲昌府差派兵丁配上诸役的文书。文书中"有的配充镇将仗身，有的被差派为捉道或望子"，而赵才达等五人名下注有"屯"字，当是配往屯田劳作。〔2〕由此可见，蒲昌府兵配役过程中，部分士兵成为屯田劳动力。

除专职从事屯田劳动以外，"助屯输丁"也是兵丁参与屯田劳动的一种途径。所谓"助屯"，系指差派人丁协助屯田劳作。屯田收获之际，屯田人手不足，则须补充部分劳力以抢收粮食。《开元二十五年令》明确规定："诸屯之处，每收刈时，若有警急者，所管官司与州镇及军府相知，量差管内军人及夫，一千人以下，各役五日功，防授（守）助收。"〔3〕可见，助屯有专门的法律规范加以调整。根据陈国灿教授的研究，"助屯输丁"在吐鲁番出土文书中的记载比较多见。〔4〕《开元年间西州诸曹符帖目》载："兵曹符：为差输丁廿人助天山（军）屯事。"〔5〕文书所载即为西州兵曹要求天山府差兵丁二十人助天山屯营种。斯坦因所获阿斯塔那一区四号墓出有《唐助屯输丁文书》，内容如下：

1　□□海等发□□□

---

〔1〕　国家文物局古文献研究室、新疆维吾尔自治区博物馆、武汉大学历史系编：《吐鲁番出土文书》（第8册），文物出版社1987年版，第51页。

〔2〕　陈国灿：《斯坦因所获吐鲁番文书研究》，武汉大学出版社1995年版，第102页。

〔3〕　宋家钰："唐开元田令复原研究"，载天一阁博物馆、中国社会科学院历史研究所天圣令整理课题组校证：《天一阁藏明钞本天圣令校证　附唐令复原研究》（下册），中华书局2006年版，第453页。

〔4〕　陈国灿：《斯坦因所获吐鲁番文书研究》，武汉大学出版社1995年版，第91～109页。

〔5〕　[日]池田温：《中国古代籍帐研究》，龚泽铣译，中华书局2007年版，第363页。

2 ☐☐助屯输丁☐☐

3 ☐☐索善观任官☐☐

4 ☐得不处置☐☐

5 ☐☐复业户☐☐

6 ☐☐玄等替☐☐〔1〕

文书整体内容无法辨读，但第 2 行清晰地显示"助屯输丁"这一现象的存在。这些都是士兵以助屯的方式参与屯田劳作的例证。

唐代前期士兵屯田主要集中于边地，如陇右、河西之地。杜甫《兵车行》云："道旁过者问行人，行人但云点行频。或从十五北防河，便至四十西营田。"〔2〕被征发的士兵防河、营田主要集中于西北地区。唐代后期，藩镇割据，地方与中央、藩镇与藩镇之间关系比较微妙，士兵屯田之事也出现在内地，甚至王畿之地。可以肯定的是，士兵是军屯的主要劳动力，从而也是唐代屯田的重要劳动力。

**二、士兵屯垦的制度性因素**

**(一) 军粮供应的使命奠定了士兵屯垦的必要性**

供应军粮是唐代屯田的首要目的。《宋史·食货志》云："前代军师所在，有地利则开屯田、营田，以省馈饷。"〔3〕唐代幅员辽阔，从内地往边境地区运粮成本过高，分派士兵就地从事粮食生产是最经济的供军措施。

李渊起兵时，面临军阀拥兵割据，生产遭到严重破坏的局面，师旅岁兴，军粮不属。为求自保并壮大自己的实力，李渊设法发展农业生产、筹措粮饷。建政之初，即派薛大鼎屯田山南道以充实仓库，并在京畿华州、蓝田等处设置监屯进行屯田〔4〕，以加强关中实力。李渊称帝后不久，鉴于突厥对北方边境地区的威胁，集中大批兵力于北方沿边并开展屯田。并州大总管府长史窦静于太原"置屯田以省馈运"〔5〕，取得了丰硕的成果。随后，秦王李世民

---

〔1〕 陈国灿：《斯坦因所获吐鲁番文书研究》，武汉大学出版社 1995 年版，第 172 页。

〔2〕 (清) 曹寅等：《全唐诗·卷二一六·兵车行》，中华书局 1960 年版，第 2255 页。

〔3〕 (元) 脱脱等：《宋史·卷一七六·食货志上四》，中华书局 1977 年版，第 4263 页。

〔4〕 (宋) 欧阳修、宋祁：《新唐书·卷一九七·循吏传》，中华书局 1975 年版，第 5621 页。

〔5〕 (后晋) 刘昫等：《旧唐书·卷六一·窦威附窦静传》，中华书局 1975 年版，第 2369 页。

"请增屯田于并州境"，得到了李渊首肯。到贞观元年（公元627年）时，代州都督张公谨"上表请置屯田以省转运"[1]，其用意仍在于对付突厥。武德三年（公元620年），荆州大总管李孝恭于荆州"开置屯田，创立铜冶"[2]，益州道行台左仆射窦轨击破临洮羌后"于松州置屯田"[3]，等等。唐代创立之初的这些屯田措施都与军事行动密切相关，其直接目的就是供应军粮。

唐政权建立之后，在边塞屯重兵以防御周边少数民族政权入侵，为保证军粮供应，遂有屯田之举。"贞观、开元后，边土西举高昌、龟兹、焉耆、小勃律，北抵薛延陀故地，缘边数十州戍重兵，营田及地租不足以供军，于是初有和籴。"[4]从史籍的记载来看，唐代前期缘边"营田"的目的就是"供军"。武则天也指出："王师外镇，必借边境营田……"[5]屯田供军的策略到唐代中后期乃至五代仍得到贯彻。德宗贞元年间，李去思任容州刺史时也"率游惰，辟污涞，开置屯田五百余顷，以足军食"；于邵著文颂之，称其"匪直勤身，亦帅其属。赡我贫匮，字我惸独。息人便农，垦田积粟"[6]。贞元三年（公元787年），京西北行营节度使刘昌授泾州刺史，充四镇北庭行营兼泾原节度支度营田等使，"躬率士众，力耕三年，军食丰羡，名闻阙下"[7]。《新唐书》记载其功绩为："（贞元）七年（公元791年），城平凉，开地二百里，扼弹筝峡。又西筑保定，扞青石岭，凡七城二堡，旬日就。以功检校尚书右仆射，累封南川郡王。……昌在边凡十五年，身率士垦田，三年而军有羡食，兵械锐新，边障妥宁。"[8]贞元十二年（公元796年），崔翰担任吴郡观察巡官，实掌军田，"凿浍沟，斩茭茅，为陆田千二百顷，水田五百顷。连岁大穰，军食以饶"[9]。代宗大历元年（公元766年），郭子仪任河中节度使，"以河中军食常乏，乃自耕百亩，将校以是为差。于是，士卒皆不劝而

〔1〕（后晋）刘昫等：《旧唐书·卷六八·张公谨传》，中华书局1975年版，第2507页。

〔2〕（后晋）刘昫等：《旧唐书·卷六〇·河间王孝恭传》，中华书局1975年版，第2348页。

〔3〕《册府元龟·卷五〇三·邦计部·屯田》（文渊阁四库全书本）。

〔4〕（宋）欧阳修、宋祁：《新唐书·卷五三·食货志三》，中华书局1975年版，第1373页。

〔5〕（后晋）刘昫等：《旧唐书·卷九三·娄师德传》，中华书局1975年版，第2975页。

〔6〕（清）董诰等编：《全唐文·卷四二九·唐检校右散骑常侍容州刺史李公去思颂（并序）》，中华书局1983年版，第4372页。

〔7〕（后晋）刘昫等：《旧唐书·卷一五二·刘昌传》，中华书局1975年版，第4071页。

〔8〕（宋）欧阳修、宋祁：《新唐书·卷一七〇·刘昌传》，中华书局1975年版，第5174页。

〔9〕（清）董诰等编：《全唐文·卷五六六·崔评事墓志铭》，中华书局1983年版，第5730页。

耕。是岁，河中无旷土，军有余粮"〔1〕。德宗末，孟元阳管理西华屯时，"盛夏芒屸立稻田中，须役者退而后就舍，故其田岁无不稔，军中足食"〔2〕。李去思、刘昌、郭子仪、孟元阳等人屯田的目的都是使"军中足食"。可见，唐代士兵屯垦的首要目的就是保证军粮的供应。

边地军队的粮食若全从内地转输，将面临极大的困难。唐太宗诛灭高昌，"王师初发之岁，河西供役之年，飞刍挽粟，十室九空，数郡萧然，五年不复"〔3〕。可见，仅平定高昌之役的军粮运输就导致数郡经济残破，需要五年以上方能恢复；若长期如此供应，则国家经济势必难以承受。陈子昂也曾指出，益州松潘等地驻军不满万人，运粮夫年达十六万人，同昌一军每年运丁五十万人，"千里运粮，万里应敌，十万兵在境，则百万家不得安业"〔4〕。供应一名益州军人的粮食，最起码需要运粮夫十人以供驱驰；倘若驻军地处西域、河湟一带，则转输自是无比困难。士兵就近屯垦开展粮食生产，可大大减轻转输的压力。

《军防令》规定："诸防人在防，守固之外，……各量防人多少，于当处侧近给空闲地，逐水陆所宜，斟酌营种，并杂蔬菜，以充粮贮及充防人等食。"〔5〕前文已述，《军防令》是前线烽铺屯田的直接法律依据。烽铺屯田的劳动者是各烽燧寥寥无几的数名军人，除去"警固"者，能实际从事屯田劳作的甚至少到一人。劳动力如此稀少的边防前哨都需要"斟酌营种"，大军驻扎之地更是需要开展屯田以保障军粮供应。《开元二十五年令》"诸屯……隶州镇诸军者，每五十顷为一屯"的规定，为诸军开展屯田提供了法律依据。可以说，《军防令》及《田令》的相关规定将士兵屯田由现实的需要上升为法定义务，一方面是唐初以来士兵屯垦实践的制度化，另一方面也为之后的士兵屯田提供了明确的法律依据。

---

〔1〕 （宋）司马光编著：《资治通鉴》卷二二四，中华书局 1956 年版，第 7193 页。

〔2〕 （后晋）刘昫等：《旧唐书·卷一五一·孟元阳传》，中华书局 1975 年版，第 4062 页。

〔3〕 （唐）吴兢：《贞观政要·卷九·安边第三十六》，张燕婴等译注，中华书局 2012 年版，第 307 页。

〔4〕 （唐）陈子昂：《陈子昂集·卷八·答制问事·请息兵科》，徐鹏校点，中华书局 1962 年版，第 171 页。

〔5〕 ［日］仁井田陞：《唐令拾遗》，栗劲等编译，长春出版社 1989 年版，第 303 页。

(二) 自身属性为士兵屯垦提供了可能性

屯田作为一种"劳动密集型"的农业生产方式，需要组织大量的人力从事农业开发，而军队的大规模建制恰好可以满足这一要求。

唐初实行府兵制，以"居重驭轻""举天下不敌关中"为基本原则，关内、河东两道所设军府占全国总数百分之七十以上，而在河陇及其他各道所设军府很少。贞观以后，为应对突厥、吐蕃等边疆民族政权带来的军事威胁，唐廷逐步调整军事部署，在沿边增设大量军镇以事屯戍。天宝元年（公元742年），天下置十节度、经略使以备边。安西节度抚宁西域，统安西四镇，兵力24 000人；北庭节度防御突厥骑、坚昆，统瀚海、天山、伊吾三军，兵力20 000人；河西节度断隔吐蕃、突厥，下辖赤水、建康、豆卢、新泉等八军及白亭等三守捉，兵力73 000人；朔方节度捍御突厥，下辖经略、丰安、定远三军、三受降城及安北、单于二都护府，兵力64 700人；陇右节度备御吐蕃，下辖临洮、河源、振武等十军及绥和等三守捉，兵力75 000人；剑南节度西抗吐蕃、南抚蛮獠，统天宝、平戎、昆明等六军，兵力30 900人。[1]这些增设的军镇均位于沿边各地，改变了唐代初重内轻外的格局。当时全国镇兵约490 000人，而仅唐蕃沿线地区的河西、陇右、剑南三节度的兵力合计就达179 000人，加上互为犄角的安西、北庭、朔方三节度，总兵力更是高达280 000人，占镇兵总数的六成以上，形成了一支散布于边地的庞大驻军队伍。在粮食供应无法通过内地转输得到满足的情况下，这些为数众多的士兵为屯田准备了充足的劳动力。

屯田系大规模的集体劳动，要实现其效益，往往会采取具有强制性的手段加强内部管理。而士兵高度的组织性、纪律性无疑为营田使组织其从事屯田生产劳动提供了可能与便利。此外，士兵的来源也为屯田准备了充分的条件。"初，府兵之置，居无事时耕于野，其番上者，宿卫京师而已。若四方有事，则命将以出，事解辄罢，兵散于府，将归于朝。故士不失业，而将帅无握兵之重，所以防微渐、绝祸乱之萌也。"[2]唐初实行的府兵制的特点在于寓兵于农，平时务农、战时从军，士兵没有脱离农业生产。府兵不足时，用于补充兵员的防丁也直接从农业生产者中征发，并未形成完全脱离于农业生产

〔1〕 （宋）司马光编著：《资治通鉴》卷二一五，中华书局1956年版，第6848~6850页。

〔2〕 （宋）欧阳修、宋祁：《新唐书·卷五〇·兵志》，中华书局1975年版，第1328页。

的职业雇佣兵，这些都为唐代前期屯田的兴盛奠定了基础。穆宗长庆二年（公元822年）三月所颁《叙用勋旧武臣德音》称："辕门委质，营垒分师，有役干戈，无由耕稼。况自天宝以后，屯兵七十余年，皆成父子之军，不习农桑之业，一朝罢归垅亩，顿绝衣粮。……"[1]天宝以后，府兵制弛废，募兵制全面取而代之，大批应募士兵脱离生产，"不习农桑之业"，"不知耕作，开口望哺"[2]，致使军屯逐步衰退。《资治通鉴》载："开元之前，每岁供边兵粮，费不过二百万。天宝之后，……每岁用衣千二十万匹，粮百九十万斛，公私劳费，民始困矣。"[3]边军衣食供应数量的反差表明屯田供军已大不如唐代前期，这一点也恰好从反面说明唐代前期府兵制、征兵制下士兵具有从事屯田劳作的自身优势。

总之，唐代士兵参与屯垦是一种历史的必然。军粮供应的迫切需要使士兵具有了参与屯垦实践的内在驱动力。军队中青壮年劳动力人数较多，为屯田生产提供了充分的劳动力因素。军队严密的组织纪律性，为屯垦生产提供了组织、管理上的便利。因此，开元《田令》《军防令》及其他法律文件中给士兵课以就近屯田的义务顺理成章。

## 第二节　平民屯垦实践及相关制度

除士兵外，平民也是唐代屯田劳动力的重要组成部分。平民作为屯田的劳动者，并不仅仅出现在民屯中，部分还出现在军屯中。平民参与屯田的法理基础随屯田经营方式（徭役制、雇佣制和租佃制）的不同而有所不同。

### 一、唐代平民参与屯垦的实践

#### （一）民屯中的平民劳动力

民屯是军屯的对称，本身就是以平民为劳动主体的屯田组织形式，因此民屯中存在平民劳动力是顺理成章之事。

---

〔1〕（宋）宋敏求编：《唐大诏令集·卷六五·叙用勋旧武臣德音》，中华书局2008年版，第363页。

〔2〕（唐）韩愈：《韩昌黎文集校注·卷四·送水陆运使韩侍郎归所治序》，马其昶校注，马茂元整理，上海古籍出版社1986年版，第286页。

〔3〕（宋）司马光编著：《资治通鉴》卷二一五，中华书局1956年版，第6851页。

唐代前期，地方官员已着手组织民屯，开垦荒田，发展农业经济。高祖时，荆州大总管李孝恭"开置屯田，创立铜冶，百姓利焉"[1]。中宗景龙末年王晙屯田桂州事前文已述，此处不赘。开元五年（公元717年），营州都督检校平卢军使宋庆礼"开屯田八十余所，招安流散，数年之间，仓廪充实，市邑浸繁"[2]。营州屯田较有成效，起到了"招安流散"的作用。张九龄称赞宋庆礼"以数千之役徒，无甲兵之强卫，指期遂往，禀命而行。于是量畚筑，执畚鼓，亲总其役，不愆所虑"[3]。"流散""役徒"的措辞，表明营州屯田劳动力以平民为主。

《新唐书·地理志》载：宝应县"西南八十里有白水塘，证圣中开，置屯田。……长庆中，兴白水塘屯田，发青、徐、扬州之民以凿之"。[4]宝应县本名安宜县，武德四年（公元621年）据有此地的臧君相归降后被纳入唐政权的版图，"上元三年（公元762年）以获定国宝更名"，在楚州淮阴郡治下，属淮南道。证圣系武周年号，当时所开屯田之性质未见诸史籍，但从地理位置来看，淮南道属内地，所开屯田属民屯的可能性较大。长庆（公元821年至公元824年）中，白水塘屯田复兴，开凿白水塘者系青州、徐州、扬州之"民"，屯田自属民屯无疑。

德宗时期为鼓励垦荒，于贞元元年（公元785年）规定："天下应荒闲田，有肥沃堪置屯田处，……以诸色人及百姓情愿者，使之营佃。"[5]从制文来看，"诸色人及百姓"只要情愿，就可以参加屯田的营佃。史载"徐申迁韶州刺史，按：公田之废者，募人假牛犁垦发，以所收半界之，岁入三万斛"[6]。如孤立地看待徐申垦发废弃公田，难以将其与屯田联系起来；若结合德宗诏敕颁布时百姓大量逃亡、田畴荒芜，国家财政状况极其窘迫的社会背景来看，则可将其视为对诏敕的实施。徐申"募人假牛犁垦发"，所募之人即"诸色人及百姓情愿者"。

〔1〕 （后晋）刘昫等：《旧唐书·卷六〇·李孝恭传》，中华书局1975年版，第2348页。

〔2〕 （宋）司马光编著：《资治通鉴》卷二一一，中华书局1956年版，第6727页。

〔3〕 （后晋）刘昫等：《旧唐书·卷一八五·宋庆礼传》，中华书局1975年版，第4814页。

〔4〕 （宋）欧阳修、宋祁：《新唐书·卷四一·地理志》，中华书局1975年版，第1052页。

〔5〕 （清）董诰等编：《全唐文·卷四六一·冬至大礼大赦制》，中华书局1983年版，第4708页。

〔6〕 （宋）欧阳修、宋祁：《新唐书·卷一四三·徐申传》，中华书局1975年版，第4694页。

宪宗末年（约公元 820 年），"天下营田皆雇民或借庸以耕"〔1〕。穆宗即位诏曰："诸道除边军营田处，其军粮既取正税米，分给其所管田，自为军中资用，不合取百姓营田。"〔2〕从史籍的记载来看，宪宗末年，无论是军镇屯田还是州郡屯田，劳动力都是百姓，只是法律关系尚有租佃和雇佣之分，但穆宗即位后即不允许擅自招取百姓耕种边军屯田。

总之，唐代平民参与屯垦的现象比比皆是，形成了与军屯相对应的屯田类别——民屯。

### （二）军屯中的平民劳动力

除民屯外，军屯亦有平民参与营种之事，称为"助屯"。旅顺博物馆藏编号为 20·1609 的《唐建中五年孔目司帖及抄》，为 1903 年 4 月日本大谷探险队与民工在克孜尔谷北断崖上洞窟所得。该帖记载莲花渠匠白俱满失鸡因配织春装布一百尺，即可放免"掏拓、助屯及小小差科"，这里的"助屯"实际已成为当地胡汉百姓的差役名目。〔3〕开元年间，宰相李元纮反对关辅置屯时曾经说过："若人闲无役，地弃不垦，发闲人以耕弃地，省馈运以实军粮，于是乎有屯田，其为益多矣。"〔4〕屯田就是因征发"闲人"开垦荒地而产生，李元纮身居宰相之位，其言论表明征发屯丁屯田确有其事。天宝十载（公元751 年）南郊赦，特地指出京兆府及三辅地区，由于役重，"应差防丁、屯丁，宜令所由支出别郡"〔5〕。这些都是平民被征发进行屯田的证明。贞元十五年（公元 799 年），韩愈贺徐州刺史张建封得瑞兔时称："伏闻今月五日，营田巡官陈从政献瑞兔，毛质皒白，天驯其心，其始实得之符离安阜屯。屯之役夫，朝行遇之，迫之弗逸，人立而拱。……得之符离，符离实戎国名，又附丽也；不在农夫之田，而在军田，武德行也，不战而来之道也，有安阜之嘉名焉。……"〔6〕该文极尽阿谀奉承之能事，对得到白兔的过程记载得比

〔1〕（宋）欧阳修、宋祁：《新唐书·卷五三·食货志》，中华书局 1975 年版，第 1373 页。

〔2〕（清）董诰等编：《全唐文·卷六六·登极德音》，中华书局 1983 年版，第 699 页。

〔3〕刘安志、陈国灿："唐代安西都护府对龟兹的治理"，载《历史研究》2006 年第 1 期，第 44 页。

〔4〕（后晋）刘昫等：《旧唐书·卷九八·李元纮传》，中华书局 1975 年版，第 3074 页。

〔5〕（宋）宋敏求编：《唐大诏令集·卷六八·天宝十载南郊赦文》，中华书局 2008 年版，第 381 页。

〔6〕（清）董诰等编：《全唐文·卷五五一·贺徐州张仆射白兔状》，中华书局 1983 年版，第 5580 页。

较详细。从中可以看出，符离安阜屯属"军田"，但劳动者却是"屯之役夫"，即被征发的平民而非屯兵，这也是百姓劳作于军屯的例证。

除作为差役性质外，平民自愿参与军屯之事的记载也所在多有，主要见于烽铺屯田，吐鲁番出土文书称为"厮田"。黄文弼《吐鲁番考古记》有哈拉和卓所获《伊吾军屯田残籍》，内容如下：

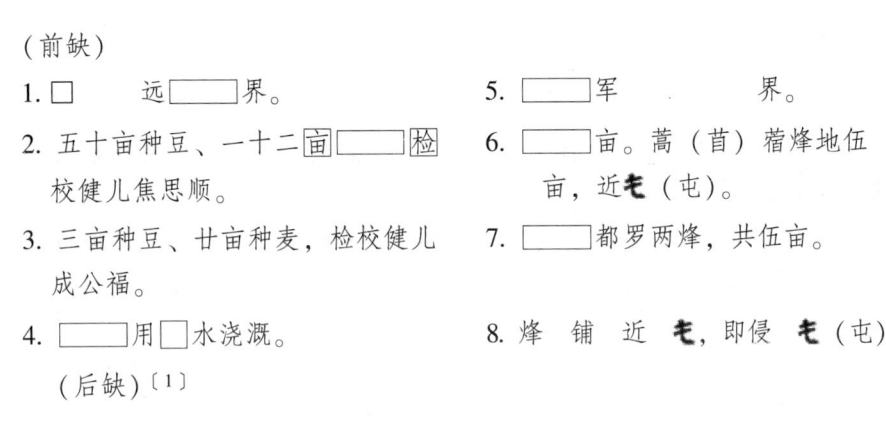

（前缺）

1. □　　远□□□界。

2. 五十亩种豆、一十二亩□□□检校健儿焦思顺。

3. 三亩种豆、廿亩种麦，检校健儿成公福。

4. □□□用□水浇溉。

（后缺）〔1〕

5. □□□军　　　界。

6. □□□亩。蒿（首）蓿烽地伍亩，近屯（屯）。

7. □□都罗两烽，共伍亩。

8. 烽　铺　近屯，即侵屯（屯）

这一文书虽缺漏甚多，但仍可见到烽铺种豆、麦及首蓿之事，此即烽铺屯田。文书详细记载了烽子的姓名，第一至三行尚有伊吾军之印，可见《军防令》有关"防人在防，守固之外，……于当处侧近给空闲地，逐水陆所宜，斟酌营种"之规定得到了切实的执行。上引残籍有"首蓿烽地伍亩，近屯"，有学者解释为该五亩地系在首蓿烽侧近所开屯田，烽名似因种首蓿而得〔2〕。吐鲁番出土文书中还有大量关于烽铺屯田的记载，再举一例以资说明，阿斯塔那226号墓出土的《唐开元某年伊吾军典王元琼牒为申报当军诸烽铺厮田亩数事》：

1. □□□状上

2. 合当诸军烽铺今年厮田总壹顷

3. 陆拾□□□

10. 速独烽种豆陆亩 共下子□□□

11. 故亭烽种床陆亩 别下子□□□

12. 青山烽种豆伍亩 别下子□□□

〔1〕　黄文弼：《吐鲁番考古记》，中国科学院 1954 年版，图 34。

〔2〕　程喜霖："从吐鲁番出土文书中所见的唐代烽堠制度之三——唐代的烽铺（属斤）田"，载《武汉大学学报（社会科学版）》1985 年第 6 期，第 72 页。

4. 玖拾伍亩☐☐　　　　　　13. 貳拾肆亩见☐☐

5. 陆拾亩☐☐　　　　　　　14. 柽塠烽捌亩　花泉烽陆亩☐☐

6. 速独高头等两☐☐　　　　15. 右被责当军诸☐☐

7. 阿查勒种粟壹☐☐　　　　16. 上听裁

8. 泥熟烽种豆壹☐☐　　　　17. 牒件状如前谨☐☐

9. 叁拾伍☐☐　　　　　　　……………………

　　　　　　　　　　　　　　18. 开☐☐日典王元琼牒〔1〕

　　该文书详细记载了"诸军烽铺今年屭田总数"及各烽所种作物及具体亩数，是烽铺屯田的有力证明。

　　这些烽铺屯田除由士兵（烽子）自行耕种以外，还有雇佣当地百姓上烽的情形，吐鲁番出土文书对此亦有大量的记载。如《唐永徽六年匡某雇人上烽契》：

1. 永徽六年十一月☐日，武城乡匡☐☐

2. 交用银钱肆文，〔　　　〕乡人易隆仁往☐

3. 城上烽一次，拾〔　　　〕烽上有遘留☐

4. ☐壹仰易自〔　　　〕匡悉不知，两和立

5. 契，获指为☐

6. 主〔　　　　　〕

7. 受雇易隆仁///

8. 知见人傅隆护

9. 严武达

10.〔　　　〕旨/道//〔2〕

　　该文书虽有缺漏，但大概意思仍可辨读。从"两和立契，获指为验（信）"

　　〔1〕　国家文物局古文献研究室、新疆维吾尔自治区博物馆、武汉大学历史系编：《吐鲁番出土文书》（第8册），文物出版社1987年版，第202~203页。

　　〔2〕　国家文物局古文献研究室、新疆维吾尔自治区博物馆、武汉大学历史系编：《吐鲁番出土文书》（第5册），文物出版社1983年版，第84页。

来看，文书内容是双方订立的契约〔1〕，匡某雇易隆仁上烽一次，代价是银钱四文，并有傅隆护、严武达二人见证。又如《唐西州高昌县阳某雇人上烽契》：

1. ［　　　　］年六月一日高昌县［　　　　　　　］
2. □□钱拾文雇交河县人［　　　　　］
3. □用神山峰上壹次拾伍日。［　　　　　］
4. 即日交相付了。若烽上有遗［　　　　　］
5. ［　　　　］当阳悉不知。
6. ［　　　　］画指［　　　　　　　　］〔2〕

此文书与前一文书性质相同，只是上烽的报酬较上一文书略高，为十文，期限也更加明确，为十五日。由于缺损较多，难以对报酬差异的原因作更深入的探讨。这两件文书只是吐鲁番出土的类似文书中的很小一部分，从这类文书大量存在的事实来看，烽子雇佣当地百姓代为上烽是很普遍的现象。由于屯田劳动是上烽的工作内容之一，故平民百姓也是烽铺屯田的重要劳动力。受雇百姓从事屯田劳动以契约为基础，是一种自愿的行为，与助屯输丁这种强制性措施相比存在显著差异。

（三）营田务中的平民劳动力

唐代后期，各地广设营田务，由户部进行管理。最早见于史籍的营田务是大和六年（公元832年）二月户部尚书判度支王起奏置于邠宁、灵武的营田务〔3〕。有学者基于营田务的三大特点，认为营田务的设置始于元和十五年（公元820年）二月穆宗《登极德音》之规定。〔4〕营田务自唐代延续至后周广顺二年（公元952年）被全部废止。据《五代会要》载：

---

〔1〕　吐鲁番契约文书常以"获指"或"画指"表示"按手印"之意。参见卫斯："关于吐鲁番出土文书《张海隆夏田契》之释疑——兼与鲁山先生商榷"，载《中国农史》2004年第3期，第60页。

〔2〕　国家文物局古文献研究室、新疆维吾尔自治区博物馆、武汉大学历史系编：《吐鲁番出土文书》（第7册），文物出版社1986年版，第271页。

〔3〕　（后晋）刘昫等：《旧唐书·卷十七·文宗纪》，中华书局1975年版，第544页。

〔4〕　杨际平："唐五代'屯田'与'营田'的关系辨析"，载《汕头大学学报（人文科学版）》1999年第5期，第90页。

（后）周广顺二年（公元952年）正月敕："应诸处户部营田处人户租税课利，除京兆府庄宅务、赡军国榷监人户、两京行从庄外，其余并割属州县。所征租税课利，官中只营（管）户部营田旧征课额，其户部营田职员，一切停废。……"[1]

从史籍记载来看，唐代后期至广顺三年（公元953年）一百多年间，营田务广泛分布于各地，"诸道皆有营田务"[2]。营田务由户部而非军队管领，所辖屯田的劳动力自然以平民为主，既包括国家的编户齐民，也包括因战乱或其他原因逃亡的流民。

## 二、平民参与屯垦的制度性因素

### （一）徭役制下平民参与屯垦的法定义务

唐初推行均田之制，平民可以从国家获得口分田与永业田开展小农经营。而屯田是国家直接组织的大规模农业生产，其性质与平民的个体生产存在较大的差异，但与均田制同时实施的租庸调制则使二者得以沟通。"唐之始时，授人以口分、世业田，而取之以租、庸、调之法，其用之也有节"，"凡授田者，丁岁输粟二斛，稻三斛，谓之租。丁随乡所出，岁输绢二匹，绫、绝二丈，布加五之一，绵三两，麻三斤，非蚕乡则输银十四两，谓之调。用人之力，岁二十日，闰加二日，不役者日为绢三尺，谓之庸。有事而加役二十五日者免调，三十日者租、调皆免。通正役不过五十日"[3]。从史籍记载可以看出，"租庸调"与"授田"系国家从百姓处"取""授"的不同手段。《武德令》《开元七年令》《开元二十五年令》均规定："诸授田，先课役后不课役，……"[4]从百姓的角度来看，向国家提供徭役等法定义务是获得口分田、永业田的前提。这一义务为平民参与屯田奠定了法理基础。

租庸调制下，除"庸"以外，平民还须为国家提供杂徭。《唐会要》载："凡赋役制有四：一曰租、二曰调、三曰役、四曰杂徭。"[5]又据《唐律疏议》：

〔1〕（宋）王溥：《五代会要·卷十五·户部》，上海古籍出版社1978年版，第256页。

〔2〕（宋）司马光编著：《资治通鉴》卷二四八，中华书局1956年版，第8040页。

〔3〕（宋）欧阳修、宋祁：《新唐书·卷五一·食货志》，中华书局1975年版，第1341~1342页。

〔4〕[日]仁井田陞：《唐令拾遗》，栗劲等编译，长春出版社1989年版，第567页。

〔5〕（宋）王溥：《唐会要·卷八三·租税上》，上海古籍出版社2006年版，第1813页。

"丁谓正役，夫谓杂徭。"〔1〕丁与夫属不同性质的劳役，二者在征发对象上存在一定的差别：正役仅由丁男担任，杂徭则包括丁男和中男〔2〕。屯田所用劳动力除军屯为"防人""兵丁"等之外，民屯杂用"屯丁""丁夫"，故丁男、中男都可能成为屯田役使的对象。

可见，百姓因均田制的推行而负有向国家提供正役、杂徭的义务，从而使政府对平民的人身具有一定的支配性，为民屯的开展提供了条件。

随着土地兼并的日趋激烈，均田制逐步破坏，受田不足的农民无力承担国家赋役而纷纷逃亡。在此背景下，政府采用具有一定强制性的括户措施使逃亡百姓与土地相结合。景龙末年，"（王）晙始改筑罗郭，奏罢屯兵及转运，又堰江水开屯田数千顷"，史称王晙"隐括绥缉，复业者多"〔3〕。从"隐括绥缉"一语来看，逃亡百姓复业系强制使然。

就强制百姓与土地相结合来说，开元年间宇文融括户营田较之王晙所作所为有过之而无不及。

开元九年（721）正月，"监察御史宇文融上言：'天下户口逃移，巧伪甚众，请加检括。'……（二月）丁亥，制曰：'州县逃亡户口听百日自首，或于所在附籍，或牒归故乡，各从所欲。过期不首，即加检括，谪徙边州；公私敢容庇者抵罪。'以宇文融充使，括逃移户口及籍外田，所获巧伪甚众。……州县希旨，务于获多，虚张其数，或以实户为客，凡得户八十余万，田亦称是。"〔4〕

---

〔1〕（唐）长孙无忌等：《唐律疏议·卷二十八·捕亡》，刘俊文点校，中华书局1983年版，第534页。

〔2〕（唐）白居易：《白氏六帖事类集·卷二二·征役门》引《户部式》曰："诸正丁充夫，四十日免（役）。七十日免租，百日已上课役俱免。中男充夫，满四十日以上，免户内地租，无他税，折户内一丁，无丁，听旁折近亲户内丁。又谓男女三岁已下为黄，十五岁已下为小，二十已下为中男，二十一成丁也。"〔（唐）白居易：《白氏六帖事类集》，文物出版社1987年版。〕吴树国称"这条史料是中男服杂徭的最直接记载"。参见吴树国："试论唐前期中男服杂徭的法定役期"，载《晋阳学刊》2008年第6期，第84页。此外，杨际平以敦煌出土的王梵志诗"十六作夫役，廿（二十一）充府兵"句为证，说明"年及中男就要服杂徭（夫役）"。参见杨际平："唐前期的杂徭与色役"，载《历史研究》1994年第3期，第75页。

〔3〕（后晋）刘昫等：《旧唐书·卷九三·王晙传》，中华书局1975年版，第2986页。

〔4〕（宋）司马光编著：《资治通鉴》卷二一二，中华书局1956年版，第6744~6745页。

宇文融检括逃户的建议得到了玄宗的支持，并形成了以诏敕为表现形式的法律文件。逃户若不在规定的百日自首、附籍或返乡，则由官府加以检括。宇文融最终括得逃户八十余万，并设立公田令其营种。

为配合宇文融括户营田运动，玄宗屡颁诏敕禁止百姓逃亡。开元九年（公元 721 年）二月颁布《禁逃亡诏》：

> 四海清晏，百年于兹，虽户口至多，而逃亡未息，良县牧宰之任，训道无方，不能绥抚，令其浮惰。且寰宇一统，天下为家，去此就彼，孰非州县？使其离乡者则亦无改，成其逋薮者何以居官？遂令邦赋不入，人伪斯甚。政术不理，岂过于兹。宜令所司商量，作一招携捉搦法奏闻。[1]

《禁逃亡诏》颁布二日之后，玄宗又颁布《科禁诸州逃亡制》：

> ……今正朔所及，封疆无外。虽户口既增，而税赋不益，莫不轻去乡邑，共为浮惰。或豪人成其泉薮，或奸吏为之囊橐，逋亡岁积，流蠹日滋。州县不以为耻，乡邻实受其咎。虽朕之薄德，罪则在予，非官无政，吏不守法耳。若浸以久安而肆之，则国之堤防，于是寝隳。今欲去其末而归其本，闭其邪而正其德，使法有所立，人知向方，是用恤孤穷，免逋贷，式广自新之路，俾申莫厚之恩。……[2]

玄宗接连颁布的两份诏敕，前者将百姓逃亡的原因归咎于地方牧宰"训道无方，不能绥抚"，后者又称"非官无政，吏不守法"，而是"朕之德薄"。二者虽有差异，但禁止逃亡的动机完全一致：前者称逃亡"遂令邦赋不入，人伪斯甚"，后者称"虽户口既增，而税赋不益"。言语虽殊，其意实同，都表达了禁止逃亡的根本原因在于赋税没有随着人口的增加而增加。早在武则天执政时期，李峤针对百逃亡日众之事就曾说过，逃户"浮衣寓食，积岁淹年，王役不供，簿籍不挂，……非直课调虚蠲，阙于恒赋，亦自诱动愚俗，堪为祸患"[3]。在他看来，"王役不供""课调虚蠲，阙于恒赋"是百姓逃亡

---

[1]（清）董诰等编：《全唐文·卷二八·禁逃亡诏》，中华书局 1983 年版，第 320 页。
[2]（清）董诰等编：《全唐文·卷二二·科禁诸州逃亡制》，中华书局 1983 年版，第 256 页。
[3]（宋）王溥：《唐会要·卷八五·逃户》，上海古籍出版社 2006 年版，第 1850 页。

的严重后果之一。玄宗朝所颁诏敕的本意与李峤上疏在这一点上是一致的。由此可见，百姓逃亡导致赋税不入才是玄宗屡次下诏禁止逃亡，以及许可宇文融括户营田的根本原因。

除诏敕外，成文法典中也有禁止百姓逃亡的相关规范。《唐律疏议·捕亡律》：

> 诸非亡而浮浪他所者，十日笞十，二十日加一等，罪止杖一百；……阙赋役者，各依亡法。
>
> 疏议曰："非亡"，谓非避事逃亡，而流宕他所者，十日笞十，二十日加一等，一百九十日罪止杖一百。……"阙赋役者，各依亡法"，谓因此不归，致阙赋役，各准逃亡之法，依状科罪：若全户者，罪止徒三年；非全户者，减二等。[1]

可见，百姓"浮浪他所"会招致笞杖之刑，若致赋役有缺，则可加重处罚至徒刑。尽管表现形式有异，但《唐律疏议》与玄宗诏敕禁止百姓逃亡的目的却是完全相同的，都在于严格限制人口流动，以推行人户以籍为定的政策，保障赋税的征收和徭役的征发。

无论是成文法典规定的徒刑，还是玄宗诏敕规定的谪徙边州，都意味着逃避赋税的百姓会遭受直接的人身强制，从而为官府对其课以屯田劳役提供了制度前提。可见，百姓交纳赋税的法定义务是这种人身依附关系的基础，也是平民参与屯田的根本原因。

### （二）雇佣制、租佃制下平民屯垦的利益驱动

括户营田的强制手段与唐代人身依附关系逐渐减轻的历史趋势相悖，无法行之久远。唐代中期以后，徭役制的屯田生产经营方式逐步被雇佣与租佃制所取代。与徭役制不同的是，雇佣或租佃制下，参与屯田的百姓可以从收获物中获得分成，甚至连家人亦可同往边地得到安置，这种制度性的安排可以大大提高平民参与屯垦的积极性。

建中元年（公元 780 年），"宰相杨炎请屯田丰州，发关辅民凿陵阳渠"，京兆尹严郢在提出反对意见时以"内苑莳稻"为例：

---

[1] （唐）长孙无忌等：《唐律疏议·卷二十八·捕亡》，刘俊文点校，法律出版社 1999 年版，第 575~576 页。

旧屯肥饶地，今十不垦一，水田甚广，力不及而废。若发二京关辅民浚丰渠营田，扰而无利。请以内苑莳稻验之，秦地膏腴，田上上，耕者皆畿人，月一代，功甚易，又人给钱月八千，粮不在，然有司常募不能足。合府县共之，计一农岁钱九万六千，米月七斛二斗，大抵岁僦丁三百，钱二千八百八十万，米二千一百六十斛，臣恐终岁获不酬费。况二千里发人出塞，而岁一代乎？又自太原转粮以哺，私出资费倍之，是虚畿甸，事空徭也。[1]

依严郢所奏，无论是内苑屯田还是杨炎请置的丰州屯田，都存在"月一代"或"岁一代"的问题，"发人出塞"与"虚畿甸、事空徭"之语都表明这些屯田仍然具有一定的徭役性质。但与此前不同的是，内苑屯田之民每月有八千钱及七斛二斗米的报酬，丰州屯田之民"每人须给钱六百三十、米七斛二斗"，这是"僦募"屯田与此前力役屯田、括户营田情况下百姓提供无偿徭役的一个显著差异。

僦募制仍然存在一定的徭役性质，屯民劳动积极性并不高，租佃制的经营方式进一步淡化了徭役的色彩。玄宗时期开始出现屯田出租的情况，大谷文书四九一五号记"浑孝仙纳天宝元年屯田地子青麦二硕，又纳吕才艺屯田地子青麦一硕二斗"[2]。所谓"地子"，是"唐代官田地租的别称。如职田'配出地子'，开元十九年（公元731年）以后亩征二斗至六斗"[3]。"在唐代，凡按顷亩计征的地税，都可以称为'地子'，主要有'配地出子'及'据地税子'两种情况。……所谓'配地出子'即指由政府将土地强行抑配给农民佃种并按顷亩计征地租，主要在职田、公廨田、屯田、剩田等官田上实行。"[4]结合大谷文书的记载和学者的研究成果来看，前引史料中的"屯田地子"就是浑孝仙、吕才艺等人租种屯田应按顷亩计征的地租。可见，天宝元年（公元742年）时已出现边地屯田出租的经营方式。此后，屯田租佃经营逐渐普遍化。

"安史之乱"后，屯田租佃制开始广为流行。德宗时期，徐申在韶州开发

---

〔1〕（宋）欧阳修、宋祁：《新唐书·卷一四五·严郢传》，中华书局1975年版，第4728~4729页。

〔2〕〔日〕池田温：《中国古代籍帐研究》，龚泽铣译，中华书局2007年版，第446页。

〔3〕赵德馨主编：《中国经济史辞典》，湖北辞书出版社1990年版，第281页。

〔4〕鲍晓娜："唐代'地子'考释"，载《社会科学战线》1987年第4期，第137页。

废弃公田，"募人假牛犁垦发，以所收半畀之"〔1〕。应募屯田之人在借用官府牛犁等生产工具的前提下与官府五五分成，待遇相当优厚，这是徐申"岁入三万斛"的重要原因。宪宗末年以后，租佃制逐渐成为主要的屯田经营方式，从而可以吸引大量的无地、少地的平民从事屯田生产。

贞元元年（公元785年）《冬至大礼大赦制》以诏敕的形式将屯田租佃制度化："天下应荒闲田，有肥沃堪置屯田处，委当管节度使、观察、都团练、都防御等使、刺史审细检行，以诸色人及百姓情愿者，使之营佃。"〔2〕屯田招人营佃，部署精当，主管官员还可得到褒升，可见屯田租佃经营不再是个别现象。贞元三年（公元787年），为应对吐蕃的军事威胁，李泌主张募戍卒且耕且战。他主张以缯帛和市耕牛，令诸冶铸作农器，将麦种分送边军镇，由戍卒耕垦荒田，"戍卒因屯田致富，则安于其土，不复思归。……即以所开田为永业，家人愿来者，本贯给长牒续食而遣之"〔3〕。李泌的主张使租佃制下应募之民由单纯的分成获利，进一步扩展到所开屯田为永业，以及对家人的安置。其主张如能实施，则对安定边疆、巩固边防有很大的促进作用。史载"德宗戍卒应募愿耕屯田者十五六"，若该记载可信，则李泌的设想具有广泛的现实基础。尽管应募者获得戍卒身份，属于士兵屯垦的组成部分，但由于部分戍卒的家人可一同前往，因此也不能排除其中的民屯成分。

贞元九年（公元793年），陆贽论及"罢诸道将士番替防秋之制"时也提出了与李泌类似的观点：

臣愚谓宜罢诸道将士番替防秋之制，率因旧数而三分之：其一分委本道节度使募少壮愿住边城者以徙焉；其一分则本道但供衣粮，委关内、河东诸军州募蕃、汉子弟愿傅边军者以给焉；又一分亦令本道但出衣粮，加给应募之人，以资新徙之业。又令度支散于诸道和市耕牛，兼雇召工人，就诸军城缮造器具。募人至者，每家给耕牛一头，又给田农水火之器，皆令充备。初到之岁，与家口二人粮，并赐种子，劝之播植，待经一稔，俾自给家。若有余粮，官为收籴，各酬倍价，务奖营田。既息践更征发之烦，且无幸灾苟免

〔1〕（宋）欧阳修、宋祁：《新唐书·卷一四三·徐申传》，中华书局1975年版，第4694页。
〔2〕（清）董诰等编：《全唐文》卷四六一，中华书局1983年版，第4708页。
〔3〕（宋）司马光编著：《资治通鉴》卷二三二，中华书局1956年版，第7494页。

之弊。寇至则人自为战，时至则家自力农。是乃兵不得不强，食不得不足，
与夫倏来忽往，岂可同等而论哉！[1]

陆贽主张废诸道将士番替防秋之制，通过三种途径来募人前往边地营田
积谷，达到且耕且战的目的。所募之人到达边城后，每家可以获得耕牛一头
及田农水火之器，第一年还可获得二人口粮及种子等基本的生活生产所需，
屯田所获余粮"官为收籴，各酬倍价"。若依陆贽的主张，应募之人可以从屯
田中获得一定的收益，这也是"息践更征发之烦"，促使百姓心甘情愿徙往边
城的前提。陆贽在李泌主张的基础上更进一步，不仅考虑到了屯田劳动者本
人以及同往边地家人的利益，还对其生产、生活进行了适当安排，更加周全、
妥当。陆贽的主张得到了德宗的认可，"极深嘉纳，优诏褒奖之"。

至宪宗末年（约公元820年）时，"天下营田，皆雇民或借佣以耕"[2]。
文宗时，宣武地区的营田要在原额田租以外，再增加租税额[3]；宣宗时，徐
商镇守襄州，"官田元无所获，徒遗虚竖将额，添市耕牛，破费甚多，收获无
几。公乃废却其地，判租与人，每岁所收却耕种之利。租人皆获利，使将健
永免工佣"[4]等。姜伯勤先生在《上海藏本敦煌所出河西支度营田使文书研
究》中指出，"安史之乱"后，河西地区营田明显已由领取禀给的镇兵转为
"招致农民强户"作为营田户耕种。僦募制的营田往往是"收不登本"，"无
益军储"，反而使一些"强户"从中渔利，营田官也乘机以瘠地换取百姓肥浓
地。因此，僦募制的营田至唐末五代时已为租佃制的营田所取代。[5]屯田出
租之后，官府收租，租人获利，将健免佣，实乃一举三得。对百姓而言，能
从中获利是愿意耕种屯田的根本原因。

徐申、徐商的屯田实践，李泌、陆贽的屯田主张，都表明雇佣制、租佃
制的屯田经营方式较徭役制的方式更能提高百姓耕种屯田的积极性，其根本
原因就在于这两种经营方式（尤其是租佃制）下百姓屯田并非缘于直接的人

〔1〕（后晋）刘昫等：《旧唐书·卷一三九·陆贽传》，中华书局1975年版，第3815页。

〔2〕（宋）欧阳修、宋祁：《新唐书·卷五三·食货志》，中华书局1975年版，第1373页。

〔3〕张泽咸等：《中国屯垦史》（中册），农业出版社1990年版，第128页。

〔4〕（清）董诰等编：《全唐文·卷七二四·徐襄州碑》，中华书局1983年版，第7455页。

〔5〕姜伯勤："上海藏本敦煌所出河西支度营田使文书研究"，载北京大学中国中古史研究中心
编：《敦煌吐鲁番文献研究论集》（第2辑），北京大学出版社1983年版，第352~353页。

身依附关系，而是一定的利益驱动机制。

总之，唐代前期实行均田之制，平民有权从国家获得一定的土地从事小农生产，但这种权利的取得需以向国家承担一定的租、调、正役、杂徭为前提。正役、杂徭以及赋税义务的存在，使得平民与国家之间存在一定的人身依附关系。这为唐代前期平民参与屯田劳动提供了法理基础。唐代中期，均田制逐渐趋于崩溃，租庸调制也难以为继，徭役已不足以为平民参与屯田劳动提供充分的合法性。随着傤募制（雇佣制）、租佃制在唐代屯田经营过程中的广泛实施，平民参与屯田的基础由徭役向利益逐步转变。平民应募或接受雇佣，以及租佃屯田土地发展生产，都可以从国家或雇主处获得一定的物质利益。在利益的驱动下，平民自愿或半自愿地参与屯田生产、经营，从而使得平民参与屯田生产的制度基础发生了显著的变化。终唐之世，屯田的生产经营方式历经徭役制、傤募制（雇佣制）到租佃制的变化过程。这一变化具有"从身份到契约"的属性，承担屯田劳役的平民对国家的人身依附逐渐变轻。随之，屯田的强制性呈现出了逐步淡化的趋势，屯民的法律地位也随之得到了一定程度的提高。

## 第三节　罪犯屯田实践及相关制度

驱使囚犯或弛刑徒屯田是屯田制度诞生之初就形成的一项传统，历代多有继承，唐代也不例外。唐代成文法典规定了笞、杖、徒、流、死五种刑罚及其执行方式。在实施过程中，唐代帝王通过诏敕的形式对刑罚执行方式进行了一系列变革，使成文法典的规定更加契合唐代社会的变化。在这一过程中，罪犯参与屯田劳动不断制度化。

### 一、唐代法典确立的刑罚执行方式

唐代确立了笞、杖、徒、流、死五种主要刑罚方式，并以法典的形式规定了各自的执行方式。

笞刑是五刑中最轻的一种刑罚，主要用于对轻微犯罪行为的惩戒，带有耻辱刑和教育刑的含义。《唐律疏议·名例律》笞刑条疏议曰："笞者，击也，又训为耻。言人有小愆，法须惩诫，故加捶挞以耻之。汉时笞则用竹，今时则用楚。"[1]可见，笞刑的执行方式是以"楚"击打，即以两股荆条拧成的笞杖行刑。《狱官令》规定："笞杖，大头二分，小头一分半，其决笞者，腿、臀分受。"[2]笞刑自十至五十分为五等。

杖刑是仅重于笞刑的次轻刑种，执行方式为以"杖"击打罪犯身体。用于决罚罪犯的杖称"常行杖"，以别于拷讯犯罪嫌疑人的"讯囚杖"。常行杖长三尺五寸，大头二分七厘，小头一分七厘，法称要削去"节目"，恐以竹为之。"决杖者，背、腿、臀分受，须数等。"[3]可见，行刑工具和执行方式也有明文规定。杖刑自六十至一百，也分为五等。

徒刑是在一定期间内剥夺罪犯人身自由并强制其服劳役的一种刑罚。《唐律疏议·名例律》徒刑条疏议曰："徒者，奴也，盖奴辱之。"[4]徒刑"奴辱"的含义通过罪犯戴钳或盘枷的形式体现出来。[5]奴辱的同时，罪犯还需服劳役。《狱官令》规定："诸犯徒应配居作者，在京送将作监，妇人送少府监缝作，在外州者，供当处官役。当处无官作者，听留当州修理城隍、仓库及公廨杂使。……妇人亦留当州缝作及配舂。"[6]徒刑自一年至三年，同样分为五等。

流刑是将罪犯遣送到一定距离的边远地区，并在一定期限内强迫其服劳役，期满后非经恩赦不得擅自迁回原籍的一种刑罚。流罪囚犯同样需要戴钳或盘枷以示奴辱。流刑分为三等，流二千里、二千五百里、三千里，三流俱役一年。唐高祖时，曾将一部分死刑宽减为"斩右趾"。太宗即位后，"哀其断毁肢体"，"于是又除断趾法，改为加役流三千里，居作二年"。[7]由此创设了作为死刑减等处罚的加役流。根据《狱官令》的规定，流刑罪犯所服劳役的内容与徒刑罪犯相同。[8]

死刑是剥夺罪犯生命的极刑，即古代之大辟。唐代死刑执行的法定方式

---

〔1〕 （唐）长孙无忌等：《唐律疏议·卷一·名例律》，刘俊文点校，中华书局1983年版，第3页。

〔2〕 ［日］仁井田陞：《唐令拾遗》，栗劲等编译，长春出版社1989年版，第727页。

〔3〕 ［日］仁井田陞：《唐令拾遗》，栗劲等编译，长春出版社1989年版，第727~728页。

〔4〕 （唐）长孙无忌等：《唐律疏议·卷一·名例律》，刘俊文点校，中华书局1983年版，第4页。

〔5〕 ［日］仁井田陞：《唐令拾遗》，栗劲等编译，长春出版社1989年版，第729~730页。

〔6〕 ［日］仁井田陞：《唐令拾遗》，栗劲等编译，长春出版社1989年版，第706页。

〔7〕 （后晋）刘昫等：《旧唐书·卷五十·刑法志》，中华书局1975年版，第2136页。

〔8〕 ［日］仁井田陞：《唐令拾遗》，栗劲等编译，长春出版社1989年版，第706页。

有两种，即绞与斩。《唐律疏议·名例律》死刑条疏议曰："绞、斩之条，刑之极也。"〔1〕

从法典的规定来看，笞杖刑、死刑均以罪犯身体作为行刑对象；徒、流罪犯需服劳役，但劳役内容见诸法律明文者仅为将作监之工程建设或"修理城隍、仓库及公廨杂使"等事务，屯田劳动作为刑罚执行的方式未见诸法典的明确规定。从法理上看，屯田不应当或也不可能适用于笞杖刑、死刑的执行。然而，随着唐代社会形势的变化，最高统治者不断调整刑罚的执行方式。在此过程中，屯田劳役作为一种制度化的刑罚执行措施被逐步确立起来。

## 二、刑罚执行方式的变革与罪犯屯田的制度化

### （一）唐代前期，诏敕赋予罪犯屯田义务

1. 唐代初期，刑罚执行方式开始发生变化

贞观年间，太宗下诏募自首罪囚戍西州，拉开了罪犯屯田的序幕。贞观十六年（公元642年）正月下诏"流死亡匿，听自首以应募"〔2〕，即犯流罪、死罪而亡匿者，只要自首并愿意去西州戍守则可免罪。不久，太宗又下诏"徙天下死罪囚实西州"〔3〕。从对象上看，这两次下诏徙往西州者既有犯流罪、死罪因逃亡而未被处罚者，也有已判死刑的罪囚。《旧唐书》载："（贞观）十六年（公元642年）春正月辛未，诏在京及诸州死罪囚徒，配西州为户；流人未达前所者，徙防西州。"〔4〕《册府元龟》称："（贞观）十六年（公元642年）正月，制徙死罪以实西州，其犯流徒则充戍，各以罪名轻重为年限焉。"〔5〕流人改戍西州的实例见诸唐代墓志：

贞观中，（盖蕃）兄伯文任洋州洋源县令，坐事幽挚，将置严刑，府君泣血申冤，辞令恳侧，见者莫不歔欷。使人汉王府参军兰陵萧德昭，孝友人也，不堪其悲；左仆射房玄龄特为奏请，得减死配流高昌。此国初平，迹途险涩，

---

〔1〕　（唐）长孙无忌等：《唐律疏议·卷一·名例律》，刘俊文点校，中华书局1983年版，第5页。

〔2〕　（宋）欧阳修、宋祁：《新唐书·卷二·太宗纪》，中华书局1975年版，第41页。

〔3〕　（宋）欧阳修、宋祁：《新唐书·卷二·太宗纪》，中华书局1975年版，第41页。

〔4〕　（后晋）刘昫等：《旧唐书·卷三·太宗纪》，中华书局1975年版，第54页。

〔5〕　（宋）王钦若等编：《宋本册府元龟·卷六一二·刑法部·定律令四》，中华书局1989年版，第1898页。

距长安七千余里，白兄曰："正尔而往，取达何期：某受彼官，庶几可济。"
于是起选，授西州蒲昌县丞，允所祈也。[1]

可见，盖蕃的兄长盖伯文犯死罪，后减死配流高昌，盖蕃为照顾其兄，
特申请了西州蒲昌县丞之职，诏书中"在京及诸州死罪囚徒，配西州为户"
之规定得到了落实。此前，太宗曾下诏遣使巡抚高昌，诏书规定："自大军平
定以后，有良贼被配没，及移入内地之徒，逃亡在彼，及藏隐未出者，并特
免罪，即任于彼，依旧附贯。"[2]可见，除由内地向西州迁徙之外，应当被移
入内地而逃亡在西州或藏匿不出者，也一并赦免罪责于当地附贯。之后，"高
昌旧民与镇兵及谪徙者杂居西州"[3]，共同担负戍守西州的职责。流罪刑徒
本来就应徙往边地，故徙流罪囚赴西州不足为奇；但诏敕规定死刑罪囚（无
论已决未决）可通过徙至边地而得以生全，较之武德初年即已确立的成文法
典而言，显然是变通了刑罚的执行方式。

刑罚执行的变通措施此后得到进一步发展。开元十二年（公元724年）
四月，玄宗颁布《减抵罪人决杖法诏》："比来犯盗，先决一百，虽非死刑，
大半殒毙。……自今已（以）后，抵罪人合决敕杖者，并宜从宽决杖六十，
一房家口，移隶碛西。"[4]诏文所称"比来犯盗，先决一百"的规定在敦煌
文书中有明确记载。《散颁刑部格》残卷曰："盗计赃满一疋以上，……先决
杖一百，仍依法与罪。"[5]依此格文，犯盗赃满一匹者在定罪量刑之前均需先
行杖责。此杖责既非杖罪刑罚的执行措施，也非拷讯犯罪嫌疑人之逼供行为，
可视为一种附加性的处罚。依《减抵罪人决杖法诏》的规定，开元十二年
（公元724年）以后，犯盗刑徒从宽决杖六十，并以一房家口移隶边地作为抵
罪的方式。盗罪是唐律重点打击的一类犯罪，罪名包括强盗、窃盗及其他特
殊情形，根据情节的轻重，处刑从笞、杖至绞、斩不等。玄宗的这一诏敕不

---

〔1〕 周绍良主编：《唐代墓志汇编·咸亨〇一五·唐故曹州离狐县丞盖府君墓志铭》，上海古籍
出版社1992年版，第519页。

〔2〕 （唐）许敬宗：《日藏弘仁本文馆词林校证》，罗国威整理，中华书局1985年版，第249页。

〔3〕 （宋）司马光编著：《资治通鉴》卷一九六，中华书局1956年版，第6177页。

〔4〕 （宋）宋敏求编：《唐大诏令集·卷八二·减抵罪人决杖法诏》，中华书局2008年版，第
474页。

〔5〕 刘俊文：《敦煌吐鲁番唐代法制文书考释》，中华书局1989年版，第249页。

仅改变了法典对盗罪的处罚标准，对本应处笞、杖、徒、流、死不同刑罚的罪囚均施以类似流刑的处罚，而且将徙往边地作为统一的执行方式。

天宝四载（公元 745 年）八月十二日玄宗又敕曰："刑之所设，将以闲邪。法不在严，贵于知禁。今后应犯徒罪者，并量事宜，配于诸军效力。"[1]这一诏敕将徒罪囚配于军中效力作为制度确定下来，修正了法典关于徒罪执行方式的有关规定。前文所引《狱官令》规定，犯徒罪及犯流罪应居作者有专门强制劳役之处所，且徒罪囚原则上不脱离其户籍地的州县；即使当地没有专门劳役之处，所从事者也不过"修理城隍、仓库及公廨杂使"之类。天宝四载（公元 745 年）的诏敕则改变了这一做法，犯徒罪者配于诸军效力，由州县处置变成由军队管理，这又是刑罚执行方式的一项重大变化。

鉴于《狱官令》对流、徒罪囚的劳役居作作出了相同的规定，天宝四载（公元 745 年）诏敕的适用对象应当包括流、徒两种罪囚。诏敕虽未明言犯流罪应居作以上者也应配于诸军效力，但依"举轻以明重"的司法原则，答案应当是肯定的。这一点在唐代后期的诏敕中体现得比较明显，如文宗大和八年（公元 834 公元）二月《疾愈德音》云："其诸道所送沧州将健配流及边镇营田役使者，共一千三百五十九人，并委诸道节度观察使，据现在人放归本管。如有已效军职及自有生业不愿去者，亦任便住。"[2]从诏敕中可以看出，沧州配流者可以获得军职，并可"亦任便住"，流人至军中效力的现象客观存在。大中元年（公元 847 年）九月，前永宁县尉吴汝纳为其兄吴湘被诬奏赃罪致死案诣阙称冤，后宣宗于大中二年（公元 848 年）颁布诏敕对该冤案作出最终的处理，其中"李恪详验款状，蠹害最深，以其多时，须议减等，委京兆府决脊杖十五，配流天德"[3]。李恪配流之事表明流人配诸军效力可从司法实践中找到实例。

上引诏敕表明，从唐代初期开始，法典所确立的刑罚执行方式就逐步得以变更。这些变更的措施使得死罪囚通过徙往边地服劳役的方式得以生全，流、徒罪囚服劳役的处所和内容发生了变化。

---

〔1〕（宋）王溥：《唐会要·卷四十·君上慎恤》，上海古籍出版社 2006 年版，第 841 页。

〔2〕（清）董诰等编：《全唐文》卷七五，中华书局 1983 年版，第 785 页。

〔3〕"天德"即天德军，"本安德都护，旧理西受降城，天宝中于大同川西筑城，名曰天安军，移理焉，乾元后改为天德军"。参见（唐）李吉甫：《元和郡县图志》，中华书局 1983 年版，第 113 页。

2. 唐代前期，罪犯的屯田劳役义务逐步确立

《资治通鉴》论及贞观十六年（公元 642 年）徙罪囚实西州时说："辛未，徙死罪者实西州，其犯流徒则充戍，各以罪轻重为年限。"[1]可见，流、徒罪囚担任戍守之责，其期限依罪刑轻重来确定。犯死罪者因罪刑较重，人身自由必然受到比"充戍"更严格的限制，强制性的劳役在所难免。对于边防军队来说，粮食供应是一个非常重大的问题，边防士兵自身往往都需要参加屯田劳动以自给，这些配流罪囚不可能坐享其成，屯田自然是劳役中的一项重要内容。

开元十六年（公元 728 年）正月庚申，"许徒以下囚，保任营农。三月辛丑，免营农囚罪"[2]。"徒以下囚"通过营农三个月的方式得以免罪，表明"营农"可以作为罪囚劳役的具体内容。徒以下罪囚尚且需要"营农"，则徙至边地的死流罪囚自然难逃此役。

从行文上看，唐代前期诏敕对罪囚的处理并未明言驱使其屯田，仅"徙死罪者实西州"，"犯流徒则充戍"，"应犯徒罪者，……配于诸军效力"，"徒以下囚保任营农"而已。但从刑罚执行的实践来看，罪囚屯田是客观存在的现象。如前引开元十二年（公元 724 年）诏有"抵罪盗犯及其家口移隶碛西"的规定。所谓"碛西"，是唐人对西域的俗称之一。开元年间，唐廷设碛西节度使，为全国八节度使之一。[3]开元二十八年（公元 740 年），废碛西节度使，其职由安西、北庭二节度分掌。20 世纪初，安西四镇之一的龟兹曾出土"伯 D. A131"号文书，该文书是一封信稿，第 6 行有"因屯家人归次，附次不宜"之语。有学者研究后指出，"这里的'屯家'意指屯田之家，即屯田户，由汉人充任"，依《减抵罪人决杖法诏》"移隶碛西的刑徒及其家口必然由当地官府直接管理，成为屯田上的劳动者，故称'屯家'"。[4]文书中称"屯家人归次"，指的是抵盗刑徒及其家口在服刑期满后回归故里一事。可见，移隶碛西的刑徒在刑期之内与其家口均为屯田的劳动力。又如《新唐书》载："元和中，振武军饥，宰相李绛请开营田，……宪宗称善，乃以韩重华为振

---

〔1〕 （宋）司马光编著：《资治通鉴》卷一九六，中华书局 1956 年版，第 6175 页。

〔2〕 （宋）欧阳修、宋祁：《新唐书·卷五·玄宗纪》，中华书局 1975 年版，第 133 页。

〔3〕 （唐）李林甫等：《唐六典·卷五·尚书兵部》，陈仲夫点校，中华书局 1992 年版，第 158 页。

〔4〕 刘安志、陈国灿："唐代安西都护府对龟兹的治理"，载《历史研究》2006 年第 1 期，第 43 页。

武、京西营田、和籴、水运使，起代北，垦田三百顷，出赃罪吏九百余人，给以末粗、耕牛，假种粮，使偿所负粟，二岁大熟。"[1]这一史料表明韩重华以赃罪吏九百余人从事屯田、耕种三百顷地，目的是缓解振武军粮食供应不足的窘境。从中可以发现，天宝四载（公元 745 年）诏敕确立的法律规范得到了贯彻，罪囚被配于诸军效力。并且，这些罪囚负有屯田劳役义务。以上出土文书和史籍记载均表明，唐代前期的刑事司法实践中，罪囚是负有屯田劳役义务的。

（二）唐代后期，诏敕进一步明确罪囚的屯田劳役义务

唐代后期，罪囚屯田的实践及明确规定相关义务的诏敕屡屡见诸史籍。长庆元年（公元 821 年）穆宗即位，大赦天下，诏书对流人的量移与赦免有专门规定。诏称："其天德军流人，满十年即放回，其粮赐，委防御使便别召人充补营田驱使。"[2]诏敕正文中提及了"天德军流人"，可见流人配于诸军效力是确定无疑的事实。天宝四载（公元 745 年）诏敕确立的法律规范仍在执行。其次，天德军流人满十年即可放回。而此前开元七年（公元 719 年）、开元二十五年（公元 737 年）《狱官令》均规定："诸犯流断定，及流移之人，皆不得弃放妻妾及私逃还乡。"[3]流人在配所服役期满后就地安置，除逢恩赦得量移或放回以外，没有在服刑地落户的固定期限。本诏敕将其确定为十年，使天德军流人的放归期限得以明确，改变了法典对流刑执行方式的规定。最后，流人放回之后，需另行召人"充补营田驱使"，可见流人在天德军从事的劳役就是屯田。

武宗会昌六年（公元 846 年）五月敕："灵武、天德、三城，封部之内，皆有良田。缘无居人，久绝耕种。自今已（以）后，天下囚徒，合处死刑，愤（情）非蠹巨者，特许生全，并家口，配流此三道。乃令本军镇，各收管安存。兼接借农具，务使耕植。"[4]这一诏敕将情节较轻的死刑罪囚变更了执行方式——减死与家属一起配流灵武、天德及三受降城，其目的并不全在于慎恤、恩赦，而是使久绝耕种的封部良田得到充分利用。这些罪囚由军镇收

---

〔1〕（宋）欧阳修、宋祁：《新唐书·卷五三·食货志三》，中华书局 1975 年版，第 1373 页。

〔2〕（清）董诰等编：《全唐文·卷六六·南郊改元德音》，中华书局 1983 年版，第 701 页。

〔3〕［日］仁井田陞：《唐令拾遗》，栗劲等编译，长春出版社 1989 年版，第 702 页。

〔4〕《册府元龟·卷五〇三·邦计部·屯田》（文渊阁四库全书本）。

管，所从事的劳役依旧是屯田。

宣宗大中三年（公元849年）春正月，"吐蕃宰相论恐热以秦、原、安乐三州及石门等七关之兵民归国"，随后原州、石门、萧关、秦州等相继收复，宣宗"敕于萧关置武州，改长乐为威州"。[1]八月，宣宗下诏曰："其秦、威、原三州并七关侧近，访闻田土肥沃，水草丰美，……其京城有犯事合流役囚徒，自今已（以）后，一切配十处收管。"[2]本诏敕在减免赋税的同时，规定京城"流役囚徒"全部发配至三州七关收管。既称"收管"，当然是配于诸军效力。而效力的内容，从诏敕的上下文来看，自然离不开耕垦种植之类的营农之事了。

大中四年（公元850年）春正月，宣宗大赦天下，"徒流比在天德者，以十年为限，既遇鸿恩，例减三载。……其秦、原、威、武诸州、诸关，先准格徒流人，亦量与立限，止于七年，如要住者，亦听"。[3]这一诏敕沿袭了长庆元年（公元821年）穆宗即位诏敕的基本精神且又有所变化。其沿袭之处在于对流人放归的期限加以明确并给予流人以是否归乡的选择权。其变化之处在于：一是扩大了放归的对象，将犯徒罪囚配至诸军者一体纳入；二是将十年的放归期限"例减三载"缩减为七年；三是将适用范围扩大至"三州七关"等边地。这也是影响罪囚屯田的重要法律规范。

从穆宗、武宗、宣宗先后颁布的诏敕来看，唐代后期坚持了前期确立的死、流、徒、杖罪囚徙至边地从事劳役的刑罚执行制度，并通过一系列诏敕逐步确立、完善了罪囚屯田的法律规范体系，包括死罪囚减等、流人限期放归，且在服刑期间与徒罪囚一样需从事屯田劳动等内容。

### 三、唐代罪犯屯田制度化的成因

#### （一）罪犯的身份契合屯田生产的强制劳役特点

屯田作为国家直接组织大量劳动力耕种国有土地的生产经营方式，带有一定的人身强制性。官府能够将为数众多的军屯士兵、民屯平民牢牢地控制在土地上并指挥其进行屯田劳动，一个重要的原因就是士兵、平民与官府之

---

〔1〕（后晋）刘昫等：《旧唐书·卷一八下·宣宗纪》，中华书局1975年版，第621~622页。

〔2〕（宋）宋敏求编：《唐大诏令集·卷一三〇·收复河湟德音》，中华书局2008年版，第709页。

〔3〕（后晋）刘昫等：《旧唐书·卷一八·宣宗纪》，中华书局1975年版，第626页。

间存在一定的人身依附关系。无论这种依附关系是基于军队的组织纪律，还是基于徭役义务或者租佃关系，都为屯田的开展提供了法律前提。较之士兵与平民，罪囚在人身依附性上更具有从事屯田劳动的"先天"优势。按照马克思的观点，"犯罪是孤立的个人反对统治关系的斗争"[1]。"斗争"失败之后，罪囚会处于被审判和惩罚的境地。就封建五刑而论，除即时执行的笞、杖刑之外，被判处徒以上刑罚的罪囚，其人身在一定期限之内都处于官府的直接支配之下。这种人身支配关系因犯罪行为而产生，其强度较之士兵受军纪约束有过之而无不及，从而为官府安排其从事屯田劳动提供了可能性。

　　除人身强制性外，唐代流、徒罪囚负有"居作"（即强制劳役）的法定义务，为官府驱使其屯田提供了便利。如前所述，唐代流、徒罪囚"应居作者"都需要向官府提供强制劳役。就期限而言，徒罪囚居作以徒刑期限为准，流罪囚的居作期限则比较复杂。《唐律疏议》规定："三流俱役一年，称加役流者役三年。"[2]可见，三流需配流者俱在流所服役一年，加役流因系减死而来，加役二年，故共役三年。而"诸工、乐、杂户及太常音声人"及"妇人犯流者"，皆"留住"、决杖、居作，居作期限均为三年，"犯加役流者，役四年"[3]。总之，除因收赎无需居作及"家无兼丁"决杖免予居作者外，流、徒罪囚均应在服刑地向官府提供一年至四年的强制劳役。

　　既然强制劳役是对犯罪行为的一种惩罚，作为惩罚的实施方，官府完全可以决定劳役的具体内容。《狱官令》规定的"官役及修理城隍、仓库及公廨杂使"自然可以被屯田劳动所取代，从而使屯田成了罪囚的劳役内容。

　　（二）唐代的慎刑思想使罪犯可通过提供屯田力役而减轻处罚

　　慎刑思想是儒家推崇、倡导的刑法思想，主张不惟刑、不尚刑，省刑法、缓刑罚，倡导刑法的清简、刑罚的慎用与节制，尤其是死刑的严格控制。张晋藩教授指出："孔子创立以'爱人'为核心的仁学体系以后，孟子将'仁'的精神引进政治思想领域，形成了系统的'仁政'理论，成为后世统治者施政的指导原则和理想目标。历代开明的统治者都以'王政本于仁恩，可以爱

---

〔1〕《马克思恩格斯全集》（第3卷），人民出版社1960年版，第379页。

〔2〕（唐）长孙无忌等：《唐律疏议·卷二·名例律》，刘俊文点校，中华书局1983年版，第36页。

〔3〕（唐）长孙无忌等：《唐律疏议·卷三·名例律》，刘俊文点校，中华书局1983年版，第74页。

民厚俗'相标榜。"〔1〕可以说，"宽仁慎刑，爱惜人命"是中国古代一种重要的法律传统。

唐代法律深受儒家思想的影响，在"慎于制刑"和"慎于用刑"两个方面崇尚和践行慎刑思想，并体现为约法省刑、秋冬行刑、死刑覆奏、虑囚颂系、哀矜妇孺等具体的法律制度。沈家本曾指出："综论有唐一代，除武后之时、李林甫之时及甘露之变、清流之祸，并由于阉宦之肆孽，其余诸帝，无有淫刑之逞者。贞观、开元之治，代宗之仁恕，无论矣。德宗之猜忌无恩，然用刑无大滥。宪宗之英果明断，然用刑喜宽仁。穆宗之童騃（呆），然颇知慎刑法。"〔2〕

唐代法律中包含的慎刑思想在两个方面使罪囚可以通过提供屯田力役而得到减轻处罚。其一，死罪囚可以通过徙至边地屯田而得以生全。前文所引贞观年间太宗经略西州所颁诏敕就是典型的例证。依太宗诏敕，犯流、死罪而逃亡者，"自首应募实西州"，其刑事责任得以免除；已决死罪囚则因徙至西州而得以生全。其二，已决徒、流罪囚可以通过屯田劳动而获得从轻处理。前引《唐律疏议》规定"家无兼丁"之徒、流罪囚，除"盗及伤人"外，均可决杖免居作。这一规定看似顾及了对罪囚"家庭困穷、粮饷乏绝"问题的解决，但"徒一年，加杖一百二十，……一等加二十"的加杖规则使徒、流罪囚最高可被杖二百。杖一百者，"大半殒毙"，加杖至二百，则生者寥寥。有鉴于此，开元十二年（公元724年）玄宗才颁布《减抵罪人决杖法诏》，以"从宽决杖六十，一家房口移隶碛西"的敕文对《唐律疏议》进行了变通。不久之后，又进一步规定："徒非重刑，而役者寒暑不释械系。杖，古以代肉刑也，或犯非巨蠹，而捶以至死。其皆免，以配诸军自效。"〔3〕徒罪囚甚至杖罪囚均因此免去皮肉之苦，改为"配诸军自效"。因慎刑而加杖免居作，因慎刑而减决杖数辅以全家移隶碛西，最后又因慎刑而免杖配诸军自效。可见，在慎刑思想的指导下，流、徒、杖罪囚一步步被徙至边地、诸军，为官府将其编入屯田劳动力队伍提供了便利。开元十六年（公元728年）"许徒以下囚，保任营农"，则明确地将徒、杖罪囚配诸军自效的内容确定为"营农"，

〔1〕 张晋藩：《中国法律的传统与近代转型》，法律出版社2005年版，第35页。

〔2〕 （清）沈家本：《历代刑法考》，邓经元、骈宇骞点校，中华书局1985年版，第53页。

〔3〕 （宋）欧阳修、宋祁：《新唐书·卷五六·刑法志》，中华书局1975年版，第1415~1416页。

从而使这种便利的可能性现实化。

倘若唐代法律没有贯彻儒家的慎刑思想，而是一味地追求商鞅式的"以刑去刑、以杀去杀"，那么死罪囚死则死已，不可能通过提供力役而生全，其参与屯田劳动的现象就不可能出现；流、徒、杖罪囚依律惩处即可，即使提供强制劳役，也与屯田无关。可以说，儒家的慎刑思想是屯田成为罪囚服刑方式的重要原因。

当然，除以上原因外，罪囚被越来越多地纳入屯田劳动大军与政府窘迫的财政状况不无关联。财政吃紧需要大量的劳动力从事生产，而百姓纷纷逃亡的现实导致屯田劳动力匮乏，人身处于官府支配之下的罪囚自然就被越来越广泛地纳入屯田生产队伍。[1]当这种现象不断出现并长期存在时，就需要完善的法律制度加以调整、规范。

综上所述，唐代屯田的劳动力既包括士兵，也包括平民。其中，平民除普通百姓以外，还包括身份较为特殊的罪犯。每一种劳动力类型参与屯田都并非简单地临时差遣、征发而来，都具有一定的法理基础或制度性因素。这些基础或因素具有共同的一面，即三者都基于自身的身份对官府负有一定的劳役义务——士兵守边防、平民服徭役、罪犯应居作，这为官府调整劳役内容使之从事屯田提供了可能性。在此基础上，唐代通过不同的形式建立起军屯、民屯的各项法律制度，为士兵、平民、罪犯从事屯田劳动提供了完善的法律规范。

---

〔1〕 约一千年后，法国启蒙思想家伏尔泰指出："对罪犯的惩罚要注重实效。一个绞死的人是毫无价值的，而一个判处苦役的人则仍能为国家效劳，并是一个活教材。"（参见张秀章、解灵芝选编：《伏尔泰思想录》，吉林人民出版社2003年版，第89页。）虽然历史背景有显著的差异，但从实效的角度来看，唐代帝王赦令罪囚屯田免死之举与伏尔泰的思想有异曲同工之妙。

第五章

# 唐代屯田土地制度

土地是屯田赖以建立和发展的基础，离开特定的土地，屯田就是空中楼阁。因此，设置屯田之前，须选定适宜开展屯田的土地。从来源上看，国有土地契合屯田生产的国家属性，是设置屯田的主要土地类型。屯田发展到一定阶段，可能会因为战争或经济等方面的原因而被废弃，所属土地也会得到重新分配。有关屯田设置的土地来源及屯田土地的再次分配等方面的法律制度，就是唐代屯田土地制度的相关内容。

## 第一节　唐代屯田土地来源

明末清初思想家王夫之在论及三国屯田成败时曾指出，屯田需选择合适的土地方能得其利，否则只能招致民怨及速败的后果。

许昌之屯，乘黄巾之乱，民皆流亡，野多旷土也；两淮之屯，魏、吴交争之地，弃为瓯脱，田皆芜废也；五丈原之屯，秦、陇、阶、文之间，地广人稀，羌、胡据山泽而弃平土，数百里而皆草莱也。非是者，可屯之地，畸零散布于民田之间，而分兵以屯之，则一散而不可猝收矣。夺民熟壤以聚屯，民怨而败速矣。[1]

在他看来，曹操、邓艾屯田成功的原因之一就是屯田得其地——建立在成片的荒闲旷土之上，"屯田之利溥矣"。否则，如果屯田建立在零星小片土地之上，或夺百姓私田为之，则会招致民怨或难有成效。成自亮认为："稽诸

---

〔1〕　（明）王夫之：《读通鉴论·卷十·三国》，山西人民出版社1994年版，第331页。

史册，历朝所授于军民屯种之田地，大抵非为原野旷土，即属无主荒地。自西汉孝文时塞下之屯，孝宣时金城之屯，经东汉三国隋唐宋元明清以迄今日，凡属屯田田地，大抵亦皆以原野旷土及无主荒地为宗。"[1]该观点肯定了原野旷土、无主荒地是屯田土地的重要来源，有可取之处，但它将此二者作为屯田土地的全部来源，则与史实不符。从古代屯田发展历程来看，屯田土地的来源除荒闲无主之地外，尚有官田、百姓私田，且各种土地来源在法律上的地位并不相同，唐代屯田也是如此。

依所有权主体的不同，可以将唐代土地分为官田与私田。前者既包括明确属于官府所有的土地，也包括荒闲无主之地，后者指私人所有的土地。由于屯田的官营性质，以官田充作屯田土地名正言顺，而以私田置屯则与土地性质相悖。从唐代屯田的发展历程来看，官田是唐代屯田土地的主要来源，私田仅在特定情况下才被用于设置屯田进行开垦。

## 一、唐代荒地置屯的实践及法理基础

### （一）唐代荒地置屯的实践

史籍是研究唐代屯田的基本资料，其对唐代荒地置屯的记载主要包括两种情形：其一是只陈述设置屯田的基本史实，略云"置屯田""开屯田"等，对屯田土地不加描述，但可推知系荒地置屯的情形；其二是明确指出某一屯田系开垦荒地而来的情形。

1. 史籍中未明确记载土地来源的荒地置屯

唐代屯田始于武德初年。鉴于"突厥数为边患，师旅岁兴，军粮不属"，并州大总管府长史窦静于太原"置屯田以省馈运"，[2]取得了丰硕的成果。随后，秦王李世民请增屯田于并州境，得到了李渊的首肯。武德四年（公元621年），荆州大总管李孝恭于荆州"开置屯田，创立铜冶"[3]；益州道行台左仆射窦轨击破临洮羌后"于松州置屯田"[4]。贞观元年（公元627年），代州都督张公谨"上表请置屯田以省转运"[5]。史籍对唐初这些屯田实践的

〔1〕　成自亮：《中国屯垦制度与集团农场经营之研究》，成文出版社 1977 年版，第 21558 页。

〔2〕　（后晋）刘昫等：《旧唐书·卷六一·窦威附窦静传》，中华书局 1975 年版，第 2369 页。

〔3〕　（后晋）刘昫等：《旧唐书·卷六十·河间王孝恭传》，中华书局 1975 年版，第 2348 页。

〔4〕　《册府元龟·卷五〇三·邦计部·屯田》（文渊阁四库全书本）。

〔5〕　（后晋）刘昫等：《旧唐书·卷六八·张公谨传》，中华书局 1975 年版，第 2507 页。

记载都比较简略，未明确指出其土地来源。由于此时屯田多分布于唐与突厥或其他割据政权对峙的边境地区，结合当时战乱的背景来看，置屯土地不大可能属于权属关系明晰的官田或私田，极有可能是荒地。

此后，唐代屯田得到进一步的发展，史籍中的记载也越来越多。仍有相当一部分记载未阐明屯田的土地来源，但结合其他因素可推知荒地在其中扮演着重要角色。如《旧唐书》载：仪凤中，黑齿常之"以河源军正当贼冲，欲加兵镇守，恐有运转之费，遂远置烽戍七十余所，度开营田五千余顷，岁收百余万石"[1]。《通典》载："河源军，西平郡西百二十里。仪凤二年（公元677年），李乙夫置，管兵一万四千人，马六百五十匹。"[2]河源军所辖区域位于唐蕃边界，即所谓"正当贼冲"，对于唐西北边防安全极为重要。黑齿常之大破吐蕃赞婆，并着手设置营田五千余顷，时为河源军建制产生之次年，唐政府不可能在如此短暂的时间内对当地形成有效的开发，其土地必多为荒地。《旧唐书》称其"开营田五千余顷"，"开"即有"开垦""开发"之意，即"开元令"中所说的"新置屯田"。《新唐书》则更进一步，明确地指出"垦田五千顷"。可见，黑齿常之屯田河源军所取土地应为荒地。

与黑齿常之屯田类似的记载还有很多，如大足年间，郭元振任凉州都督、陇右诸军州大使，"令甘州刺史李汉通开置屯田，……积军粮支数十年"[3]。史籍虽未载明李汉通"开置屯田"的土地来源，但从"开置"二字及屯田所处地理位置来看，应当属于荒地。

又如广西屯田之事。中宗景龙末年，王晙升任桂州都督。"桂州旧有屯兵，常运衡、永等州粮以馈之，晙始改筑罗郭，奏罢屯兵及转运。又堰江水，开屯田数千顷，百姓赖之。"[4]王晙废罢屯兵后，实施民屯，其屯田之土地系"堰江水"而来，自然是新开所得。同样是在广西，德宗贞元年间，李去思任容州刺史时也"率游惰，辟污涞，开置屯田五百余顷，以足军食"；于邵著文颂之，称其"匪直勤身，亦帅其属。赡我贫匮，字我惸独。息人便农，垦田

---

〔1〕（后晋）刘昫等：《旧唐书·卷一〇九·黑齿常之传》，中华书局1975年版，第3295页。

〔2〕（唐）杜佑：《通典·卷一七二·州郡》，王文锦等点校，中华书局1988年版，第4482页。

〔3〕（后晋）刘昫等：《旧唐书·卷九七·郭元振传》，中华书局1975年版，第3044页。

〔4〕（后晋）刘昫等：《旧唐书·卷九三·王晙传》，中华书局1975年版，第2985页。

积粟"[1]。其后任者韦丹于元和初年兴建容州城，"周十三里，屯田二十四所"[2]。史籍未明言中宗、德宗、宪宗时期三次广西屯田的土地来源，但从李去思率众"辟污涞"以及韦丹就任容州刺史后"教民耕织""耕民种茶麦"等记载来看，直至唐代后期当地经济水平仍极为落后，百姓尚处于不知耕稼的境地，荒地自然多于已开发之熟田，屯田所取之地也应当多系荒地。

贞元三年（公元787年），京西北行营节度使刘昌授泾州刺史，充四镇北庭行营兼泾原节度支度营田等使，"昌躬率士众，力耕三年，军食丰羡，名闻阙下"[3]。《新唐书》记载其功绩为："（贞元）七年（公元791年），城平凉，开地二百里，扼弹筝峡。又西筑保定，扞青石岭，凡七城二堡，旬日就。以功检校尚书右仆射，累封南川郡王。……昌在边凡十五年，身率士垦田，三年而军有羡食，兵械锐新，边障妥宁。"[4]刘昌任职于边境交锋之地，从两唐书中"开地二百里""率士垦田""力耕三年"等措辞来看，刘昌屯田亦属开疆拓土之后于荒闲无主之地上为之者。

其他略云"开屯田"的记载也不鲜见。如开元五年（公元717年），贝州刺史请复营州，"（宋）庆礼清勤严肃，开屯田八十余所，招安流散，数年之间，仓廪充实，市邑浸繁"[5]。天宝八载（公元749年），河源军使哥舒翰进兵攻拔青海境内的吐蕃石堡城，"以赤岭为西塞，开屯田，备军实"[6]，"收九曲之旧疆，开千里之沃壤"[7]。宣宗时，裴识与毕諴分别担任泾原和邠宁节度使，裴识至泾原，"治堡障，整戎器，开屯田"[8]。元和十二年（公元817年），宰相裴度平定蔡州后，任命高崇文之子高承简为殷州刺史，治郾城，承简"始开屯田，列防庸，濒溵绵地二百里无复水败，皆为腴田"[9]。

〔1〕（清）董诰等编：《全唐文·卷四二九·唐检校右散骑常侍容州刺史李公去思颂（并序）》，中华书局1983年版，第4372页。

〔2〕（宋）欧阳修、宋祁：《新唐书·卷一九七·韦丹传》，中华书局1975年版，第5629页。

〔3〕（后晋）刘昫等：《旧唐书·卷一五二·刘昌传》，中华书局1975年版，第4071页。

〔4〕（宋）欧阳修、宋祁：《新唐书·卷一七〇·刘昌传》，中华书局1975年版，第5174页。

〔5〕（宋）司马光编著：《资治通鉴》卷二一一，中华书局1956年版，第6727页。

〔6〕（宋）欧阳修、宋祁：《新唐书·卷一三五·哥舒翰传》，中华书局1975年版，第4570页。

〔7〕（宋）宋敏求编：《唐大诏令集·卷六十·陇右河西节度使哥舒翰西平郡王制》，中华书局2008年版，第323页。

〔8〕（宋）欧阳修、宋祁：《新唐书·卷一七三·裴识传》，中华书局1975年版，第5219页。

〔9〕（宋）欧阳修、宋祁：《新唐书·卷一七〇·高承简传》，中华书局1975年版，第5163页。

大中末年（约公元 859 年），邠宁节度河西供军安抚等使毕諴认为边境御戎，"以兵多积谷为上策，乃召募军士，开置屯田，岁收谷三十万石，省度支钱数百万"[1]。毕諴开置屯田之时，适逢"党项大扰河西"，其开置屯田之处，"土广肥而民不知耕"[2]。同一时期，大同军防御使卢简方"大开屯田，练兵伺斗，沙陀畏附"。这几例屯田实践史籍均简略地记载"开屯田"或"开置屯田"，结合屯田地域及当时的社会背景，大致可以得出所取土地多为荒闲土地的结论。

2. 史籍明确记载土地来源的荒地置屯

唐代取荒闲无主之地设置屯田的情形也见诸史籍的明确记载。开元七年（公元 719 年），同州刺史姜师度"于朝邑、河西二县界，……种稻田，凡二千余顷，内置屯十余所，收获万计"[3]。次年，玄宗下诏褒奖："今原田弥望，畎浍连属，繇来榛棘之所，遍为粳稻之川；仓庾有京坻之饶，关辅致亩畲之润。"[4]从玄宗诏书行文来看，姜师度引洛水及堰黄河所种稻田多为荒地（"榛棘之所"）；《新唐书》记载姜师度"收弃地二千顷为上田，置十余屯"[5]，其意基本一致。此外，《朝野佥载》称姜师度在任沧州刺史时也曾"于鲁城界内种稻置屯，穗蟹食尽，又差夫打蟹。苦之，歌曰：'卤地抑种稻，一概被水沫。年年索蟹夫，百姓不可活'"[6]。姜师度在沧州境内开河筑堰设立稻屯取的瘠卤之地，也应是荒地。

天宝前期，张去奢屯田京辅，史称"泾渭之汭，旧多舄卤，流浸所集，耕者弃之。公审郑、白之旧规，稽史起之遗法，决潢污于近渎，变蒲稗为良畴，奏开屯田，岁收亿秭"[7]。张去奢屯田处本系"舄卤""潢污""蒲稗"之地，为耕者所弃，自是荒地。

〔1〕 （后晋）刘昫等：《旧唐书·卷一七七·毕諴传》，中华书局 1975 年版，第 4609 页。

〔2〕 （宋）欧阳修、宋祁：《新唐书·卷五三·食货三》，中华书局 1975 年版，第 1373 页。

〔3〕 （后晋）刘昫等：《旧唐书·卷一八五·良吏下·姜师度传》，中华书局 1975 年版，第 4816 页。

〔4〕 （清）董诰等编：《全唐文·卷二八·元宗九·褒姜师度诏》，中华书局 1983 年版，第 318 页。

〔5〕 （宋）欧阳修、宋祁：《新唐书·卷一百·姜师度传》，中华书局 1975 年版，第 3946 页。

〔6〕 （唐）张鷟：《朝野佥载·卷二·唐宋史料笔记丛刊》，赵守俨点校，中华书局 1979 年版，第 47 页。

〔7〕 周绍良主编：《唐代墓志汇编·天宝一一〇·大唐故张府君墓志铭》，上海古籍出版社 1992 年版，第 1608 页。

宝应年间（公元 762 年至公元 763 年），淮南西道黜陟使李承"奏于楚州置常丰堰以御海潮，屯田瘠卤，岁收十倍"，至五代时仍受其利[1]。李承所屯之田系海潮侵袭的瘠卤之地，与姜师度之"榛棘之所"相差无几。

代宗大历元年（公元 766 年）郭子仪任河中节度使，"以河中军食常乏，乃自耕百亩，将校以是为差。……是岁，河中无旷土，军有余粮"[2]。郭子仪屯田致使河中"无旷土"，所取之地应多为"旷土"。广德年间，朝廷诏令各州县"择封内闲田荒壤，人所不耕者，为之屯"[3]。大历三年至六年（公元 768 年至公元 771 年），浙西团练观察使李栖筠委任大理评事朱自勉赴嘉兴主持屯田，"取彼榛荒，画为封疆"。数年之中取得了丰硕的成绩。约在大历十年（公元 775 年）前后，李翰为此事作《苏州嘉兴屯田纪绩颂并序》。从记载来看，轰轰烈烈的苏州嘉禾屯田正是开拓"闲田荒壤"的结果。大历八年（公元 773 年）七月，代宗废华州屯田时称："自顷关中，□乏牛力，封圻千里，半是丘荒，置屯田已来，皆变良沃。"[4]"丘荒"之地置屯取得了丰硕成果，可见华州屯田所取之地约一半皆为荒地。

德宗贞元五年（公元 789 年），陇右节度支度营田观察使李元谅"身率军士，与同劳逸。芟林薙草，斩荆榛，俟干，尽焚之，方数十里，皆为美田"。[5]李元谅屯田于荒烟蔓草之间，置屯土地无疑是荒地。贞元十二年（公元 796 年），崔翰担任吴郡观察巡官，"凿洤沟，斩荽茅，为陆田千二百顷，水田五百顷"[6]。崔翰所开一千七百顷陆田水田，系"凿洤沟，斩荽茅"而得，其艰辛不亚于李元谅屯田良原。贞元十六年（公元 800 年）杜佑任淮南节度使时，"决雷陂以广灌溉，斥海濒弃地为田，积米至五十万斛，列营三十区，士

---

〔1〕（后晋）刘昫等：《旧唐书·卷一一五·李承传》，中华书局 1975 年版，第 3379 页。

〔2〕（宋）司马光编著：《资治通鉴》卷二二四，中华书局 1956 年版，第 7193 页。

〔3〕（清）董诰等编：《全唐文·卷四三〇·苏州嘉兴屯田纪绩颂》，中华书局 1983 年版，第 4375 页。

〔4〕（宋）宋敏求编：《唐大诏令集·卷一一一·废华州屯田制》，中华书局 2008 年版，第 577 页。

〔5〕（后晋）刘昫等：《旧唐书·卷一四四·李元谅传》，中华书局 1975 年版，第 3918 页。《新唐书》有基本相同的记载："良原隍堞湮圮，旁皆平林荐草，虏入寇，常牧马休徒于此。元谅培高浚渊，身执苦与士均，薙翳榛莽，辟美田数十里，劝士垦艺，岁入粟菽数十万斛，什具毕给。"［（宋）欧阳修、宋祁：《新唐书·卷一五六·李元谅传》，中华书局 1975 年版，第 4902~4903 页。］

〔6〕（清）董诰等编：《全唐文·卷五六六·崔评事墓志铭》，中华书局 1983 年版，第 5730 页。

马整饬，四邻畏之"[1]。杜佑将"海濒弃地"改造成稻田，所取土地自然是荒地。贞元（公元 785 年至公元 805 年）中期，崔位上表称："臣是以谕：临边将士，首建屯田。董所属军人，力开荒壤。"[2]表文中的李仆射所率边防将士屯田也是"力开荒壤"的结果。

元和初年，郑国公严绶出镇荆南，元稹写诗《后湖》盛赞其政绩时也指出了其屯田的环境："环湖十余里，岁积潢与污，臭腐鱼鳖死，不植菰与蒲。……"[3]诗文反映出严绶所垦辟之地系潢污泥泞之区，原为废弃之地。

3. 唐代置屯荒地的分布区域

从史料记载来看，唐代荒地置屯在前后不同时期分布有所不同，具体内容见表 4：

表 4　唐代置屯荒地分布区域简表

| | 时　期 | 主要分布区域 | 次要分布区域 | 说　明 |
|---|---|---|---|---|
| 1 | 武德至仪凤年间 | 北方和西北边地，如武德、贞观年间的并州、太原、朔州、代州、松州等地 | 内地，如山南道、荆州等地 | 唐政权主要防范突厥、羌族入侵，边地驻军不多、垦荒屯田面积有限 |
| 2 | 仪凤年间至开元末 | 西北和北方边地，如河西陇右地区的鄯州、河州、甘州、凉州等；河北地区因战事频繁，屯田较多，置屯荒地分布也较广，如营州、平州、檀州、幽州等地荒地的开垦也比较充分；朔方地区、安西北庭等地也存在大量开垦荒地置屯的情形 | 内地和岭南出现过小范围的荒地置屯之举，如姜师度屯田丰州、王晙屯田桂州等，但持续时间短且垦荒规模小 | 吐蕃的强大与不断入侵，以及边地军镇的大量设置使军食供应局势紧张，西北地区垦荒屯田规模较大 |
| 3 | 天宝年间 | 河西陇右、安西北庭、朔方以及河北地区 | 内地地区 | 由于和籴的勃兴，屯田规模大大缩小，设置屯田的荒地面积已大大减小 |

---

〔1〕（宋）欧阳修、宋祁：《新唐书·卷一六六·杜佑传》，中华书局 1975 年版，第 5088 页。

〔2〕（清）董诰等编：《全唐文》卷五四五，中华书局 1983 年版，第 5524 页。

〔3〕（清）曹寅等：《全唐诗·卷三九八·后湖》，中华书局 1960 年版，第 4479 页。

续表

| | 时　期 | 主要分布区域 | 次要分布区域 | 说　明 |
|---|---|---|---|---|
| 4 | 天宝十四载（公元755年）至元和年间 | 平叛战争主战场所在的河南、河北地区，如东都、汴州、同州、华州等，以及作为粮食主产区的江淮一带，如楚州、苏州、扬州等 | 西北沿边以及岭南地区 | "安史之乱"爆发后，平叛战争导致军费激增、财政困难，为解决军粮供应问题，内地屯田得以大量设置 |
| 5 | 长庆年间至唐末 | 西北边地，由于面临吐蕃、党项、回鹘等少数民族政权的直接威胁，驻军较多，为解决军粮供应问题，屯田得以大量设置，其中荒地置屯较前一时期有所增加 | 内地地区 | 内地战事基本平息，大地主土地所有制不断发展，荒地大量减少，荒地置屯的现象在内地比较少见 |

从上表可以看出，以"安史之乱"为界，唐代前期用于设置屯田的荒地主要集中于边境地区，尤其是西北和北方边地；平叛战争过程中，用于设置屯田的荒地主要集中于内地；而平叛战争结束后，内地置屯荒地减少，边地置屯荒地相对增加。

（二）唐代荒地置屯的法理探析

自屯田产生以来，荒地置屯现象就不断出现。从史料记载来看，在荒地上设置屯田是一种常见的土地利用行为，与私田置屯、官田置屯相比，不需附加任何条件，也未受到任何非议。可以说，荒地置屯具有内在的合理性。

1. 荒地具有设置屯田的内在合理性

屯田作为一种"中央政府组织劳动者在官地上进行开垦耕作的农业生产组织形式"[1]，对土地有两个方面的基本要求：其一，从法律属性上看，属于国有土地，便于官府直接行使所有权；其二，需结连成片，便于组织大规模的耕垦（烽铺屯田除外）。荒地在这两个方面都符合要求。

首先，荒地在本质上属于国有土地。如前所述，本书所探讨的"荒地"实为"荒闲无主之地"的简称，指的是没有明确为官府或私人占有、开垦、耕种或以其他方式加以利用的土地。"荒地"一词描述的是一种未加控制、未加利用的状态，并非真正的没有所有权人。"按照悠久的'溥天之下，莫非王

---

[1]　张泽咸："历代屯田概论"，载张泽咸：《晋唐史论集》，中华书局 2008 年版，第 247 页。

土'的传统，历代法律都将一切无主的土地（包括山林、草原、水泽、空荒地、抛荒地、户绝地）认定为是属于国家所有，私人只能利用，但不能占为私有。"[1]从实践上看，自秦汉时起，政府向民户授予田宅的土地来源就有很多是空荒地。直至南朝，朝廷还经常下令将这些名义上的"公田"出租给无地或少地的农民。这表明，中国古代早已存在将荒闲无主之地等同于公田的习惯性做法。从观念上看，无主荒地也往往被视为"公田"。如东汉末年，司马朗向曹操建议恢复井田制时称："往者以民各有累世之业，难中夺之，是以至今。今承大乱之后，民人分散，土业无主，皆为公田，宜及此时复之。"[2]在司马朗看来，百姓因战乱而逃散之后，无主土业即"皆为公田"。曹操虽未采纳司马朗恢复井田制的建议，但他在这些无主土业上大开屯田之举，表明其对无主土地所有权的认识与司马朗是相同的。北魏至隋唐时期实施均田制，无主土地往往被纳入国有土地的范畴，授予百姓充作口分田或永业田。北魏时，"诸远流配谪、无子孙及户绝者，墟宅桑榆，尽为公田，以供授受"[3]，无主土地属于公田的观念已进入法律制度的层面。可以说，在先占原则确立之前，无主土地的最终归属者通常都是官府。

其次，荒地较之私田或有明确用途的官田而言，更能适应集体劳作的需要。从敦煌出土的文书来看，唐代授予私人的地块面积较小且极其分散，无法满足屯田的大规模劳作之需。而职田、公廨田等官田因有明确的用途，通常也难以被直接用于设置屯田；即便有皇帝的诏敕作为依据，也需结连成片者方可置屯。开元时宰相李元纮反对京司所退职田置屯的根本原因就在于职田地块比较分散，若用于屯田则需与相邻的私田相交换从而形成大田，而这一做法会劳民伤财，得不补失。[4]相比之下，大量未得到开垦的荒地则没有这些羁绊，更适合于设置屯田。

总之，屯田需要成片的、集中的土地以便组织大规模的生产，荒地在法律属性和事实状态两个方面都能较好地满足设置屯田的基本要求，因而荒地置屯具有内在的合理性。

---

〔1〕 郭建：《中国财产法史稿》，中国政法大学出版社 2005 年版，第 63 页。

〔2〕 （晋）陈寿：《三国志·卷一五·魏志·司马朗传》，陈乃乾点校，中华书局 1982 年版，第 467~468 页。

〔3〕 （北齐）魏收：《魏书·卷一一〇·食货志》，中华书局 1974 年版，第 2855 页。

〔4〕 （后晋）刘昫等：《旧唐书·卷九八·李元纮传》，中华书局 1975 年版，第 3074 页。

2. 荒地置屯得到古人观念上的认同

唐代及后世名臣有关唐代屯田的评论将屯田土地主要界定为荒地，反映出了古人在观念上认同荒地置屯的合理性。

（1）唐代名臣对荒地置屯的认同

垂拱二年（公元686年），陈子昂论及河西诸州形势，建议扩大甘州屯田时称，"甘州地广粟多，……其四十余屯，水泉良沃，不待天时，岁取二十万斛，但人力寡乏，未尽垦发"[1]。陈子昂上表之时，甘州屯田有较大的成效，担负着瓜肃以西诸州军粮的供应，维系着"河西之命"。但四十余屯，"屯田广远，收获难遍"，"人功不备，犹有荒芜"，陈子昂因而建议加兵以穷地利。从其上表的内容来看，甘州屯田系垦发荒芜土地的结果。

开元年间，宰相李元纮反对关辅置屯时曾经说过，"若人闲无役，地弃不垦，发闲人以耕弃地，省馈运以实军粮，于是乎有屯田，其为益多矣"[2]。在他看来，屯田的产生就是基于"闲人"对"弃地"的耕垦。而所谓"弃地"当然就是荒地的一种类型。

宰相张说曾就河北屯田慷慨陈词："臣再任河北，备知川泽，窃见彰水可以灌巨野，淇水可以溉汤阴，若开屯田，不减万顷，化崔苇为秔稻，变斥卤为膏腴，用力非多，为利甚溥。"[3]张说认为"开屯田"可将河北崔苇化为秔稻，斥卤变成膏腴，虽然其目的并非直言屯田所取之土地，但也表达出了屯田所取土地的荒闲特征。

贞元三年（公元787年），宰相李泌与德宗论及复府兵之策时指出，征关东卒戍京西以御吐蕃耗费大，若以缯帛和市耕牛，命诸冶铸农器，"籴麦种分赐沿边军镇，募戍卒，耕荒田而种之"[4]。从李泌的主张及其后的屯田实践来看，河朔屯田所占用的土地应为荒田。

长庆二年（公元822年），河阳节度使崔弘礼"上言请于秦渠下辟荒田三百顷，岁收二万斛"[5]，诏从之。崔弘礼上奏请求用于屯田之地即为"荒田"。

〔1〕（宋）欧阳修、宋祁：《新唐书·卷一○七·陈子昂传》，中华书局1975年版，第4073页。

〔2〕（后晋）刘昫等：《旧唐书·卷九八·李元纮传》，中华书局1975年版，第3074页。

〔3〕（唐）张说：《张燕公集·卷一三·请置屯田表》，上海古籍出版社1992年版，第98页。

〔4〕（宋）司马光编著：《资治通鉴》卷二三二，中华书局1956年版，第7494页。

〔5〕（后晋）刘昫等：《旧唐书·卷一六三·崔弘礼传》，中华书局1975年版，第4265页。

陈子昂、李元纮、张说、李泌、崔弘礼等人都是唐代名臣，从他们的言论中可以看出，以荒地作为置屯的基础在唐代士人观念上是有共识的。

（2）后世名臣对荒地置屯的认同

司马光在阐述大中三年（公元 849 年）八月诏"四道将吏能于镇戍之地营田者，官给牛及种粮"时引宋白之言："史臣曰：营田之名，盖缘边多隙地，蓄兵镇戍，课其播殖以助军须，谓之屯田。"[1]从宋白的言论中可以看出，"中原兵兴"之前，唐代屯田建立在"缘边隙地"基础之上，司马光对这一言论无疑是持赞同态度的。宋白也好，司马光也罢，均去唐世未远，其屯田言论均与唐代名臣表达的观点完全一致。

五代、两宋之后，主张以荒地置屯者也大有人在。明人邱浚主张以唐代淮南屯田为典范开展屯田，"考之唐史，上元中于楚州（今淮安）古射阳湖置洪泽屯，于寿州置芍陂屯，厥田沃壤，大获其利，俱在此地，遗迹可考也"，并称"臣请于淮南一带，湖荡之间，……尽数以为屯田"[2]。其主张开置水田屯田之处——"湖荡之间、沮洳之地、芦苇之场"等——均系荒闲之地。可见，唐代以荒地开置屯田的法律规范及其实践影响及于明代。此外，明末清初思想家王夫之在论及三国屯田成败时也指出，置屯应当以"数百里而皆草莱"的闲田旷土为基础。[3]

3. 唐代荒地置屯得到成文法典和诏敕的肯定

（1）成文法典对荒地置屯的明确规定

唐开元《田令》中有"其旧屯重置者，一依承前封疆为定。新置者，并取荒闲无籍广占之地"[4]的规定。可见，新置屯田应建立于"荒闲无籍广占之地"；对于重置的旧屯虽"依承前封疆为定"，但该旧屯设立之初，也应当以不占民田为原则。

《军防令》规定："防人在防，守固之外，唯得修理军器、城隍、公廨、屋宇。各量防人多少，于当处侧近给空闲地，逐水陆所宜，斟酌营种，并杂蔬

---

〔1〕（宋）司马光编著：《资治通鉴》卷二四八，中华书局 1956 年版，第 8040 页。

〔2〕（明）邱浚：《大学衍义补·卷三五·屯营之田》，林冠群、周济夫校点，京华出版社 1999 年版，第 319~320 页。

〔3〕（明）王夫之：《读通鉴论·卷十·三国》，山西人民出版社 1994 年版，第 331 页。

〔4〕［日〕仁井田陞：《唐令拾遗》，栗劲等编译，长春出版社 1989 年版，第 584 页。

菜，以充粮贮及充防人等食。"〔1〕此令文对防人屯田的土地来源作了明确规定——"当处侧近空闲地"。而所谓"防人"，是唐代在边防守卫据点镇、戍驻守的士兵。《新唐书》载："唐初，兵之戍边者，大曰军，小曰守捉，曰城，曰镇，而总之者曰道。"〔2〕"……每防人五百人为上镇，三百人为中镇，不及者为下镇；五十人为上戍，三十人为中戍，不及者为下戍。"〔3〕从记载来看，镇戍防人乃戍边之兵，防人驻守之地系边防前线，驻地附近空闲处当然多属荒地。史家称"唐开军府以捍要冲，因隙地置营田"，"贞观、开元后，边土西举高昌、龟兹、焉耆、小勃律，北抵薛延陀故地，缘边数十州戍重兵，营田及地租不足以供军，于是初有和籴"〔4〕。唐代前期，疆域辽阔，边防线也极为漫长，为保卫边疆，唐政府在边塞屯重兵加以防守。为解决军粮供应，从唐初即实施屯垦戍边的战略，缘边数十州皆有屯田，往往设置于无人耕垦的"隙地""空闲之地"。开元年间，"凡天下诸军州管屯，总九百九十有二"〔5〕，其中各军所管之屯，总计 39 处 698 屯，占总屯数的 70.4%。各军若依《田令》《军防令》之规定设置屯田，则荒地必然在军屯中占据极高的比例。

　　唐代法律体系中，"设范立制"的令居于重要地位，《田令》《军防令》等成文法典对屯田应置于荒地的原则性规定表明荒地置屯的内在合理性因素已上升为合法性要求，为其在唐代及后世行之久远奠定了法律基础。

　　（2）诏敕对荒地置屯的规定

　　除成文法典外，诏敕还多次重申置屯应取荒地的原则。如代宗废华州屯田，"诏中尉左右内史，表属州县闲田，分署农官，俾其耕凿。南至于华，濒渭而东，林麓州渚之间，榛莽瓯邪之处，非吾人所占者，悉举籍劝分"〔6〕。可见，当时华州屯田所用的都是"林麓州渚之间，榛莽瓯邪之处""非吾人所占"的"州县闲田"，并取得了丰硕的屯田成果。另据李翰《苏州嘉兴屯田

　　〔1〕（唐）长孙无忌等：《唐律疏议·卷一六·擅兴》，刘俊文点校，中华书局 1983 年版，第312 页。

　　〔2〕（宋）欧阳修、宋祁：《新唐书·卷五〇·兵志》，中华书局 1975 年版，第 1328 页。

　　〔3〕（宋）欧阳修、宋祁：《新唐书·卷四九·百官四》，中华书局 1975 年版，第 1320 页。

　　〔4〕（宋）欧阳修、宋祁：《新唐书·卷五三·食货志三》，中华书局 1975 年版，第 1373 页。

　　〔5〕（唐）李林甫等：《唐六典·卷七·屯田郎中员外郎》，陈仲夫点校，中华书局 1992 年版，第 223 页。

　　〔6〕（宋）宋敏求编：《唐大诏令集·卷一一一·废华州屯田制》，中华书局 2008 年版，第 577 页。

纪绩颂并序》一文载："广德初，乃命相国元公倡其谟，分命诸道节度观察都团练使统其事。择封内闲田荒壤，人所不耕者为之屯。求天下良材善政，以食为首者掌其务。"[1]这一记载印证了代宗时期确实确立了"屯田当择闲田荒壤、人所不耕之地"的基本原则。

德宗贞元元年（公元 785 年）《冬至大礼大赦制》也规定："天下应荒闲田，有肥沃堪置屯田处，委当管节度使、观察、都团练、都防御等使、刺史审细检行，以诸色人及百姓情愿者，使之营佃。"[2]将屯田设置之处限定为肥沃的荒闲之田。

长庆二年（公元 822 年）同州刺史元稹上《同州奏均田状》，内称"当州供左神策合阳镇军田粟二千石。右，自置军镇日，伏准敕令，取百姓蒿荒田地一百顷给充军田"[3]。依元稹所奏，取百姓蒿荒田地给充军田是"准敕令"而为的结果，可见当时仍然以荒闲之地为屯田土地的合法来源。

宣宗大中元年（公元 847 年）正月赦文说，"如闻州府之内，皆有闲空田，长蒿莱，无人垦辟，……宜令所在长吏设法召募贫人课励耕种，所收苗子以备当处水旱及军粮，……观察使刺史起营田二年以后，据见谷为殿最"[4]，再次以诏敕的形式要求地方官在各州府无人垦辟的闲空田地上设置屯田，并以两年之后的收成状况评定考绩。大中三年（公元 849 年）《收复河湟制》又规定："其秦、威、原三州并七关侧近，访闻田土肥沃，水草丰美，如百姓能耕垦种莳，五年内不加税赋，五年以后，量定户籍，便任为永业。……凤翔、邠宁、灵武、泾原四道长吏，能各于镇守处遣官健耕垦营田，即度支给赐牛粮子种，每年量得斛斗多少，便充军粮，亦不限约定数。"[5]这一诏敕在奖励屯田的同时，也鼓励百姓到三州七关开垦荒地。

后周世祖广顺三年（公元 953 年）诏称"唐末，中原宿兵，所在皆置营田，以耕旷土"[6]，这是对唐代后期屯田状况的总结。唐代后期，藩镇割据，

---

〔1〕 （清）董诰等编：《全唐文》卷四三〇，中华书局 1983 年版，第 4375 页。

〔2〕 （清）董诰等编：《全唐文》卷四六一，中华书局 1983 年版，第 4708 页。

〔3〕 （清）董诰等编：《全唐文》卷六五一，中华书局 1983 年版，第 6618 页。

〔4〕 （宋）李昉等：《文苑英华·卷四三〇·大中元年正月十七日赦文》，中华书局 1966 年版，第 2180 页。

〔5〕 （清）董诰等编：《全唐文》卷七九，中华书局 1983 年版，第 826~827 页。

〔6〕 （宋）司马光编著：《资治通鉴》卷二九一，中华书局 1956 年版，第 9488 页。

战乱频仍，百姓纷纷逃亡，土地荒闲的现象比较普遍，为各军事集团"所在皆置营田"奠定了物质基础。

荒地置屯的法律规范不仅行诸唐世，还及于五代。五代时期，各割据政权延续了有唐一代取荒地置屯的做法。后唐明宗长兴二年（公元931年）下诏："天下营田务，只许耕种无主荒田及招浮客，不得留占属县编户。"[1]《五代会要》的记载更加详细："长兴二年（公元931年）九月二日敕：凡置营田，比召浮客。若取编户，实紊常规。如有系税之人，宜令却还本县。应三京诸道营田，只耕佃无主荒田及召浮客。此后若敢违越，其官吏及投名税户，当行重断。"[2]虽然这一诏书侧重于调整营田的劳动力，但营田"只耕佃无主荒田"也被一并强调。营田务所辖营田属于本书"屯田"概念的组成部分，该诏书以法律的形式强调其耕种的对象只能是"无主荒田"，保持了政策的一贯性。又如，南唐屯田淮南时，"用尚书员外郎李德明议，兴复旷土，为屯田以广兵食，水部员外郎贾彬嗣成之"[3]。史料记载屯田所取土地系"兴复旷土"所得，其无主荒田的属性可见一斑。此外，后周也曾取法前代，"辟旷土为屯田在广顺二年（公元952年）"。可见，从法律层面上看，取荒地为屯田是长期一贯的做法。

诏敕并非成文法律体系的直接组成部分，但不能因此简单地将其排除在唐代法律渊源之外。一般性规制的诏敕有创设法律规范的效果，具有立法性质。而个别性规制的诏敕尽管不具有创设法律规范的效果，但此类诏敕若在一定时期内反复出现，则统治者对相关事项的政策、立场从中也可见一斑。鉴于诏敕是效力最高的一种法律文件，上引诏敕对取荒地置屯田的一再强调，表明荒地置屯的内在合理性得到了以皇帝为代表的官方的高度认可。

总之，从权属上看，荒地属于国家所有，具有设置屯田的内在合理性。唐代从屯田实践中逐步发展出了一系列比较完善的荒地置屯法律制度，使该合理性最终上升为合法性并得到长期坚持，成为后世屯田法制建设的重要渊源。

---

〔1〕 （宋）薛居正等：《旧五代史·卷四二·明宗纪》，中华书局1976年版，第582页。

〔2〕 （宋）王溥：《五代会要·卷十五·户部》，上海古籍出版社1978年版，第255页。

〔3〕 （宋）李焘：《续资治通鉴长编》卷二，中华书局1979年版，第747页。

## 二、唐代官田置屯的实践及法理基础

官田是"民田""私田"的对称。最早见于《周礼·载师》："以官田、牛田、赏田，任远郊之地。"后世用以指代属于官府或王室所有的土地或由此转化而来的土地。唐代，官田是一种重要的土地类型，包括公廨田、职分田、诸驿封田等。此外，马坊田地、宫苑土地、没官田产以及京城街道等土地也处于官府的直接控制和使用之下，同样属于官田。根据史籍的记载，唐代设置屯田的官田有多种类型，如废弃官田、马坊田地、宫苑土地甚至京城街道，等等。

（一）唐代官田置屯的法律实践

1. 废弃官田置屯

德宗时，韶州刺史徐申在当州采用租佃的方式经营屯田，"募百姓以力耕公田之废者，假之牛犁、粟种与食，所收其半与之；不假牛犁者三分与二"〔1〕。《新唐书》亦称，徐申募百姓所耕乃"公田之废者"〔2〕，即已被废弃不用的官田。

2. 马坊田地置屯

闲厩使所管之马坊田地亦属官田，曾被借用于耕佃。"开成四年（公元839年）正月，闲厩宫苑使柳正元奏：'……当管修武马坊田地，伏准大和二年（公元828年）河阳节度使杨元卿奏，请权借耕佃，充给闲用。……伏乞慈圣，允臣所奏。'敕旨：'正元条陈利病，实谓推公，……其修武马坊田地，河阳节度近年权借，依前勒（敕）闲厩宫苑使，且存借名收管。'"〔3〕本条史料虽未明言杨元卿借用修武马坊田地的目的是用于屯田，但可从其他史料推知。

首先，杨元卿长于屯田，重视屯田，屯田是其就任地方职官之后的重要政绩，为其带来了极高的荣誉。在担任河阳节度使之前，杨元卿于长庆初年（约公元821年）"授检校左散骑常侍、泾州刺史、泾原渭节度观察等使，兼充四镇北庭行军。元卿乃奏置屯田五千顷，每屯筑墙高数仞，键闭牢密，卒然寇至，尽可保守。加检校工部尚书。营田成，复加使号。居六年，泾人论

---

〔1〕（唐）李翱：《李文公集·卷一九·徐公行状》（影印本），四部丛刊集部。

〔2〕（宋）欧阳修、宋祁：《新唐书·卷一四三·徐申传》，中华书局1975年版，第4694页。

〔3〕（宋）王溥：《唐会要·卷六五·闲厩使》，上海古籍出版社2006年版，第1335页。

奏，为立德政碑，移授怀州刺史，充河阳三城节度观察等使"[1]。杨元卿屯田泾原，取得了丰硕的成果，不仅"泾人德之"，穆宗也下令为之立德政碑，可谓刊石勒功，名垂后世。名相裴度一生撰写的唯一一篇墓志铭即为杨元卿所作："……公蓄耕战之术，多开塞之方。乃搜军实，去其浮堕，乃尽地力，辟其污莱。未及再期，而足食足兵，民信之矣。名慑虐虏，课最近服。……仍诏刊石被文，以观边部。"[2]墓志虽多溢美之词，但有关杨元卿屯田的事迹与两唐书记载基本相同，应非虚言。

其次，元和十三年（公元818年）《停诸道支度营田使敕》取消了方镇兼带之支度使、营田使职，但杨元卿任"河阳三城节度观察等使"是带有营田使衔的。"近岁著令，方牧并不带营田使，以无本务，用去虚名。公领三藩，尽复加之，是表全能，式旌成效。"[3]这一方面是对其过去屯田业绩的褒奖，另一方面也为其就任河阳节度使之后开展屯田提供了便利。

最后，两唐书均言及杨元卿营田纳粟从而"检校司空，进阶光禄大夫"之事。《旧唐书》称：大和五年（公元831年），"就加检校司空，进阶光禄大夫，以其营田纳粟二十万石，以裨经费故也"[4]。《新唐书》称："……徙节河阳。何进滔乱魏博，元卿请自赍三月粮举军出讨，文宗嘉美，加检校司空。献粟二十万石，助天子经费。进光禄大夫。"[5]杨元卿营田纳粟二十万石助天子经费一事，发生在任职河阳三城观察等使期间，可见在河阳时仍积极致力于屯田，其借用马坊田地的目的据此可以推知。《唐代墓志汇编》载，郑当于宝历二年（公元826年）进士及第后，"时故汴州节度使杨公元卿前镇三城，辟署营田巡官，奏试秘省校书，寻转节度巡官"[6]，也可作为杨元卿在河阳积极开展屯田的佐证。

〔1〕（后晋）刘昫等：《旧唐书·卷一六一·杨元卿传》，中华书局1975年版，第4229页。

〔2〕"唐故光禄大夫太子太保赠司徒弘农杨公墓志铭"，转引自赵振华："杨元卿墓志与唐平定淮西"，载《考古与文物》2002年第4期，第72~78页。

〔3〕"唐故光禄大夫太子太保赠司徒弘农杨公墓志铭"，转引自赵振华："杨元卿墓志与唐平定淮西"，载《考古与文物》2002年第4期，第72~78页。

〔4〕（后晋）刘昫等：《旧唐书·卷一六一·杨元卿传》，中华书局1975年版，第4229页。

〔5〕（宋）欧阳修、宋祁：《新唐书·卷一七一·杨元卿传》，中华书局1975年版，第5191页。

〔6〕周绍良主编：《唐代墓志汇编·开成〇三九·唐故桂州员外司户荥阳郑府君墓志铭并序》，上海古籍出版社1992年版，第2197页。

其实早在杨元卿借用修武马坊地屯田之前，八马坊便早已出现监牧屯田。所谓"八马坊"，实为唐代国有牧场。太宗贞观初年，先设于秦、渭、原、兰四州，高宗麟德以后又扩充到盐、夏、陇、歧、邠、泾、宁、岚等州，由中央太仆寺总管，设牧监、马坊等机构具体负责。"自贞观至麟德四十年间，马七十万六千，置八（马）坊岐、邠、泾、宁间，地广千里。"〔1〕史载八马坊，有"营田一千二百三十余顷，析置十屯。密迩农家，悦来租垦"。〔2〕从郤昂的记载来看，八马坊监牧屯田共有十屯，每屯约一百二十三顷，远高于《田令》中规定的数量（"诸屯隶司农寺者，每地三十顷以下二十顷以上为一屯；隶州镇诸军者，每五十顷为一屯"），且屯田成效也比较显著。郤昂其人，两唐书未见其传，但李白曾写有《送郤昂谪巴中》一诗，《唐国史补》也称其与韦陟友善，可见郤昂与李白、韦陟同为盛唐时人，因而郤昂文中所描述的八马坊屯田比杨元卿屯田修武马坊田地早了近百年。

3. 宫苑土地置屯

除马坊田地之外，宫苑土地也曾被用于屯田。宫苑土地除内官（如内庄宅使、内园使或内宫苑使）直接经营管理的部分属于皇帝私人产业外，通常属于官田。其用于屯田，高宗时似乎已经出现。"《唐书》曰：韦弘机为司农少卿，受诏检校东都营田、园苑之事。"〔3〕据《旧唐书》所载，韦弘机兼知东都营田是高宗显庆时事。"显庆中为檀州刺史……高宗以为能，超拜司农少卿，兼知东都营田，甚见委遇。有宦者于苑中犯法，机杖而后奏。"〔4〕惩治苑中犯法之宦者，并非司农少卿之职掌，应系韦弘机兼任东都营田一职使然。可见，东都营田系苑中屯田。

先天二年（公元 713 年）七月，王毛仲因参与诛萧至忠等有功，"授辅国大将军、左武卫大将军、检校内外闲厩兼知监牧使，……毛仲奉公正直，不避权贵，两营万骑功臣、闲厩官吏皆惧其威，人不敢犯。苑中营田草莱常收，

---

〔1〕（宋）欧阳修、宋祁：《新唐书·卷五〇·兵志》，中华书局 1975 年版，第 1337 页。

〔2〕（清）董诰等编：《全唐文·卷三六一·歧邠泾宁四州八马坊颂碑》，中华书局 1983 年版，第 3672 页。

〔3〕（宋）李昉等：《太平御览·卷二三二·职官部三十·司农少卿》，中华书局 1960 年版，第 1103 页。

〔4〕（后晋）刘昫等：《旧唐书·卷一八五·韦弘机传》，中华书局 1975 年版，第 4795~4796 页。

率皆丰溢，玄宗以为能"。[1]《旧唐书》虽只提及王毛仲担任闲厩兼知监牧使并未明言其职掌包括内苑营田之事，但从"苑中营田草莱常收，率皆丰溢，玄宗以为能"来看，内苑种植草莱是其职掌之一。《新唐书》也未明确提及王毛仲苑内屯田一事，但称其"颇持法，不避权贵为可喜事。……虽官田草莱，樵敛不敢欺。……莳蒿麦、苜蓿千九百顷以御冬"[2]，张说的《监牧颂》也将所收蒿麦苜蓿作为王毛仲的一项重要政绩[3]。职掌既关乎官田草莱，并种蒿麦、苜蓿之事，自是包括屯田在内，只是约两千顷的土地是否包括苑内之地则语焉不详。《资治通鉴》载：开元七年（公元 719 年）三月，"以左武卫大将军、检校内外闲厩使、苑内营田使王毛仲行太仆卿。毛仲严察有干力，万骑功臣、闲厩官吏皆惮之，苑内所收常丰溢。上以为能，故有宠"[4]。通鉴没有明言"苑内所收"与屯田有关，但称王毛仲担任职务之一为"苑内营田使"，与《旧唐书》的记载没有根本差异。

德宗初年，京兆尹严郢反对宰相杨炎"发关辅民凿陵阳渠"以屯田丰州之奏请时称："旧屯肥饶地，今十不垦一，水田甚广，力不及而废。若发二京关辅民浚丰渠营田，扰而无利。请以内苑莳稻验之，秦地膏腴，田上上，耕者皆畿人，月一代，功甚易，又人给钱月八千，粮不在，然有司常募不能足。"[5]奏请中，严郢以"内苑莳稻"的效益作为实例，阐明发关辅民凿陵阳渠屯田丰州是"终岁获不酬费"。从中可以看出，在严郢上奏之前早已存在雇"畿人"轮番耕种内苑稻田的事实。

贞元五年（公元 789 年），杜亚留守东都、充都防御使，"奏垦苑中为营田，可减度支岁廪。诏许之。先是，苑地可耕者，皆留司中人及屯士占假。亚计窘，更举军帑钱与佃人，至秋取菽粟偿息输军中，贫不能偿者发困窖略尽，流亡过半"[6]。从史籍记载来看，杜亚为邀宠，奏请屯田苑中，虽得到德宗的许可，但由于苑中地已被垦发，杜亚只能搜掠百姓以舞弊的方式来应对。

〔1〕（后晋）刘昫等：《旧唐书·卷一〇六·王毛仲传》，中华书局 1975 年版，第 3253 页。

〔2〕（宋）欧阳修、宋祁：《新唐书·卷一二一·王毛仲传》，中华书局 1975 年版，第 4335 页。

〔3〕（清）董诰等编：《全唐文·卷二二六·大唐开元十三年陇右监牧颂德碑》，中华书局 1983 年版，第 2283 页。

〔4〕（宋）司马光编著：《资治通鉴》卷二一二，中华书局 1956 年版，第 6735 页。

〔5〕（宋）欧阳修、宋祁：《新唐书·卷一四五·严郢传》，中华书局 1975 年版，第 4728~4729 页。

〔6〕（宋）欧阳修、宋祁：《新唐书·卷一七二·杜亚传》，中华书局 1975 年版，第 5208 页。

贞元元年（公元 785 年）《冬至大礼大赦制》要求各地开荒置屯，洛阳苑内也不例外。《旧唐书》载："初，奏请取荒地营田，其苑内地堪耕食者，先为留司中官及军人等开垦已尽。"〔1〕可见，在杜亚奏请屯田苑中之前，苑内地早已被开垦完毕。权德舆称，杜亚"以洛苑汝坟，弃地可辟，籍其介夫，颁以稼器。岁皆登成，人用洽和，地官以之省费，游手以之务本"〔2〕，似乎杜亚屯田取得了良好的收益，与两唐书的记载有较大的出入，但从墓志多溢美之词的行文风格来看，恐两唐书的记载更加可靠。墓志中透露出杜亚屯田所取之地为"洛苑汝坟"，而所谓"汝坟"，即汝河大堤〔3〕。若墓志所言非虚，则杜亚最终选取了洛苑内的河堤作为屯田之地。

又如元和三年（公元 808 年）六月，"以东都防御使旧苑内，营田六百五十顷。至六年，令河南府收管营种。岁终具所得闻奏，其营田兵罢之"〔4〕。《历代屯田考》称："宪宗元和三年（公元 808 年），罢东都防御使，以其兵屯田旧苑。六年，又罢其营田兵。"〔5〕可见，二十余年后，东都旧苑再次用于屯田。

除内苑和东都旧苑外，长春宫亦置有屯田。开元年间成书的《唐六典》记载的"天下总屯九百九十有二"中，就有"长春一十屯"〔6〕。长春宫位于"同州朝邑县，本周武帝作，时保定五年。……隋开皇中修之"，唐时曾辖有庄宅屯田，由长春宫使管理。《唐会要》载：

开元八年（公元 720 年）六月，同州刺史姜师度兼营田长春宫使。二十年（公元 732 年）三月，左卫郎将皇甫惟明摄侍御史，充长春宫使。天宝六载（公元 747 年）三月，御史中丞王鉷兼长春宫使。上元元年（公元 760 年）六月四日，殿中监李辅国充长春宫使。宝应元年（公元 762 年），殿中监乐子昂充长春宫使。至大历九年（公元 774 年），宋诲除同州刺史，充长春宫使。

〔1〕（后晋）刘昫等：《旧唐书·卷一四六·杜亚传》，中华书局 1975 年版，第 3964 页。

〔2〕（清）董诰等编：《全唐文·卷四九七·唐故东都留守东都汝州防御使银青光禄大夫检校吏部尚书判东都尚书省事兼御史大夫上柱国扶风县开国伯赠太子少傅杜公神道碑铭（并序）》，中华书局 1983 年版，第 5067 页。

〔3〕王力等编著：《古汉语常用字字典》（第 4 版），商务印书馆 2005 年版，第 104 页。

〔4〕《册府元龟·卷五〇三·邦计部·屯田》（文渊阁四库全书本）。

〔5〕张君约：《历代屯田考》，商务印书馆 1939 年版，第 194 页。

〔6〕（唐）李林甫等：《唐六典·卷七·屯田郎中员外郎》，陈仲夫点校，中华书局 1992 年版，第 223 页。

自后遂令同州刺史充长春宫使也。

开元九年（公元 721 年）十二月十七日敕：同、蒲、绛、河东西，并沙苑内，无问新旧注田蒲崔，并宜收入长春宫，仍令长春宫使检校。

二十九年（公元 741 年）十一月十七日敕：新丰朝邑屯田，令长春宫使检校。[朝邑屯田，开元八年（公元 720 年）十月七日同州刺史姜师度开置。]〔1〕

姜师度首任长春宫使时兼带营田使衔，并于长春宫附近之新丰、朝邑二县开置屯田。如果说此时长春宫使兼管屯田事务纯属偶然，那么次年"同蒲绛河东西，并沙苑内，无问新旧注田蒲崔，并宜收入长春宫"之举则使长春宫使与屯田事务逐步联系起来。《唐六典》所载"长春一十屯"正是这一时期长春宫使掌管屯田事务的写照。开元二十九年（公元 741 年）敕更是明确授权长春宫使检校新丰、朝邑二县屯田，可见其屯田职掌进一步扩大。此后，同州刺史兼任长春宫使的做法为长春宫使掌管长春宫及周边屯田提供了制度上的保证。

"开元时处士"梁洽撰有《晴望长春宫赋》一文，曰："视河外之离宫，信寰中之特美；飞重楼之沓秀，缭长垣而层址。"〔2〕赋中称长春宫为"离宫"。"元和初进士，又擢宏词，累拜中书舍人"李虞仲所拟《授高重同州刺史兼防御使制》云："吾以商原故地，……掌离宫之管钥，领近关之式遏，俾扬风化，思得兼材。"〔3〕制文中同样称长春宫为"离宫"。如此，则长春宫与东都旧苑性质完全一致，其所辖屯田亦属宫苑屯田。

4. 京城街道置屯

肃代之际，唐政权由盛转衰，经济凋敝，国家财政处于崩溃的边缘。肃宗上元二年（公元 761 年），"江淮大饥，人相食"〔4〕；代宗时，"太仓空虚，雀鼠犹饿；至于百姓，朝暮不足"〔5〕。为应对粮食危机，内地屯田广为设置，于是京城街道也被纳入了营种的范围。广德元年（公元 763 年）八月，代宗敕曰："如闻诸军及诸府，皆于道路开凿营种，衢路隘窄，行李有妨，苟循所

---

〔1〕（宋）王溥：《唐会要·卷五九·长春宫使》，上海古籍出版社 2006 年版，第 1222 页。

〔2〕（清）董诰等编：《全唐文》卷三五六，中华书局 1983 年版，第 3608 页。

〔3〕（清）董诰等编：《全唐文》卷六九三，中华书局 1983 年版，第 727 页。

〔4〕（宋）司马光编著：《资治通鉴》卷二二二，中华书局 1956 年版，第 7116 页。

〔5〕（清）董诰等编：《全唐文·卷三八〇·问进士第三》，中华书局 1983 年版，第 3860 页。

资，颇乖法理，各依旧路，不得辄有耕种，并所在桥路，亦令随要修葺。"[1]同年九月，"禁城内六街种植。二年二月又诏禁之。初，诸军诸使以时艰岁俭，奏耕京城六街之地以供刍"[2]。永泰二年（公元766年）正月十四日，京兆尹黎干奏请京城诸街种植。大历八年（公元773年）七月敕："诸道官路，不得令有耕种，及斫伐树木，其有官处，勾当填补。"[3]十年内四次下诏禁止官道、京城六街屯田营种，仍屡禁不止，可见其风之烈。

（二）唐代官田置屯的法理基础

与荒闲无主之地不同的是，官田虽属官府所有，但往往有各自的专门用途，因而将官田用于设置屯田需要克服一定的法律障碍。

1. 自身的专门用途是官田置屯的法律障碍

从所有权归属来看，官田属于国有土地且事实上处于官府的控制之下，官府有权决定其具体用途，因而将其用于设置屯田是行使处分权能的表现，似乎不应存在法律障碍，但事实上却并非如此。很多官田的名称都可昭示设置该官田的特定目的，如职田和公廨田分别用于解决官员和官府供费不足的问题。《通典》载："隋文帝开皇中，以百僚供费不足，咸置廨钱，收息取利。苏孝慈上表请罢。于是公卿以下内外官给职分田，一品给五顷，至五品则为三顷，其下每以五十亩为差。又给公廨田以供用。"[4]唐代职田公廨田承隋制而来，其设置目的与开皇故制相同，只是授予标准有差异。又如诸驿封田是用于驿站喂养马匹的牧地。《田令》规定："诸驿封田，皆随近给。每马一匹，给地四十亩，若驿侧牧田之处，匹各减五亩。其传送马，每匹给田二十亩。"[5]诸驿封田按马匹数量授予，具有专门的目的。除此之外，马坊田地、宫苑土地等也存在相同情况。可见，官田已由《田令》等法律文件明确规定了特殊的用途，其使用权能与处分权能受到限制，因而不能随意设置屯田。开元年间有关废弃职田置屯之议也可从反面说明官田置屯的法律障碍在于其特定用途或目的。

[1]　（宋）王溥：《唐会要·卷八六·道路》，上海古籍出版社2006年版，第1864~1865页。

[2]　《册府元龟·卷一四·帝王部·都邑》，文渊阁四库全书本。

[3]　（宋）王溥：《唐会要·卷八六·道路》，上海古籍出版社2006年版，第1865页。

[4]　（唐）杜佑：《通典·卷三五·职田公廨田》，王文锦等点校，中华书局1988年版，第969~970页。

[5]　［日］仁井田陞：《唐令拾遗》，栗劲等编译，长春出版社1989年版，第581~582页。

所谓"职田","又作职分田、公田、禄田。历代依官职品级所授的田地。作为官吏俸禄补充，或以其所得供给官吏作为俸禄，官员离职时交还"[1]。职田对于官员最大的意义在于以其收益补充俸禄，官员享有收益权但没有处分权，因而官员对其并不享有所有权，职田本质上仍属官田。"武德元年（公元618年）十二月制，内外官给职分田，京官一品十二顷，……"[2]唐代职田制度由此创设。此后至开元年间，职田的存废分别于贞观十一年（公元637年）、贞观十八年（公元644年）、景龙四年（公元710年）、开元十年（公元722年）正月、开元十年（公元722年）六月、开元十八年（公元730年）等时期发生多次变化。

开元十年（公元722年）六月敕："所置职田，本非古法，爰自近制，是以因循。事有变通，应须删改。其内外所给职田，从今年九月以后，并宜停给。"[3]停给职田之后，官员势必应当退还此前已经获得的职田。正是在这种背景下，开元十四年（公元726年），"议者欲置屯田"，但遭到了宰相李元纮的反对。其理由是："今百官所退职田，散在诸县，不可聚也。百姓所有私田，皆力自耕垦，不可取也。若置屯田，即须公私相换，征发丁夫，征役则业废于家，免庸则赋阙于国。内地置屯，古所未有，得不补失，或恐未可。"[4]李元纮认为，百官依开元十年（公元722年）诏敕所退职田过于分散，而屯田往往采用大田生产方式，这就需要与百姓邻近的私田相交换，这种劳民伤财之举，"得不补失"。从宰相的言论可以看出，百官所退职田与屯田的生产经营方式存在冲突，设置屯田在技术上不可行，会造成"业废""赋阙""得不补失"的后果。李元纮作为宰相，自然清楚当时的法律制度，但他在反对置屯时丝毫没有提及百官所退职田置屯在法律上的障碍，只提出了技术上的困难，这说明百官将职田退还之后，所属土地已经脱离特定目的，其法律上的障碍已经消除。这一事例恰好可以作为从反面说明官田置屯的根本障碍就在于法律所设定的专门用途、特定目的。

---

[1] 中国历史大辞典编纂委员会编纂：《中国历史大辞典》（下卷），上海辞书出版社2000年版，第2616~2617页。

[2] （宋）王溥：《唐会要·卷九二·内外官职田》，上海古籍出版社2006年版，第1979页。

[3] （宋）王溥：《唐会要·卷九二·内外官职田》，上海古籍出版社2006年版，第1980页。

[4] （后晋）刘昫等：《旧唐书·卷九八·李元纮传》，中华书局1975年版，第3074页；（宋）欧阳修、宋祁：《新唐书·卷一二六·李元纮传》，中华书局1975年版，第4419~4420页。

**2. 诏敕对官田专门用途的调整是官田置屯的法理基础**

从前文列举的唐代屯田实践来看，官田置屯的现象也并非个例，这必然是某种因素消除了官田置屯的障碍——法律对官田用途或目的的特定限制。如徐申屯田当州时，置屯的土地为"官田之废者"，即废弃的官田。官田被废弃之后，其特定目的被消除，与无主土地没有区别，置屯的法律障碍也随之消除。从唐代法律实践来看，使官田与特定目的相脱离，若不考虑客观原因（如自然灾害、战争等），就只有皇帝才有权做到。由于史籍语焉不详，徐申屯田之事无从考证，但前文所列其他几例官田置屯之事可作参考。

杨元卿马坊田地置屯源于皇帝的许可。马坊田地本用于牧马，其用作屯田亦属事出有因。郄昂《歧邠泾宁四州八马坊颂碑》一文所称歧、邠、泾、宁四州八马坊所开置的一千二百三十余顷屯田，属于监牧屯田。《唐六典》在记述开元末期屯田盛况时称关内道尚有"盐州监牧四屯"，开元初所置八马坊十屯可能已经废弃。监牧屯田的主要目的是为饲养马匹提供草料。正如郄昂所称"王在京邑，则税其生刍，天旋洛师，乃藏厥实"[1]，与马坊的设置目的是一致的，可以说是饲养马匹的手段之一。另从郄昂颂文内容来看，八马坊监牧屯田的设置与管理八马坊的李、韦等"数公得请于帝"不无关联，其设置也可能取自上裁。而杨元卿屯田修武马坊田地，史籍则明确地记载得到了皇帝的许可，"当管修武马坊田地，伏准大和二年（公元828年）河阳节度使杨元卿奏，请权借耕佃，充给闲用"[2]。皇帝准其所奏改变了马坊田地的原始用途，这是杨元卿屯田修武马坊的合法性来源。

宫苑屯田也源于皇帝的诏敕。如果说前文所引韦弘机、王毛仲屯田苑中之事因史籍记载不详或有出入而只是一种推测的话，那么杜亚屯田苑内，与长春宫使检校屯田之事则有史籍的明确记载，可资为证。苑内土地从某种意义上说，具有皇帝私田的性质，恐怕任何一个官员都不敢擅自改变其用途。从杜亚"奏垦苑中为营田，……诏许之"一语及玄宗令"长春宫使检校新丰朝邑屯田"的诏敕来看，苑内土地用于屯田同样是以皇帝的许可为前提的。

京城街道的管理有明确的法律依据，用于置屯有严格的限制。《唐律疏

---

〔1〕（清）董诰等编：《全唐文·卷三六一·歧邠泾宁四州八马坊颂碑》，中华书局1983年版，第3672页。

〔2〕（宋）王溥：《唐会要·卷六五·闲厩使》，上海古籍出版社2006年版，第1335页。

议》规定：

404 诸侵巷街、阡陌者，杖七十。若种植垦食者，笞五十。各令复故。虽种植，无所妨废者，不坐。

【疏】议曰："侵巷街、阡陌"，谓公行之所，若许私侵，便有所废，故杖七十。"若种植垦食"，谓于巷街阡陌种物及垦食者，笞五十。各令依旧。若巷陌宽闲，虽有种植，无所妨废者，不坐。[1]

可见，街道、阡陌通常都是不允许随意侵占、垦种的，否则依律制裁。唐律同时也规定，"若巷陌宽闲，虽有种植，无所妨废者，不坐"。这表明，唐律制裁侵占、垦种街道阡陌行为的根本目的是防止该行为使巷街阡陌"有所妨废"。换句话说，街道阡陌的设置有其特定的目的，如果营种的行为与该目的相背，则须依律制裁，否则不予追究。从广德元年（公元763年）九月"诸军诸使"上奏和永泰二年（公元766年）京兆尹黎干的奏请来看，京城六街之地及道路上的屯田营种行为都是得到代宗许可的。也就是说，将京城街道及相关道路纳入屯田的土地范围，是因为皇帝的诏敕暂时改变了这些土地的特定用途，否则是无法进行屯田或者只能在对其特定用途"无所妨废"的情况下有限地加以利用。

由以上分析可以看出，马坊田地、宫苑土地、京城街道等属于官田的土地由于法律的限制性规定，通常不得被用于设置屯田，除非其特定用途被具有更高效力的法律文件所变更，而这种法律文件就是皇帝的诏敕。

总而言之，唐代官田属于国有土地，设置屯田不必以变更土地权属为前提，只是由于法律已对其设定了特定的用途或目的，故通常不得用于设置屯田。如果皇帝以诏敕的形式调整其用途、目的，官田置屯的法律障碍也会随之消除。这表明官田置屯的法理基础，一方面在于官田的国有土地性质，另一方面还决定于该官田不存在与置屯相矛盾的特定用途或目的。

### 三、唐代私田置屯的实践及法理基础

中国古代存在两种类型的"私田"：一是井田制下与"公田"相对的土

---

[1] （唐）长孙无忌等：《唐律疏议·卷二十六·杂律》，刘俊文点校，中华书局1983年版，第488～489页。

地类型，即村社成员享有占有权和使用权的份地；二是指"田里不鬻"旧制被打破后分化出的"民得买卖"的土地类型，私人对其享有完整的所有权权能。此处所称"私田"专指后者。商鞅变法使土地私有权正式获得了政府认可，"从此以后，私有土地是中国历史上最主要的土地所有权制度"[1]。尽管商鞅拉开了土地私有制的序幕，但在此后的历史中，土地私有权的发展仍然受到法律的诸多限制。唐代中期，以土地国有为理论前提的均田制逐渐崩溃，土地兼并合法化，私有制再次成为中国历史上主流的土地制度。可以说，唐代是私有土地再次主流化的重要历史时期。

唐代屯田是政府直接经营管理土地的一种重要方式，其前提与基础是土地的国有性质。在土地总量基本不变的情况下，土地私有化进程不可避免地会对屯田产生一定的冲击。如何处理屯田与私田的关系、能否括占私有土地置屯，是唐代屯田法制的重要内容。

（一）唐代私田的法律地位

在史学界，有关唐代私田的研究一直贯穿均田制研究的始终，产生了大量的研究成果。[2]在戴建国先生发现宁波天一阁所藏明钞本《天圣令》及所附《唐令》之前，学界对均田制是否实行、均田制的性质及其与私田的关系，敦煌吐鲁番文书中所见"自田"与私田的关系等问题存在较大争议，没有形成一致的看法，有关唐代私田的存在状态及法律地位问题没有形成定论。例如，仅就均田制中的永业田、口分田是否属于私田，中国学者就存在公田说（贺昌群），不完全公田说（韩国磐），永业田为私田、口分田为公田说（唐耕耦），完全私田说（翁俊雄），公田私田双重属性说（武建国）等不同观点。学界对此已有细致的梳理[3]，此处不赘。

1999 年，《天圣令》及所附《唐令》被发现之后，学界以之为依据开始了对唐代私田的重新认识，杨际平、何东、耿元骊三位学者的观点比较有代表性。

新复原的开元《田令》载："诸公私田荒废三年以上，有能借佃者，经官

---

[1] 赵冈、陈钟毅：《中国土地制度史》，新星出版社 2006 年版，第 15 页。

[2] 李文益、徐少举："唐代'私田'研究综述"，载《中国史研究动态》2011 年第 1 期，第 21~28 页。

[3] 张国刚："改革开放以来唐史研究若干热点问题述评"，载《史学月刊》2009 年第 1 期，第 5~29 页。

司申牒借之，虽隔越亦听。私田三年还主，公田九年还官。……"〔1〕这是在唐令里面第一次明确看到"私田"的用语。杨际平先生认为"私田"就是私人所有的土地，并据《田令》及《唐律疏议》"诸盗耕公私田条"推断出"唐律令承认私田合法存在"，且认为私田存在于均田制之外。〔2〕其观点遭到了何东的反驳。何东不同意私田乃私人所有的土地，更不承认均田制之外还有私田的存在。〔3〕耿元骊不同意何东的观点，认为"唐代律令是承认土地私有的"。耿氏还认为，如果唐代真的存在"均田制"这样一种制度，那么均田制之外的私田就可以找到史料上的依据。此外，鉴于私有土地的保有权和处分权得到了律令的制度性保障，"认为唐代没有土地私有权或者把土地私有权拆分为体制内有、体制外没有的观点，不能成立"。〔4〕可以说，《天圣令》所附唐《田令》复原之后，有关唐代私田法律地位的争议仍然存在。

唐代私田的合法地位在两税法实施之后自不待言，关键问题在于唐代前期是否在规范层面承认了私田的合法地位。综合史学界以《天圣令》所附唐《田令》为依据的研究成果，本书倾向于认为唐代前期实行均田制之时，私田的地位得到了律令的明确肯定，主要表现为永业田、赐田、勋田、寺院土地等多种形式，但这一阶段土地的私人占有与兼并受到国家法律的限制，私人土地所有权未能得到充分的发展。在均田制下，土地所有权的状况是唐王朝运用政治权力规划、安排的结果，公田与私田并存且以公田为主导，并非单纯的经济现象。在此前提下，"唐代的土地私有权不是一个完整的纯粹的权益，唐王朝拥有全部土地的最高所有权（或称'最后所有权'），对土地资源拥有授予权、规划权，也拥有控制权、调整权"〔5〕。因此，唐代私田属于一种权益受限、权能并不完整的土地类型，与近世之私有土地不可同日而语。

---

〔1〕　天一阁博物馆、中国社会科学院历史研究所天圣令整理课题组校证：《天一阁藏明钞本天圣令校证　附唐令复原研究》（下册），中华书局 2006 年版，第 258~259 页。

〔2〕　杨际平："《唐令·田令》的完整复原与今后均田制的研究"，载《中国史研究》2002 年第2 期，第 59~71 页。

〔3〕　何东："《天圣令》所附唐田令荒废条'私田'的再探讨——与杨际平先生商榷"，载《中国社会经济史研究》2006 年第 2 期，第 1~5 页。

〔4〕　耿元骊："《天圣令》复原唐《田令》中的'私田'问题——与何东先生商榷"，载《文史哲》2008 年第 4 期，第 98~104 页。

〔5〕　刘玉峰：《唐代经济结构及其变化研究——以所有权结构为中心》，山东大学出版社 2014 年版，第 60 页。

（二）唐代私田置屯的法律限制

如前所述，私田是百姓私人所有的土地，而屯田是国家（政府）直接行使土地所有权的一种方式，二者在权属上存在根本差异，因而通常不得将私田用于设置屯田。这一点在唐代法律体系中得到了充分体现。

1. 唐代法律排斥私田置屯的合法性

（1）唐代成文法典对屯地来源的规定

唐代法典明确规定屯田土地的合法来源是"荒闲无籍之地"。开元《田令》规定："其旧屯重置者，一依承前封疆为定。新置者，并取荒闲无籍广占之地。"[1]可见，新设置的屯田应当建立在"荒闲无籍广占之地"上；对于重置的旧屯虽"依承前封疆为定"，重置时不一定属于荒闲无主之地，但其设立之初，也应当以不占私田为原则。

此外，《军防令》还要求军队驻防之地"……各量防人多少，于当处侧近给空闲地，逐水陆所宜，斟酌营种，并杂蔬菜，以充粮贮及充防人等食"。[2]此令文对防人屯田的土地来源作了明确规定——"当处侧近"之"空闲地"。"防人"（又称"防丁"）是唐代在边防守卫据点镇、戍驻守的士兵，其驻守之地系边防前线，驻地附近空闲处当然多属"荒闲无主之地"。

唐代成文法体系中，"设范立制"的令在整个法律体系中居于基础地位。从唐令的规定来看，屯田所取土地应当是荒闲无主之地。虽然这一规定并没有直接否定私田置屯的合法性，但从立法本意来看，私田因有明确的权属而不宜被用于设置屯田。

（2）唐代诏敕秉持成文法典的一贯立场，反对私田置屯

唐代诏敕也曾多次提到屯田土地应取荒闲无主之地。代宗时废华州屯田[3]，从敕文中可以看出，当时华州屯田所用的都是"林麓州渚之间，榛莽窊邪之处""非吾人所占"的"州县闲田"，并取得了丰硕的屯田成果。李翰《苏州嘉兴屯田纪绩颂并序》一文载："广德初，……择封内闲田荒壤，人所

---

〔1〕 宋家钰："唐开元田令的复原研究"，载天一阁博物馆、中国社会科学院历史研究所天圣令整理课题组校证：《天一阁藏明钞本天圣令校证 附唐令复原研究》（下册），中华书局 2006 年版，第452 页。

〔2〕 （唐）长孙无忌等：《唐律疏议·卷一六·擅兴》，刘俊文点校，中华书局 1983 年版，第312 页。

〔3〕 （宋）宋敏求编：《唐大诏令集·卷一一一·废华州屯田制》，中华书局 2008 年版，第 577 页。

不耕者为之屯。求天下良材善政，以食为首者掌其务。"[1]这一记载印证了代宗时期确实确立了"屯田当择闲田荒壤、人所不耕之地"的基本原则。

德宗贞元元年（公元785年）《冬至大礼大赦制》也规定："天下应荒闲田，有肥沃堪置屯田处，委当管节度使、观察、都团练、都防御等使、刺史审细检行，以诸色人及百姓情愿者，使之营佃。"[2]将屯田设置之处限定为肥沃的荒闲之田。

宣宗大中元年（公元847年）正月赦文说，"如闻州府之内，皆有闲空田，长蒿莱，无人垦辟，……宜令所在长吏设法召募贫人课励耕种，所收苗子以备当处水旱及军粮，……观察使刺史起营田二年以后，据见谷为殿最"[3]，再次以诏敕的形式要求地方官在各州府无人垦辟的闲空田地上设置屯田，并以两年之后的收成状况评定考绩。

大中三年（公元849年）《收复河湟制》又规定："其秦、威、原三州并七关侧近，访闻田土肥沃，水草丰美，如百姓能耕垦种莳，五年内不加税赋，五年以后，量定户籍，便任为永业。……凤翔、邠宁、灵武、泾原四道长吏，能各于镇守处遣官健耕垦营田，即度支给赐牛粮子种，每年量得斛斗多少，便充军粮，亦不限约定数。"[4]这一诏敕在奖励屯田的同时还鼓励百姓到三州七关开垦荒地，将两方面内容结合起来，可以看出屯田应置于沿边荒地的基本精神。

唐代后期，大规模地删修律令格式等成文法典的活动较唐代前期明显减少，诏敕作为一种灵活的法律形式，其作用更加突出。上文所引诏敕均形成于"安史之乱"爆发以后，可以视为唐代后期官府对于置屯土地的基本立场。从诏敕内容看，唐政府坚持了前期成文法典中屯田应当设置于"荒闲无主之地"的一贯立场。在此立场之下，私田置屯与法律的精神相违背。

2. 唐代法律确立了私田不得置屯的原则

（1）唐代法律实践表明私田置屯为法律所禁止

私田不得用于设置屯田的原则见诸时人的言论及部分诏敕的正式规定。

---

〔1〕（清）董诰等编：《全唐文·卷四三〇·苏州嘉兴屯田纪绩颂》，中华书局1983年版，第4375页。

〔2〕（清）董诰等编：《全唐文·卷四六一·冬至大礼大赦制》，中华书局1983年版，第4708页。

〔3〕（宋）李昉等编：《文苑英华》卷四三〇，中华书局1966年版，第2180页。

〔4〕（宋）宋敏求编：《唐大诏令集》卷一三〇，中华书局2008年版，第709页。

　　开元十四年（公元 726 年），宰相李元纮反对利用在京诸司所退职田设屯田于关辅时称，"今百官所退职田，散在诸县，不可聚也。百姓所有私田，皆力自耕垦，不可取也。若置屯田，即须公私相换……"[1]李元纮位居宰相，对当时的屯田法制自当了然于胸。从其言论可以看出，"公私相换"才是解决职田的分散性与屯田土地的聚合性这一矛盾的根本方法。而交换之后，即使原来的私田地块被用于置屯，也只是公田置屯的一种类型。由此可见，唐代私人土地所有权在实践中是受到法律保护的，不得随意括置屯田。

　　德宗建中四年（公元 783 年）六月，"判度支户部侍郎赵赞请置大田：'天下田计其顷亩，官收十分之一，……'诏从其说"[2]。此处所谓"大田"，指的应当就是屯田。依赵赞的主张，官府将天下所有田地按顷亩收取十分之一用于设置屯田，所收之田并未限定于官田，必然包括私田在内。这种做法不仅缺乏可操作性，还侵害了私人的土地所有权，与土地私有化的历史趋势相逆。虽然德宗"诏从其说"，但赵赞本人经过深思熟虑之后"自以为不便"，其提议也就"皆寝不下"。这种病急乱投医的做法并未付诸实施，私田并未因此而被随意括置屯田。

　　开元时李元纮的观点体现了私田置屯需等价交换、不可力取的法律原则，这一原则为后世所坚持。《新唐书·食货志》载："宪宗末，天下营田皆雇民或借庸以耕，又以瘠地易上地，民间苦之。"史籍的记载说明此时以贫瘠之地从百姓手中"交换"肥沃之地用于屯田是比较常见的现象，引起了百姓的强烈不满。穆宗即位后，"诏还所易地，而耕以官兵"[3]，将退还所易之地作为"德音"之一。对此，穆宗《登极德音》作了全面而详尽的记载："……诸道除边军营田处，其军粮既取其正税米分给，其所管营田，自为军中资用，不合取百姓营田，并以瘠薄地回授百姓浓肥地。……"[4]从诏敕内容来看，以贫瘠薄地换取浓肥地置屯在各道普遍存在，诏敕以"不合……以瘠薄地回授百姓浓肥地"的措辞表达了对该行为的否定评价。史料记载的是官方侵害百姓私田所有权的事实，从侵害手段来看，各道显然借用了"公私相换"这

---

〔1〕（后晋）刘昫等：《旧唐书·卷九八·李元纮传》，中华书局 1975 年版，第 3074 页。

〔2〕（宋）王溥：《唐会要·卷八四·杂税》，上海古籍出版社 2006 年版，第 1830 页。

〔3〕（宋）欧阳修、宋祁：《新唐书·卷五三·食货三》，中华书局 1975 年版，第 1373 页。

〔4〕（清）董诰等编：《全唐文》卷六六，中华书局 1983 年版，第 699 页。

种被法律许可的形式。也就是说，这一阶段私田虽被用于设置屯田，但取得私田的方式并非赤裸裸的强力，而是不等价的交换。很明显，这种交换方式是诸道为其违法设置屯田披上的合法外衣。这一交换行为虽然很不公平，但在模式上遵循的仍然是李元纮的言论所体现的法律原则——私田不可括取，若置屯田，只能公私相换。

敬宗宝历元年（公元825年）《御丹凤楼大赦文》称："其军屯营种，有侵占丁田课役税户者，宜委御史台切加访察。仍限敕到一月内，每道各具所还州县顷亩，分析闻奏。"[1]赦文虽未从正面言及确有侵占丁田从事军屯营种之事，但既然令御史台切加访察，也当事出有因。从侧面看，当时应当存在比较严重的侵夺百姓私田用于屯田之事，否则不至于"上达天听"。这一赦文提到的私田置屯的情形与穆宗《登极德音》相比，存在较大差异。后者针对的是不公平的交换行为，而前者针对的是"侵占丁田"的行为。从行为对私田所有权的侵害程度来看，赦文所针对的行为后果无疑更严重一些。赦文要求御史台切加访察，并要求各道一个月内上报所退还州县土地面积的数量。可见，诏敕仍然在规范层面坚持了私田不得置屯的法律原则。

（2）实践中括占私田为屯田之举多系违法行为

宪宗末年，两税法已实施四十余年，私人土地所有权进一步得到法律规范的肯定；然而，现实中，私田所有权却屡屡遭到来自官府的侵害。从穆宗登极到宝历元年（公元825年）大赦，短短五年间统治者先后发布两道恩赦调整私田置屯行为，从反面说明私田被用于设置屯田不仅客观存在，而且还比较普遍。诏敕的措辞表明官方对括占私田置屯的行为作出了违法定性。这种违法行为不仅见于唐代，也延续至五代十国，史载：

……（南唐）李德明因请大辟旷土为屯田，修复所在渠塘堙废者。吏因缘侵扰，大兴力役，夺民田甚众，民愁怨无诉。[2]

李德明上奏的本意是"大辟旷土为屯田"，即开辟荒地为屯田，但执行此事的官吏却"夺民田甚众"，致使民众"愁怨无诉"。从屯田实际得以设置来看，李德明的奏请无疑得到了唐主的批准。换句话说，唐主许可的是"大辟

---

〔1〕（清）董诰等编：《全唐文》卷六八，中华书局1983年版，第719页。
〔2〕（宋）司马光编著：《资治通鉴》卷二九一，中华书局1956年版，第9498页。

旷土为屯田"的行为。另从后文"唐主命铉按视之，铉籍民田悉归其主"的处理结果来看，南唐政权是反对夺私田为屯田的。由此可见，自唐朝至五代私田都不得随意用于设置屯田，括占私田置屯的行为通常是违法的。南唐保大十四年（公元 956 年）"诏省淮南屯田之害民者"[1]，以及后主李煜"罢诸路屯田使"[2]，应当都与强夺民田为屯田有紧密的关联。从修史者的措辞以及官方最后的处理结果来看，无论是当时斥责"强夺民田为屯田"的统治者，还是后世史官，都对括置私田为屯田的做法持否定态度。《新唐书·食货志》在论及唐代后期经济制度时，将屯田与盐铁、转运、和籴、铸钱、括苗、榷利、借商、进奉、献助相提并论，"视为掠夺危害人民的弊政"[3]，根本原因恐怕不在于屯田制度本身，而是在于官吏强行掠夺民田设置屯田的违法行为。

（三）禁止私田置屯原则的变通——有条件地以逃户土地置屯耕垦

私田的合法地位使得屯田组织者不得随意括占，但这并不意味着私田绝对不能成为屯田土地的正当来源，逃户土地在唐代就曾多次被附条件地用于开展屯田。

开元七年（公元 719 年），姜师度同州屯田取得丰硕成果，种稻田"凡二千余顷，内置屯十余所，收获万计"，获得玄宗褒奖。玄宗在诏书中肯定了姜师度开置屯田的良好业绩，同时也指出："其屯田内先有百姓挂籍之地，比来召作主，亦量准顷亩割还。"[4]可见姜师度屯田除取"榛棘之所"以外，也有一定数量的"百姓挂籍之地"，他日百姓提出复业请求，则当如数退还。诏敕一方面没有否定姜师度将逃户土地置屯的行为，另一方面又规定如逃户复业则需如数割还，可视为有条件地默许了姜师度的行为。开元年间，社会矛盾日益尖锐，百姓大量逃亡。就在姜师度屯田同州之次年，"天下户口逃亡，色役伪滥，朝廷深以为患"[5]。百姓逃亡导致租庸调制难以实施，并给政府

---

〔1〕（宋）陆游："南唐书·卷二·元宗本纪"，李建国校点，载傅璇琮等主编：《五代史书汇编》，杭州出版社 2004 年版，第 5481 页。

〔2〕（宋）马令："南唐书·卷五·后主书"，李建国校点，载傅璇琮等主编：《五代史书汇编》，杭州出版社 2004 年版，第 5289 页。

〔3〕张泽咸等：《中国屯垦史》（中册），农业出版社 1990 年版，第 125 页。

〔4〕（清）董诰等编：《全唐文·卷二八·褒姜师度诏》，中华书局 1983 年版，第 318 页

〔5〕（唐）杜佑：《通典·卷七·历代盛衰户口》，王文锦等点校，中华书局 1988 年版，第 150 页。

造成赋税减少的直接损失。为应对这种局面，玄宗采取了多种措施禁止逃亡，如令逃户就地附籍、过限不首者括送边地安置等，甚至出现了宇文融括户营田之事。在这种背景下，与其让逃户土地抛荒，还不如置屯增加财政收入更具有现实性，同州屯田内有百姓挂籍之地一事没有受到玄宗的指责当与此社会背景有关。

贞元元年（公元 785 年）十一月，德宗下诏："天下应荒闲田有肥沃堪置屯田处，委当管节度使、观察使、都团练、都防御等使、刺史审细检行，以诸色人及百姓得使之营佃。……如是逃户田地，本主复业即却给还。"[1]这一诏敕在责令各地节度使、观察使、刺史等开展屯田之时，再一次强调逃户田地在本主复业时应当给还的原则。

玄宗与德宗相距约七十年的两份诏敕虽然都规定了逃户复业时应将用作屯田的逃户土地予以归还的原则，但二者建立的基础存在些微差异。开元年间，土地兼并对均田制形成了巨大的冲击，官僚贵族巧取豪夺，强占民田，致使"开元之季，天宝以来，法令弛坏，兼并之弊，有逾于汉成哀之间"[2]。尽管如此，玄宗依然没有彻底放弃继续推行均田制的想法，在土地兼并屡禁不止的情况下，又于天宝十一载（公元 752 年）颁布《禁官夺口分永业田诏》：

> 如闻王公百官及富豪之家，比置庄田，恣行吞并，莫惧章程。……既夺居人之业，实生浮惰之端，远近皆然，因循亦久，不有厘革，为弊虑深。其王公百官，勋荫之家，应置庄田，不得逾于令式。[3]

诏敕中称"夺居人之业，生浮惰之端"的行为"远近皆然，因循亦久"，可见非一朝一夕所致。玄宗企图通过限制王公百官及富豪之家庄田的数量，禁止违法买卖口分、永业田抑制土地兼并日趋激烈的势头，只可惜大势已去。赵冈、陈钟毅先生认为天宝十一载（公元 752 年）诏是"唐朝政府维持均田

---

〔1〕（清）董诰等编：《全唐文·卷四六一·冬至大礼大赦制》，中华书局 1983 年版，第 4708 页。

〔2〕（唐）杜佑：《通典·卷二·食货·田制》，王文锦等点校，中华书局 1988 年版，第 32 页。

〔3〕（宋）王钦若等编：《宋本册府元龟·卷四九五·邦计部·田制》，中华书局 1989 年版，第 1252~1253 页。

制的最后一次努力"[1]。以此观之，开元七年（公元 719 年）诏维护逃户土地权利的出发点不能仅仅理解为对私有土地权利的保护，还承载了玄宗保留逃户土地吸引复业，力图恢复均田制的设想。德宗时，用宰相杨炎之议，行两税法，完全肯定土地占有的状态及土地兼并的合法性，均田制彻底破产。两税法实行之后，对逃亡百姓土地的归还侧重对土地私有权的保护。贞元元年（公元 785 年）诏敕承认组织逃户在抛荒土地上设置屯田的合法性，同时又不排斥本主的复业请求，在增加财政收入与保护私有土地所有权之间追求利益平衡，以期实现土地效用和政府利益的最大化。

可见，在均田制瓦解、两税法实施前后，都存在以逃户私田置屯耕垦的情形，并且都确立了逃户复业时归还土地的法律原则。尽管出发点有所不同，但政府在保护私有土地权利、限制私田置屯方面的态度是基本一致的。

总之，私田与屯田在权属上存在根本差异，唐代法律从消极（唐令规定屯田土地的合法来源）、积极（诏敕确立私田不得置屯的法律原则）两个方面对私田向屯田的转化予以限制，括占私田置屯在唐代一般不具有合法性。从限制私田置屯的相关法律制度发展过程来看，私人土地所有权不仅确立于唐代的立法层面，还体现在唐代法律的实施过程中。

## 第二节　唐代屯田土地的归宿

### 一、屯田土地因废屯而被重新分配

屯田在本质上与唐代前期着力推行的均田措施相违背，与土地私有化的历史趋势背道而驰，屯田发展到一定程度后往往被废置，所占用的土地则分授给编户齐民。这一点在内地屯田上表现得尤为明显。

（一）屯田土地被分配给平民

开元五年（公元 717 年），宋庆礼于营州开屯田八十余所，取得了较好的成效：

俄拜庆礼御史中丞，兼检校营州都督。开屯田八十余所，追拔幽州及渔

---

[1]　赵冈、陈钟毅：《中国土地制度史》，新星出版社 2006 年版，第 40 页。

阳、淄青等户，并招辑商胡，为立店肆。数年间，营州仓廪颇实，居人渐殷。[1]

营州屯田虽有显著成效，但不久之后即被废止。早在营州复置之时，玄宗就在诏书里指出："其营州都督府宜依旧于柳城置，管内州、县、镇、戍等并准旧额。"[2]李宝通认为，诏文"并准旧额"已暗含屯田生产者向"人身依附关系相对减轻的州县农户"转化之意。[3]李宝通从柳城郡人口数量来推知屯田劳动者最终都成了编户齐民，有一定的说服力。宋庆礼开屯田八十余所，每所屯田若取"大者五十顷，小者二十顷"的平均值，约为三千顷。"以人耕百亩的通例视之，屯作者在三千人左右。"[4]而《新唐书·卷三九·地理志三》所记载的营州柳城郡人口"户九百九十七，口三千七百八十九"。结合《唐六典·卷七·尚书工部》屯田郎中条在列举天下诸军州管屯时无营州屯田的记载来看，营州屯田在六典成书之前业已废罢，屯田劳作者得到了就地安置。

开元八年（公元720年）之后，屯田在一定条件下得分给平民已成为一种制度性的安排。前文提及百姓逃亡之后，其荒闲土地可能被纳入屯田范围之内。倘若逃亡百姓回来请求复业，则屯田占用的土地应予归还，前文所引玄宗褒姜师度诏书中明确规定了这一法律原则，即所谓"其屯田内先有百姓挂籍之地，比来召人作主，亦量准顷亩割还"[5]。

宋庆礼、姜师度屯田是在土地兼并严重、百姓纷纷逃亡这种社会背景下展开的。玄宗在《褒姜师度诏》中对同州屯田的处理还确定了另一项原则：如授田不足且有能力营种者，从屯田中"准数给付"。除此之外，屯田才"依前官取"，即由国家直接经营。诏敕确立了保护复业逃户土地权益和均田优先于屯田的原则。

此外，玄宗还分别于开元二十五年（公元737年）、开元二十六年（公元738年）颁布诏敕停止多处屯田。开元二十五年（公元737年）诏称：

---

〔1〕（后晋）刘昫等：《旧唐书·卷一八五下·宋庆礼传》，中华书局1975年版，第4814页。

〔2〕（清）董诰等编：《全唐文·卷二七·命柳城复置营州诏》，中华书局1983年版，第309页。

〔3〕李宝通：《唐代屯田研究》，甘肃人民出版社2001年版，第184页。

〔4〕李宝通：《唐代屯田研究》，甘肃人民出版社2001年版，第183页。

〔5〕（清）董诰等编：《全唐文·卷二八·元宗九·褒姜师度诏》，中华书局1983年版，第318页。

陈、许、豫、寿四州，本开稻田，将利百姓。度其收获，甚役功庸。何如令地均耕，令人自种，先所置屯田，宜并定其地，量给逃还及贫下百姓。[1]

开元二十六年（公元738年）《亲祀东郊德音》称：

顷以栎阳等县，地多咸卤，人力不及，便至荒废，近者开决，皆生稻苗，亦既成功，岂专其利！京兆府界内应新开稻田，并宜散给贫丁及逃还百姓，以为永业。[2]

可见，玄宗时期一直坚持将屯田分配给逃还百姓及贫丁耕种的原则。从诏文中可以清晰地看出百姓大量逃亡的事实和朝廷努力使百姓复业以图恢复均田制的努力。屯田土地是官府掌握的公田资源，必要时当然可以废止屯田将土地予以分授。

大历年间，代宗亦曾接连颁布两份诏敕废罢屯田。大历五年（公元770年），代宗"明画一之法，大布惟新之命，陶甄化源，去末归本"，诏"诸州置屯亦宜停"[3]。事实上，并非所有屯田全部废罢，华州、同州、泽州屯田仍得以保留，其他屯田所属土地归还逃户或分授平民。《册府元龟》载："代宗大历五年（公元770年）诏：诸州置屯田并停，特留华、同、泽等三州屯。"[4]大历八年（公元773年），代宗颁布《废华州屯田制》，又将华州屯田分给贫下百姓。

敕：……华州人户，土地非广，其屯田并宜给以贫下百姓。自顷关中乏牛力，封圻千里，半是邱荒，置屯田已来，皆变良沃。惠散其利，以及困穷，藏之于人，孰与不足？宣示郡县，宜悉朕怀。[5]

从诏文来看，废华州屯田的原因是"华州人户，土地非广"，相对于华州人口来说，土地资源比较紧张，有分授土地予贫下百姓的需要；加上屯田取

〔1〕《册府元龟·卷五〇三·邦计部·屯田》（文渊阁四库全书本）。

〔2〕（宋）宋敏求编：《唐大诏令集·卷七三·亲祀东郊德音》，中华书局2008年版，第408页。

〔3〕（后晋）刘昫等：《旧唐书·卷一一·代宗纪》，中华书局1975年版，第295页。

〔4〕《册府元龟·卷五〇三·邦计部·屯田》（文渊阁四库全书本）。

〔5〕（宋）宋敏求编：《唐大诏令集·卷一一一·废华州屯田制》，中华书局2008年版，第577页。

得丰硕成果，郡县赋税压力也得以大大减轻，为废除屯田奠定了物质基础。

德宗贞元元年（公元 785 年）十一月诏：“天下应荒闲田，有肥沃堪置屯田处，委当管节度使、观察、都团练、都防御等刺史，审细检行，以诸色人及百姓情愿者，使之营佃。……如是逃户田地，本主复业，即却给还。”〔1〕可见，直到贞元元年（公元 785 年），诏敕仍坚持将屯田所占的逃户田地还给请求复业之逃户。

除保障百姓有充足的土地之外，得不偿失也是废置屯田的一个重要原因。前引开元二十五年（公元 737 年）诏敕即表明陈、许、蔡、寿四州屯田被分授给逃还及贫下百姓的原因在于“度其收获，甚役功庸”，所收不偿所费。此外，在唐代延续了较长时间的楚州屯田也出现类似问题。贞元三年（公元 787 年）三月，敕令停罢杜亚所兼任的楚州营田使一职〔2〕，但楚州屯田并未随之废弃。此后，刘禹锡曾撰文论及楚州屯田废置问题：

> 臣某言：……伏以本置营田，是求足食。今则徒有靡费，鲜逢顺成。刈获所收，无裨于国用；种粮每阙，常假于供司。较其利害，宜废已久。比来循守旧制，不敢轻有上陈。皇明鉴微，特革斯弊。取其田蓄，授彼黎蒸。仍俾薄租，诚为至当。……〔3〕

刘禹锡此表系替淮南节度使杜佑所作，写作年代为德宗贞元十七年（公元 801 年）〔4〕。杜佑自贞元三年（公元 787 年）起长期担任淮南节度使，对楚州等地的屯田有清楚的了解，刘禹锡此表也应代表了杜佑的观点。其中称楚州营田“徒有靡费，鲜逢顺成”，“刈获所收，无裨于国用；种粮每阙，常假于供司”，可见楚州营田在贞元年间效益低下，已不复肃代之际“厥田沃

---

〔1〕（清）董诰等编：《全唐文·卷四六一·冬至大礼大赦制》，中华书局 1983 年版，第 4708 页。

〔2〕（宋）王溥：《唐会要·卷七八·诸使杂录》，上海古籍出版社 2006 年版，第 703 页。张泽咸将“杜亚宜兼充管内营田使，其楚州营田使宜停”理解为“敕令停罢楚州营田使”（参见张泽咸：“汉晋唐时期农业”，载中国经济史论坛：http://economy.guoxue.com/article.php/3237，2004 年 10 月 24 日），似值得商榷。《唐会要》所载贞元三年（公元 787 年）三月敕仅仅是免去杜亚所兼任的楚州营田使职务，该职务究竟是彻底停废，还是另由他人担任，并不能从该史料中直接得出结论。

〔3〕（宋）李昉等编：《文苑英华·卷六一六·论楚州营田表》，中华书局 1966 年版，第 3198 页。

〔4〕崔桂萍：“刘禹锡论说文研究”，江西师范大学 2007 年硕士学位论文，第 8 页。

壤，大获其利""屯田瘠卤，岁收十倍"[1]之风光。有鉴于此，刘禹锡认为"宜废已久"，并主张"取其田蓄，授彼黎蒸"，即以屯田土地分授编户齐民，"仍俾薄租，诚为至当"。可以说，刘杜二人主张废置楚州屯田的根本原因就是屯田收效甚微，得不偿失。唐时如此，五代亦同。后唐明宗长兴元年（公元930年）二月乙卯制："诸府营田，户部院应欠租课、户店利润、逃移人户、死损牛畜，或先遭剽劫及水涝处欠负斛斗无所征填、已收纳到家产财物、其余所欠，并与蠲除。"[2]从制文中可以看出，后唐屯田已成为国家的一大亏损事业。长兴三年（公元932年）二月，"诏罢城南营田务，以其所费多而所收少"[3]，则直接表明"所费多而所收少"是罢城南营田务的根本原因。

（二）屯田土地被分配给士卒

屯田除可分授逃户及贫下百姓之外，亦可分给士卒。贞元三年（公元787年）李泌上陈复府兵之策时，即主张戍卒以所开屯田为永业。

> 上复问泌以复府兵之策。……对曰："戍卒因屯田致富，则安于其土，不复思归。旧制，戍卒三年而代，及其将满，下令有愿留者，即以所开田为永业。家人原来来者，本贯给长牒续食而遣之。据应募之数，移报本道，虽河朔诸帅得免更代之烦，亦喜闻矣。不过数番，则戍卒皆土著，乃悉以府兵之法理之，是变关中之疲弊为富强也。"上喜曰："如此，天下无复事矣。"……[4]

李泌上陈复府兵之策的本意并不在于屯田的兴废，屯田只是其吸引戍卒应募的手段。但从其对策内容来看，屯田戍卒三年番代期满之后，情愿留边者，"即以所开田为永业"，是"愿耕屯田者什五六"的根本原因。虽然李泌复府兵之策因缺乏配套的其他措施，最终不可能实现，但从"既而戍卒应募"来看，其所建之言得到了部分落实，但所开屯田是否如其所说分授给士兵作为永业田则未见诸史籍记载。

贞元九年（公元793年），陆贽论及"罢诸道将士番替防秋之制"时也提出了与李泌类似的观点。陆贽主张废诸道将士番替防秋之制，募人前往边地

---

[1]（后晋）刘昫等：《旧唐书·卷一一五·李承传》，中华书局1975年版，第3379页。

[2]《册府元龟·卷九三·帝王部·赦宥门》（文渊阁四库全书本）。

[3]（宋）薛居正等：《旧五代史·卷四三·明宗纪》，中华书局1976年版，第588页。

[4]（宋）司马光编著：《资治通鉴》卷二三二，中华书局1956年版，第7492~7493页。

营田积谷，"寇至则人自为占，时至则家自力农"，达到且耕且战的目的。史载"德宗极深嘉纳，优诏褒奖之"，可见其建议得到采纳。

（三）屯田土地被赐给租佃者

唐代后期，诸道皆有营田务，但由于营田务积弊过深，沿袭至五代被废，所属土地分赐贫民。后周广顺三年（公元953年）诏曰："前世屯田皆在边地，使成兵佃之。唐末，中原宿兵，所在皆置营田以耕旷土，其后又募高赀户使输课佃之，户部别置官司总领，不隶州县。"后来，周太祖采纳青州知州张凝的建议，"悉罢户部营田务，以其民隶州，其田、庐、牛、农器，并赐见佃者为永业，悉除租牛课"[1]。"应诸处户部营田人户租税课利，除京兆府庄宅务、赡军国榷监人户、两京行从庄外，其余并割属州县。所征租税课利，官中只营（管）户部营田旧征课额，其户部营田职员，一切停废。应有客户元佃系省庄田、桑土、舍宇，便令充为永业，自立户名，仍具元佃桑土、舍宇、牛具动用实数，经县毁状，县司给与凭由，仍放户下三年差遣。若不愿立户名，许召主卸佃，不得有失元额租课。其车牛动用、屋舍、树木，亦各宣赐，官中更不管系。"[2]可见，后周营田务所掌管的屯田全部分授给租佃者为永业田。

## 二、屯田土地抛荒或被侵占——以唐蕃沿边屯田为例

唐初，军事上采取重外轻内的策略，以供应军粮为目的的屯田主要集中于驻军较多的边地。唐代后期，虽然内地屯田广泛分布，边疆地区的屯田仍有着不可忽视的重要地位。由于地处边防前沿，边疆地区的屯田常遭到敌方的破坏。"夷狄为中国患，尚矣。在前世者，史家类能言之。唐兴，蛮夷更盛衰，尝与中国亢衡者有四：突厥、吐蕃、回鹘、云南是也。"[3]除四者外，尚有奚、契丹等少数民族政权也常常威胁唐的边疆安全。在与唐政权的交锋中，这些经济相对落后的少数民族军队常焚烧庐舍、抢掠财物，前沿地区的屯田常遭破坏，下以吐蕃为例略加说明。

（一）屯田是备御吐蕃的重要举措

吐蕃的盛衰与唐基本对应，其日益崛起并不断扩张，给唐政权的边防安

---

〔1〕（宋）司马光编著：《资治通鉴》卷二九一，中华书局1956年版，第9488页。

〔2〕（宋）王溥：《五代会要·卷一五·户部》，上海古籍出版社1978年版，第256~257页。

〔3〕（宋）欧阳修、宋祁：《新唐书·卷二一五·突厥传》，中华书局1975年版，第6023页。

全带来了深重的危机。唐蕃双方自高宗永隆元年（公元 680 年）开始，即不断地发生战争，只间断地维持过短暂的和平。唐朝为对抗吐蕃，付出了巨大的努力。"调山东丁男为戍卒，缯帛为军资，有屯田以资糗粮，牧使以娩羊马。大军万人，小军千人，烽戍逻卒，万里相继，以却于强敌。"〔1〕屯田是其中的一个重要举措。齐陈骏先生认为："唐代西北地区的军事屯田，很大程度上都是与对抗吐蕃相联系的。"〔2〕

仪凤三年（公元 678 年）九月，吐蕃大败李敬玄于青海，唐军粮储未备就是原因之一。事后，高宗召集群臣廷议应敌之策："吐蕃小丑，屡犯边境，置之则疆场日骇，图之则未闻上策。宜论其得失，各书所怀。"〔3〕而群臣的表现则是众说纷纭，莫衷一是：

给事中刘景先曰："攻之则兵威不足，镇之则国力有余。且抚养士卒，守御边境。"中书舍人郭正一曰："吐蕃作梗，年岁已深，兴师不绝，非无劳费。近讨则徒损兵威，深入则未穷巢穴。臣望少发兵募，且遣备边，明立烽候，勿令侵掠。待国用丰足，一举而灭之。"给事中皇甫文亮曰："且令大将镇抚，畜养将士，仍命良吏营田，以收粮储。必待足兵足食，方可以举而取之。"上曰："宿将旧人，多从物故，自非投戈俊杰，安能克灭凶渠。"中书舍人刘祎之曰："臣观自古圣主明君，皆有夷狄为梗。今吐蕃凭陵，未足为耻。愿暂戢万乘之威，以宽百姓之役。"给事中杨思忠曰："圣人御物，贵在从时。今凶寇不能怀德，未肯畏威。和好之谋，臣谓非便。"中书侍郎薛元超曰："臣以为敌不可纵，纵敌则患生；边不可守，守边则卒老。不如料简士卒，一举灭之。"上顾谓黄门侍郎来恒曰："李绩已后，实无好将。当今以张虔勖纪及善等差为优耳。"恒曰："昨者洮河兵马，足堪制敌，但为诸将失于部分，遂无成功。今无好将，诚如圣旨。"〔4〕

群臣或言战，或言守，或言和，均无破敌之良策，未能形成统一意见，

---

〔1〕（后晋）刘昫等：《旧唐书·卷一九六·吐蕃传》，中华书局 1975 年版，第 5236 页。

〔2〕齐陈骏：《河西史研究》，甘肃教育出版社 1989 年版，第 184 页。

〔3〕（宋）王溥：《唐会要·卷九七·吐蕃》，上海古籍出版社 2006 年版，第 2052 页。

〔4〕（宋）王溥：《唐会要·卷九七·吐蕃》，上海古籍出版社 2006 年版，第 2052 页。

"议竟不决，赐食而遣之"〔1〕。给事中皇甫文亮所言屯田备御之策虽善，但高宗因苦无良将，未置可否。从史籍的记载来看，皇甫文亮的对策只是一家之言，并未形成占优势的看法。廷议同时，前线的将领已着手实施屯田。黑齿常之"以河源军正当贼冲，欲加兵镇守，恐有运转之费，遂远置烽戍七十余所，度开营田五千余顷，岁收百余万石"〔2〕，这一做法与皇甫文亮的说法遥相呼应。从之后娄师德"迁殿中侍御史，充河源军司马兼知营田事"来看，高宗已着手安排营田将领。同年十二月，科举殿试中，高宗即以兵家战守为题：

高宗御武成殿，问："兵家有三阵，何谓邪？"众未对，（员）半千进曰："臣闻古者星宿孤虚，天阵也；山川向背，地阵也；偏伍弥缝，人阵也。臣谓不然。夫师以义出，沛若时雨，得天之时，为天阵；足食约费，且耕且战，得地之利，为地阵；举三军士如子弟从父兄，得人之和，为人阵。舍是，则何以战？"帝曰："善。"既对策，擢高第。〔3〕

员半千对策将"足食约费，且耕且战，得地之利"作为"兵家三阵"之一，获擢高第，可见其言颇合高宗之意。由此看来，用屯田的方式增强唐蕃前线的军事实力，已得到高宗的认可。至武周时期，陈子昂曾就西北屯田之事上表，武则天亦曾在科举中倡导屯田之议并得到积极响应〔4〕，其对屯田一事更加重视。在这种政策的影响下，唐蕃前线的屯田自然会进一步发展起来。如杨炯赞扶风参军马承庆言："承庆学稼，食惟人天。载怀充国，远事屯田"，即是一例。又如开耀（公元681年至公元682年）中期，"吐蕃侵境，师旅不给，（平贞眘）乃购运酬勋，募耕入选"〔5〕。唐代中后期，高宗、武后时确立的屯田备戎之策也得到了贯彻。

---

〔1〕 （宋）司马光编著：《资治通鉴》卷二〇二，中华书局1956年版，第6386页。

〔2〕 （后晋）刘昫等：《旧唐书·卷一〇九·黑齿常之传》，中华书局1975年版，第3295页。

〔3〕 （宋）欧阳修、宋祁：《新唐书·卷一一二·员半千传》，中华书局1975年版，第4162页。

〔4〕 （清）董诰等编：《全唐文·卷二七五·临难不顾徇节宁邦科策第三道》，中华书局1983年版，第2798页。

〔5〕 （唐）张说：《张燕公集·卷二十·常州刺史平贞眘神道碑》，上海古籍出版社1992年版，第180页。

**(二) 屯田在唐蕃战争中屡遭破坏，土地被抛荒或侵占**

屯田的发展为唐军镇守边境提供了物质基础，这些地处唐蕃前线的屯田在战争中必然遭到破坏。史载天宝六载（公元747年）以前，"每岁积石军麦熟，吐蕃辄来获之，无能御者，边人谓之'吐蕃麦庄'"[1]。天宝六载（公元747年）十月，陇右节度副使哥舒翰伏兵尽诛来犯者；天宝八载（公元749年），哥舒翰"又遣兵于赤岭以西开屯田，以谪卒二千戍龙驹岛，冬冰合，吐蕃大集，戍者尽没"[2]。唐蕃双方在边境上展开了屯田与破坏屯田的拉锯战。此后，此类战事接连不断。吐蕃连年入寇，在杀伤唐军之时，往往还会有意地破坏包括屯田在内的农业生产。

广德元年（公元763年），"吐蕃入大震关，陷兰、廓、河、鄯、洮、岷、秦、成、渭等州，尽取河西、陇右之地。……及安禄山反，……数年间，西北数十州相继沦没，自凤翔以西，邠州以北，皆为左衽矣"[3]。

永泰元年（公元765年），"吐蕃大酋尚结息、赞摩、尚悉东赞等众二十万至醴泉、奉天"，为唐兵阻击，遂四出劫掠，"游骑四百略武功，镇西节度使马璘使健士五十击之，歼，士气益奋。虏徙营九嵕之阴，掠醴泉居人数万，焚室庐，田皆赤地。周智光与虏战澄城，破之。吐蕃至邠北，复与回纥合，还攻奉天，抵马嵬。任敷以兵五千掠白水，残同州"[4]。

大历八年（公元773年）八月，"虏六万骑侵灵州，败民稼，进寇泾、邠，浑瑊与战不利，副将死，略数千户。"[5]。

大历十三年（公元778年）正月，"虏大酋马重英以四万骑寇灵州，塞汉、御史、尚书三渠以扰屯田，为朔方留后常谦光所逐，重英残盐、庆而去"。[6]。

贞元二年（公元786年），"诏仓部郎中赵建往使，而虏已犯泾、陇、邠、宁，掠人畜，败田稼，内州皆闭壁"。同年，"虏众二万侵凤翔，李晟击却之，因袭破摧沙堡，烧储廥，斩守者。吐蕃攻盐、夏，刺史杜彦光、拓拔干晖不

〔1〕 （宋）司马光编著：《资治通鉴》卷二一五，中华书局1956年版，第6878页。

〔2〕 （宋）司马光编著：《资治通鉴》卷二一六，中华书局1956年版，第6896页。

〔3〕 （宋）司马光编著：《资治通鉴》卷二二三，中华书局1956年版，第7146页。

〔4〕 （宋）欧阳修、宋祁：《新唐书·卷二一六·吐蕃传》，中华书局1975年版，第6089页。

〔5〕 （宋）欧阳修、宋祁：《新唐书·卷二一六·吐蕃传》，中华书局1975年版，第6091页。

〔6〕 （宋）欧阳修、宋祁：《新唐书·卷二一六·吐蕃传》，中华书局1975年版，第6092页。

能守，悉其众南奔，虏遂有其地"。[1]

　　贞元四年（公元 788 年）五月，"虏三万骑略泾、邠、宁、庆、鄜五州之鄙，焚吏舍民阁，系执数万。韩全义以陈许兵战长武，无功"[2]。

　　贞元八年（公元 792 年）四月"壬子，吐蕃寇灵州，陷水口支渠，败营田。诏河东、振武救之，遣神策六军二千戍定远、怀远城。吐蕃乃退"[3]。《新唐书》称："八年，寇灵州，陷水口，塞营田渠。发河东、振武兵，合神策军击之，虏引还。又寇泾州，掠田军千人，守捉使唐朝臣战不利。"[4]

　　上引史料中，代宗广德元年（公元 763 年）至德宗贞元八年（公元 792 年）短短三十年间，吐蕃连年入寇西北诸地，每一次都会给社会生产造成严重的破坏。唐蕃战争对屯田的破坏可从两个方面来理解：

　　其一，安西四镇等地屯田的陷落。安西四镇是唐朝重要的边防区域，对抵抗大食、突厥、吐蕃的进攻、维护西域稳定起着重要作用，历代统治者都重视有加。由于路途遥远，转运成本过高，和籴又不足以供军，于是屯田在安西四镇极为发达，吐鲁番等地出土的大量有关边军屯田的文书可资为证。"安史之乱"爆发后，"尽征河陇、朔方之将镇兵入靖国难"，边防空虚。"乾元之后，吐蕃乘我间隙，日蹙边城，或为虏掠伤杀，或转死沟壑。数年之后，凤翔之西，邠州之北，尽蕃戎之境，淹没者数十州。"[5]随着这些地区的陷落，屯田也被吐蕃破坏或侵占。

　　其二，其他地区屯田遭到破坏。如大历八年（公元 773 年）、大历十三年（公元 778 年）、贞元八年（公元 792 年）吐蕃三次入寇灵州时，史书称其为"败民稼""塞汉、御史、尚书三渠以扰屯田""陷水口支渠，败营田"；在泾州甚至还"掠田军千人"。可见，屯田及粮食生产对于战争的重要意义吐蕃是很清楚的，其对屯田的袭扰、破坏也很有目的性和策略性。虽然史籍中对于处于边防前线的其他地区屯田是否遭到破坏语焉不详，但从灵州、泾州屯田被有目的地破坏来看，其他地区的屯田也当难以幸免。

---

　　〔1〕（宋）欧阳修、宋祁：《新唐书·卷二一六·吐蕃传》，中华书局 1975 年版，第 6094 页。

　　〔2〕（宋）欧阳修、宋祁：《新唐书·卷二一六·吐蕃传》，中华书局 1975 年版，第 6098 页。

　　〔3〕（宋）司马光编著：《资治通鉴》卷二三四，中华书局 1956 年版，第 7530 页。

　　〔4〕（宋）欧阳修、宋祁：《新唐书·卷二一六·吐蕃传》，中华书局 1975 年版，第 6098 页。

　　〔5〕（后晋）刘昫等：《旧唐书·卷一九六·吐蕃传》，中华书局 1975 年版，第 5236 页。

屯田在战火中被破坏之后，所属土地自然被抛荒或处于吐蕃的占领之下。当然，在这种情况下，土地从屯田管理中被转移出去完全是基于客观原因，与主动废弃屯田、将土地分给编户齐民、士卒或租佃者存在本质的不同。这些土地被再次纳入屯田生产体系，需建立在军事上的胜利与对抛荒土地重新开垦的基础之上。

总之，土地是唐代屯田设置的基础，唐代屯田法制对置屯土地的来源进行了一定程度的规范。国有土地因与屯田的国家经营属性相契合，是设置屯田的首选土地类型。具体来说，包括荒田和官田两种类型。私田因私人所有权日益受到法律的保护，从而在设置屯田上存在一定的障碍。尽管在实践中存在私田置屯的现象，但实际上受到唐代屯田法制的严格限制。用于设置屯田的土地，最终面临不同的归宿，或因废屯而被重新分配给士兵、平民，或被抛荒，或被敌对政权侵占。如果说屯田土地因战争不得不被抛荒或侵占是一种不得已的做法，那么废屯而将相关土地重新分配或赏赐臣民则是对屯田土地的一种主动处分。

第六章

# 唐代屯田管理法制

屯田是由国家直接组织大规模农业开发的生产方式，这一属性决定了相关制度的行政法色彩较为浓厚，屯田管理机构与屯田劳动者之间存在管理与被管理的关系。法学上，法律关系的内容体现为法律关系主体双方各自的权利与义务。以此为理论框架，可将唐代屯田管理法制概括为两个方面的内容：一是屯田管理机构对屯田事务的管理职权与职责；二是屯田劳动者的屯田义务及相关待遇。

## 第一节　唐代屯田管理者的职责

屯田管理机构及其人员职责主要是组织屯田生产，并对日常屯垦活动进行管理、监督。由于史籍的亡佚，有关唐代屯田管理方面的资料并不充足，好在吐鲁番等出土文书保存了唐代前期屯田管理的相关内容，可以作为探讨的基础。

### 一、屯田生产的日常管理

#### （一）确定屯种面积并及时上报

唐代屯田有严格的生产管理规范，粮食的种植面积需及时上报营田使。阿斯塔那 226 号墓出土的《唐西州都督府上支度营田使牒为具报当州诸镇戍营田顷亩数事》详细记载了西州镇戍屯田人数、面积等情况，内容如下：

1 西州都督府　牒上　敕□□□□
2 合当州诸镇戍营田，总壹拾□顷陆拾　□□□□
3 赤亭镇兵肆拾贰人，营□□顷；维磨戍　□□□□

4 柳谷镇兵肆拾人，□□□肆顷；酸枣戍 □□□

5 白水镇兵叁拾□□ 营田陆顷；葛畔戍兵□□

6 银山戍兵　营□□田柒拾伍 □□

7 右被□度营田使牒，当州镇戍 □田顷亩□□□

8 戍兵 □□及营田顷亩□□

9 方亭戍□□谷戍　狼井□□

　　（后略）[1]

　　这是西州都督府向支度营田使上报镇戍营田人数及面积的文书。据卢向前考证，大约成书于开元十年（公元 722 年）左右[2]。镇戍营田是唐代军州屯田中比较分散的一部分，这部分屯田尚且被纳入北庭都护府最高屯田长官——支度营田使——的管理范围之内，其他军州屯田自不必说。

　　同墓出土的另一件文书《唐西州都督府所属镇戍营田顷亩文书》也记载了性质相同的内容：

（前缺）

1 □□柳谷镇肆□□□

2 □□亩　银山戍捌拾□□□

3 □□其顷亩如□□□

4 □□戍□□石雷石　戍 苦水□□□

5 □□　可营

　　（后缺）[3]

　　此文书与上引《唐西州都督府上支度营田使牒为具报当州诸镇戍营田顷亩数事》字迹相同，应出自同一人之手。从内容上看，也涉及镇戍营田面积

〔1〕　国家文物局古文献研究室、新疆维吾尔自治区博物馆、武汉大学历史系编：《吐鲁番出土文书》（第 8 册），文物出版社 1987 年版，第 219～220 页。

〔2〕　卢向前：《唐代西州土地关系述论》，上海古籍出版社 2001 年版，第 258 页。

〔3〕　国家文物局古文献研究室、新疆维吾尔自治区博物馆、武汉大学历史系编：《吐鲁番出土文书》（第 8 册），文物出版社 1987 年版，第 221 页。

的记载，且前一文书中出现过的柳谷镇、银山戍再次出现。银山戍的屯田面积与前引文书略有不同，如果二者属于不同时期的记载，那么此文书可以说明屯田面积登记属于屯田管理中的一项常规内容。

除镇戍营田外，烽铺屯田同样被纳入严格的管理制度之内，其屯田面积及相关事宜也需上报。《唐开元某年伊吾军典王元琼牒为申报当军诸烽铺斸田亩数事》即记载了烽铺屯田面积上报之事，内容如下：

1. □□□状上
2. 合当诸军烽铺今年属斸田总壹顷
3. 陆拾□
4. 玖拾伍亩
5. 陆拾亩
6. 速独高头等两□
7. 阿查勒种粟壹□
8. 泥熟烽种豆壹□
9. 叁拾伍□
10. 速独烽种豆陆亩<sup>共下子</sup>□
11. 故亭烽种床陆亩<sup>别下子</sup>□
12. 青山烽种豆伍亩<sup>别下子</sup>□
13. 贰拾肆亩见□
14. 柽埚烽捌亩　花泉烽陆亩□
15. 右被责当军诸□
16. 上听裁
17. 牒件状如前谨□□……………
18. 开□□日典王元琼牒〔1〕

文书是"典王元琼"上报"合当军诸烽铺，今年营田总壹顷□□□□"的上行公文，不仅汇报了伊吾军诸烽铺屯田的总数，还将各烽所种作物及面积一并列入，相关数据非常细致，反映出唐代烽铺屯田管理严格、规范的特点。又如《唐北庭诸烽斸田亩数文书（12TA226：65）》：

（前缺）
1　野□□
2　耶勒守捉界耶勒烽□□
3　乾坝烽床，伍亩□□
4　白粟叁亩　共刈得贰□□
5　柽林烽床，伍亩　共□□

---

〔1〕　国家文物局古文献研究室、新疆维吾尔自治区博物馆、武汉大学历史系编：《吐鲁番出土文书》（第8册），文物出版社1987年版，第202~203页。

6　白粟贰[亩][　　　]

（后缺）〔1〕

此文书同样涉及数处烽铺斸田营种面积，床、白粟各自亩数及产量等信息，十分详细。

阿斯塔那 226 号墓出土的《唐开元十年伊吾军上支度营田使留后司牒为烽铺营田不济事》与前几件同墓出土的文书反映了基本相同的内容：

（前缺）

1　[　　][状][称][□][□][□]

2　[　　]属警固，复奉使牒，烽铺子不许

3　[　　]功，各渐营种前件亩数如前者。然烽铺

4　[　　]少差失，罪即及身，上下怕惧，专忧

5　[　　][数]少，又近烽地水不多，不

6　[　　][隐]没垅亩，求受重

（中缺）

7　[　　][无][田]水。纵有者，去烽卅廿

8　[□][□]上，每烽烽子只有三人，两人又属警固，近烽不敢

9　不营，里数既遥，营种不济，状上者。曹判：近烽者，即

10　勒营种，去地远者，不可施功，当牒上支度使迄。[至]

11　开十闰五月廿四日，被支度营田使留后司五月十八口（日）

12　牒称：伊吾军牒[　　　　]烽多无田水。[纵]

13　有[者]，[　　]薄恶不任[□][称]人力不

14　[　　]言不可固，即非

（后缺）〔2〕

〔1〕　国家文物局古文献研究室、新疆维吾尔自治区博物馆、武汉大学历史系编：《吐鲁番出土文书》（第8册），文物出版社 1987 年版，第 222 页。

〔2〕　国家文物局古文献研究室、新疆维吾尔自治区博物馆、武汉大学历史系编：《吐鲁番出土文书》（第8册），文物出版社 1987 年版，第 194~195 页。

这件文书与前两件相比,内容更加丰富。从中可以看出:①烽铺作为最前沿的军事单位,即使只有两三名烽子,也必须从事屯田。②这种屯田属于烽子的义务之一,只要有一名不需警固的烽子,则"近烽不敢不营"。③远离烽铺之地不便营种,则需要上报支度营田使批准方可。刘子凡进一步认为,从这件文书中可以看出北庭支度营田使管理伊吾军烽铺屯田的实态,"大致是支度营田使要求伊吾军所属各烽铺就近营田,但某处因为无田水等条件的限制,无法完成营田的任务,只能状上伊吾军汇报情况,伊吾军又牒上支度营田使,最后是支度营田使下牒伊吾军通告处理意见"。[1]可见,唐代屯田生产坚持统一部署、统一指挥的原则,支度营田使对管内军州屯田、镇戍屯田及烽铺屯田行使统一的管理权。

唐代屯田的管理措施不仅及于屯田面积及屯垦人数,甚至具体到营田士卒个人。阿斯塔那 226 号墓出土的《唐残营田名籍》载:

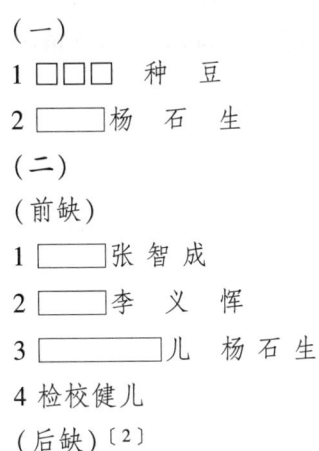

(一)
1 □□□ 种 豆
2 □□ 杨 石 生
(二)
(前缺)
1 □□ 张 智 成
2 □□ 李 义 恽
3 □□□ 儿 杨 石 生
4 检校健儿
(后缺)[2]

上引文书表明,营田士卒种植的作物种类、营田士卒的姓名均需登记造册,以便管理。此外,考古工作者在吐鲁番哈拉和卓出土文书《伊吾军屯田残籍》,上钤"伊吾军之印",内容如下:

---

〔1〕 刘子凡:《瀚海天山——唐代伊、西、庭三州军政体制研究》,中西书局 2016 年版,第 304 页。
〔2〕 国家文物局古文献研究室、新疆维吾尔自治区博物馆、武汉大学历史系编:《吐鲁番出土文书》(第 8 册),文物出版社 1987 年版,第 232~233 页。

（前缺）

1. □　　远□□□界。

2. 五十亩种豆、一十二亩□□□检
校健儿焦思顺。

3. 三亩种豆、廿亩种麦，检校健儿
成公福。

4. □□用□水浇溉。

（后缺）〔1〕

5. □□军　　　　　　界。

6. □□亩。蒿（苫）蓿烽地伍
亩，近屯（屯）。

7. □□都罗两烽，共伍亩。

8. 烽　铺　近　屯，即侵　屯（屯）

从文书的记载来看，伊吾军烽铺屯田除记载粮食种植面积之外，同样记录了"检校健儿"的姓名。

（二）检勘屯田面积

屯田面积上报之后，唐政府会派专员进行检勘，确保上报属实。阿斯塔那226号墓出土的《唐检勘伊吾军屯田顷亩数文书》记载了相关的情况，内容如下：

（前缺）

1 使通□□□军使上柱国贾□□□

2 □□日 典张琼

3 检往

4 依检与前报数同，典张琼检。

5 伊吾军屯田数勘与□□□

6 通同记谘，休如白。

7 六日。

（后缺）〔2〕

文书记载了"典张琼"对伊吾军某处屯田面积的检勘，并得出了"与前报数同"的结论。这一名为"张琼"的检校官检勘屯田之事还见于其他出土

---

〔1〕 黄文弼：《吐鲁番考古记》，中国科学院1954年版，图34。

〔2〕 国家文物局古文献研究室、新疆维吾尔自治区博物馆、武汉大学历史系编：《吐鲁番出土文书》（第8册），文物出版社1987年版，第205页。

文书：

（一）

1　□□得 子贰拾玖硕玖斗伍升肆合

2　□□陆 合　豌□□□

（后缺）

（二）

（前缺）

1　叁硕玖斗贰升伍合□□□豌

2　陆硕玖斗陆□□□

3　柒□□□

（后缺）

（三）

（前缺）

1　□□捌拾 陆硕壹斗肆升　肆　合

2　壹拾□□□

（后缺）

（四）

（前缺）

1　□□□九日

2　□□日典张琼牒

3　□□□

4　九日［1］

上述四件疑为同一件文书的残片，故一同引出，文书系署名"典张琼"的牒文，形成时间为开元十年（公元 722 年）左右［2］。《唐六典》载：

---

［1］　国家文物局古文献研究室、新疆维吾尔自治区博物馆、武汉大学历史系编：《吐鲁番出土文书》（第 8 册），文物出版社 1987 年版，第 199~201 页。

［2］　吴大旬："从出土文书看唐代伊州的屯田管理"，载《新疆师范大学学报（哲学社会科学版）》2005 年第 4 期，第 73 页。

"……凡下之所以达上，其制亦有六，曰：表、状、笺、启、牒、辞。(……九品已上公文皆曰牒。……)"[1]牒乃上行公文，可见上引文书系张琼检校屯田之后向上级呈报的公文。鉴于文书中多次出现"硕""斗""合"等计量豌豆等作物数量的容积单位，而非"顷""亩"等计量土地面积的单位，本文书应当是张琼对屯田收获物检核后的上行文书，与前一文书对屯田面积的检勘有所不同。从检勘工作由专人负责来看，这些文书足以说明唐代伊吾军屯田有良好的管理制度。

(三) 催督耕作，以免违误农时

此外，唐代屯田非常重视不误农时，违者要受到处分。日本奈良宁乐美术馆藏吐鲁番文书《唐开元二年闰二月蒲昌府范阿祚牒为知园临番方始与替、仗备失时事》[宁乐三〇 (5) 二二 (3) —三 (2-1) 号] 即有关于注重农时的记载，内容如下：

1 □□□□□□才应上萨捍烽长探奉司
2 如前。今月二十九日具检前后及
3 应马瘦被打，即走向州，将钱拟买肥
(中略)
4 眼看目验，困苦不虚□□□□□
5 者，知园临番，方始□□□□□
6 称春种，仗备失时，其□□□□□
7 须申上。咨。庆□□□□□
8 依判。玉示
9 三 (日)[2]

文书中记载了萨捍烽长探苏长因马瘦被贼打伤，延误了春耕，故被"申上"处分。可见，唐代西州政府十分注重对屯田生产的管理。

**二、屯田用牛的管理**

牛耕技术的出现大大地提高了生产效率，是中国农业史上的一个重大进

---

〔1〕 (唐) 李林甫等：《唐六典·卷一·尚书都省》，陈仲夫点校，中华书局 1992 年版，第 11 页。
〔2〕 陈国灿、刘永增编：《日本宁乐美术馆藏吐鲁番文书》，文物出版社 1997 年版，第 33~34 页。

步。自春秋至唐代，牛耕技术沿用了一千多年，为农业经济的发展做出了重大贡献。耕牛作为牛耕技术的重要生产要素，一直受到重视。汉人应劭曾言："牛乃耕农之本，百姓所仰，为用最大，国家之为强弱也"[1]，耕牛的使用与保护在某种程度上决定着国家的强弱。唐人张廷珪则更进一步，明确指出耕牛的养护决定着君主地位巩固与否，"君所恃在民，民所恃在食，食所资在耕，耕所资在牛。牛废则耕废，耕废则食去，食去由民亡，民亡则何恃为君？"[2]为保护和管理耕牛，历代都制定了相应的法律。如秦代即有专门法律调整耕牛的使用——《厩苑律》。汉代制定了严苛的法律禁止宰杀耕牛："盗马者死，盗牛者加……"[3]

唐代也非常注重对耕牛的保护与管理，高祖立国之初即下诏断屠："其关内诸州，宜断屠杀，庶六畜滋多，而兆民殷赡。详思厥衷，更为条式。"[4]甚至为了保护耕牛之蕃息不惜降低朝廷祭祀的规格，"至于畜产，思致蕃息。祭祀之本，皆以为身，穷极事神，有乖正直。杀牛不如杓祭，明德即是馨香。望古推今，祭神一揆。其祭圜丘方泽宗庙以外，并可止用少牢。先用少牢者宜用特牲。待时和年丰，然后克循常礼"[5]。"止用少牢"的诏敕使作为太牢之一的牛不被宰杀，为其蕃息创造了条件。此后，对屠牛的禁止不断见诸诏敕或成文法典。开元二年（公元 714 年）六月玄宗敕曰："杀牛马骡等犯者科罪，不得官当荫赎。"[6]屠牛者竟不得官当荫赎，可见制裁力度之大。开元十一年（公元 723 年），玄宗又下诏重申禁屠之法："马牛驴皆能任重致远，济人使用，先有处分，不令宰杀。如闻比来尚未全断，群牧之内，此弊尤多。自今以后，非祠祭所须，更不得进献马牛驴肉，其王公以下，及今天下诸州、并诸军宴设及监牧，皆不得辄有杀害，仍令州县及监牧、诸军长官，切加禁

〔1〕（唐）欧阳询：《艺文类聚》卷八五，汪邵楹校，上海古籍出版社 1982 年版，第 1446 页。

〔2〕（宋）欧阳修、宋祁：《新唐书·卷一一八·张廷珪传》，中华书局 1975 年版，第 4262 页。

〔3〕（汉）桓宽：《盐铁论校注·卷十·刑德第五十五》，王利器校注，中华书局 1992 年版，第 566 页。

〔4〕（宋）宋敏求编：《唐大诏令集·卷一〇八·关内诸州断屠杀诏》，中华书局 2008 年版，第 562 页。

〔5〕（宋）宋敏求编：《唐大诏令集·卷七四·天地宗庙外祭用少牢诏》，中华书局 2008 年版，第 420 页。

〔6〕（宋）王溥：《唐会要·卷四一·断屠钓》，上海古籍出版社 2006 年版，第 856 页。

断，兼委御史随事纠弹。"[1]这一诏敕对现实中仍存在的屠牛之举再次予以禁止。除诏敕外，唐律中还规定了保护耕牛的条文。如《厩库律》规定："诸故杀官私马牛者，徒一年半。……其误杀伤者，不坐，但偿其减价。主自杀马牛者，徒一年。"[2]《贼盗律》规定："诸盗官私马牛而杀者徒二年半。"[3]此外，唐律还详细规定了马牛等牲畜的养疗、骑乘、驮运等行为的规则及对违法者的惩治措施。《唐六典》规定了"凡监牧孳生过分则赏"[4]的原则及具体的操作规范。可见，唐代政府对耕牛的保护与管理可谓不遗余力。

耕牛是唐代屯田的重要生产力。文宗时期，兖海节度使李同捷叛，平叛战争导致"骸骨蔽野，墟里生荆棘"，义昌军节度使殷侑"单身之官，安足粗淡，与下共劳苦，以仁惠为治。岁中，流户襁属而还，遂为营田，丐耕牛三万，诏度支赐帛四万匹佐其市。初，州兵三万，仰禀度支，侑始至一岁，自以赋入赡其半，二岁则周用，乃奏罢度支所赐。户口滋饶，廥储盈腐，上下便安，请立石纪政。以劳加检校吏部尚书"[5]史书对殷侑的营田成绩赞不绝口、大书特书，从记载来看，"耕牛三万"是其取得丰硕成果的重要原因。

耕牛的管理也是唐代屯田法制的重要内容。开元《田令》中对屯田所用耕牛规定了明确的分配标准："诸屯田应用牛之处，山原川泽，土有硬软，至于耕垦，用力不同者，其土软之处，每地一顷五十亩配牛一头，强硬之处，一顷二十亩配牛一头。即当屯之内，有硬有软者，亦准此法。其地皆仰屯官明为图状，所管长官亲自问检，以为定簿，依此支配。其营稻田之所，每地八十亩配牛一头。若蔓（？）草种稻者不在此限。"[6]可见，土质的硬软是影响耕牛分配的重要因素，非种稻田之所，土软则一头牛耕种面积达 150 亩，

〔1〕（宋）宋敏求编：《唐大诏令集·卷一〇九·禁杀害马牛驴肉敕》，中华书局 2008 年版，第 565 页。

〔2〕（唐）长孙无忌等：《唐律疏议·卷一五·厩库》，刘俊文点校，中华书局 1983 年版，第 282 页。

〔3〕（唐）长孙无忌等：《唐律疏议·卷一九·贼盗》，刘俊文点校，中华书局 1983 年版，第 356 页。

〔4〕（唐）李林甫等：《唐六典·卷一七·太仆寺》，陈仲夫点校，中华书局 1992 年版，第 487 页。

〔5〕（宋）欧阳修、宋祁：《新唐书·卷一六四·殷侑传》，中华书局 1975 年版，第 5054 页。

〔6〕宋家钰："唐开元田令复原研究"，载天一阁博物馆、中国社会科学院历史研究所天圣令整理课题组校证：《天一阁藏明钞本天圣令校证 附唐令复原研究》（下册），中华书局 2006 年版，第 453 页。

土硬则一头牛耕种面积为 120 亩；种稻田之所，则一头牛耕种面积为 80 亩。《新唐书》称"上地五十亩，瘠地二十亩，稻田八十亩，则给牛一"[1]，实则脱漏了"一顷"二字。[2]

屯田分配的耕牛需认真养护，并由官府提供饲料。1966 年，吐鲁番文管所在清理阿斯塔那古墓 360 号墓时，出土了一件名为《贞观十七年牒为官牛领豆昔料事》的文书，内容如下：

1　青稞伍硕准豆昔陆硕给官牛陆头贰拾日豆昔料
2　牒被问前件豆昔料领得以不者仰□□□□□并依数
3　领得被问有实谨牒
4　贞观十七年四月五日付翟莫□□□□□领[3]

这一牒文的内容是答复上级有关六头官牛豆料是否领取问题的牒文。吴大旬认为："显然，官牛是当时官方用于屯田的，是重要的生产力。"[4]虽然从文书中无法看出上级机关的具体名称，但牒文内容清楚地表明了西州屯田管理部门对耕牛的重视。

### 三、屯田收获物的管理

#### （一）及时将粮食收纳入仓

屯田粮食收获之后，即应纳入官仓。吴大旬指出："唐西州兵粮入仓的检验制度非常严格，缴纳粮食时，一般须经屯官、监纳官、监仓官及仓督共同检验后方可入仓。"[5]阿斯塔那 20 号墓出土的《唐神龙二年白涧屯纳官仓粮帐》记载了屯粮入仓的内容。

---

〔1〕　（宋）欧阳修、宋祁：《新唐书·卷五十三·食货志》，中华书局 1975 年版，第 1372 页。

〔2〕　（宋）欧阳修、宋祁：《新唐书·卷五十三·食货志》校勘记，中华书局 1975 年版，第 1375 页。

〔3〕　柳洪亮："吐鲁番阿斯塔那古墓群 360 号墓出土文书"，载《考古》1991 年第 1 期，第 33 页。

〔4〕　吴大旬："从出土文书看唐代西州的屯田"，载《新疆大学学报（社会科学版）》2004 年第 3 期，第 72 页。

〔5〕　吴大旬："从出土文书看唐代西州的屯田"，载《新疆大学学报（社会科学版）》2004 年第 3 期，第 73 页。

1 白涧屯神龙二年九月十五日 纳 青稞杂大麦，交用两

2 硕函量，壹函为壹点，拾点成壹大上 字 。尚建

3 艺献初尚建艺献初尚建 艺 献 初

…………

16 已上叁拾叁上字，计青稞杂大麦陆佰陆拾硕。仓

17 督曹建、监仓官王艺、屯官侯献、监纳官镇副刘初〔1〕

此文书详细地记载了白涧屯粮食纳仓的过程。陈国灿研究后认为，这是白水镇屯交纳交河县的粮食账。从文书内容来看，白涧屯所收青稞、杂大麦纳入官仓时，由四人共同署名签字验收：仓督、监仓官、屯官及监纳官，并且监纳官由镇的副将兼任。文书中反复出现"尚建艺献初"字样，张安福研究后认为，"尚"为计数单位，表示以两硕的函计量十次。〔2〕"尚"字之后的"建艺献初"分别为仓督曹建、监仓官王艺、屯官侯建、监纳官镇副刘初姓名的简写。可见，在屯粮收纳入仓过程中，每计量十次（20硕），屯官及在场监督的官员都要一一签名以证其实。这反映出唐代屯粮纳入官仓的手续极其严格，同时注重对收纳过程的控制，这表明唐代屯田立法较为科学、先进。

吐鲁番另一出土文书《唐伊吾军上西庭支度使牒为申报应纳北庭粮米事》记载了伊吾军向军仓和官仓纳粮的事实：

1  敕伊吾军　　牒上西庭支度使

2  合军州应纳北庭粮米肆仟硕，

　　叁仟捌佰伍拾叁硕捌斗叁升伍合，军州前后检纳得，

　　肆拾叁硕壹斗陆升伍合，前后欠不纳。

3  壹佰玖拾柒硕纳伊州仓讫。叁仟陆佰肆拾陆硕捌斗叁升伍合纳军仓讫。〔3〕

---

〔1〕 国家文物局古文献研究室、新疆维吾尔自治区博物馆、武汉大学历史系编：《吐鲁番出土文书》（第7册），文物出版社1986年版，第372页。

〔2〕 张安福、王玉平："唐代西州屯区民众的生产与生活"，载《中国社会经济史研究》2014年第2期，第17页。

〔3〕 国家文物局古文献研究室、新疆维吾尔自治区博物馆、武汉大学历史系编：《吐鲁番出土文书》（第8册），文物出版社1987年版，第212页。

从文书记载来看，伊吾军屯田所收，不仅要纳入军仓以供军粮，同时还要将其中一部分（197 石，约占 5%）纳入伊州仓，并且纳粮之事需上报西庭支度使。另外，文书记载的内容也反映出了伊吾军屯田所收有"应纳"粮数的定额限制，如未能完成计划，则属于欠纳。

（二）考核屯官，据状褒贬

《唐律疏议·卷十六·擅兴律》疏议引《军防令》规定："防人在防，守固之外，唯得整理军器、城隍、公廨、屋宇。各量防人多少，于当处侧近给空闲地，逐水陆所宜，斟酌营种，并杂菜蔬，以充粮贮及充了人等食。"从令文措辞来看，"各量防人多少"，"斟酌营种"，似乎只对防人屯田作力所能及的原则性要求，但出土文献资料表明，即使是最基层、最分散的烽铺屯田也有营种收贮的要求。如藏于中国历史博物馆的 8086 号文书《唐西州都督府下诸府主帅牒》就记载了相关的内容：

（前缺）

1 捍调度有阙者，速即状上，仍便令烽人收贮

2 使足，于后差州官点检有不足格数者。游

3 奕镇戍府县巡官，并当界后差旅帅，各决

4 杖陆拾，仍依科罪者。寇贼在近，百计须防，诸

5 府主帅岂得安然。当界贼路要切捉搦者，

6 番之次配，令当界游奕踏伏，件注番弟（第），具

7 如脚注，各级所由，依此发遣。[1]

文书第 2、3 行盖有"西州都督府"之印。从文书记载来看，西州烽铺除履行好警戒的职能外，屯田也是其一项重要的工作，并有收贮数量的要求，如有收贮不足格数者，需对管理人员决杖六十再依律科罪，责任十分重大。

《开元二十五年令》规定："诸屯官欠负，皆依本色本处理填。"[2]即屯官若未能完成屯田收获计划，屯官除依法承担责任之外，所欠部分仍需追征。

---

〔1〕　转引自吴大旬："从出土文书看唐代西州的屯田"，载《新疆大学学报（社会科学版）》2004 年第 3 期，第 75 页。

〔2〕　宋家钰："唐开元田令复原研究"，天一阁博物馆、中国社会科学院历史研究所天圣令整理课题组校证：《天一阁藏明钞本天圣令校证　附唐令复原研究》（下册），中华书局 2006 年版，第 453 页。

如吐鲁番阿斯塔那 178 号墓所出《唐土右营下牒建忠赵伍那为催征队头田忠志等欠钱事》：

> 1 　□□□兵士行回，衣食乏少，征□□□□□
> 2 　□□□□兵士收麦？向？了，事须依前征
> 3 　□□□□欠数，具所由脚注如
> 4 　□□□□六甲？卫，并须齐了，并得即续上，待送都
> （后略）〔1〕

又如大谷文书 3786 号记载：

> 1 伺监来之时，并□□□□□□
> 2 今屯收率有欠，即合均征□□□□□□
> 3 纳了。〔2〕

　　上引两件文书均提到屯官欠负即需追征的内容，虽然文书的形成年代早于《开元二十五年令》，但文书中表达的内容与令文的精神完全一致。

　　开元《田令》规定："诸管屯处，百姓田有水陆上次及上熟、次熟，亩别收获多少，仰当界长官勘问，每年具状申上，考校屯官之日，量其虚实，据状褒贬。"〔3〕屯田管理机构需要根据屯田土地的性质及肥瘠对收获物作出计划，收获之后根据完成计划的情况对屯官进行褒贬。日本龙谷大学所藏第3786 号吐鲁番文书较为详细地记载了唐代西州屯田的面积和农作物的产量，内容如下：

> 1 　十顷收率干净麦粟床总
> 2 　□□□□□五合
> 3 　□□□□□三百一十五石六升　　青稞

---

〔1〕 国家文物局古文献研究室、新疆维吾尔自治区博物馆、武汉大学历史系编：《吐鲁番出土文书》（第 8 册），文物出版社 1987 年版，第 388～389 页。

〔2〕 ［日］小田义久：《大谷文书集成》（第 2 卷），法藏馆 1989 年版，第 155 页。

〔3〕 宋家钰："唐开元田令复原研究"，载天一阁博物馆、中国社会科学院历史研究所天圣令整理课题组校证：《天一阁藏明钞本天圣令校证　附唐令复原研究》（下册），中华书局 2006 年版，第 453 页。

4　▭二百二十一石　小麦

5　▭千七百二十三石六斗六升四合　粟

6　▭一百二十一石三斗二升一合　床

7　▭石六斗　天山屯营田五十顷收

8　▭十五石六斗　青稞

9　▭二十一石　小麦

10　▭三十六石　粟

11　▭升五合　柳中屯田三十顷收

12　▭石三斗二升一合　床

13　▭七石六斗六升四合　粟

（后略）〔1〕

文书记载了开元十二年（公元 724 年）西州屯田种植面积和收获情况之一部，涉及三处屯田（但名称可考者只有天山屯和柳中屯），面积共 90 顷，种植青稞、粟、小麦、床共四种作物，产量因文书缺漏而无法辨识。从中可以看出，西州屯田管理机构对屯田粮食的种植有明确的籍帐要求。虽然此文书形成于《开元二十五年令》颁布之前，但其目的应当与开元田令的立法初衷一致，即以此作为考较屯官的依据，实现对屯田的严格管理，确保地尽其力。

除对欠纳者依法追究责任外，唐代还根据考课结果对屯田生产管理卓有成效者给予奖励。《通典》称：“其屯官……据所收斛斗等级为功优。……诸营田若五十顷以外更有地剩配丁牛者，所收斛斗，皆准顷亩折除。其大麦、荞麦、干萝卜等，准粟计折斛斗，以定等级。”〔2〕可见，屯官考课等级取决于所管屯田收获粟的数量，大麦、荞麦、干萝卜等都须折合为粟加以衡量。具体的考课等级古籍与出土文书的记载略有出入。《旧唐书》载：“凡当屯之中，地有良薄，岁有丰俭，各定为三等。”〔3〕《新唐书》称：“诸屯以地良薄与岁之丰凶为三等，具民田岁获多少，取中熟为率。……开元二十五年，诏屯官

〔1〕　转引自吴大旬：“从出土文书看唐代西州的屯田”，载《新疆大学学报（社会科学版）》2004 年第 3 期，第 72 页。

〔2〕　（唐）杜佑：《通典·卷二·食货二》，王文锦等点校，中华书局 1988 年版，第 44 页。

〔3〕　（后晋）刘昫等：《旧唐书·卷四十三·职官志》，中华书局 1975 年版，第 1840 页。

叙功，以岁丰凶为上下。"〔1〕从两唐书的记载来看，屯田考核等级与地之良薄、岁之丰俭有关，分为三等；开元二十五年（公元737年）被简化为上下两等。但《通典》所载《屯田格》的规定有所不同：

> 又屯田格：幽州盐屯，每屯配丁五十人，一年收率满二千八百石以上，准营田第二等，二千四百石以上准第三等，二千石以上准第四等。大同横野军盐屯配兵五十人，每屯一年收率千五百石以上准第二等，千二百石以上准第三等，九百石以上准第四等。〔2〕

从格文中可以看出，屯田依收获物数量的不同，可被评定为营田第二等、第三等、第四等三个等级。王永兴认为："屯田格虽无营田第一等，但既然有第二等、第三等、第四等，当然有营田第一等。"〔3〕《中国古代籍帐研究》录文第172号文书《唐开元年代（八世纪前期）北庭都护府流外官名簿（有关考课）》恰好提供了"营田第一等"考课结果的实例：

> （前欠）
> 1 北庭都护府功曹府流外肆品、云骑尉营田第一等赏绯鱼袋王孝□□
> 2 经考十西州高昌县顺义乡顺义里身为户
> 3 北庭都护府仓曹府流外肆品、上柱国赏绯鱼 袋康处忠年 卅一
> 4 西州交河县 安乐乡 高泉里 身为户
> 5 北庭都护府录事史流外伍品、骑都尉营田第一等赏 绯 鱼 袋曹怀巇 年卅六
> 6 西州高昌县 崇化乡 净泰里 身为户
> 7 北庭都护府户曹史流外伍品、武骑尉营田第一等赏 绯 鱼袋张 虔 礼年卅八
> （后欠）〔4〕

文书清晰地记录了三位流外官"营田第一等赏绯鱼袋"的信息。从中可

〔1〕（宋）欧阳修、宋祁：《新唐书·卷五十三·食货志》，中华书局1975年版，第1372页。

〔2〕（唐）杜佑：《通典·卷十·食货十·盐铁》所引《屯田格》条文，王文锦等点校，中华书局1988年版，第231~232页。

〔3〕王永兴：《唐代土地制度研究——以敦煌吐鲁番田制文书为中心》，兰州大学出版社2014年版，第54页。

〔4〕［日］池田温：《中国古代籍帐研究》，龚泽铣译，中华书局2007年版，第380页。

以看出，屯官叙功依屯田收获物的多少，共分为四个等级。同时，这一文书也表明《开元二十五年令》中"考校屯官之日，量其虚实，据状褒贬"的规定得到了具体的落实。

### 四、对屯田生产的监督

前引吐鲁番出土文书《唐检勘伊吾军屯田顷亩数文书》记载了唐代对屯田面积的核查工作，这一行为的目的在于预防屯田官吏弄虚作假，虚报屯田数量。如发现屯田官员有类似违法行为，则需予以查处。

吐鲁番出土《唐北庭都护支度营田使文书》记载了开元十年（公元722年）左右"检校北庭都护□□（支度）营田使上柱国杨楚客"等人检查屯田情况，而某处"所种田，军报不□（实?），涉欺隐"[1]，终被查处。

史籍也记载了有关监督检查屯田绩效、查处屯田违法行为的事例。长寿元年（公元692年），娄师德"召拜夏官侍郎、判尚书事"[2]，赴梁州管理屯田事宜曾查处一娄姓屯官犯赃之事。

> 纳言娄师德，郑州人，为兵部尚书。……检校营田，往梁州，先有乡人姓娄者为屯官犯赃，都督许钦明欲决杀。令众乡人谒尚书，欲救之，尚书曰："犯国法，师德当家儿子亦不能舍，何况渠。"明日宴会，都督与尚书俱坐，尚书曰："闻有一人犯国法，云是师德乡里。师德实不识，但与其父为小儿时共牧牛耳。都督莫以师德宽国家法。"都督遽令脱枷至，尚书切责之曰："汝辞父娘，求觅官职，不能谨洁，知复奈何。"将一碟槌饼与之曰："噇却，作个饱死鬼去。"都督从此舍之。后为纳言、平章事，又检校屯田，行者日矣。[3]

上引史料非出自正史，但也可作为参考。娄姓屯官所犯系赃罪，当与其屯田生产管理职责紧密相关，娄师德作为检校营田大使巧妙地为其开脱了罪责。文中虽称娄师德检校营田，但处理屯田事务时文中处处以尚书相称，似

---

〔1〕　国家文物局古文献研究室、新疆维吾尔自治区博物馆、武汉大学历史系编：《吐鲁番出土文书》（第8册），文物出版社1987年版，第206~207页。

〔2〕　（后晋）刘昫等：《旧唐书·卷九三·娄师德传》，中华书局1975年版，第2976页。

〔3〕　（唐）张鷟：《朝野金载·卷五·唐宋史料笔记丛刊》，赵守俨点校，中华书局1979年版，第111页。

乎表明"检校营田"只是临时差遣，而兵部尚书才是其实际职务。文中所载还表明屯官在都督管辖之下，而营田大使则又居于都督之上。

张说曾为常州刺史平贞眘撰神道碑：

> ……駧牧在野，攘窃是繁，耗以岁月，莫之禁御。公轺车上陇，群慝毕露。表监官斛，斯果之辈，夺职者九人，没赃者万计。牧围知禁，思无邪矣。……开耀间，吐蕃侵境，师族不全，乃购运酬勋，募耕入选。利之所聚，诈亦居焉。公与大理正王守一于河、兰、鄯、廓四州，推获傲粜，王希古、卢种王诞其徒二千余人，正处其罪，爰得我值。[1]

平贞眘"轺车上陇，群慝毕露"，夺职没赃之流不可胜计，原因在于"利之所聚，诈亦居焉"。开元初年，"曩将之所弥缝，宿吏之所干没，匿赃散廪，一征百万"[2]。李宝通据此认为，中唐时"屯田之贪弊现象已十分严重"[3]。虽有平贞眘、王守一、杨执一等正直之士予以纠举，屯田中的贪腐现象仍层出不穷。

郭子仪驻节河中之时，段秀实为泾州营田判官，"泾大将焦令谌取人田，自占数十亩，给与农，曰：'且熟，归我半。'是岁大旱，野无草，农以告谌，谌曰：'我知入数而已，不知旱也。'督责益急，农且饥死无以偿"[4]。焦令谌将屯田租与农人，却不考虑是岁大旱的实际情况，一味催督，致使"农且饥死无以偿"，系屯田经营中的恶例。此类事情并非个案，大和七年（公元833年），刘源为银州刺史，"请置营田，事多不实。或朝廷遣使至边上，源必先令下吏多驱马，皆负布囊，实之以土，声言运粮于屯田，百千驮之中或致粟麦之囊一二。因潜为识认，于使者前私决其囊，以遗之用，取信于人"[5]。百千驮之中仅有一二囊是粟麦，舞弊情节可谓恶劣。同时，其作假手段亦可谓

---

〔1〕（唐）张说：《张燕公集·卷二十·常州刺史平贞眘神道碑》，上海古籍出版社1992年版，第180页。

〔2〕（唐）张说：《张燕公集·卷二一·赠户部尚书河东公杨君（执一）神道碑》，上海古籍出版社1992年版，第187页。

〔3〕李宝通：《唐代屯田研究》，甘肃人民出版社2001年版，第306~307页。

〔4〕（唐）柳宗元：《柳河东集·卷八·段太尉逸事状》，上海人民出版社1974年版，第112页。

〔5〕（宋）王钦若等编：《宋本册府元龟·卷六九七·牧守部·邪佞》，中华书局1989年版，第2457页。

老到，朝廷被他完全蒙蔽，"大和七年（公元 833 年），就加简校国子祭酒，旌营田积粟之功也"〔1〕，后擢为夏州节度使。唐末时，"庐州营田吏施汴，尝恃势夺民田数十顷，其主退为其耕夫，不能自理"〔2〕。可见，唐代屯田中存在大量违法行为。

屯田中虽有大量的违法、贪腐行为，与唐代中期以后中央暗弱、法令渐弛不无关联，但这并不表明唐代屯田到中后期就完全失去了控制，屯田中的违法行为仍然会受到惩处。如白行简阅实贺拔志营田不实之事，《新唐书》载：

> （白）行简，字知退，擢进士，辟卢坦剑南东川府。罢，与居易自忠州入朝，授左拾遗。累迁主客员外郎，代韦词判度支按，进郎中。长庆时，振武营田使贺拔志岁终结课最，诏行简阅实，发其妄，志惧，自刺不殊。行简敏而有辞，后学所慕尚。宝历二年卒。〔3〕

其他史籍中亦有类似记载。长庆时，度支水运营田使贺拔志"奏营田数过实，将图功效"〔4〕；白行简"累迁司门员外郎、主客郎中。长庆末，振武奏水运营田使贺拔志言营田数过实，诏令行简按覆之"〔5〕。白行简任司门员外郎、主客郎中是长庆三年（公元 823 年）之事。《唐会要》载："长庆三年十二月，度支奏：主客员外郎判度支案白行简，前以当司判案郎官、刑部郎中韦词，近差使京西句当和籴，遂请白行简判案。今韦词却回，其白行简合归本司。伏以判案郎官，比有六人，近或止四员，伏请更置郎官一员判案，留白行简充。敕旨，依奏。"〔6〕白行简所任并非监察御史，职务与屯田也没有直接的关联，其阅实贺拔志屯田绩效之事，是受诏而行，由此可进一步认为唐代屯田的管理并非尚书省某个部门的专门职责。此案中，贺拔志所犯乃

---

〔1〕（宋）王钦若等编：《宋本册府元龟·卷六七三·牧守部·褒宠二》，中华书局 1989 年版，第 2282 页。

〔2〕（宋）李昉等：《太平广记·卷一三四·施汴》，中华书局 1961 年版，第 960 页。

〔3〕（宋）欧阳修、宋祁：《新唐书·卷一一九·白行简传》，中华书局 1975 年版，第 4305 页。

〔4〕（宋）王钦若等编：《宋本册府元龟·卷五一一·邦计部·诬谰》，中华书局 1989 年版，第 1297 页。

〔5〕（后晋）刘昫等：《旧唐书·卷一六六·白行简传》，中华书局 1975 年版，第 4358 页。

〔6〕（宋）王溥：《唐会要·卷五九·度支员外郎》，上海古籍出版社 2006 年版，第 1198 页。

"奏营田数过实"，即虚报屯田数量（面积），被白行简查出之后畏罪自杀，可以部分反映出唐代屯田管理督责之严格。

文宗大和三年（公元 829 年）十一月规定："比岁有司屡以营屯奏报，约计诸镇储蓄合支数年，尚恐主吏欺罔，未加约束，宜委度支与本道节度及营田使仔细勘会。"[1]可见，屯田奏报不实受到诏敕的规制，要求度支与节度使、营田使共同勘会。这一敕文也反映出勘会屯田并非监察御史的特有职能，营田使也需履行相应职责。

## 第二节  唐代屯田军民的待遇与负担

唐代屯田管理法律关系中，与屯田管理者的职责相对应的内容便是屯田军民从官府所能获得的待遇与所需承担的劳役，这二者共同体现唐代屯田劳动者的法律地位。

### 一、屯田军民的待遇

从文献记载来看，唐代成文法典中有关屯田军民物质和精神方面待遇的专门规定基本处于空白状态，保存下来的屯田令文、《屯田格》《屯田式》中均未提及相关内容。唐代诏敕也只笼统地规定了"镇戍地可耕者，人给十亩以供粮""屯官叙功，以岁丰凶为上下"[2]等基本原则，但其适用面是有限的，考察唐代屯田军民的待遇尚需借助其他资料。

（一）唐代前期屯田士兵的待遇

史籍对屯田平民的待遇缺乏记载，但对屯田士兵的待遇有间接的涉及，下文只分析唐代前期屯田士兵的待遇。

《唐六典》载："卫士防人以上，征行或在镇及番还……并给身粮。"[3]这一内容针对所有征行或在镇及番还的"卫士防人"，其中防人负有一定的屯田职责。《军防令》："诸防人在防，守固之外，……各量防人多少，于当处侧近

---

〔1〕 （清）董诰等编：《全唐文·卷七五·南郊敕文》，中华书局 1983 年版，第 792 页。

〔2〕 （清）董诰等编：《全唐文·卷三一·定屯官叙功诏》，中华书局 1983 年版，第 347 页。

〔3〕 （唐）李林甫等：《唐六典·卷三·仓部郎中员外郎》，陈仲夫点校，中华书局 1992 年版，第 84 页。

给空闲地，逐水陆所宜，斟酌营种，并杂蔬菜，以充粮贮及充防人等食。"〔1〕因此，考察屯田士兵的待遇可从"防人"入手。

防人主要在边疆镇戍及内地冲要之地从事防守警戒巡逻等任务。从来源看，唐初行府兵之制，防人多由府兵充当。府兵不足之时，则以兵募补充，玄宗时还有征发百姓充当防丁之举。

府兵充任防人，需自备衣装，似不大可能从朝廷得到衣食之资。"凡火具乌布幕、铁马盂、布槽、锸、镢、凿、碓、筐、斧、钳、锯皆一，甲床二，镰二；队具火钻一，胸马绳一，首羁、足绊皆三；人具弓一，矢三十，胡禄、横刀、砺石、大觿、毡帽、毡装、行藤皆一，麦饭九斗，米二斗，皆自备，并其介胄、戎具藏于库。有所征行，则视其入而出给之。"〔2〕对府兵而言，征行所需装备、器具甚至粮食都需自备，除介胄、戎具及依军功所定赏赐外，从政府处不能得到任何物品，可见府兵只是充当防人徭役而已。

征兵制下，所征除府兵之外尚有兵募。兵募无府兵宿卫上番之责，是为了应付临时性的征行而调发。《唐律疏议·卷十六·擅兴律·拣点卫士征人不平》疏议称："征人，谓非卫士，临时募行者。"此处"征人"即"兵募"的异称。《唐六典》称：

> 凡天下诸州差兵募，取户殷丁多，人才骁勇，选前资官、勋官，部分强明，堪统摄者，节级擢补主帅以统之。其义征者不入募人之营，凡军行器物，皆于当州分给之，如不足则自备，贫富必以均焉。〔3〕

兵募由各州差遣，"户殷丁多""人才骁勇"是其必备条件，且兵募与志愿兵"义征"分营而隶，不相混杂。至高宗时，兵募的强制性日益突出，麟德元年（公元 664 年）刘仁轨上表高宗曰："……州县发遣兵募，人身少壮，家有钱财，参逐官府者，东西藏避，并即得脱。无钱参逐者，虽是老弱，推背即来。"〔4〕兵募"发遣"，其强制性不言自明；加之被征发者若有钱财则

---

〔1〕　（唐）长孙无忌等：《唐律疏议·卷一六·擅兴》，刘俊文点校，中华书局 1983 年版，第312 页。

〔2〕　（宋）欧阳修、宋祁：《新唐书·卷五十·兵志》，中华书局 1975 年版，第 1325 页。

〔3〕　（唐）李林甫等：《唐六典·卷五·兵部郎中》，陈仲夫点校，中华书局 1992 年版，第 157 页。

〔4〕　（后晋）刘昫等：《旧唐书·卷八四·刘仁轨传》，中华书局 1975 年版，第 2793 页。

百计逃避，无钱财则推背即来，也足见兵募并无府兵"侍官"之荣。尽管如此，较之府兵，兵募待遇略高。《册府元龟》载开元十四年（公元726年）诏："至于兵募，去给行赐，还给程粮。"[1]可见，兵募征发之前，需给予"行赐"；战事结束，需给予程粮。所谓"行赐"，又称"衣赐""官赐"。《白孔六帖》云："给赐者用所在官库，绢布相兼"[2]，说明衣赐的物品有绢和布。

此外，玄宗时期还征发过防丁，较之府兵亦略有优待。开元二十三年（公元735年）玄宗藉田诏曰："诸州应发遣防丁，去本贯一千里已上，比来除正课之外，给一丁充资，多不济办，宜更量与资助。"[3]此诏虽颁布于开元二十三年（公元735年），但从措辞来看，防丁可"给一丁充资"在籍田赦书颁布之前已形成制度，玄宗下诏重申而已。防丁征发，可免除一人课役，由其提供钱物资助防丁。《唐开元二十四年岐州郿县县尉判集（敦煌文书伯二九七九号）》载："初防丁竞诉，衣资不充，合得亲怜（邻）借助。"[4]反映了被差点的防人，须亲邻资助衣资情况，可推知被免除课役资助防丁者通常为被征发者之亲邻。敦煌写本《水部式》载："（水手）宜二年与替，不烦更给勋赐，仍折免将役年及正役年课役。兼准屯丁例，每夫一年各帖一丁，其丁取免杂徭人家道稍殷者，人出二千五百文资助。"[5]唐政府为了达到免除更给屯田丁勋赐的目的，要求帖助夫给每名屯田防丁资助二千五百文。

可见，唐代前期，屯田士兵的待遇处于一种不规范的状态。府兵有番上宿卫之责、有侍官之荣，但须自备资装、负担沉重。兵募可以得到绢布相杂的行赐与程粮，防丁可以得到二千五百文帖助之资，但相关待遇均见诸诏敕，

---

〔1〕（宋）王钦若等编：《宋本册府元龟·卷一三五·帝王部·愍征役》，中华书局1989年版，第150页。

〔2〕（唐）白居易：《白孔六帖·卷五七·军资粮》引《衣赐式》（文渊阁四库全书本）。

〔3〕（清）董诰等编：《全唐文·卷二八七·藉田赦书》，中华书局1983年版，第2919页。

〔4〕薄小莹、马小红："《唐开元二十四年岐州郿县县尉判集（敦煌文书伯二九七九号）》研究——兼论唐代勾征制"，载北京大学中国中古史研究中心编：《敦煌吐鲁番文献研究论集》，陈乃乾点校，中华书局1982年版，第617页；潘春辉："P.2979《唐开元廿四年岐州郿县县尉牒判集》研究"，载《敦煌研究》2003年第5期，第78页。

〔5〕唐耕耦、陆宏基编：《敦煌社会经济文献真迹释录》（第2辑），全国图书馆文献缩微复制中心1990年版，第577~578页，转引自戴建国："唐《开元二十五年令·田令》研究"，载《历史研究》2000年第2期，第47页。

而非成文法典，临时恩赐的色彩比较浓厚。

（二）唐代中后期屯田军民的待遇

玄宗中后期，募兵制逐渐取代征兵制，防人的待遇也有所提高。开元二十五年（公元737年），玄宗《命诸道节度使募取丁壮诏》称：

> 令中书门下与诸道节度使，……取丁壮情愿充健儿长任边军者，每岁加于常例，给田地屋宅，务加优恤，便得存济。[1]

《唐六典》亦载：

> 开元二十五年（公元737年）敕，……自今已后，诸军镇量闲剧、利害，置兵防健儿，于诸色征行人内及客户中召募，取丁壮情愿充健儿长住边军者，每年加常例给赐，兼给永年优复；其家口情愿同去者，听至军州，各给田地、屋宅。人赖其利，中外获安。是后，州郡之间永无征发之役矣。[2]

依《唐六典》所载，征兵制自此废除，"长住边军者"系从诸色征行人及客户中所召募的健儿。作为召募的条件，官府"每年加常例给赐，兼给永年优复"，即在兵募衣赐的基础之上再给予"永年优复"；如有家口愿意同去边地，则"各给田地、屋宅"。前引《唐六典》"卫士防人以上，征行或在镇及番还……并给身粮"之记载及《定屯官叙功诏》"镇戍地可耕者，人给十亩以供粮"之规定均发生在玄宗时期。综合这些史料来看，募兵屯田可获得衣服、粮食的供应，但除家口一并到边地常住外，前述供应只限于其本人。同时，屯田防人粮食的赐予也可采用变通的方式，"人给十亩以供粮"，即从其劳动的屯田中每人取十亩地的收获物供应之。

吐鲁番出土文书记载："乙耳烽床四亩，耒得籽三硕三斗二升□。"[3]依

---

〔1〕（清）董诰等编：《全唐文·卷三一·命诸道节度使募取丁壮诏》，中华书局1983年版，第345页。

〔2〕（唐）李林甫等：《唐六典·卷五·兵部郎中》，陈仲夫点校，中华书局1992年版，第156~157页。

〔3〕国家文物局古文献研究室、新疆维吾尔自治区博物馆、武汉大学历史系编：《吐鲁番出土文书》（第8册），文物出版社1987年版，第388~389页。

此推算，乙耳烽亩产当在八斗三升，"这是迄今仅见的军屯田亩产粟的数据"[1]。史籍中有关屯田亩产量的记载为唐代后期之事。《新唐书·食货志》载：

> 元和中，……以韩重华为振武、京西营田、和籴、水运使，起代北，垦田三百顷，出赃罪吏九百余人，给以耒耜、耕牛，假种粮，使偿所负粟，二岁大熟。因募人为十五屯，每屯百三十人，人耕百亩，……垦田三千八百余顷，岁收粟二十万石，省度支钱二千余万缗。[2]

韩重华屯田代北，垦田三千八百余顷，但依"十五屯每屯百三十人，人耕百亩"计，实际屯田一千九百五十顷，岁收粟二十万石，平均亩产量为一石略余。《资治通鉴》对此事的记载略有不同："绛命度支使卢坦经度用度，四年之间，开田四千八百顷，收谷四千余万斛"[3]，亩产量约为0.83石，与乙耳烽屯田亩产相当。李翱《平赋书》："一亩之田，以强半弱，水旱之不时，虽不能尽地力者，岁不下粟一石。"[4]就普通民田而言，以粟而论，唐代亩产量基本上在一石以上。前引乙耳烽亩产量略低可能与边地土壤贫瘠、水源不丰有关。

若以亩产一石粟为标准，则"人给十亩以供粮"相当于每年提供十石粟。以《太白阴经》所载"六分支米"[5]的原则，十石粟约合米六石，每日所食约为一升六合四勺。代宗时，时人议论曰："自天宝至今，户九百余万。……少壮相均，人食米二升，日费米百二十六万斛，岁费四万五千三百六十万斛，……"[6]既然"少壮相均人食米二升"，则壮者所食当在二升以上。屯田士卒当以壮者居多，依"人给十亩以供粮"的标准，每日所得食仅能吃到约八成饱，一些土地较贫瘠的屯田区域境况可能更差一些。

---

〔1〕 赵吕甫："关于唐代前期军屯田经营管理的几个问题"，载《四川师范学院学报（哲学社会科学版）》1989年第4期，第47页。

〔2〕 （宋）欧阳修、宋祁：《新唐书·卷五三·食货志三》，中华书局1975年版，第1373页。

〔3〕 （宋）司马光编著：《资治通鉴》卷二三九，中华书局1956年版，第7697页。

〔4〕 （唐）李翱：《李文公集·卷三·平赋书》（影印本）四部丛刊集部。

〔5〕 （唐）李荃：《神机制敌太白阴经·卷五·预备·屯田篇》，载刘先廷译注：《太白阴经译注》，军事科学出版社1996年版，第208页。

〔6〕 （宋）欧阳修、宋祁：《新唐书·卷五四·食货志四》，中华书局1975年版，第1387页。

从府兵、兵募到长征健儿（募兵），士兵服役的徭役色彩渐轻，所享受的待遇渐趋丰厚。征兵制为募兵制取代之后，军屯与民屯在劳动力的获得方式上趋于一致，即都由招募而得。故玄宗之后的屯田军民待遇可合一讨论，不必严格区分军屯与民屯。

建中元年（公元 780 年）四月，宰相杨炎请置屯田于丰州，发关辅民凿陵阳渠以增溉。京兆尹严郢尝从事朔方，知其利害，以为不便，于是接连上疏：

……上秦地膏腴，田称第一，其内园丁皆京兆人，于当处营田，月一替，其易可见。然每人月给钱八千，粮食在外，内园丁犹僦募不占奏令府司集事。计一丁岁当钱九百六十、米七斛二斗，计所僦丁三百，每岁合给钱二万八千八百贯、米二千一百六十斛。不知岁终收获几何？臣计所得不补所费。况二千余里，发人出塞屯田，一岁方替，其粮谷从太原转饷，运直至多。又每人须给钱六百三十、米七斛二斗，私出资费，数又倍之。[1]

严郢所奏透露出如下信息：①内苑屯田僦募之人"每人月给钱八千"，尚有粮食在外，"计一丁岁当钱九百六十、米七斛二斗"；②若发人出塞屯田，则"每人须给钱六百三十、米七斛二斗"。严郢奏文透露出来的信息比之前引开元二十五年（公元 737 年）诏、定屯官叙功诏及《唐六典》所载具体、细致得多，可作为屯田军民所得待遇的依据。《神机制敌太白阴经》曰："一军一万二千五百人，人日支米二升，一月六斗，一年七石二斗，一军一日支米二百五十石，一月七千五百石，一年九万石。"[2]给米数量与前文所引代宗时人言论相符，也恰与严郢所奏相符。可见，代宗时期屯田军民每年大约可以得到"七石二斗米"外加六百至九百贯钱。

建中三年（公元 782 年）前后，"徐申迁韶州刺史，按：公田之废者，募人假牛犁垦发，以所收半畀之，岁入三万斛"。[3]史籍中未记载徐申所募屯民每年所收的绝对数，但"以所收半畀之"较之屯田士兵"人给十亩以供粮"

〔1〕（清）董诰等编：《全唐文·卷三七二·奏五城旧屯兵募仓储等数疏》，中华书局 1983 年版，第 3781 页。

〔2〕（唐）李筌："神机制敌太白阴经·卷五·预备·人粮马料篇"，载刘先廷译注：《太白阴经译注》，军事科学出版社 1996 年版，第 209 页。

〔3〕（宋）欧阳修、宋祁：《新唐书·卷一四三·徐申传》，中华书局 1975 年版，第 4694 页。

之比例来说，要高出很多。《李文公集》对徐申屯田之事记载更为详细：
"……乃募百姓以力耕公田者，假之牛犁、粟种与食，所收其半与之，不假牛犁者三分与二。"[1]可见，若不借用官府所提供的牛犁，屯民所获比例更高，达三分之二。

贞元三年（公元 787 年），李泌上复府兵之策时主张：

> ……命诸冶铸农器籴麦种，分赐沿边军镇，募戍卒，耕荒田而种之，约明年麦熟倍偿其种，其余据时价五分增一，官为籴之。来春种禾亦如之。……
>
> 戍卒因屯田致富，则安于其土，不复思归。旧制，戍卒三年而代，及其将满，下令有愿留者，即以所开田为永业。家人愿来者，本贯给长牒续食而遣之。[2]

依李泌之主张，屯田军民耕荒田之后只需"倍偿麦种"即可，剩余麦子由官府加价百分之二十收购，待遇较每年"七石二斗米"又高出许多。从"上曰：'善！'即命行之"的结果来看，李泌的主张得到了采纳。此外，依李泌之意，屯田戍卒屯戍期满愿留边地者，还可"以所开屯田为永业"，家人愿来者官为遣之，得到了戍卒的积极响应——"戍卒应募，愿耕屯者什五六"。

贞元八年（公元 792 年）左右，陆贽主张募人移徙边城，"募人至者，每家给耕牛一头，又给田农水火之器，皆令充备。初到之岁，与家口二人粮，并赐种子，劝之播植，待经一稔，俾自给家。若有余粮，官为收籴，各酬倍价，务奖营田"[3]。依陆贽之意，屯田军民每家可得耕牛一头，田农水火之器若干，到边地第一年每家可获得二人口粮，粮食种子；待其自给并有余粮之后，由官府加倍收购，较之李泌之建议，屯田军民待遇又得到提升，史载"德宗极深嘉纳，优诏褒奖之"。

宣宗大中三年（公元 849 年）八月《收复河湟德音》：

> ……凤翔、邠宁、灵武、泾原四道长吏，能各于镇守处遣官健耕垦营田，

---

〔1〕 （唐）李翱：《李文公集·卷一九·徐公行状》（影印本）四部丛刊集部。

〔2〕 （宋）司马光编著：《资治通鉴》卷二三二，中华书局 1956 年版，第 7494 页。

〔3〕 （唐）陆贽：《陆宣公全集·卷九·论缘边守备事宜状》，世界书局 1936 年版，第 123 页。

即度支给赐牛粮子种，每年量得斛斗多少，便充军粮，亦不限约定数。三州七关镇守官健，每人给衣粮两分，一分依常年例支给，一分度支加给。仍二年一替换，其家口委长吏切加安存。官健有庄田户籍者，仰州县放免差役。……〔1〕

制文称官健耕垦营田，可从度支处得到耕牛、种子等生产资料，但无权获得收获物。官健可以获得两份衣粮，二年一替换，有庄田户籍者可放免差役。从形式上看，这一做法又回到了征兵制下兵募获得行赐程粮的老路上。另，"亦不限定约数"改变了唐代前期屯田生产需完成计划所定任务的法律规范，可视为唐代后期屯田法制的又一大变化。

总之，唐代中后期，屯田军民可以获得一定的土地用于粮食供应，还可以获得耕牛、种子等其他生产资料，甚至到边地耕垦的家人也可获得一定的安置。可见，屯田军民的待遇得到了提高且逐步趋于规范化。

### 二、屯田军民的负担

屯田军民可以从官府获得一定的物质待遇，同时必须提供屯垦劳役。从前引元和年间韩重华屯田代北的史料中可以看出，这种劳役是有一定标准的：①赃罪吏九百余人垦田三百顷，人均屯田三十余亩；②"募人为十五屯，每屯百三十人，人耕百亩"；③五千顷屯田"法用人七千"，表明当时的制度是人耕七十余亩。人均耕种三十余亩、百亩、七十余亩等不同的劳役标准，可能跟屯田劳动者的具体身份、所开垦的土地类型、耕种条件等有一定的关联性。

当然，除粮食生产之外，屯田军民还需牧养牲畜。前引敦煌出土 P.2754 文书载：

…………

74　兵下养驹，驹何好而抑买。城局专行粗杖，岂是使人之方。牛子

75　无事再答，难见牧群之失。况营农之务，本资气力。悦喻之法，

　　…………〔2〕

---

〔1〕（宋）宋敏求编：《唐大诏令集·卷一三〇·收复河湟德音》，中华书局 2008 年版，第 709 页。

〔2〕唐耕耦、陆宏基编：《敦煌社会经济文献真迹释录》（第 2 辑），全国图书馆文献缩微复制中心 1990 年版，第 613~614 页。刘俊文认为，此文书可能是高宗麟德二年（公元 665 年）前后安西都护府判集，见刘俊文：《敦煌吐鲁番唐代法制文书考释》，中华书局 1989 年版，第 470 页。

从判文中"兵下养驹,驹何好而抑买","牛子无事再答,难见群牧之夫"等措辞来看,除耕种之外,牧养牲畜也是屯田军民的一项工作内容。《旧唐书》载:"贞观中,李靖破吐谷浑,侯君集平高昌,阿史那社尔开西域,置四镇。前王之所未伏,尽为臣妾,秦汉之封域,得议其土境耶!于是岁调山东丁男为戍卒,缯帛为军资,有屯田以资糗粮,牧使以娩羊马。"[1]解梅认为,古籍的这一记载与出土文书相吻合,都表明驻守西域的戍卒既要屯田又要放牧。此外,边地驻军本身拥有大量马匹,对这些马匹的牧放和其他畜牧之事,都属于屯戍的活动。[2]

无论是耕种田地,还是畜牧羊马,本质上都是一种农业生产。农业生产受自然条件影响较大,农民往往需要辛勤劳动、注重精耕细作或小心呵护才能获得些许收益。在农业生产技术并不发达的唐代,对自然条件的依赖就更是突出了。同时,人的因素也是农业生产中不可忽视的重要内容。因此,唐代屯田劳役的内容除农业劳动本身之外,还包括对自然条件带来的客观困难和主观方面消极因素的克服。因此,对唐代屯田军民屯垦劳役的理解,不能局限于定额的劳动量,还应当考察以下两方面内容:

(一)恶劣自然环境带来的客观困难

唐代屯田军民面临的首要困难就是适应恶劣的自然环境,这一点在边地屯田中尤为突出。试以西域屯田分析如下:

太宗灭高昌,于其地置西州,"每岁遣千余人,而远事屯戍",黄门侍郎褚遂良劝谏时提及"高昌涂路,沙碛千里,冬风冰冽,夏风如焚,行人遇之多死"[3]。西域屯田环境之险恶可见一斑。开元时,田慎请停安西四镇时称:"安西路远,沙碛极深,国家镇遏,甚为劳弊。"[4]沙碛之地,水源稀少,气候恶劣,生存已是极为不易,屯田劳作更是难以展开。唐人戴叔伦曾作诗备言屯田军民之辛劳,诗曰:

春来耕田遍沙碛,老稚欣欣种禾麦。

---

〔1〕 (后晋)刘昫等:《旧唐书·卷一九六·吐蕃传》,中华书局1975年版,第5236页。

〔2〕 解梅:"P.2754《唐安西判集残卷》研究",载《敦煌研究》2003年第5期,第92~93页。

〔3〕 (唐)吴兢:《贞观政要·卷九·安边第三十六》,张燕婴等译注,中华书局2012年版,第307页。

〔4〕 (清)董诰等编:《全唐文》卷一七四,中华书局1983年版,第1769页。

麦苗渐长天苦晴，土干确确锄不得。

新禾未熟飞蝗至，青苗食尽馀枯茎。

捕蝗归来守空屋，囊无寸帛瓶无粟。

十月移屯来向城，官教去伐南山木。

驱牛驾车入山去，霜重草枯牛冻死。

艰辛历尽谁得知，望断天南泪如雨。[1]

　　耕种"沙碛"，到麦苗初长时天旱无雨，飞蝗食尽未熟新禾以至无帛无粟，再到被迫移屯后严霜冻死老牛，诗人在寥寥数语中将屯田军民面临的困难一一道来，虽系艺术加工，但也可从中窥见屯田的恶劣环境与劳作的异常艰辛。据《西州图经残卷》载："大海道：右道出柳中县界，……无草，行旅负水担粮，履践沙石，往来困弊。"[2]西域柳中屯所在地柳中县多沙少水无草，行旅之人虽往来困弊但仅路过而已，其艰难困苦只在一时，而屯田军民则需长期戍守、劳作，个中艰辛非行旅之次所能体会。高适诗曰："……边风飘飘那可度，绝域苍茫更何有。杀气三时作阵云，寒声一夜传刁斗。……"[3]岑参也有诗曰："君不见走马川行雪海边，平沙莽莽黄入天。轮台九月风夜吼，一川碎石大如斗，随风满地石乱走。……"[4]"边风飘飘""绝域苍茫"，"平沙莽莽"、夜风怒吼，就是边陲屯田将士所处环境的真实写照。自然环境极其恶劣，而边地屯田军民在"野营万里无城郭，雨雪纷纷连大漠"的情况下，依旧"白日登山望烽火，黄昏饮马傍交河"[5]，其艰辛非常人所能忍受。万岁通天元年（公元696年）郭元振议四镇事曰："关陇之人，久事屯戍，向三十年，力用困竭。"[6]西域环境极为恶劣，关陇之人三十年如一日在安西四镇戍守、屯田，无怪乎力用困竭。

　　除西域屯田外，其他边地屯田军民也面临同样的问题。"天宝八载（公元

---

〔1〕（清）曹寅等：《全唐诗·卷二七三·屯田词》，中华书局1960年版，第3065页。

〔2〕唐耕耦、陆宏基编：《敦煌社会经济文献真迹释录（一）》，书目文献出版社1986年版，第54页。

〔3〕（清）曹寅等：《全唐诗·卷二一三·燕歌行并序》，中华书局1960年版，第2217~2218页。

〔4〕（清）曹寅等：《全唐诗·卷一九九·走马川行奉送封大夫出师西征》，中华书局1960年版，第2059页。

〔5〕（清）曹寅等：《全唐诗·卷一三三·古从军行》，中华书局1960年版，第1348页。

〔6〕（宋）欧阳修、宋祁：《新唐书·卷一二二·郭元振传》，中华书局1975年版，第4361页。

749 年），木剌山始筑横塞军及安北都护府，诏（郭子仪）即军为使。俄苦地偏不可耕，徙筑永清，号天德军。"〔1〕"地偏不可耕"五字道出静塞军、天德军所处之木剌山等地难以耕种的状况，屯田的艰难可想而知。《太平广记》载：薛楚玉命刘洪为檀州太和屯官，"洪将人吏到屯，屯有故墟落，洪依之架屋，匠人方运斧而度，木自折举，击匠人立死"〔2〕。张泽咸指出，"由此可以反映边地置屯的艰苦性"〔3〕。

贞元时宰相陆贽指出："穷边之地，千里萧条，寒风裂肤，惊沙惨目，与豺狼为邻伍，以战斗为嬉游，昼则荷戈而耕，夜则倚烽而觇，日有剽害之虑，永无休暇之娱，地恶人勤，于斯为甚。自非生于其域，习于其风，幼而睹焉，长而安焉，不见乐土而不迁焉，则罕能宁其居而狎其敌也。"〔4〕可以说是对边地屯田军民生存环境和劳役状况的综合概括，屯田军民面临的客观困难由此可见一斑。

以上所论虽仅针对边地屯田而言，并非唐代屯田之全貌，但边地屯田是唐代屯田的主要组成部分，具有较强的代表性，且内地屯田尽管在水利、气候方面有一定的优势，但若取荒地置屯，劳动强度也比一般农业生产要大，因此上文所论可以作为对唐代屯田军民所面临客观困难的窥斑见豹式的理解。

（二）远离家乡、人身安全缺乏保障带来的精神痛苦

除身体上的劳累之外，屯田军民远离家乡，还要忍受精神上的痛苦与煎熬。褚遂良谏太宗时即指出戍卒之痛苦——"终年离别，万里思归"〔5〕。唐代诗人以此为主题写下了大量优美的诗篇。如岑参《碛中作》曰："走马西来欲到天，辞家见月两回圆。今夜不知何处宿，平沙万里绝人烟。"〔6〕两回见到月圆，尚未到达屯戍之所；回头看时，四处平沙万里，家已远在天边。李白《关山月》："明月出天山，苍茫云海间。长风几万里，吹度玉门关。汉下白登道，胡窥青海湾。由来征战地，不见有人还。戍客望边色，思归多苦颜。高

〔1〕（宋）欧阳修、宋祁：《新唐书·卷一三七·郭子仪传》，中华书局 1975 年版，第 4599 页。

〔2〕（宋）李昉等：《太平广记》卷三三一，中华书局 1961 年版，第 2633 页。

〔3〕张泽咸：《晋唐史论集》，中华书局 2008 年版，第 299 页。

〔4〕（清）董诰等编：《全唐文·卷四七四·论缘边守备事宜状》，中华书局 1983 年版，第 4838 页。

〔5〕（唐）吴兢：《贞观政要·卷九·安边第三十六》，张燕婴等译注，中华书局 2012 年版，第 307 页。

〔6〕（清）曹寅等：《全唐诗·卷二〇一·碛中作》，中华书局 1960 年版，第 2109 页。

楼当此夜，叹息未应闲。"[1]诗中所写虽是戍客的思乡之情，看似与屯田军民无关，但从事屯田之防人、罪犯乃戍边将士之一部，思乡之情当无二致。高适《燕歌行》"铁衣远戍辛勤久，玉箸应啼别离后。少妇城南欲断肠，征人蓟北空回首"之句与之有异曲同工之妙。前引戴叔伦《屯田词》称屯田军民"艰辛历尽谁得知，望断天南泪如雨"，艰辛历尽仍生活无着，愁苦之际"望断天南"，盖因故乡在"天南"之故。在古代安土重迁的传统下，屯田士卒远离家乡，在某些方面与流放没有本质区别[2]，其精神上的痛苦可想而知。

　　除思乡之痛，边地屯田往往靠近唐代与周边少数民族政权对峙之前线，由于征战频繁，屯田军民人身安全受到极大威胁。吐鲁番出土《唐载初元年后牒为屯人被贼事》文书中有：

3　牒：得牒称，前件人去七月内被差向安

4　西收屯，彼日并发，便向□□□□私归□□

5　收屯人赵臧、孙达、田海祀等三人□□□

6　□金□三更里，乃被贼人剥脱去[3]

　　文书中记载的三名收屯人从西州被差往安西收屯[4]，竟"被贼人剥脱去"，屯田军民人身安全方面的威胁可见一斑。此外，据史籍记载，与唐朝常年征战的吐蕃就对唐蕃沿边屯田进行了多次破坏。"每岁积石军麦熟，吐蕃辄来获之，无能御者，边人谓之'吐蕃麦庄'"[5]；天宝八载（公元749年），陇右节度使哥舒翰率领唐军攻下石堡城后，"遣兵于赤岭西开屯田，以谪卒二千戍龙驹岛，冬冰合，吐蕃大集，戍者尽没"。此后，吐蕃更是连年犯边。永泰元年（公元765年），"虏徙营九嵕之阴，掠醴泉居人数万，焚室庐，田皆赤地。……以兵五千掠白水，残同州"；大历八年（公元773年）八月，"虏六万骑侵灵州，败民稼，进寇泾、邠，……略数千户"；大历十三年（公元

〔1〕　（清）曹寅等：《全唐诗·卷一六三·关山月》，中华书局1960年版，第1691页。

〔2〕　屯田起源于秦汉时徙民实边之策即部分地说明了这一点。

〔3〕　荣新江、李肖、孟宪实主编：《新获吐鲁番出土文献》（上），中华书局2008年版，第18页。

〔4〕　刘子凡认为："这些人很可能是从西州被差向安西的，这或许可以说明当时安西不在西州。"参见刘子凡：《瀚海天山——唐代伊、西、庭三州军政体制研究》，中西书局2016年版，第209页。

〔5〕　（宋）司马光编著：《资治通鉴》卷二一五，中华书局1956年版，第6878页。

778 年）正月，"四万骑寇灵州，塞汉、御史、尚书三渠以扰屯田，……残盐、庆而去。乃南合南诏众二十万攻茂州，略扶、文，遂侵黎、雅"；贞元二年（公元 786 年），"犯泾、陇、邠、宁，掠人畜，败田稼"；贞元四年（公元 788 年）五月，"虏三万骑略泾、邠、宁、庆、鄜五州之鄙，焚吏舍民阎，系执数万"[1]；贞元八年（公元 792 年）四月"壬子，吐蕃寇灵州，陷水口支渠，败营田"[2]。《新唐书》称其"寇泾州，掠田军千人"[3]。以上六次侵扰，明言扰屯田、掠田军者虽只有两次，但几乎每次都会"掠居人""焚庐室"，甚至"系执数万"，身处前线的屯田军民自然难以幸免，这一境遇正如前引陆贽所说"日有剽害之虑，永无休暇之娱"。在这种环境下从事屯田劳役，精神长期处于高度紧张的状态，较之内地编户齐民田间耕作，劳动强度明显要大一些。

诚然，上文所论限于边地屯田军民精神方面的痛苦，内地屯田军民由于离家较近甚至就地屯垦，相对而言这方面的痛苦会稍轻一些。

（三）衣赐发放不及时带来的额外负担

衣赐是屯田军民待遇的重要组成部分，也是屯田军民安身立命的物质基础。若衣赐发放不及时，则会给屯田军民的生活带来困难，增添额外的负担。

从史籍记载来看，唐太宗及唐高宗初期衣资还能按时颁给，此后则时常拖欠。麟德元年（公元 664 年）十月，检校熊津都督刘仁轨上言：

臣伏睹所存戍兵，疲赢者多，勇健者少，衣服贫敝，唯思西归，无心展效。……臣又问："曩日士卒留镇五年，尚得支济，今尔等始经一年，何为如此单露？"咸言："初发家日，惟令备一年资装；今已二年，未有还期。"臣检校军士所留衣，今冬仅可充事，来秋以往，全无准拟。陛下……今既资戍守，又置屯田，所借士卒同心同德，而众有此议，何望成功！[4]

刘仁轨"渐营屯田，积粮抚士，以经略高丽"[5]，但所属戍兵"疲赢者多，勇健者少，衣服贫敝，唯思西归"，仁轨担忧难以成功，遂上书高宗。表

〔1〕（宋）欧阳修、宋祁：《新唐书·卷二一六·吐蕃传》，中华书局 1975 年版，第 6089~6098 页。
〔2〕（宋）司马光编著：《资治通鉴》卷二三四，中华书局 1956 年版，第 7530 页。
〔3〕（宋）欧阳修、宋祁：《新唐书·卷二一六·吐蕃传》，中华书局 1975 年版，第 6098 页。
〔4〕（宋）司马光编著：《资治通鉴》卷二〇一，中华书局 1956 年版，第 6340~6341 页。
〔5〕（后晋）刘昫等：《旧唐书·卷八四·刘仁轨传》，中华书局 1975 年版，第 2792 页。

文中详细记述戍卒之言，从中可以窥知士气低迷的原因在于虚立赏赐，勋官地位低下，抚恤不周以及衣赐不能及时发放等多个方面。戍卒以一年资装支持二年有余，衣服单露，其困弊不言自明。

1973年阿斯塔那第173号墓出土《武周智通拟判为康随风诈病避军役等事》载：“奉敕伊、西二州占募强兵五百，官赐未期至日，私家借便资装。……”[1]该文书形成时间在圣历元年（公元698年）九月至神龙元年（公元705年）间，虽系拟判，但“官赐未期到日，私家借便资装”等内容，亦可从侧面反映出武周后期可能就出现了拖欠兵募衣赐之事。

《唐永泰元年—大历元年河西巡抚使判集（伯二九四二）》中有数篇判词涉及衣赐发放不及时的问题，如《豆卢军兵健卅九人无赐》《甘州兵健冬装，肃州及瓜州并诉无物支给》《甘州欠年支粮及少冬装》《甘州兵健月粮，请加全支》；其他判词也有间接涉及此问题者，如《建康军请肃州多乐屯》《条目处置冬装粮料烽铺事》《关东兵马使请加米》等。[2]永泰元年（公元765年）闰十月至大历元年（公元766年）五月，短短七个月的时间之内，竟然有约十篇判词涉及这一问题，可见衣粮之赐不能及时、足额发放的问题非常普遍。这一局面的形成虽有“艰难之际，转输未通”的原因，更多的恐怕离不开人为因素，如长官克扣、掺杂使假等。

文宗时，岁发戍卒备御南诏，但“为将者刻薄自入，给帛则以疏易良，赋粟以沙参粒”[3]，以致“边卒怨望而巴、蜀危忧”。武宗时曾下诏：“自长庆以还，益轻边事，选拔将帅，多非贤良，豪夺种落蹄角之畜，割削士卒衣食之赐，见利则往，见弱则欺，罔酬恩荣，不顾廉耻，积帛藏锢，丘累陵聚，是以战士离落，兵甲印弊。”[4]诏书极力谴责将领贪赃舞弊之举，从中可以看

---

〔1〕 国家文物局古文献研究室、新疆维吾尔自治区博物馆、武汉大学历史系编：《吐鲁番出土文书》（第8册），文物出版社1987年版，第492~493页。

〔2〕 判词全文可见唐耕耦、陆宏基编：《敦煌社会经济文献真迹释录》（第2辑），全国图书馆文献缩微复制中心1990年版，第620~631页。亦可参见安家瑶：“《唐永泰元年——大历元年河西巡抚使判集（伯二九四二）》研究”，载北京大学中国中古史研究中心编：《敦煌吐鲁番文献研究论集》，陈乃乾点校，中华书局1982年版，第232~243页。

〔3〕 （宋）欧阳修、宋祁：《新唐书·卷二一五·突厥传》，中华书局1975年版，第6027页。

〔4〕 （清）董诰等编：《全唐文·七四九·朱叔明授右武卫大将军制》，中华书局1983年版，第7760~7761页。

出，克扣士卒衣食之赐的现象在边帅中比较常见。会昌六年（公元846年）八月，武宗又在诏敕中指出："夏州等四道土无丝蚕，地绝征赋，自节度使以下，俸料赏设，皆克官健衣粮，所以兵占虚名，军无战士，缓急寇至，无以支敌，将欲责课，又皆有词。……"〔1〕可见，克扣官健衣粮在夏州、灵武、振武和天德等地非常普遍，且对朝廷的课责都有应对之辞，武宗对此竟无可奈何。

衣赐关乎屯田军民的实际生活，不能及时领受将影响到屯田军民的生活质量乃至生存状态，给屯田军民带来额外负担。衣赐不能及时、足额发放使规范层面屯田军民应当得到的待遇在事实层面大打折扣，对屯田军民的法律地位产生了消极的影响。

从法律关系的角度看，主体的法律地位集中体现为其所享有的权利与所承担义务两方面内容。对于唐代屯田法律关系而言，其内容无法用"权利—义务"的话语体系加以描述，"待遇—负担"或许更能准确概括唐代屯田军民的法律地位。唐代屯田军民从官府处获得的衣赐、从他人处获得的帖助等构成了其屯田劳动的待遇，获得这些待遇须以提供一定标准的屯田力役为前提。由于自然环境比较恶劣，所耕种土地往往需临时开垦，屯田劳动艰辛异常，边地屯田尤为突出。屯田军民远离家乡，思乡之情贯穿于劳动过程中；边地屯田更是时刻面临袭扰，人身安全得不到保障，这些都构成屯田军民精神上的负担。从官府获得有限的物质待遇，承受着精神上的痛苦，在气候和环境恶劣的蛮荒之地常年从事垦殖、耕种与戍边活动，这便是唐代屯田军民法律地位的集中体现。

综上所述，唐代屯田管理法制主要由两部分内容构成：其一，屯田管理者的职责。从出土文书的内容来看，唐代屯田管理涉及屯种面积、作物类型、催督耕种等日常管理，屯田用牛的管理，屯垦收获物及时纳仓以及相关考核，屯田违法行为的查处等方方面面。其二，屯田劳动者的待遇与负担所体现出来的屯田军民的法律地位。从现有资料来看，唐代屯田军民的待遇缺乏成文法典层面的依据，多由诏敕进行规范，临时性恩赐的特点比较突出。其困难与负担除屯垦劳役本身之外，还包括恶劣自然环境带来的客观困难，以及远离家乡、人身安全难以保障带来的精神痛苦。此外，衣赐不能及时发放也给屯田军民带来了额外负担。

---

〔1〕（宋）王钦若等编：《宋本册府元龟·卷五〇八·邦计部·俸禄》，中华书局1989年版，第1279页。

第七章

# 唐代屯田法制的实效
## ——以屯田判词为中心的考察

### 第一节　法的实效及其评判标准

#### 一、法的实效

（一）法的实效的含义

法的实效或法律实效，是法律社会学上的一个重要概念。法律作为一种社会规则体系，从实在法的角度来看，制定的目的就在于对人们的行为进行调整，以实现立法者所期望的现实法律秩序。法律如果不能得到遵守和执行，其效力就无法实现。法律效力得到实现以及实现后所产生的社会影响，就是法的实效范畴。凯尔森首次系统地阐述了法的效力与法的实效关系理论。他认为二者是两个截然不同的概念：法律效力是指法律规范（norm）的特殊存在，"说一个规范有效力就是说我们假定它的存在，或者就是说，我们假定它对那些其行为由它所调整的人具有'约束力'"。而法的实效则是法律规范"约束力"的实际效果，是法律效力的一个条件。[1]魏德士将法的实效与法律效力、道德效力并列，共同作为"规范效力"的下位概念，并认为公众对法律的尊重和遵守是法的实效获得的途径。[2]

我国学者主要从三个角度界定法的实效：其一，从法律实施产生的效果角度界定其概念。如赵震江认为："法律实现效果，就是法律为了实现其目的而通过调整社会关系所产生的实际结果而对整个社会所发生的客观影响或效

---

〔1〕［奥］凯尔森：《法与国家的一般理论》，沈宗灵译，中国大百科全书出版社1996年版，第31~45页。

〔2〕［德］伯恩·魏德士：《法理学》，丁小春、吴越译，法律出版社2003年版，第154~155页。

应。"[1]其二，从法律效力角度界定法的实效。如张根大将法律效力划分为应然法律效力与实然法律效力，认为法的实效即实然法律效力，指法律在时间、地域、对象和事项四个维度中所具有的实然国家强制作用力。[2]其三，从法的执行、适用和遵守的角度界定法的实效。如沈宗灵、张文显等认为，法的实效是指"具有法律效力的制定法在社会生活中被执行、适用和遵守的实际情况，即法的实际有效性"。[3]这些观点各有利弊，考虑到法的实效与法律效力的内在差异，以及法的实效源于法的运行，本书赞同从第三种角度对法的实效作出的界定，即认为法的实效是在法律运行过程中法律效力得以实际发挥的程度和水平。

（二）法的实效的评判标准

由于法的实效的产生过程就是立法目的的实现过程，因而立法目的是衡量法律实效的基本标准，或称内在标准[4]。立法目的是立法者用法律调整社会关系的预期目标，而法的实效是法律运行的实际结果，二者是否一致以及相一致的程度决定了法的实效的优劣。[5]在此基本标准之下，还可以确立其他具体标准。法的实效来源于法的运行过程，尤其是执法、司法与守法环节。因此，执法机关、司法机关是否依法律文本处理案件，公民是否依照法律规范建立法律关系并确定双方的权利义务，也是考察法的实效的重要标准。相对而言，这些标准可以被称为过程意义的标准或外在标准。

## 二、唐代屯田判词

（一）判词是考察唐代屯田法实效的有效方式

鉴于法律实效的内在评判标准具有很强的主观性，探究古代立法者的主观意图比较困难，故依外在标准对古代法律的实效进行考察和评判更加切实可行。如前所述，法的运行过程是法的实效赖以产生的重要环节，故考察某一部法律（或某一类法律规范）的实效，可从该法的运行过程入手，即考察

---

〔1〕 赵震江主编：《法律社会学》，北京大学出版社 1998 年版，第 308 页。

〔2〕 张根大：《法律效力论》，法律出版社 1999 年版，第 202 页。

〔3〕 张文显主编：《法理学》，高等教育出版社、北京大学出版社 2003 年版，第 228 页。

〔4〕 陈明："论法律实效的评判"，载《甘肃理论学刊》2006 年第 6 期，第 110 页；陈明："论法律实效评判的方法和标准"，载《辽宁行政学院学报》2007 年第 5 期，第 42~44 页。

〔5〕 赵震江主编：《法律社会学》，北京大学出版社 1998 年版，第 308 页。

执法机关的执行过程、司法机关的法律适用过程，以及公民自觉依法调整交往行为的过程。由于中国古代没有严格的权力划分观念，不存在分立的司法与行政机关，因此从法律史的角度考察古代法律的实效，需将执法与司法环节合而为一，综合考察官府对法律规范的具体落实。对唐代屯田法律实效的探讨，也应当依此原则进行。

根据前文所界定的法的实效概念，可以将唐代屯田法的实效理解为，以成文法典和诏敕为表现形式的屯田法律体系在实践中被遵守和执行的实际情况。唐代屯田法律规范主要属于行政法范畴，侧重规制官府对屯田事务的管理行为，而百姓自觉遵守屯田法规范调整自身行为的内容并不突出，故对唐代屯田法实效的考察应围绕官员对屯田事务的处理过程来展开。唐代官员处理屯田事务时，往往以判词的形式留下文字记录。判词的内容可以比较客观地反映制判者对屯田法的理解程度，以及运用屯田法律规范解决屯田事务的过程，因而对判词的考察是从微观角度探究屯田法实效的有效方式。

（二）唐代屯田判词

判词在我国古已有之，起码可以追溯至西周时期[1]，"据考证，最早的判词叫'书''鞫'；之后又有'判''判词'等叫法，它与今天人民法院裁判文书的称呼是一脉相承的，主要是指由官方制作的、对案件作结论性的文字记录"[2]。判词的产生虽很久远，但唐代以前基本没有形成固定的制度或规范，也未受到应有的重视。进入唐代以后，随着法制的不断进步，尤其是科举制度的日益完善，判词的发展进入成熟兴盛期，大量判词流传于世。

关于判词的含义，部分学者在一定程度上将其与"判决书"相等同。如郑秦教授认为，判词是"古代地方州县对民事案件所作的判决语"，"清代刑事案件上报公文中的判决词一般称'看语'，而民事案件在州县一级便可作出终审判决，其判决语便习称为'判词'"；[3]蒋先福教授也认为，"古代判词，亦称判书，一般是指以法律为依据对案件的是非曲直进行判断和评价的

---

〔1〕　赵朝琴主编：《法律文书通论》，郑州大学出版社 2004 年版，第 25 页。

〔2〕　张建成："唐代'拟判'考"，载《法学评论》2009 年第 5 期，第 155 页。

〔3〕　张晋藩主编：《中华法学大辞典·法律史学卷》，中国检察出版社 1999 年版，第 297 页。

具结文书"，也可简单理解为"古代司法官员审理案件的具结文书"；〔1〕赵久湘则直接将其界定为"唐代的司法判决文书"；〔2〕等等。这些学者将判词归结为"判决书"或"司法判决文书"，此种观点存在一个理论前提，即司法是一种独立的国家职能，与行政存在质的区别。以此为出发点来审视唐代判牍，可以发现并非所有的判词都是司法活动的产物，部分判词以处理行政事务为内容，与解决民事纠纷没有直接的关联。〔3〕这些判词虽然也作出了一定的结论，但很难说是对"案件"作出的"判决文书"。因此，将"判词"与"判决文书"作相同理解是失之偏颇的。相比之下，汪世荣教授对判词的界定更加合理，他认为判词是"以法律为依据对是非曲直的判断与评价所得出的结论"，中国古代判词的范围较司法机关的裁判文书要广。〔4〕赵静在其著作中对判词也有相同的表述。〔5〕这一观点拓展了判词的外延，具有可取性。但其推论的前提是，判词除司法机关的裁判文书之外，"还包括一些文人学士为了欣赏的需要制作的判词，包括科举考试考生拟作的判词，以及为准备参加科举考试而练习拟作的判词，文学作品中的判词等"，〔6〕仍然未将部分以判词为名的行政公文包含在内，略有不足。

---

〔1〕 蒋先福、陈媛："中国古代判词的伦理化倾向及其可能的效用"，载《时代法学》2008 年第 6 期，第 50 页。

〔2〕 赵久湘："唐代拟判体例文辞探析"，载《重庆交通学院学报（社会科学版）》2004 年第 1 期，第 100 页。

〔3〕 如《唐永泰元年——大历元年河西巡抚使判集（伯二九四二）》中有数篇判词涉及官健衣赐问题，如《豆卢军兵健卅九人无赐》《甘州兵健冬装，肃州及瓜州并诉无物支给》《甘州欠年支粮及少冬装》《甘州兵健月粮，请加全支》。其他判词也有间接涉及此问题者，如《建康军请肃州多乐屯》《条目处置冬装粮料烽铺事》《关东兵马使请加米》等。（判词全文可见唐耕耦、陆宏基编：《敦煌社会经济文献真迹释录》（第 2 辑），全国图书馆文献缩微复制中心 1990 年版，第 620~631 页。亦可参见安家瑶："《唐永泰元年——大历元年河西巡抚使判集（伯二九四二）》研究"，载北京大学中国中古史研究中心：《敦煌吐鲁番文献研究论集》，陈乃乾点校，中华书局 1982 年版，第 232~243 页。）这些判词均针对下级官员就边防士兵的衣服、粮赐不能及时发放的请示而作，属于批复性公文，并非解决民事纠纷的裁判文书。

〔4〕 汪世荣："中国古代判词研究"，载《法律科学（西北政法学院学报）》1995 年第 3 期，第 78 页。

〔5〕 赵静：《修辞学视阈下的古代判词研究》，巴蜀书社 2008 年版，第 21 页。

〔6〕 汪世荣："中国古代判词研究"，载《法律科学（西北政法学院学报）》1995 年第 3 期，第 78 页。

虽然"判词"在称呼上与人民法院的裁判文书相接近，但由于中国古代并无行政与司法的严格划分，判词并非记录纠纷裁处结果的专用文书，很多行政事务的处理也用"判词"，故从内容出发，本书在通说的基础上，将部分处理行政事务的公文一并纳入"判词"概念之中。这一部分处理行政事务的"判词"在数量上虽不多见，但毕竟存在于史籍中，我们不能因为量的原因而否定其质的特性。因此，本书所称唐代判词，既包括唐代官员依法处断民事纠纷所制作的裁判文书，还包括依法处理行政事务所制作的公文。从外延上看，判词与"官方法律文书"更加接近。其中，部分判词以屯田事务的处理为内容，本书将其称之为"屯田判词"，泛指制判者对屯田事务作出处理的文字记载，并不限于"司法"官员处理屯田纠纷的结论性书面文件。

唐代屯田判词包括实判与拟判两类，前者对实际屯田事务作出裁处，属于政府公文，具有法律效力；而后者基于某一虚拟的案情而拟定，不具有法律效力，写作目的在于锻炼文人士子运用法理、经义解决问题的能力，为入仕后处理实际案件打好基础。

从史料来看，流传至今的唐代屯田判词并不多见，实判主要见于敦煌出土文书，《河西巡抚使判集》《敦煌社会经济文献真迹释录》记载了敦煌文书中的几例屯田实判；拟判主要见于史籍，白居易、张凭、李暄、贺兰广、元稹和李淑各自撰有一篇拟判。这些判词是考察屯田法实效的重要资料，下文将一一分析。

### 第二节 唐代屯田判词反映出的屯田法制实效

#### 一、唐代屯田法制实效在屯田实判中的体现

屯田实判是唐代官员处理屯田事务的真实记载，官员是否遵守、执行屯田法律规范，从中可以找到清晰的答案，并且这一答案直接反映出了唐代屯田法律制度的实际效果。

《唐永泰元年—大历元年河西巡抚使判集（伯二九四二）》及《敦煌社会经济文献真迹释录》提供了三份弥足珍贵的屯田实判。其一曰：

137　瓜州屯田请取未外均充诸欠

138　官物欠剩，各有区分。未赎合纳正仓，覆欠合征私室。人间

139　大例，天下共同。况分配先殊，主守无别。瘠卤未能肥杞，截
140　鹤岂能续凫。道理昭然，断无疑矣。〔1〕

从判词标题来看，此判针对瓜州屯田官员以上缴定额后的余粮清偿此前欠负的请示而作。安家瑶据《佩觿》和《龙龛手鉴》释"耒"为"禾麦知多少"，引申为"禾麦数额"，并进一步将"耒"字解释为"屯田收获物上交定额"〔2〕，本书对此表示赞同。

《唐六典》载："诸屯监，各掌其屯稼穑，丞为之贰，凡每年定课有差。"〔3〕可见，司农寺所辖诸屯，每屯每年均有上交粮食的定额任务需要完成，隶州镇诸军屯田也应遵守基本相同的规范。若不能完成粮食定额任务，则属于"欠负"，依《开元二十五年令》"诸屯官欠负，皆依本色本处理填"条之规定，由屯官自行清偿。判文中，巡抚使明确指出"耒外"与"诸欠"各有区分，性质存在根本差异。前者"合纳正仓"即应上交，后者"合征私室"即应由屯官自理，二者不能混为一谈。若以完成定额之后的余粮充抵欠负，就如"截鹤续凫"一般违法背理。判词中未引用任何法律条文，但其推理过程及结论与成文法典的规定完全一致。可以说，屯田法规范虽未被引用，但已被遵守和执行。

其二曰：

157　……肃州先差李庭玉未定，又申蔡家令覆未
158　李庭玉对未已定，蔡家令妄启奸门。未能永碧用心，颇招
159　瓜李之谤。十羊九牧，吾谁的从。今是昨非，人将安仰。屯作既
160　有专当，使司何要亲巡。蔡家令勒停。牒所由，准状〔4〕

本判针对的是肃州屯田管理中出现的多头执法导致的冲突。肃州刺史先

---

〔1〕　安家瑶："《唐永泰元年——大历元年河西巡抚使判集（伯二九四二）》研究"，载北京大学中国中古史研究中心：《敦煌吐鲁番文献研究论集》，陈乃乾点校，中华书局 1982 年版，第 239 页。

〔2〕　安家瑶："《唐永泰元年——大历元年河西巡抚使判集（伯二九四二）》研究"，载北京大学中国中古史研究中心：《敦煌吐鲁番文献研究论集》，陈乃乾点校，中华书局 1982 年版，第 249 页。

〔3〕　（唐）李林甫等：《唐六典·卷十九·司农寺》，陈仲夫点校，中华书局 1992 年版，第 530 页。

〔4〕　安家瑶："《唐永泰元年——大历元年河西巡抚使判集（伯二九四二）》研究"，载北京大学中国中古史研究中心：《敦煌吐鲁番文献研究论集》，陈乃乾点校，中华书局 1982 年版，第 240 页。

遣李庭玉"未定"，按前引安家瑶的解释，即"议定屯田粮谷上交的数额"；其后又差蔡家令"覆未"，即"检查这一数额的完成情况"。依唐代屯田法制，覆屯之举本身并无不当，但应当在屯收完毕、上缴粮食之后进行。肃州屯田之事似乎并非如此。首先，从行文上看，"先……，又……"之措辞在一定程度上表示"未定"与"覆未"行为前后衔接，覆未行为尚未等到粮食上交之时，有违成文法的规定。其次，二位官员确定的上交数额存在冲突，否则判词中就不会出现"十羊九牧，吾谁的从"及"今是昨非，人将安仰"之语了。最后，蔡家令"妄启奸门"之语，是指责其覆屯之举暗挟私心，"颇招瓜李之谤"，因而被勒停。巡抚使"屯作既有专当，使司何要亲巡"之语，略含责备之意，即屯田事务有专人负责，肃州刺史不应另行差人加以干涉。从"牒所由，准状"的措辞来看，此判是对屯田官请示所作的肯定答复。

本判词也未引用法律条文，但判词中巡抚使并未指责"覆未"行为本身，这与屯田法中的覆屯制度保持了一致。同时，巡抚使勒停蔡家令覆屯的做法意在支持屯官行使职权，与田令对屯官职责的规定暗合。

其三曰：

161　子亭申（屯）作田苗秋收，称虫损不成，欠未
162　虫霜旱涝，盖不由人。类会校量，过应在己。勒令陪偣，又诉
163　贫穷。不依乡原，岂可无罪〔1〕

判词针对之事系子亭成〔2〕申报屯作秋收，因上交数量不足，推托虫损未成，从而"欠未"。巡抚使认为，虫害虽是人力所不能避免，但校量之过仍在屯官自己，勒令其赔偿又自称贫穷，其所作所为即使不以"乡原"论之，也不可无罪。屯官欠负即须清偿的法律规范在此份判词中也得到了遵守和执行。

---

〔1〕　唐耕耦、陆宏基编：《敦煌社会经济文献真迹释录》（第2辑），全国图书馆文献缩微复制中心1990年版，第628页。

〔2〕　唐耕耦以伯5034号《沙州都督府图经·西子亭》为依据，认为"子亭"系"紫亭"之讹。紫亭乃山，位于寿昌县西南一百九十八里，因山石呈紫色而得名。永泰年间，子亭已置镇戍，驻兵防守。唐耕耦："敦煌法制文书"，载刘海年、杨一凡总主编：《中国珍稀法律典籍集成》（甲编第3册），科学出版社1994年版，第347页。

在上述三份实判中，河西巡抚使遵守并执行了唐代屯田法制中诸屯皆有定课、屯田由专人负责管理、屯收需复核以及屯官欠负需追究责任等法律规范，这表明唐代屯田法制是具有实效性的。

## 二、唐代屯田法制实效在屯田拟判中的反映

### （一）史籍中的唐代屯田拟判

《全唐文》《文苑英华》及唐人文集记载了大量拟判，但涉及屯田事务的并不多见，笔者从中撷取了 7 篇判词，现将其记载的屯田事务处理过程简析如下：

1. 白居易《请塞斗门判》《禁街种田判》

这两篇判词均记载于《白居易集》，《请塞斗门判》的内容如下：

> 得转运使以汴河水浅，运（水）［船］不通，请筑塞两（河）［岸］斗门，节度使以当管营田悉在河次，在斗门筑塞，无以供军。
>
> 对：川以利涉，竭则壅税，水能润下，塞亦伤农。将舍短以从长，宜去彼而取此。汴河决能降雨，流可通财，引漕运之千艘，实资积水，生稻粱于一溉，亦藉余波。利既相妨，用难兼济。节度使以军储务足，思开窦而有年，转运以邦赋贵通，恐负舟而无力，辞虽执竞，理可明征。壅四国之征，其伤多矣，专一方之利，所获几何？赡军虽望于秋成，济国难亏于日用。利害斯见，与夺可知。[1]

转运使需塞斗门以保证汴河漕运顺畅，而节度使则主张开斗门以汴河之水浇灌两岸屯田以保障军食，双方因用水的优先问题发生分歧。白居易分析了汴河之水的两种不同用途，认为二者相互冲突，无法兼顾（"利既相妨，用难兼济"），只能两利相权取其重。在对比了开斗门溉田"专一方之利"与"壅四国之征"的利弊之后，作者认为"塞斗门"获利更多，从而支持了转运使的观点。

《禁街种田判》内容如下：

---

[1]　（唐）白居易：《白居易集·卷六六·判》，顾学颉校点，中华书局 1979 年版，第 1385～1386 页。

得四军帅令禁兵于禁街中种田。御史劾以无敕文。辞云：因循岁久，且有利于军。

为国劝农，田畴有制；示人知禁，衢路攸先。瞻彼三农，艺斯五稼。且町疃是务，岂是赡军？虽辙迹不加，未为旷土。华毂必资于平易，康庄难纵以荒芜。务有畔之农，秋成而利亦盖寡；侵如砥之道，岁久而弊则滋多。请论环卫之非，式表铁冠之劾。[1]

四位将领命令禁军士兵在京城街道开垦田地进行种植，被御史以未经皇帝下诏许可为由进行弹劾，将领们答以由来已久且有利于供应军需。尽管判词中未见"屯田"二字，但从禁街由禁军士兵耕种且所获用于军需来看，这一举动完全符合屯田的一般特征。前文已述，肃、代之际确实出现过京城街道置屯的实践，并形成了一定的规范，但不久之后即被废罢。本判词中，针对禁军将领"因循岁久，且有利于军"的说辞，白居易从禁街的用途、屯田土地的选取等方面进行了反驳，认为军屯应置于旷土而非町疃，禁街应保障皇帝车驾的平稳、顺利通行，不能用于屯种，最终对禁军之过与御史之功予以评判。

2. 张凭《屯田不开渠判》

《文苑英华》《全唐文》等典籍记载了《屯田不开渠判》，题曰：

甲当屯于戊已校尉故地。乙告其常行厌胜之术。御史按云："唯使丁开渠播种，不伏科罪。"

张凭所拟判词如下：

富国强兵，允资重种；辟土殖穀，必俟良农。虽云因地之利，无爽用天之道。惟甲克勤稼穑，受任军屯。候正岁之布和，乃宣乃理；及王瓜之生夏，或钱或镈。遂使其茨如梁，必周戊己之地；其比如栉，不忝京坻之诗，眷此屯功，宜蒙上赏。谁闻兴利之举，翻招厌胜之讼？然而六甲纪则，刚柔异体；五行统岁，禳厌分区。苟获赖于柔嘉，固无嫌于法术。况丁也为役，职此开渠，虽决泄之诚劳，岂仓黄而妄告？仰稽古训，甲则无辜；旁酌人情，乙宜

〔1〕（唐）白居易：《白居易集·卷六七·判》，顾学颉校点，中华书局1979年版，第1420页。

致诘。必若事非政要，术农异祥，请遵持斧之绳，勿恕薄言之诉。〔1〕

从判题来看，甲作为军屯屯官，为使屯丁开渠播种，常行"厌胜之术"，被乙告发，但甲不服所科之罪。张凭认为甲"克勤稼穑"，屯功卓著，"宜蒙上赏"；虽有厌胜之举，但其主观上没有恶意，只为让屯丁兴役开渠播种，实乃兴利之举，应属无辜。而乙妄告他人，无论是考诸古训，还是参酌人情，都应"致诘"，即受到追究。

3. 李暄、贺兰广《对屯田佃百姓荒地判》

《全唐文》另载有两篇标题相同的拟判——《对屯田佃百姓荒地判》，判题如下：

诸畿县置屯田，佃百姓荒地。主令复业，请自耕种，屯司不与。县司执申：若不还他，人即却逃。

李暄对曰：

人散久矣，地广大荒。开都护之屯田，辟天子之县内。且耕且战，岁取十千以饷农。足食足兵，武有七德以威敌。殊管氏之见夺，异周制之不颁。且运属中兴，人多复业。惟桑与梓，诗人兴敬止之辞，安土重迁，县司敦仁人之礼。请从地著之业，无俾流萍之叹。〔2〕

贺兰广对曰：

敬承畿县，素匪莱田，是中邦之庐伍，为上农之井赋。日者旄头失象，狂寇乱华，王师未赫，国人犹恐，是以苟安便地，多出近关。惜三迳之就荒，叹五沟之不树，人迷可复，土利宜敦。等充国之大开，时欣岁足；类信臣之广辟，每咏年丰。今乃黎庶重迁，归还乐土，服先畴之疆亩，守故里之松榆，将持拨禾椟，愿事蘸蓉。诚宜饲彼南亩，劳乎东郊。国本必于务农，人安固

---

〔1〕（清）董诰等编：《全唐文·卷九五一·对屯田不开渠判》，中华书局 1983 年版，第 9876 页。

〔2〕（清）董诰等编：《全唐文·卷四〇八·对屯田佃百姓荒地判》，中华书局 1983 年版，第 4180 页。

在循业。永言县执，何谢屯司！〔1〕

　　从判题来看，本判要解决的是屯田司与县令关于屯田占用百姓荒地的返还问题。畿县屯田系占百姓抛荒之地而设，现百姓复业，请求归还土地自行耕种，遭到了屯田官员的拒绝。县令则担心土地若不及时归还，百姓无地耕种则会再度逃亡，于是将屯田官员告至上级。

　　李暄认为，百姓长期逃亡，土地大量抛荒，此时在抛荒土地上设置屯田，起到了"饷农"和"威敌"的作用；但在逃亡百姓纷纷返回家乡、请求复业的情况下，屯田即应废止，将土地予以归还，以免百姓被迫再次逃亡。贺兰广认为，"狂寇乱华"之际，百姓为求苟安"多出近关"，土地大量抛荒，此时兴屯田之政，出现了年丰岁足的局面。但百姓"归还乐土"之时，则应当令其"循业务农"，以安定百姓、巩固国本。可见，李暄与贺兰广得出了相同的结论，即应当支持县司的请求，废屯田使百姓复业。

　　4. 元稹《屯田官考绩判》

　　《文苑英华》另有《屯田官考绩判》一篇，《元氏长庆集·补遗》卷三记载其作者为元稹。内容如下：

　　戊为营田使申屯田官，考课违常限，省司不收。辞云：待农事毕，方知殿最。

　　要会有期，诚宜献状，籍敛未入，何以稽功。戊也将俟农收，方明绩用。三时囷害，然有别于耗登；五稼未终，安可议其诛赏。当从责实，宁俾课虚，苟欲考于岁成，姑合毕其田事。虽贤能是献，比要宜及于计偕；而稼穑其难，收功当俟于协入。详征著令，固有常规，农扈之政不乖，兰省之非斯在。〔2〕

　　本判涉及屯田官的考绩问题，营田使违背常限对屯田官予以考课，尚书省不予受理，并答复须待农事完毕方可。元稹认为，籍敛不入则无以稽功，"苟欲考于岁成，姑合毕其田事"，只有等到秋收之后才能知道屯田官是否达到考课标准，营田使的做法无疑是不合常规的。

〔1〕（清）董诰等：《全唐文·卷九〇二·对屯田佃百姓荒地判》，中华书局1983年版，第9414页。
〔2〕（宋）李昉等：《文苑英华·卷二五六·屯田官考绩判》，中华书局1966年版，第2696页。

5. 李淑《军士营农判》

《文苑英华》中录李淑所作《军士营农判》一篇，内容如下：

得丁上书，请令军士自营农，隙而教战。节度使称疲兵于陇亩，缓急非可用也。

对：先王教人，必资农本。诸侯振旅，实因事隙。苟法度之不率，岂黔黎之克安。彼丁以阜俗为心，类夷吾之寓政；节度以疲兵是恤，爽充国之嘉谋。昔楚宋理戎，尚反筑耕之士；魏蜀坚壁，犹分上下之军。方今九服宾王，四夷即序。宜修文以化俗，岂黩武而屯师。既车书之大同，何缓急之争用。两端之要，片言可知。[1]

此判针对军士耕与战之间的矛盾问题而拟。某丁上书请求军士自行耕种，农闲时节再行教战，但节度使为保证军队的战斗力，不愿让军队屯田。判词围绕节度使拒绝军士屯田之请而展开，以"先王教人，必资农本"为出发点，认为农业是国家的根本大计，征战仅行于"法度不率""黔黎不安"的特殊时期。判词以"九服宾王，四夷即序"为出发点，认为军队的首要任务并非征战，而是屯田积谷，"修文以化俗"。

（二）唐代拟判的特点

对唐代判词及其特点，学界已有深入研究，形成了较多研究成果。从总体上看，唐代屯田拟判基本具备唐代判词的一般特点，只在细微处稍有不同。

1. 行文骈四俪六、语言精练

从文体上看，上引七篇屯田拟判均系骈文，辞藻华丽、对仗工整。每篇多采用四字句、六字句对偶排比而成，间或杂以七字句、五字句。如白居易《请塞斗门判》中出现七字句两处（"赡军虽望于秋成，济国难亏于日用"）、五字句两处（"壅四国之征""专一方之利"）；《禁街种田判》中出现七字句五字句两处、七字句四处（"辇毂必资于平易，康庄难纵以荒芜。务有畔之农，秋成而利亦盖寡；侵如砥之道，岁久而弊则滋多"）；李暄《对屯田佃百姓荒地判》中出现七字句两处（"诗人兴敬止之辞""县司敦仁人之礼"）；元稹《屯田官考绩判》出现七字句、五字句各两句（"虽贤能是献，比要宜

---

[1] （宋）李昉等编：《文苑英华·卷五二四·军士营农判》，中华书局 1966 年版，第 2687 页。

及于计偕；而稼穑其难，收功当俟于协人"）；李淑《军士营农判》中出现七字句两处（"彼丁以阜俗为心"、"节度以疲兵是恤"）。这些七字句、五字句在全文中并不占多数，且有两处因官职名（"县司""节度"）不便简略为四字句而形成。可见，四六字句对偶是屯田拟判行文的基本形式。值得一提的是，白居易《请塞斗门判》中出现八字句两处——"节度使以军储务足""转运司以邦赋贵通"，这在骈文中算是一个特例。

元稹和白居易曾致力于改革公文文风，倡导以古文写作制诏、奏疏。《旧唐书》赞元稹"辞诰所出，复然与古为伴"[1]，白居易推崇之曰"自公下笔，俗一变至于雅，三变至于典谟，时谓得人"[2]。即便如此，二人所拟屯田判词并未如制诏一样采古文体，而仍采骈文体例，由此似可以推断出骈文是唐代屯田拟判的"正宗"文体。宋人洪迈论及"唐书判"时亦称："而判语必骈俪，今所传《龙筋凤髓判》及《白乐天集甲乙判》是也。自朝廷至县邑莫不皆然，非读书善文不可也。宰臣每启拟一事，亦必偶数十语，今郑畋敕语、堂判犹存。"[3]可见，"语必骈俪"是判词的形式特征，甚至影响了宰臣启拟诸事之风。

从字数上看，除张凭《屯田不开渠判》达189字[4]之外，其他判词均在150字以下，李暄的判词更是只有区区95字。不过，跟同期屯田实判[5]不足60字的篇幅比较起来，拟判的字数仍显较多。考虑到拟判多运用起兴手法，单就判词对主题论述的篇幅而言，拟判与实判一样用语精炼。正如朱洁琳所言，这反映出唐代不仅在立法上文字力求简明，实践中法律文书也凝练、精干。[6]

2. 注重用典与说理，而不引律令格式

用典，是骈文的一个重要特征。唐代拟判中的骈文也往往较多地使用典故，但屯田判词在这一点上不如其他类型判词明显。白居易乃制判大家，在

〔1〕（后晋）刘昫等：《旧唐书·卷一六六·元稹传》，中华书局1975年版，第4333页。

〔2〕（唐）白居易：《白居易集》卷七十，顾学颉校点，中华书局1979年版，第1467页。

〔3〕（宋）洪迈：《容斋随笔·卷十·唐书判》，上海古籍出版社1978年版，第127页。

〔4〕 不含标号符号，下同。

〔5〕 前引代宗时期河西巡抚使的数篇屯田实判，文字都极为精炼。参见安家瑶："《唐永泰元年——大历元年河西巡抚使判集（伯二九四二）》研究"，载北京大学中国中古史研究中心编：《敦煌吐鲁番文献研究论集》，陈乃乾点校，中华书局1982年版，第239~249页。

〔6〕 朱洁琳："唐代判词的法律特征与文学特征——以白居易'百道判'为例"，载《政法论坛》2013年第2期，第83页。

判词中善于化用经典、融合无迹，但《请塞斗门判》《禁街种田判》的行文却比较质朴，几乎没有引用典故，元稹之判基本相同。张凭之判中，化用《黄帝内经素问·六元正纪大论》之"正岁"、《礼记·月令》之"王瓜生夏"、道教之六甲神、汉代之戊己校尉等典故，但就全文篇幅而言，用典并不算多。贺兰广、李淑之判也基本如此。相比之下，李暄之判篇幅最为短小，却在多处用典，如"武有七德"出自《左传·宣公十二年》，"管氏""周制"分别指代管仲"相地而衰征"的改革措施与西周"井田"之制，"安土重迁"出自《汉书·元帝纪》，"地著"出自《汉书·食货志》，"流萍"也见于初唐杨炯之诗。此外，作者还巧妙地化用《诗经·小雅·小弁》"维桑与梓，必恭敬止"一语，形成了四六之句。可以说，屯田拟判没有跳出骈文用典的窠臼，但也不至于处处用典、晦涩难懂。

典故见于上引部分拟判，而律令格式之文全然不见于七篇判词之中。张凭之判在结论中提到"请遵持斧之绳"，元稹之判亦在结论中强调"详征著令，固有常规"，似乎二人之判词都建立在"律令""常规"之上，但判文均未指明所遵守的"律令"及"常规"在律令格式中的具体条文。此外，李淑之判在行文之初提及"法度不率"是百姓难以安定的原因，但并未就判词所涉及的军士营农问题引用法律条文作为制判的依据。可以说，上引七篇屯田拟判无一引用律令格式正文。从行文上看，揆情度理分析利弊是作者论证过程的重要内容。如白居易《请塞斗门判》强调"辞虽执竞，理可明征"，并通过对比开斗门导致的"其伤多矣"与"所获几何"的利弊，得出"利害斯见，与夺可知"的结论。其《禁街种田判》也基本如此，从禁街的功用、屯地的选择等方面指出禁街种田的非法性以及"町疃是务"、杯水车薪对于赡军的不合理性，立足于情理展开分析的特点较为明显。张凭《屯田不开渠判》虽强调"请遵持斧之绳"，有依法裁决之意，但从"谁闻兴利之举，翻招厌胜之讼""仰稽古训""旁酌人情"等用语来看，天理人情、利害关系是作者考虑的重要因素。当然，未引律令格式正文并不意味着不遵守法律规范，注重情理分析也非意在排斥法律的适用。唐律规定："诸断罪皆须具引律、令、格、式正文，违者笞三十。"[1]本条款强调的具引律令格式正文限于"断罪"

---

[1] （唐）长孙无忌等：《唐律疏议·卷三十·断狱》，刘俊文点校，中华书局1983年版，第561页。

之判，上引七篇判词中，张凭之判题涉及科罪之事，但判词正文并未得出肯定结论，而其他诸篇又无一涉及断罪之事，故不引律令格式正文似并不违法。[1] 至于屯田拟判寓律令于情理之中具有深厚的法律意义笔者将在下文中另行分析。

（三）唐代屯田拟判的法律意义

1. 从拟判考察唐代法律制度的可行性

拟判并非实际案件的处理结果，如其制作过程系文人士子不守律令率性而为，则不足以充当考察唐代法律制度的资料。从发展过程来看，拟判的制作与唐代法律实践存在一定的关联性。有学者指出，"现今存在的唐代拟制判词大多是为选官之用的考题或模拟试题"[2]，而这些考题或试题最初又来源于唐代州县案牍，即真实的案件。《通典》载："初，吏部选才，将其亲人，覆其吏事，始取州县案牍疑议，试其断剖，而观其能否，此所以为判也。"[3] 可见，唐代拟判产生之初虽系"纸上谈兵"，但其考题来源于真实的法律实践，制判过程是法律实践的预演，拟判与实判的差距主要在于制判目的和制判者身份的不同。之后"选人猥多，案牍浅近不足以为难"，出现"采经籍古义"虚构案情，甚至"征僻书曲学、隐伏之义问之"的情形，拟判与法律实践的关系渐有疏远。但疏远的原因在于"案牍浅近不足以为难"，为选拔人才不得已人为提高试题的难度，并非拟判制度的基础发生了根本变化。这种从案牍到虚构案情、再到抉隐发微的实虚之变并未从根本上改变制判的目的——"试其剖断""观其能否"，即考察应试者解决问题的能力。"选人"制判之时，不能不考虑律令的具体规定，并将其内化于心、外形诸文。霍存福教授的研究表明，白居易"百道判"中有"40余道涉及律文，占近一半"[4]，而此时已是"采经籍古义"的制判阶段。可见，拟判与法律实践的关系在试题难度逐步提高的过程中有疏远的趋势，但不能因此而完全否定二者之间的联系。汪世荣教授也曾指出，从内容上讲，拟判"所针对的事实是具有法律意义

---

〔1〕 即便从同时期的屯田实判来看，也难以见到引用律令格式处理屯田事务之举。

〔2〕 夏婷婷："唐代拟制判决中的法律发现——对唐代判词的另一种解读"，吉林大学2010年博士学位论文，第14页。

〔3〕 （唐）杜佑：《通典·卷十五·选举三》，王文锦等点校，中华书局1988年版，第361页。

〔4〕 霍存福："张鷟《龙筋凤髓判》与白居易《甲乙判》异同论"，载《法制与社会发展》1997年第2期，第46页。

的事实"〔1〕。拟判虽不直接调整实际的法律关系，但与实判一样是为"州县案牍"或吏部考题提供的一种解决方案，二者在遵守与执行法律规范方面往往具有内在的一致性。此外，屯田事务本身专业性较强，通常不直接关涉伦常，屯田法制中技术性规范多于伦理性规范，制判者通常无需曲法律以伸情理，相关判词脱离实际、背离律令的可能性较小，故从拟判尤其是屯田拟判出发考察唐代法律制度是可行的。

2. 唐代屯田拟判对法律的遵守

从前文的分析来看，上引拟判均未引用律令格式正文加以剖断，但这只是唐代判词的通行风格，并不意味着相关事务没有法律依据，更不能以此断言制判者"无法无天"。相反，上引屯田判词所涉事务基本都有相应的法律规范、政策作为依据，作者严格遵守了当时的律令与诏敕。详细内容可见下表：

**表5　判词结论与相关屯田法律规范对照表**

| 序号 | 判词作者 | 所涉事务 | 相关法律规范 | 判词结论 | 一致与否 |
|---|---|---|---|---|---|
| 1 | 白居易 | 斗门的开塞 | 《水部式》："百姓须溉田处，令造斗门节用，勿令废运。" | 请塞斗门，以利漕运 | 是 |
| 2 | | 禁街种田 | 《开元二十五年令·田令》中"诸旧屯重置者，一依承前封疆为定。新置者，并取荒闲无籍广占之地。" | 禁街衢路，非为旷土；町疃是务，秋成利寡。反对禁街置屯 | 是 |
| 3 | 张凭 | 屯官的罪责 | 《开元二十五年令·田令》中"御史巡行莅输"之条。 | 屯官无辜，告者致诘 | 是，且不限于此 |
| 4 | 李暄 | 屯田所占私田的归还 | 玄宗《褒姜师度诏》："其屯田内先有百姓挂籍之地，比来召人作主，亦量准顷亩割还。" | "请从地著之业，无俾流萍之叹"，支持县司的主张 | 是 |
| 5 | 贺兰广 | | | "国本必于务农，人安固在循业"，支持县司的主张 | 是 |

〔1〕 汪世荣：《中国古代判词研究》，中国政法大学出版社1997年版，第10页。

续表

| 序号 | 判词作者 | 所涉事务 | 相关法律规范 | 判词结论 | 一致与否 |
|---|---|---|---|---|---|
| 6 | 元　稹 | 屯田官考课时限及内容 | 《开元二十五年令·田令》："诸屯课帐，每年与计帐同限申尚书省。"玄宗《定屯官叙功诏》："屯官叙功，以岁丰凶为上下。"《考课令》"四善二十七最"中"耕耨以时，收获剩课，为屯官之最"。 | "姑合毕其田事"，"收功当俟于协人"，应待农收之后方可对屯官予以考课 | 是 |
| 7 | 李　淑 | 屯军耕战矛盾 | 无直接法律依据，但置屯目的及相关政策可资参照，如玄宗《敕安西节度王斛斯书》、敬宗宝历元年诏等。 | "宜修文以化俗，岂黩武而屯师"，主张营农为要 | 是 |

　　从上表可以看出，李淑之判因涉及屯田军士营农与备战之间的矛盾这一"技术"问题，缺乏直接的规范性依据。唐代置屯的目的在于且耕且战、足兵足食，发展经济与巩固边防不可偏废。唐代开国以来，历朝帝王重视屯田，对屯田的地位、置屯的重要性、耕战关系等根本问题发表过言论甚至发布过诏敕。可以说，李淑之判所涉及的问题在政策上仍然是可以找到解决依据的。若将诏敕作为广义法律的一部分，则可以说上引七篇屯田拟判均有法律依据，且判词结论与相关依据保持了一致。这反映出唐代文人士子对涉及屯田事务的法律制度有一定程度的掌握，相关制度已成为其法观念的一部分，指导作者拟定了上述判词。

　　需要说明的是，张凭之判涉及唐代屯田法制的仅是《田令》中御史职权的条文，但该判词的法律意义并不限于此。从判词内容来看，作者认为，督责屯丁开渠播种是屯官应尽之责，即使手段不正当，只要没有主观恶意，就不应受到追究。本书认为，这一判词表达了作者的两个刑法观念：其一，主观罪过是追究行为人罪责的要素之一；其二，妄告他人需追究法律责任。这二者在唐律中均有相应的规定。唐律虽未完全确立现代刑法中主客观相一致的定罪原则，但在名例律中规定："其本应重而犯时不知者，依凡论；本应轻者，听从本。"[1]其他各篇多有依主观心态不同而确立的不同罪名，如"谋

――――――――――
　　[1]　（唐）长孙无忌等：《唐律疏议·卷六·名例》，刘俊文点校，中华书局1983年版，第133页。

杀""故杀"与"误杀""过失杀"等。孙向阳的研究表明，唐律对盗罪"各种特别情形的处置切实体现了主客观一致的定罪原则和罪刑相适应的量刑规则"。[1]可以说，唐代立法者已注意到主观心态对定罪量刑的影响，并在唐律中有所体现。此外，"诬告反坐"这项古老的法律制度在唐律中也得到体现。斗讼律规定："诸诬告人者，各反坐。"[2]张凭的判词虽未引唐律正文，但判文与法律规范若合符节，可以说作者对唐律的精神有清晰的认识。从文末"请遵持斧之绳，勿恕薄言之诉"一语来看，律文是其制判的重要依据。

3. 史籍中唐代屯田拟判的示范意义

上引屯田拟判只有 7 篇，但不能简单地将其视为 7 个孤立的个案，其代表性与影响力不可忽视。白居易的《请塞斗门判》《禁街种田判》就是明显的例子。这两篇判词系白居易守选期间自课的习练成果——《百道（节）判》——的组成部分。史载贞元十九年（公元 803 年），白居易拔萃甲科，"由是《性相近习相远》《玄珠》《斩白蛇》等赋洎百节判，新进士竞相传于京师"[3]。可见，《百道判》在当时就成了制判的"范文"，是新进士竞相模仿的对象。因此，在考察《请塞斗门判》《禁街种田判》的法律意义时，不能局限于判词本身，而应当将这种示范效应一并加以考虑。其他几份屯田拟判能流传于世，也应与其较大的影响有紧密关联。从这 7 篇拟判着手考察唐代法律尤其是屯田法律制度时，应当对这些拟判进行一定程度的类型化，将作者对屯田法的理解、运用置于唐代文人士子普遍习练律法的背景下加以研究才更加科学。

## 第三节　唐代屯田法制实效的形成原因

法律作为一种社会规范，其制定、颁布的直接目的就是得到遵守与执行，"法律在现实生活中能否得到有效实施和实施的情况如何是衡量法律自身运行情况和法治实现程度的重要指标"[4]。因此，我们建设社会主义法治国家，仅有逻辑结构严密的法律条文是不够的，提高法的实效比创设法律规范更加

---

[1] 孙向阳："唐律的共盗犯罪"，载《中国刑事法杂志》2012 年第 6 期，第 121 页。

[2] （唐）长孙无忌等：《唐律疏议·卷二三·斗讼》，刘俊文点校，中华书局 1983 年版，第 428 页。

[3] （后晋）刘昫等：《旧唐书·卷一六六·白居易传》，中华书局 1975 年版，第 4356 页。

[4] 杜敏："论法律实效"，载《西南民族学院学报（哲学社会科学版）》2001 年第 5 期，第 44 页。

重要。而要提高法的实效，就必须深入研究影响法律实效的诸多因素。从现有的研究成果来看，学者们对此存在不同看法，如有学者认为法的实效获得充分实现取决于主体、制度和文化三方面的条件[1]，有学者认为"（法律）效用的正常发挥受内部和外部两方面因素的影响"[2]，有学者又将其归纳为立法因素（法律自身的功能限定及其实现步骤的安排）和社会因素（公众对法律功能的认识程度及使用能力）两个方面[3]，还有学者从立法、执法、司法和守法四个方面阐述了法的实效实现的基础[4]。这些观点虽有差异，但基本上都肯定了法律自身的因素和执法者的法律素养对于法律实效的重要意义。

从法律自身的因素来看，以《唐律疏议》为代表的唐代法律体系是中国古代自先秦以来数千年法制文明的集大成之作，其内在的科学性与合理性已是不刊之论，无需赘言。此处主要探讨唐代屯田法律实效形成的另一重要原因——执法者的法律素养。

## 一、屯田官员较高的法律素养是屯田法制实效的重要原因

法律实效在实践中一般通过三种样式来实现，即自治样式、强制样式和混合样式。[5]谢晖教授的这一分类是站在法律主体是否自觉以法律调整自身行为的角度来划分的。从内容上看，唐代屯田法制主要规范屯田事务的管理，较少涉及民间细故，可归入今日之行政法法律部门。屯田法制的落实主要靠屯田官吏及其他主管官员的执行与催督，百姓自觉贯彻落实的情形非常少见，屯田法律实效的实现样式更多地属于混合样式。而混合样式中，除开国家强制力量，执法者的法律素养是必不可少的。这一点在唐代屯田法制的执行过程中体现得较为明显。

前文列举的三份实判和七份拟判涉及唐代屯田法制的多项规范，判词的结论与屯田事务所涉及的法律规范具有高度的一致性。虽然在行文上，这些判词均未引用法律条文，但这并不表明这种一致性是偶然的巧合。前文的分

---

〔1〕　赵震江等："论法的实效"，载《中外法学》1989 年第 2 期，第 1~7 页。

〔2〕　徐国栋：《民法基本原则解释——成文法局限性之克服》，中国政法大学出版社 1992 年版，第 143 页。

〔3〕　赵震江主编：《法律社会学》，北京大学出版社 1998 年版，第 311~316 页。

〔4〕　王佳明："论法律实效"，载《河北法学》2000 年第 4 期，第 121~124 页。

〔5〕　谢晖："论法律实效"，载《学习与探索》2005 年第 1 期，第 96 页。

析已揭示出判词结论的推理过程都存在一个重要的前提，这个前提就是法律的规定及作者对该规定的内在理解与外在阐释，张凭《对屯田不开渠判》、元稹《屯田官考绩判》、李淑《军士营农判》及河西巡抚使瓜州屯田判词都非常清楚地表明了这一点。前三份判词分别主张"请遵持斧之绳，勿恕薄言之诉""详征著令，固有常规""苟法度之不率，岂黔黎之克安"，可以看出作者推理的出发点正是"持斧之绳""常规"与"法度"；后一份判词虽未明言其以法律作为前提，但"未赎合纳正仓，覆欠合征私室"一语中的两个"合"字表明作者对法律条文已有充分的理解。从中可以看出，法律规范是这些判词的前提和基础，无论是现任的屯田法执行者（实判制作者），还是后备的屯田法执行者（拟判制作者），制作判词之前均对相关法律规范有充分的理解，并能将这种理解外化为屯田判词。此外，如前文所述，《对屯田不开渠判》不仅表明张凭熟知屯田法律规范，而且对唐律还有相当深刻的理解。这些都表明屯田判词的作者具有较高的法律素养。

从社会学角度，可以将法律规范分为伦理性规范与技术性规范。前者直接表达或体现一定的伦理准则，"凭社会主体的简单常识和伦理判断就可确定其行为性质，并不需要当事人必须有丰富的法律专业知识和专业判断能力"[1]，而后者则恰好相反。儒家思想成为正统思想以后，孔孟之道、儒家伦常逐步成为立法的指导思想，并体现为具体的法律规范。纪昀称赞唐律"一准乎礼以为出入，得古今之平"，即由此而来。唐代，儒家经义已成为选拔官员的重要标准，伦理性法律规范与士子所受教育一脉相承，对此类法律规范的理解和运用可基于长期道德教化形成的伦理准则进行。而技术性规范就有所不同，不直接关涉伦常，具有一定的专业性，官员如不加研习，未必能有深刻的理解和良好的运用。从总体上看，屯田法制的内容多为技术性规范，较少涉及伦理准则。而前引唐代判词表明制判者不仅理解，并且能熟练运用屯田法律规范处理具体事务。官员若仅有道德意识而无法律素养，是很难做到这一点的。这也从侧面说明，唐代屯田官员具有较高的法律素养。

**二、试判选官是屯田法制实效的制度性基础**

唐代文人士子及官员的法律素养是如何形成的，是一个值得深入探讨的

---

〔1〕 赵万一：《民法的伦理分析》，法律出版社 2003 年版，第 5 页。

问题。概而言之，在形成文人士子及官员法律素养的诸多因素中，唐代"试判选官"制度不容忽视。

所谓"选官"是相对于"举士"而言的，即参加并通过科举考试获得任官资格者，经过吏部铨选合格后被授予官职的过程。[1]在吏部铨选的各个环节中，试判（制作判词）都必不可少，本书因此将其称为"试判选官"制度。依唐代法律，"进士发榜敕下后，礼部始关吏部，吏部试判两节，授春关，谓之关试"。[2]"试判"是关试的重要内容，关试通过后需通过吏部冬集铨选方可授官。"凡择人之法有四：一曰身，体貌丰伟；二曰言，言辞辩正；三曰书，楷法遒美；四曰判，文理优长。……六品以下始集而试，观其书、判。已试而铨，察其身、言；已铨而注，询其便利而拟；已注而唱，不厌者得反通其辞，三唱而不厌，听冬集。……凡试判登科谓之'入等'，甚拙者谓之'蓝缕'。选未满而试文三篇，谓之'宏辞'；试判三条，谓之'拔萃'。中者即授官。"[3]铨选中需经吏部"身言书判"之试，四者中"以判为贵"[4]。《文献通考》称："然吏部所试四者之中，则判为尤切。盖临政治民，此为第一要义。"[5]不愿守选期满者，可参加书判拔萃科、平判科等科目选考试提前入仕。关试、铨试均需试判，科目试中的书判拔萃科、平判科更加注重制判水平的考察，因而拟判是唐代选官的重要环节。对此，池田温曾有过论述："唐代'选'（官员的作用、权衡）中，重视'判'的考试是众所周知的。只要是官员在任，就必须起草涉及行政、财务、民事、刑事等案件裁决的判文。四六句以及判的作文，对全体官僚来说，都是必备的技巧。凡是有志于当代仕宦者，都免不了作为考前准备而练习判文。"[6]可以说，制作判文是唐代有志于仕宦者安身立命的基本功。

《唐六典》载："凡天下诸军州管屯总九百九十有二……凡屯皆有屯

---

〔1〕　江润南："唐代选官'试判'制度与官员法律素质的关系"，载《理论界》2005 年第 2 期，第 151 页。

〔2〕　（明）胡震亨：《唐音癸签》卷十八，上海古籍出版社 1981 年版，第 198 页。

〔3〕　（宋）欧阳修、宋祁：《新唐书·卷四十五·选举志》，中华书局 1975 年版，第 1171~1172 页。

〔4〕　（宋）洪迈：《容斋随笔·卷十·唐书判》，上海古籍出版社 1978 年版，第 127 页。

〔5〕　（元）马端临：《文献通考·卷三十七·选举考十》，中华书局 1986 年版，第 354 页。

〔6〕　［日］池田温："敦煌本判集三种"，程维荣译，载杨一凡、［日］寺田浩明主编：《日本学者中国法制史论著选》（魏晋隋唐卷），中华书局 2016 年版，第 435 页。

官……"〔1〕屯官是基层直接负责管理屯田生产的官员。关于屯官的人选，开元《田令》规定："屯官取前资官，尝选人、文武散官等强干善农事，有书判，堪理务者充。"〔2〕可见，唐代即便是最基层的屯田管理者，也必须由"有书判"者充任，法律对官员制判能力的要求可见一斑。而且，这一要求并不止于入仕，还及于士子担任官职的整个过程。初唐诗人王梵志在《仕人作官职》一诗中将"勤于判案"与"差科均平"相提并论，共同作为州县官员"选日通好名，得官入京兆"的重要前提。〔3〕

选官过程中，判词的制作实际上是模拟的案例分析，并非单纯的文学创作，要想在考试中脱颖而出，就必须对儒家经义及相关法律规范有一定程度的研习和理解。正如杜佑所言：

不习经史，无以立身；不习法理，无以效职。举人出身以后，当宜习法。其判问，请皆问以时事、疑狱、令约律文断决。其有既依律文，又约经义，文理经雅，超然出群，为第一等；其断以法理，参以经史，无所亏失，粲然可观，为第二等；判断依法，颇有文彩，为第三等；颇约法式，直书可否，言虽不文，其理无失，为第四等。此外不收。〔4〕

可见，唐代士子在入仕之前，以习练经史为主，以便通过科举考试得以"立身"。而唐代科举在学馆授课、考试等方面均以儒家经典书籍为基础，这一过程保证士子领悟律法之精神。〔5〕而在之后的选官环节，对律文、法理的掌握居于十分重要的地位，倘"不习法理"，则"无以效职"。只有将经史与法理融会贯通，并通过判词表达出来，才能在选官过程中取得优异的成绩。唐代正是通过"试判选官"制度促使循科举之途仕进的文人与儒吏们自觉学习法律知识、接受法律训练，从而提高法律素养。对于已入仕者尤其是专职

---

〔1〕（唐）李林甫等：《唐六典·卷七·工部屯田郎中》，中华书局 1992 年版，第 223 页。

〔2〕宋家钰："唐开元田令复原研究"，载天一阁博物馆、中国社会科学院历史研究所天圣令整理课题组校证：《天一阁藏明钞本天圣令校证 附唐令复原研究》（下册），中华书局 2006 年版，第 453 页。

〔3〕（唐）王梵志：《王梵志诗校注》，项楚校注，上海古籍出版社 1991 年版，第 662 页。

〔4〕（唐）杜佑：《通典·卷十七·选举五》，王文锦等点校，中华书局 1988 年版，第 425 页。

〔5〕薛璞喆、李世军："唐代科举制与官员法律素养探析"，载《榆林学院学报》2012 年第 5 期，第 34 页。

法吏而言，更有严格的考课制度作为保障，最终为包括屯田法制在内的法律实效奠定了基础。

综上所述，唐代屯田法制具有较强的实效性，其法律效力不仅体现在规范层面，还表现在事实层面。唐代屯田判词是考察唐代屯田法制实效性的重要素材，包括实判和拟判两个类别。屯田实判是反映官府对屯田事务进行管理的书面材料，可以直接反映出有关屯田的法律原则、法律规范是否得到有效的落实。从史籍中保存的屯田实判来看，唐代屯田法制得到了官府的贯彻落实，实效性较为突出。屯田拟判虽不具有法律效力，只是文人士子试拟之作，但完全可以作为考察唐代屯田法制实效的依据，其法律意义不容忽视。史籍中记载的屯田拟判，在结论上均与相关法律原则或法律规范保持一致，表明相关法律制度已内化为制判者的自觉，同样体现了屯田法制的实效性。这一点与唐代试判选官制度以及该制度所带来的唐代官员较高的法律素养密不可分。

第八章

# 唐代屯田法制的历史意义

## 第一节 唐代屯田法制的历史地位

### 一、唐代屯田法制集前代之大成

唐代屯田法制多样的表现形式、复杂的具体内容，都为前代所不及。可以说，唐代将屯田法制建设推向了一个历史高峰。但唐代屯田法制并非空中楼阁，其成就是在前代屯田法制基础上一步步发展起来的，因而对唐代屯田法制的探讨不能脱离前代而孤立地进行。无论是表现形式，还是具体内容，唐代屯田法制都在继承前代的基础上有所创新与超越，从而达到新的高度。可以说，唐代屯田法制集秦汉以来历代屯田法制建设之大成。

（一）表现形式上对前代的继承与超越

屯田在秦汉时期产生之初，即受到相应法律制度的调整，表现为不同形式的法律文件。本书将秦代徙谪天下百姓豪右罪吏至南北新开拓的疆域垦殖戍守、巩固边防作为屯田的萌芽，故对唐代之前屯田法制的考察可从秦代开始。

从表现形式上看，秦代的主要法律渊源是律，但调整屯田事务的相关规范并未见诸秦律。云梦秦简所见秦代法律有《效律》《秦律十八种》《秦律杂钞》等；其中，《秦律十八种》包括《田律》《厩苑律》《仓律》等十八种法律文件，《秦律杂钞》又包括《屯表律》《捕盗律》《戍律》等十一种律文，多与军事活动相关。这些成文法典是秦代"治道运行，诸产得宜，皆有法式"[1]

---

〔1〕 （汉）司马迁：《史记·卷六·秦始皇本纪》，中华书局1959年版，第243页。

的基础。从出土文献来看，现有资料中似无法找到直接规范徙谪后的民众、罪吏、豪富的律文，最有可能与屯田活动相关联的《屯表律》《戍律》《田律》等律文都只有部分甚至寥寥数条见诸简牍[1]，这些条文均未言及戍者、徙者、谪者与农业生产的关系。

　　秦律根植于商鞅的"农战"思想，不应只重"战"而忽视"农"。谪徙边地者的粮食供应到后世仍是一个重大的政治、经济问题[2]，更何况是在生产力相对低下的秦代。徙谪百姓罪吏至边地屯田戍守乃北击匈奴、南讨百越等军事行动的一个配套措施，具有一定的临时性或突发性，相应规范以成文律法严密调整的可能性不大。在此基础上，本书假设：秦代屯田法制更多地体现为徙谪豪富、黔首、罪囚赴边地屯戍的诏令，内容较为粗糙，个别性调整居多，尚未形成统一的法律规范。

　　汉代屯田法制是在秦代屯田法制基础上发展而来，其法律渊源也主要体现为诏令。文帝从晁错之言"募民徙塞下"乃临时下诏为之，并未由此形成相关成文法典。汉代屯田实践较之秦代实施地域更广、为期更长，其效果也更为显著，但几乎均以诏令为依据。前文论及汉代屯田法制时，不厌其烦地列举西汉武帝元朔二年（公元前127年）至东汉光武帝建武七年（公元31年）之间有关屯田的举措，史籍所载无一不是皇帝下诏为之，未见汉代官僚机构依成文法自觉为之者。

　　建安元年（公元196年）曹操颁布《置屯田令》是屯田法制史上的一个重大突破。曹操仿秦皇汉武行屯田之策，参照"先代之良式"[3]制定成文的屯田法令，使此前针对一时一事所发之诏令上升为具有普遍、规范意义的法律制度，是屯田法制发展史上的一个重要里程碑。

---

　　[1]　睡虎地秦墓竹简整理小组编：《睡虎地秦墓竹简》，文物出版社1978年版，第144~148页。

　　[2]　如唐太宗诸灭高昌时，"王师初发之岁，河西供役之年，飞刍挽粟，十室九空，数郡萧然，五年不复"。[（唐）吴兢：《贞观政要·卷九·安边第三十六》，张燕婴等译注，中华书局2012年版，第307页。]可见平定高昌之役带来的军粮运输困难致使数郡经济残破，需要五年以上方能恢复。陈子昂也曾指出，益州松潘等地驻军不满万人，运粮夫年达十六万人，同昌一军每年运丁五十万人，"千里运粮，万里应敌，十万兵在境，则百万家不得安业"。[（唐）陈子昂：《陈子昂集·卷八·答制问事·请息兵科》，徐鹏校点，中华书局1962年版，第171页。]可见，直到唐代军队粮食供应都是政府非常棘手的问题。

　　[3]　（晋）陈寿：《三国志·卷一·魏书·武帝纪》注引，陈乃乾点校，中华书局1982年版，第14页。

曹丕篡汉之后继承其父之志，仍行屯田之策。其屯田法律形式未见诸史籍，但西晋咸宁元年（公元275年）诏曰："出战入耕，虽自古之常，然事力未息，未尝不以战士为念也。今以邺奚官奴婢著新城代田兵种稻，奴婢各五十人为一屯，屯置司马，使皆如屯田法。"[1]西晋系司马氏仿曹丕篡位而来，对曹魏法律的继承性自不待言，诏令所言"屯田法"的主要内容即被认为是"明显地沿袭曹魏旧制"[2]。

南北朝时期，北魏登国九年（公元394年）始行屯田之制。其渊源仍为诏令："使东平公元仪屯田于河北五原，至于稒阳塞外。五月田于河东。"[3]此诏令系针对特定对象的个别规制，不具有立法性质。正始元年（公元504年）宣武帝"诏缘淮南北，所在镇戍，皆令及秋播麦，春种粟稻。随其土宜，水陆兼用。必使地无遗利，兵无余力，比及来稔，令公私俱济也"[4]。此诏令较前一诏令调整对象的范围有所扩大，确立了"缘淮南北所在镇戍"广开屯田的普遍性规范，确立了一定的法律原则，具有一般性规制的性质。北齐河清三年（公元564年）令则进一步使屯田法制由单个诏令上升至成文法的层次，此年"定令。……缘边城守之地，堪垦食者，皆营屯田，署都使子使以统之。一子使当田五十顷，岁终考其所入，以论褒贬"[5]。这一法令是《置屯田令》、"屯田法"之后的又一部涉及屯田事务的成文法典。

隋代国祚较短且力行均田之法，屯田没有普遍开展起来，屯田法制建设成效不甚显著，但屯田管理机构在前代基础上有一定的完善，为唐代所借鉴、继承。隋代在承平之时大行徙民实边之举，与暴秦无异。同时，边地驻军未有效屯田积谷致使转输劳弊、人民负担沉重，是反隋起义爆发的原因之一。取隋而代之的李渊父子正是以亡隋为鉴，在继承隋代政治经济军事制度的基础上，实施三省六部制、均田制、租庸调制和府兵制等制度，注重边地驻军的屯田自给，逐步将屯田确立为一种重要的边防国策，建立完善的法律制度加以规范。可以说，隋代屯田法制虽无质的飞跃，但为唐代屯田法制的进一步发展提供了一定的可供借鉴和反思的制度资源。

〔1〕（唐）房玄龄等：《晋书·卷二六·食货志》，中华书局1974年版，第787页。
〔2〕张泽咸等：《中国屯垦史》（中册），农业出版社1990年版，第59页。
〔3〕（北齐）魏收：《魏书·卷二·太祖纪》，中华书局1974年版，第26页。
〔4〕（北齐）魏收：《魏书·卷八·世宗纪》，中华书局1974年版，第198页。
〔5〕（唐）魏征、令狐德棻：《隋书·卷二四·食货志》，中华书局1973年版，第677页。

总的来说，唐代以前的屯田法制在表现形式上出现了两次飞跃：其一，东汉末年，从诏令到单行令典的飞跃。秦代，成文律典是重要的法律渊源，但有关屯田的法律规范并未见诸秦律。汉代主要法律形式包括律、令、科、比，但两汉时期有关屯田的诏令并未如杜周所言"前主所是著为律，后主所是疏为令"，屯田律、屯田令未见诸史籍记载。直到东汉末年曹操颁布《置屯田令》，有关屯田的法律规范才以成文的令典形式表现出来。诏令往往针对一时一事而颁、对象特定，通常不具有法的形式效力。而成文令典则系一般性的立法文件，是汉代法律体系的重要组成部分。从诏令到令典，实现了对屯田事务由个别规制到一般规制的重大进步。曹魏时期"屯田法"的出现，是曹操《置屯田令》的延续。尽管此时诏令仍然对屯田事务起着重要的调整作用，但单行立法的出现已使得屯田法制的表现形式更加多样化、科学化。其二，南北朝时期，从单行令典到综合性令典的飞跃。北齐《河清三年令》的颁布在屯田法制史上具有更加重要的意义。曹操《置屯田令》、魏晋屯田法虽已实现从诏令到成文令典的飞跃，但二者均系单行立法，系对诏令个别性规制的初步升华，仍具有较强的临时立法的特点。《河清三年令》则有所不同，在有关屯田的内容之前，尚有"乃命人居十家为比邻，五十家为闾里，百家为族党。男子十八以上六十五以下为丁，十六以上十七以下为中，六十六以上为老，十五以下为小。率以十八受田，输租调，二十充兵，六十免力役，六十六退田，免租调"[1]等规定。可见，该令是包括邻里组织、成丁年岁、受田标准、赋税徭役等内容的综合性法典，屯田只是其调整对象的一部分。综合性法典需要有效协调屯田与均田、屯田与其他官田之间的关系，对立法技术要求更高，同时也体现出了屯田法制进一步摆脱临时性立法成为国家常行之策、成为一项基本法律制度的特点。

唐代屯田法制在表现形式上可以说在前代基础上实现了又一次飞跃。前已述及，唐代屯田法制的表现形式既包括成文的律、令、格、式等基本法典，还包括一般性规制的诏敕两大部分。如果说诏敕作为屯田事务的规制方式保留了秦汉以来的传统，那么律令格式对屯田事务的规制则明显超越了前代的法律形式。《河清三年令》尽管实现了从单行令典到综合性令典的飞跃，但终究是一部单独的成文法典，立法技术仍略显粗糙。而唐代则有令、格、式等

---

[1] （唐）魏征、令狐德棻：《隋书·卷二十四·食货志》，中华书局1973年版，第677页。

多种不同效力层级的法律文件对屯田事务进行规制，相关违法行为还有唐律加以制裁。唐令对屯田事务的规制以田令为典型，内容涉及均田、屯田、其他官田等多方面内容。在其统率之下，屯田式对其确立的原则进行细致规范，屯田格则进行相应的补充、修改或变通，形成了多种成文法典相互配套的综合性调整模式。可以说，从表现形式上看，唐代屯田法制由多种不同层级的成文法典构成一个有机的统一整体，同时又受到诏敕因时因地制宜的补充与变通，其完备性、复杂性大大超越了之前的任何一个朝代。

（二）内容上对前代的继承与超越

与复杂的表现形式相对应的是唐代屯田法制完善的内容，这也大大超越了前代。

秦代屯田法制的具体内容无从考证，但作为屯田法制的萌芽，秦代法律对屯田事务的规制自然较为粗糙。秦代屯田以徙、迁、谪、发为前提，以流放的方式组织豪富、黔首、赘婿、贾人等开展农业生产。因此，秦代屯田法制的内容主要集中于对流放者的刑罚执行与管理等方面。

汉唐之间，历代屯田法制的内容主要包括两个大的方面，即屯田职官法与屯田管理法，分别从静、动两个方面对屯田事务加以规制。屯田职官法是关于屯田管理机构的组织法，机构设置的完善、复杂程度可以反映出统治者对屯田事务的重视程度以及屯田法制的发达程度。而屯田管理法则是关于屯田生产的日常管理、土地与劳动力制度等方面的内容，体现的是屯田法制的规范化、科学化程度。从法律部门来看，历代屯田法制以行政法规范为主，还涉及军事法、刑法等方面的法律规范，另有少量涉及屯田租佃的民事法律规范。

就屯田职官法而言，历代都确立了一整套屯田管理组织体系，其中最能体现统治者对屯田重视程度的无疑是专职屯田管理机构的设立。

**表6　汉唐之间历代专职屯田管理机构一览表**

| | 朝代 | 中央专职管理机构 | 地方专职管理机构 | 说明 |
|---|---|---|---|---|
| 1 | 汉 | 边郡置农都尉，系大司农属官 | 河西地区农令、部农长、别田令史等，西域地区的屯田校尉等 | 已出现屯田管理机构的专门化倾向，但比较粗糙，河西与西域地区存在较大差异 |

续表

| | 朝代 | 中央专职管理机构 | 地方专职管理机构 | 说明 |
|---|---|---|---|---|
| 2 | 曹魏 | 不详（农部郎曹兼屯田之任） | 民屯如典农中郎将、典农都尉、典农校尉、屯田都尉等；军屯如司农度支中郎将、度支校尉、度支都尉等 | 确立了完整的地方性专职屯田管理机构，但中央没有 |
| 3 | 两晋 | 屯田（田曹）尚书 | 度支、司马等 | 中央确立了专职屯田管理机构，地方部分沿用曹魏旧制 |
| 4 | 南北朝 | 屯田主客郎中、屯田曹、司农寺典农署等 | 都使、子使、营田大使 | 中央、地方均建立专职屯田管理机构，地方管理机构为使职 |
| 5 | 隋 | 屯田侍郎、屯田主事 | 不详 | 国祚较短，地方专职屯田管理机构不完善 |
| 6 | 唐 | 工部屯田司、司农寺诸屯监 | 军、州、道营田使、营田副使、营田巡官、营田判官、营田典、屯官与屯副、屯监、屯丞，营田务 | 中央、地方均建立起完善的专职屯田管理机构 |

专职屯田管理机构的出现，一方面表明统治者对屯田事务的高度重视，另一方面也反映出了官僚系统的日益专业化、精细化。从表6可以看出，尽管自汉代起，历代都有专门的屯田管理机构，但从完备性的角度来看，唐代屯田管理机构无疑为前代所不及。汉、唐两代是屯田发展的高峰时期，无论是疆域还是屯田规模都非其他朝代所能比拟，但汉代屯田法制处于发展初期不完备的状态，专职屯田管理机构虽已出现但地区差异较大、并不统一，机构设置较唐代粗糙。而其他时期屯田规模相对较小，屯田管理的专门化并不突出。曹魏时期建立了军屯与民屯两套完善的管理系统，具有明显的进步性，但其民屯管理机构一如军屯管理机构以"中郎将""校尉""都尉"为号，名实略有不符。咸熙元年（公元264年），魏元帝下诏"罢屯田官以均政役，诸典农皆为太守，都尉皆为令长"〔1〕。西晋泰始二年（公元266年）十二月，

---

〔1〕（晋）陈寿：《三国志·卷四·魏书·三少帝纪》，陈乃乾点校，中华书局1982年版，第153页。

司马炎下诏"罢农官为郡县"[1]。这两道诏书使屯田管理机构的专门化出现了中断的情形，后世虽恢复之，但由于屯田规模较小，发展并不完善。屯田管理机构的专门化直到唐代才重新发展起来。唐代中央采三省六部这一较为成熟的政治体制，在尚书省工部设置屯田司，可以有效地协调屯田与其他官田私田之间的关系。同时司农寺诸屯监在屯田司政令指导之下管辖京畿内的屯田，与屯田司分工负责、互不掣肘。地方上，无论是军屯还是民屯均设营田使及其属官实现对屯田事务的专门管理，机构名称统一，较前代规范程度有很大提高。

就屯田管理法而言，历代屯田法制都包含屯田土地和劳动力来源、屯田劳动者的待遇与负担、屯田生产的日常管理、屯田官员的考课等多方面的法律规范，只是法律体系的完善程度不一而已。鉴于屯田萌芽于秦代以刑罚的方式徙谪百姓到边地进行开发，且汉唐之间历代均有将罪犯或弛刑徒发往边地屯田的事实，对历代屯田管理法的比较可从罪犯屯田的规范化角度展开。

汉代刑徒或弛刑之人赴边地屯田见诸史籍与出土简牍的记载。从这些记载来看，两汉时期罪犯参与屯田均源自皇帝的诏令。宣帝地节二年（公元前68年）郑吉、司马憙屯田车师，建武年间邓训屯田羌人旧地、马援屯田三营，永平年间数次屯田朔方郡，延光二年（公元123年）班勇屯田柳中等，均是如此。这些罪犯从事屯田可获得免罪、减罪一等或死罪囚减罪等优待。屯田劳动成为刑罚的内容或者刑罚执行方式的一部分，使汉代屯田法制具有一定的刑法色彩。从相关诏令的内容来看，基本上都是一事一诏，诏令具有个别性、临时性调整的特点，没有创立一般性的行为准则。也就是说，在具体内容上，汉代关于罪犯屯田的规范比较零散，不具有统一性。

魏晋南北朝时期因为战乱的原因，流民较多，屯田劳动力较为充足，强制罪犯屯田的现象在屯田实践中并不突出。隋代国祚较短，罪犯屯田仅在西域地区短暂地出现过。

唐代罪犯屯田的实践见诸史籍与出土文书的记载。与汉代不同的是，唐代罪犯屯田不断制度化。尽管律令格式等成文法典未对罪犯屯田进行相应的规制，罪犯屯田的法律规范来源于诏敕的规定，表面上看与汉代具有相同的一面。但是，唐代诏敕对罪犯屯田的规制并非一事一诏简单地进行个别化的

---

[1] （唐）房玄龄等：《晋书·卷三·武帝纪》，中华书局1974年版，第55页。

调整，而是通过大量一般性规制的诏敕对刑罚执行方式进行变通，使屯田与刑罚执行方式相衔接，最终将屯田劳役作为刑罚执行的具体内容，完成罪犯屯田的制度化。从太宗两次下诏募徙自首罪囚赴西州开始，唐代成文法典确立的刑罚执行方式就不断发生变化。玄宗开元二十四年（公元 736 年）《减抵罪人决杖法诏》的颁布不仅改变了法典对盗罪的处罚标准，对本应处笞、杖、徒、流、死不同刑罚的罪囚均施以类似流刑的处罚，而且将徙往边地作为统一的执行方式。徙往边地的罪犯需配于诸军效力，或由当地官府直接管理，成为屯田上的劳动者。从前文引述的大量相关诏敕来看，"自今以后""今后"等用语多次出现，表明这些诏敕并非就一时一事特定的对象进行具体、个别性的调整，而具有创设法律规范的立法性质，罪犯屯田的法律规范由此得以建立。可以说，唐代屯田法制关于罪犯屯田的规制较之汉代实现了从个别性规制到一般性规制的重大变化，实现了质的飞跃。表现在具体内容上，唐代关于罪犯屯田的制度在诏敕的形式上形成了一整套从宏观到微观、由原则到规范的体系，较之前代有明显的突破与进步。

此外，汉唐之间，生产力得到较大发展。生产工具的进步是生产力发展的重要内容，因而唐代屯田法制中关于生产工具方面的部分规范大大超越前代，也是顺理成章之事。汉代出现牛耕，西汉后期在一些地区得到了较为普遍的推广，东汉时更是进一步得到普及。[1]牛耕在农业生产中具有举足轻重的地位。应劭《风俗通义·佚文》载："牛乃耕农之本，百姓所仰，为用最大，国家之为强弱也。"东汉时还出现了立春时以"土牛"进行祭祀的礼仪。"立春之日，夜漏未尽五刻，京师百官皆衣青衣，郡国县道官下至斗食令史皆服青帻，立青幡，施土牛耕人于门外，以示兆民。"[2]牛及牛耕的重要性不言而喻。但在关于汉代屯田实践的记载中，难以见到牛耕的内容，相关法律规范更是难以寻觅。

建安元年（公元 196 年），曹操用枣祗、韩浩之议，开始兴办屯田。"时议者皆言当计牛输谷，佃科以定。"[3]由于枣祗以"僦牛输谷，大收不增谷，

---

〔1〕　程念祺："中国古代经济史中的牛耕"，载《史林》2005 年第 6 期，第 3 页。

〔2〕　（南朝宋）范晔：《后汉书》卷九十四，中华书局 1965 年版，第 3102 页。

〔3〕　（晋）陈寿：《三国志·卷一六·魏书·任峻传·注引·魏武故事》，陈乃乾点校，中华书局 1982 年版，第 490 页。

有水旱灾除，大不便"为由反复劝说，曹操最终采纳枣祗之议，行"分田之术"，即由定额分成改为比例分成。晋泰始四年（公元268年），傅玄上疏曰："又旧兵持官牛者，官得六分，士得四分。自持私牛者，与官中分。施行以来，众心安之一。今一朝减持官牛者，官得八分，士得二分；持私牛及无牛者，官得七分，士得三分，人失其所，必不欢乐，爱惜成谷，无有损弃之忧。"〔1〕从傅玄上疏来看，持官牛屯田官得六分，持私牛屯田与官中分，应当是曹操乃至曹魏时期屯田法制涉及牛耕的重要内容；西晋初年，官私分成比例发生较大变化，八二分成或七三分成的比例进一步加大了官府的收益率。这一时期，屯田法制已涉及牛耕，但主要集中于两个方面：一是将牛作为屯田必不可少的生产工具予以强调；二是依耕牛所有权的不同确定屯田收益分配的相应比例。南北朝乃至于隋，在屯田用牛的管理法制方面未见大的突破。北魏太和五年（公元481年），徐州刺史薛虎子上表言及"以兵绢市牛，可得万头，兴置屯田，一岁之中，且给官食。……暂时之耕，足充数载之食"，为魏文帝采纳。牛耕的重要性得到坚持，但未创立新的用牛方面的屯田管理规范。

　　唐代屯田法制关于屯田用牛的管理规范与前代不同。成文法典中并无屯田用牛与屯田收益分配关系的相关规定，仅在唐代后期屯田实践中个别性地有所体现，没有上升为一般规范，如建中三年（公元782年）徐申韶州屯田之举、贞元八年（公元792年）陆贽屯田之策都从不同侧面涉及这一问题。这一现象与牛耕技术的进一步普及不无关联。武后时，监察御史张廷就曾上书说："君所恃在民，民所恃在食，食所资在耕，耕所资在牛；牛废则耕废，耕废则食去，食去则民亡，民亡则何恃为君?"〔2〕牛耕已上升到直接关系君主统治安危的地步，其重要性已不言自明。在牛耕已成为屯田、其他官田、民田基本生产技术的背景下，不必再强调其重要性，如何具体地对用牛进行规范才是最重要的问题。开元《田令》中集中调整屯田用牛的规范至少包括前引唐代屯田令文中的四个条文：

　　4. 诸屯田应用牛之处，山原川泽，土有硬软，至于耕垦，用力不同，其

〔1〕（唐）房玄龄等：《晋书·卷四七·傅玄传》，中华书局1974年版，第1321页。
〔2〕（宋）欧阳修、宋祁：《新唐书·卷一一八·张廷珪传》，中华书局1975年版，第4262页。

土软之处，每地一顷五十亩配牛一头，强硬之处，一顷二十亩配牛一头。即当屯之内，有硬有软者，亦准此法。其地皆仰屯官明为图状，所管长官亲自问检，以为定簿，依此支配。其营稻田之所，每地八十亩配牛一头。若蔓（？）草种稻者不在此限。

5. 诸营田若五十顷外更有地剩配丁牛者，所收斛斗皆准顷亩折除。

9. 诸屯每年所收藁草，饲牛供屯杂用之外，别处依式贮积，具言去州镇及驿路远近，附计帐申所司处分。

10. 诸屯收杂种须以车运纳者，将当处官物勘量市付。其扶车子力，于营田及饲牛丁内均融取充。[1]

上引四条田令条文中，第 4 条依山原川泽土地硬软程度的不同，明确规定了屯田用牛的配给标准——一顷五十亩、一顷二十亩或八十亩配牛一头，并要求"屯官明为图状，所管长官亲自问检"严格加以落实。第 5 条进一步规定在额定屯田面积之外，仍可依开垦面积给屯田配给耕牛，系对第 4 条的补充。除这两条从正面对屯田用牛加以规范之外，其他两个条文从侧面涉及屯田用牛的规范问题。如第 9 条"饲牛供屯"之语表明屯田用牛有专门的藁草作为饲料；第 10 条"饲牛丁"一词表明屯田所用耕牛有专人负责饲养。前引 1966 年阿斯塔那出土文书《贞观十七年牒为官牛领豆苜料事》[2]清楚地表明屯田用牛饲料供应规范的具体落实情况，在一定程度上印证了田令屯田用牛相关规范的实效性。

从配牛标准来看，唐代屯田耕牛的数量是极不充足的，每 150 亩、120 亩或 80 亩配牛一头，难以满足生产所需。《旧唐书》载："贞元二年（公元 786年），上以关辅禄山之后，百姓贫乏，田畴荒秽，诏诸道进耕牛，待诸道观察使各选拣牛进贡。委京兆府劝课民户，勘责有地无牛百姓，量其地著，以牛均给之。其田五十亩已下人，不在给限。（袁）高上疏论之：'圣慈所忧，切在贫下。有田不满五十亩者尤是贫人。请量三两家共给牛一头，以济农

---

〔1〕　宋家钰："唐开元田令复原研究"，载天一阁博物馆、中国社会科学院历史研究所天圣令整理课题组校证：《天一阁藏明钞本天圣令校证　附唐令复原研究》（下册），中华书局 2006 年版，第453 页。

〔2〕　柳洪亮："吐鲁番阿斯塔那古墓群 360 号墓出土文书"，载《考古》1991 年第 1 期，第 33 页。

事。'"[1]可见，贞元二年（公元 786 年）京兆府给有地无牛百姓配给耕牛的标准是 50 亩一头。由于"安史之乱"的影响，贞元年间"百姓贫乏，田畴荒芜"，经济发展受到了较大的破坏。此时，官府给京兆百姓配给耕牛尚能按 50 亩一头的标准进行。由此看来，开元《田令》所确定的标准是很难保证耕种所需的。并且，给京兆府百姓 50 亩地配牛 1 头的标准是在诸道观察使拣牛进贡的前提下实现的，这说明当时耕牛数量是极不充足的。开元年间，配牛标准更低，自然也与耕牛数量紧张有紧密的关联。在此背景下，为保证对有限资源的充分利用，制定更加细致、科学的管理规范显得极其重要。因此，唐代屯田用牛规范较前代更加细致、完善。

总之，屯田管理机构的专职化、罪犯屯田的规范化、屯田用牛规范的细致化等，都只是唐代屯田法制内容复杂、完善的一个个侧面。从这些侧面中可以看出，唐代屯田法制的内容在继承前代相关法律规范的基础上更加细致、严密，超越了前代的成就，达到了一个前所未有的高度。

**二、唐代屯田法制开后世之先河**

唐代屯田法制作为屯田法制发展史上第一个高峰，自然会对后世产生较为深远的影响，这种影响在五代、两宋体现得尤为突出。

（一）唐代屯田法制对五代十国的影响

五代十国时期，政权更迭频繁，每个中原王朝存续的时间仅十年左右，后汉更如昙花一现，前后只存在了四年。如此短暂的时间，守成尚且不足，创新更加困难，各政权均无暇进行大规模的法制建设。在屯田法制领域，基本上沿袭了唐代后期的做法。

如在屯田的组织形式方面，普遍以户部管领下的营田务组织屯田生产。屯田的各种积弊也一并转移至五代，最终促使后周世宗废除营田务。"最早见诸史籍的营田务是大和六年（公元 832 年）二月户部尚书判度以王起奏置于邠宁、灵武的营田务，实际设置营田务的时间应早于此。"[2]宋白称唐代后期"诸道皆有营田务"，说明其设置非常普遍。营田务设立之初，本由州县管辖。

---

〔1〕（后晋）刘昫等：《旧唐书·卷一五三·袁高传》，中华书局 1975 年版，第 4088 页。

〔2〕杨际平："唐五代'屯田'与'营田'的关系辨析"，载《汕头大学学报》1999 年第 5 期，第 90 页。

元和十五年（公元 820 年）二月，穆宗《登极德音》将原属州县管辖的营田务割属户部掌管："诸州府除京兆河南府外，应有官庄宅铺店碾硙菜园盐畦车坊等，宜割属所管官府。"[1]五代时期沿袭了这一做法，内地民屯往往归户部所统领的"营田务"或"屯田务"管辖。后唐长兴二年（公元 931 年）九月，"诏天下营田务，只许耕无主荒田，各召浮客，不得留占属县编户"。"天下"二字似表明后唐地域虽不辽阔但营田务之设比较普遍[2]。后周广顺二年（公元 952 年）五月，沧州营田务户"纳去年空地苗税不追，乞除放，从之"[3]。李毂"奏罢屯田务，以民隶州县课役，尽除宿弊"[4]，史籍所载表明"屯田务"本不属州县管辖。南方十国之一的南唐，其屯田法制也基本相同，"后主用尚书员外郎李德明议，兴复旷土，为屯田以广兵食。水部员外郎贾彬嗣成之。所使典掌者皆非其人，侵扰州县，豪夺民利，大为时患"[5]。由于用人不当，屯田典掌者"侵扰州县，豪夺民利"，致使屯田成为一大祸患，可见其屯田事务也在州县管辖权限之外。由于营田务"或丁多无役，或容庇奸盗，而州县不能诘"[6]，积弊过深，后周世祖终将其废罢。广顺三年（公元 953年）诏曰："前世屯田皆在边地，使戍兵佃之。唐末，中原宿兵，所在皆置营田以耕旷土，其后又募高赀户使输课佃之，户部别置官司总领，不隶州县。"后来，周太祖采纳青州知州张凝的建议，"悉罢户部营田务，以其民隶州，其田、庐、牛、农器，并赐见佃者为永业，悉除租牛课"[7]至此，唐代后期即已出现的"户部别置官司总领，不隶州县"的营田务被全部废罢。

　　屯田经营管理方面，五代时期沿袭唐代后期的做法，实施屯田租佃制，募民耕种。如前引长兴二年（公元 931 年）诏规定屯田只能"各召浮客"，不能"留占属县编户"，其劳动力来源就是召募的浮客，且以租佃的方式进行经

　　〔1〕（清）董诰等编：《全唐文·卷六六·登极德音》，中华书局 1983 年版，第 699 页。

　　〔2〕张泽咸等人认为，"天下营田务"是主管屯田事务的机构名称，并非"天下各处的"营田务。参见张泽咸、郭松义：《中国屯垦史》，文津出版社 1997 年版，第 120 页。

　　〔3〕（宋）王钦若等编：《宋本册府元龟·卷四九二·邦计部·蠲复第四》，中华书局 1989 年版，第 1229 页。

　　〔4〕（元）脱脱等：《宋史·卷二六二·李谷传》，中华书局 1977 年版，第 9053 页。

　　〔5〕（清）毕沅编著：《续资治通鉴》卷二，中华书局 1957 年版，第 34 页。

　　〔6〕（宋）司马光编著：《资治通鉴》卷二九一，中华书局 1956 年版，第 9488 页。

　　〔7〕（宋）司马光编著：《资治通鉴》卷二九一，中华书局 1956 年版，第 9488 页。

营。南唐后主下诏"罢诸路屯田使,委所属令佐,与常赋俱征"。马令在注文中指出:"初南唐屯田,置使专掌。至此,罢其使,而屯田佃民,绝公吏之挠。"〔1〕可见,南唐屯田亦佃民耕种。后周太祖废罢营田务的诏书中也称:"……悉罢户部营田务,以其民隶州县,其田庐、牛、农器,并赐见佃者为永业。"〔2〕《旧五代史》详录诏书曰:"诸道州府系属户部营田及租税课利等,除京兆府庄宅务、赡国军榷盐务、两京行从庄外,其余并割属州县,所征租税课利,官中只管旧额,其职员节级一切停废。应有客户元佃系省庄田、桑土、舍宇,便赐逐户,充为永业,仍仰县司给与凭由。应诸处元属营田户部院及系县人户所纳租中课利,起今年后并与除放。所有见牛犊并赐本户,官中永不收系。"〔3〕史籍措辞虽有不同,但含义基本一致,从"佃者""租税""纳租"等用语来看,废罢之前屯田采用的是租佃经营方式,颇有晚唐遗风,是深受唐代屯田法制影响的结果。

可见,在屯田组织体系、屯田劳动力来源及管理方式上,唐代屯田法制对五代十国时期产生了全面而深刻的影响。

(二)唐代屯田法制对宋代的影响

北宋开国,"兵农之政,大抵因唐末之故"〔4〕。宋太宗淳化四年(公元993年),于河北沿边首开屯田。《续资治通鉴长编》记载:

初,何承矩至沧州,即建屯田之议,上意颇向之。……于是,承矩请因其势大兴屯田,种稻以足食。会临津信黄懋亦上书,请于河北诸川兴作水田。懋自言闽人,本乡风土,惟种水田,缘山导泉,倍费功力。今河北州军陂塘甚多,引水溉田,省工易就,三五年内,公私必获大利。因诏承矩往河北诸州按视,复奏如懋言。〔5〕

随后,太宗即以知雄州何承矩"制置河北沿边屯田事,大理寺丞黄懋充

〔1〕 (宋)马令:《南唐书·卷五·后主书》,李建国校点,载傅璇琮等主编:《五代史书汇编》,杭州出版社2004年版,第5289页。

〔2〕 (宋)司马光编著:《资治通鉴》卷二九一,中华书局1956年版,第9488页。

〔3〕 (宋)薛居正等:《旧五代史·卷一一二·周太祖纪三》,中华书局1976年版,第1488页。

〔4〕 (元)脱脱等:《宋史·卷一七三·食货上一·农田》,中华书局1977年版,第4169页。

〔5〕 (宋)李焘:《续资治通鉴长编》卷三四,中华书局1979年版,第747页。

判官"〔1〕，宋代屯田由此出现。何承矩河北屯田初年"稻值霜不成"，次年始获成功，"承矩载稻穗数车，遣吏部送阙下"，以平息反对者的非议。河北屯田成功使统治者受到鼓舞，真宗时屯田规模迅速扩大。以保州屯田为例，咸平六年（公元 1003 年），知保州赵彬"决鸡距泉，自州西至满城县，分徐河水南流注运渠，广置水陆屯田"〔2〕；景德三年（公元 1006 年），赵彬又"于郡城东北更广屯田"〔3〕；大中祥符二年（公元 1009 年），赵彬还请"增屯田兵五百人"；天禧年间，保州屯田在卢鉴主持下，将水陆田面积"开展至百余顷，岁收粳糯稻万八千或二万石"〔4〕。天禧年间，诸州屯田总计达"四千二百余顷，而河北岁收二万九千四百余石，而保州最多，逾其半焉"〔5〕，可见河北沿边屯田尤其是保州屯田之盛。南宋也多在边境地区实行屯田。绍兴五年（公元 1135 年），安抚使王彦"因荆南旷土，措置屯田，……营田八百五十顷，分给将士有差"〔6〕。后川陕宣抚副使吴玠"益治屯田，岁收十万斛"〔7〕。绍兴十五年（公元 1145 年），关陕营田面积达两千六百余顷，"除粮种分给外，实入官细色十四万一千四十九石"〔8〕，数年后又有大幅增长。绍定元年（公元 1228 年），史嵩之经理屯田，襄阳积谷六十八万石。边地屯田获得成功后，即向内地扩展，北宋初年，"凡诸路惟襄、定、唐三州有营田使或营田事，通判亦同领其事"〔9〕。襄唐二州均远离边防前线，既已出现"营田使或营田事"的规定，"这些屯田或营田的数额也不会很少，否则没有必要作出这样的规定"〔10〕。其后，北宋内地屯田时兴时废，没有得到很好的发展。南宋时屯田也扩展至内地，几乎遍及南宋全境，甚至连都城临安附近的两浙西路也到处都有屯田和营田。绍兴五年（公元 1135 年）八月诏称："应潭、郴、鼎、澧、岳、复州、荆南（当作荆门）、龙阳军、循、梅、潮、惠、英、

---

〔1〕（清）徐松辑：《宋会要辑稿·食货四》，中华书局 1957 年版，第 4846 页。

〔2〕（元）脱脱等：《宋史·卷一七六·食货上四·屯田》，中华书局 1977 年版，第 4269 页。

〔3〕（清）徐松辑：《宋会要辑稿·食货四》，中华书局 1957 年版，第 4847 页。

〔4〕（清）徐松辑：《宋会要辑稿·食货四》，中华书局 1957 年版，第 4847 页。

〔5〕（元）马端临：《文献通考·卷七·田赋考七·屯田》，中华书局 1986 年版，第 76 页。

〔6〕（元）脱脱等：《宋史·卷三六八·王彦传》，中华书局 1977 年版，第 11454 页。

〔7〕（元）脱脱等：《宋史·卷三六六·吴玠传》，中华书局 1977 年版，第 11413 页。

〔8〕（清）徐松辑：《宋会要辑稿·食货六三》，中华书局 1957 年版，第 6065 页。

〔9〕（清）徐松辑：《宋会要辑稿·食货四〇》，中华书局 1957 年版，第 4825 页。

〔10〕 张泽咸等：《中国屯垦史》（中册），农业出版社 1990 年版，第 174 页。

广、韶、南雄、虔、吉、抚州、南安、临安军（当作临江军）、汀州管内，已降指挥，人户附种营田，……自来年并免附种。"〔1〕"附种营田"的区域几乎遍及南宋全部辖境，足见南宋屯田地域之广。绍兴十九年（公元1149年）六月，"诏两浙路应管天荒逃绝田土，已措置作营田耕种"〔2〕，京城附近也出现了新置营田。

元人曾言："前代军师所在，有地利则开屯田、营田，以省馈饷。"〔3〕宋代屯田与唐时"凡军州边防镇守，转运不给，则设屯田以益军储"〔4〕，在设置的动机上完全一致。北宋仁宗以前，屯田、营田的重点区域是河北沿边地区；仁宗以后，重点转移到西北沿边，这与契丹、西夏先后威胁边防有关。陈兵边地，转运不给，于是开屯田、营田以供军。〔5〕南宋时也不例外，两淮、荆襄、川陕等宋金交战区域遭到了战争的严重破坏，"民去本业，十室而九；不耕之田，千里相望"〔6〕，但其地理位置决定了这些地区将很快成为南宋屯田营田的重要区域。随着屯垦的不断深入，相关法制建设也日益完善，宋代屯田法制在唐代屯田法制的基础上进一步得到发展。

从屯田组织形式来看，在官庄普遍出现之前，北宋沿用唐代后期、五代时期的营田务的体制，组织军民种植屯田。宋人曾言："祖宗时，屯、营田皆置务。"〔7〕可见，屯田务、营田务是北宋初期屯田的基本组织形式。太宗朝何承矩屯田河北沿边后不久，营田务即开始出现。真宗咸平二年（公元999年）四月，"转运使耿望奏置营田务。……五月乙酉从其请"。〔8〕五月，耿望又奏请于襄州置营田务，得到真宗首肯。咸平五年（公元1002年）三月，"京西

〔1〕（清）徐松辑：《宋会要辑稿·食货六三》，中华书局1957年版，第6035页。

〔2〕（清）徐松辑：《宋会要辑稿·食货二》，中华书局1957年版，第5522页。

〔3〕（元）脱脱等：《宋史·卷一七六·食货上四·屯田》，中华书局1977年版，第4263页。

〔4〕（唐）李林甫等：《唐六典·卷七·屯田郎中员外郎》，陈仲夫点校，中华书局1992年版，第222页。

〔5〕北宋沿边屯田还存在一个特殊的作用，即以稻田（水田）直接作为防遏契丹骑兵突击的措施。何承矩上太宗论屯田之利时即指出："有国有家者，兵以足食为本，水田之盛，诚可以限戎马而省转粟之费，实万世之利也。"［（清）徐松辑：《宋会要辑稿·食货六三》，中华书局1957年版，第6004页。］"省转粟"之外，沿边水田还有"限戎马"的军事用途。

〔6〕（宋）汪藻：《浮溪集·卷二·论淮南屯田》（文渊阁四库全书本）。

〔7〕（元）脱脱等：《宋史·卷一七六·食货上四·屯田》，中华书局1977年版，第4268页。

〔8〕（清）徐松辑：《宋会要辑稿·食货四》，中华书局1957年版，第4846页。

转运使张巽言：襄州置营田务，烦扰非当。诏罢之，纵民耕莳"〔1〕。景德二年（公元 1005 年），转运使许逊（遜）奏复兴襄州营田务，后一直延续至仁宗天圣年间〔2〕。真宗大中祥符五年（公元 1012 年）正月，"癸未，令保安军稻田务旬具垦殖功状以闻"。〔3〕次年三月，"以主客员外郎、直史馆、判三司都磨勘司杨嵎监汝州稻田务"。庆历元年（公元 1041 年）十月，"诏陕西转运司，令空闲地置营田务"〔4〕。可见，内地军州置营田务、稻田务并非一时一地的偶然现象，其普遍设置可以理解为一种制度化的存在。除营田务、稻田务外，屯田务也于北宋初年开始出现：

天禧四年（公元 1020 年）四月，内殿崇班、合门祗侯卢鉴言：保州屯田务自来逐年耕种水田八十顷，……以河北沿边顺安、乾宁等州军屯田务比保州，十分中止及二三分已来。其保州屯田务兵士不暂时休息，尤其辛苦。欲望下军头司，自今所配河北屯田务兵士，十人中将四人配保州，六人配余处。从之。〔5〕

从卢鉴所奏来看，保州屯田务在天禧元年（公元 1017 年）之前即已出现，距何承矩开创河北屯田最多二十四年。此后，沅州等地也出现了屯田务。神宗熙宁七年（公元 1074 年），"章惇初筑沅州，亦为屯田务"〔6〕。到元丰二年（公元 1079 年），"诏罢沅州屯田务，募人租佃，役兵还所隶"〔7〕。沅州屯田务存在五年，后遭废罢，所属土地募人租佃，改为官庄的经营方式。〔8〕作为一种承上启下的屯田经营方式，屯田务、营田务（稻田务）在北宋初年得到了较大的发展。随着官庄经营方式的普遍化，这种组织形式渐渐淡出历

---

〔1〕（宋）李焘：《续资治通鉴长编》卷五一，中华书局 1979 年版，第 1117 页。

〔2〕（清）徐松辑：《宋会要辑稿·食货六三》，中华书局 1957 年版，第 6022 页。

〔3〕（宋）李焘：《续资治通鉴长编》卷七七，中华书局 1979 年版，第 1750 页。

〔4〕（清）徐松辑：《宋会要辑稿·食货六三》，中华书局 1957 年版，第 6022 页。

〔5〕（清）徐松辑：《宋会要辑稿·食货六三》，中华书局 1957 年版，第 6007 页。

〔6〕（元）马端临：《文献通考·卷七·田赋考七·屯田》，中华书局 1986 年版，第 76 页。

〔7〕（宋）李焘：《续资治通鉴长编》卷二九九，中华书局 1979 年版，第 7273 页。

〔8〕屯田官庄之设景德元年（公元 1004 年）即已出现："景德元年……十月，诏相州管内不堪牧马草地一段，宜令官置牛具，选习耕农兵士，置屯田庄。"〔（清）徐松辑：《宋会要辑稿·食货六三》，中华书局 1957 年版，第 6007 页。〕

史舞台。南宋初，屯田没有形成统一的管理体制，各地屯田由军、政长官自行措置。绍兴六年（公元 1136 年），根据张浚的建议，江淮等地营田通通以"庄为单位，每庄划地五顷，以五户为一保共佃，庄内有长或甲头，每庄十，召募第三等以上土人充监庄"[1]，从而形成了以官庄为主要形式的屯田组织系统，屯田务、营田务自始未成为南宋屯田的主要组织形式。

从屯田的经营管理方式来看，宋代屯田法制也与唐代后期存在相似之处，广泛采用租佃制的经营方式。宋代西北屯田"开屯田营田向官庄转化的先河"[2]。官庄屯田以"庄"为单位，采用一般地主庄园普遍采用的租佃制经营方式，劳动力杂用兵民。屯田佃户需向官府缴纳一定份额的实物作为地租，其比例有四六、五五、六四等不同情况。[3]除西北地区外，屯田的租佃经营还出现在其他地区。天禧四年（公元 1020 年）四月，"福建路转运使方仲荀上言：福州官庄千二百十五顷，自来给与人户主佃，每年人纳税米。乞差官估价，令见佃人次买，与限二年送纳。事下三司，请如所请。……八月二十二日诏，国家每念蒸黎，常轻赋敛，岂令远俗重此均输，宜特示于推恩，俾并从于旧贯，其福建佃官庄户依旧佃莳，更不均定租课"[4]。仁宗天圣三年（公元 1025 年），监察御史朱谏言："近闻上封者请估卖福州屯田，此田人户耕佃四十余年，虽有屯田之名，父子相承，以为己田。"[5]由此看来，福州屯田租佃与人户耕种时日已久，私有化倾向日趋明显。熙宁二年（公元 1069 年），"三司言：天下屯田省庄皆子孙相承，租佃岁久，乞不许卖"[6]，得到神宗批准。可见，"天下屯田省庄"不仅采用租佃制的经营方式，而且承租人子孙相承，颇有永业之风，故承佃者乞求官府禁止买卖以保租佃关系的稳定，此诏与天禧四年（公元 1020 年）八月诏"福州官庄更不出卖"的精神完全一致。熙宁四年（公元 1071 年）二月，"诏河北缘边屯田务水陆田，并令民租

〔1〕 李清凌："关于宋代营田的几个问题"，载《西北师大学报（社会科学版）》1985 年第 3 期，第 85 页。

〔2〕 李蔚："试论宋代西北屯田的几个问题"，载《中国社会经济史研究》1988 年第 1 期，第 20~21 页。

〔3〕 汤开键："试论南宋的营田"，载《兰州大学学报》1982 年第 1 期，第 35~36 页。

〔4〕 （清）徐松辑：《宋会要辑稿·食货六三》，中华书局 1957 年版，第 6070 页。

〔5〕 （清）徐松辑：《宋会要辑稿·食货六三》，中华书局 1957 年版，第 6007 页。

〔6〕 （元）马端临：《文献通考·卷七·田赋考七·屯田》，中华书局 1986 年版，第 80 页。

佃，本务兵士令逐州军收充厢军，监官悉减罢"〔1〕。宋代军屯最初并不租佃与民，但由于每岁"所入不偿所费"，生产效益低下，故采用租佃的方式经营，相关兵士改为厢军。哲宗元符二年（公元1099年），"河北都转运使言：'昨据都大制置营田使司奏，屯田务陆田每年所收不给所费。欲依张承鉴申请，屯田务陆田，许人赁佃，所得皆净利；其人户居止，即不得创行迁近边界。'诏令逐司相度施行"〔2〕。二十余年后，屯田务陆田所收不偿所费需租佃经营一事再次"上达天听"。此次"许人赁佃"者仅屯田务陆田，范围有所缩小。从屡次诏令来看，租佃制是当时摆脱屯田经营"所收不给所费"的根本出路。

从管理体制上看，屯田在中央仍归工部管理，地方官兼理屯田者往往带屯田使职，且地方屯田事务专隶屯田司或营田司。哲宗元符元年（公元1098年）二月，"工部言：河北屯田司令：塘水深浅，季申工部。乞今后塘泊州、军，于次季孟月，保明所管地分塘水增减尺寸，径报屯田司。候到，立便差官检覆讫。本司于仲月审察诣实，结罪保明奏闻，仍具申知本部。从之"〔3〕。本条史料清晰地表达出了工部对全国屯田事务的主管职能，以及地方屯田事务隶屯田司的情况。徽宗大观二年（公元1108年）诏曰："潴水为塘以除水患，留屯营以实塞下，爰自我祖宗，设民置吏，分职联治，自为一司，专总其事……"〔4〕诏文概括了北宋中央政府"自为一司专总其事"的屯田管理体制。《两朝国史志》载："屯田判事司一人，以无职事朝官充。凡屯田之政令隶三司，本司无所掌，令、史二人。元丰改制，郎中、员外郎始行本司事。"〔5〕由此看来，北宋开国以来即有屯田郎中、员外郎之设，与唐如出一辙。但屯田郎中、员外郎在元丰改制以前并不管理屯田事务，屯政隶属三司，元丰改制之后才名至实归。《宋史》亦称天下百工水土之政令"旧制，判部事一人，以两制以上充，元丰并归工部。其属三：曰屯田，曰虞部，曰水部。设官十：

〔1〕（清）徐松辑：《宋会要辑稿·食货六三》，中华书局1957年版，第6008页。

〔2〕（宋）李焘：《续资治通鉴长编》卷五一六，中华书局1979年版，第12 270页。

〔3〕（宋）李焘：《续资治通鉴长编》卷四九四，中华书局1979年版，第11 748页。

〔4〕（清）徐松辑：《宋大诏令集·卷一八二·屯田司修完塘堤御笔》，中华书局1962年版，第661页。

〔5〕（清）徐松辑：《宋会要辑稿·职官一六》，中华书局1957年版，第2722页。

尚书、侍郎各一人，工部、屯田、虞部、水部郎中、员外郎各一人"〔1〕。可见，中央屯田主管部门仍是工部，具体来说由屯田郎中、员外郎掌屯田政令。地方上，具体负责屯田事务的官员仍带屯田使职，一如唐代。"宋太祖（宗）皇帝端拱二年，以左谏议大夫陈恕为河北东路招置营田使，魏羽为副使，右谏议大夫樊知古为河北西路招置营田使，索湘为副使，欲大兴营田也。"〔2〕虽然此次屯田计划因陈恕反对而未能实现〔3〕，但宋初屯田管理职官——营田使、营田副使——的设置与唐代一脉相承则是显而易见的。淳化四年（公元993年）三月"壬子，以何承矩为制置河北缘边屯田使"〔4〕。可见，北宋河北缘边屯田之始，主持者即带"制置屯田使"之职，并以屯田判官为属官，与唐制颇有类似的一面。辽宋"澶渊之盟"后，真宗于景德二年（公元1005年）正月，"诏定、保、雄、莫、霸等州，顺安、平戎、信安等军知州军，并兼制置本州屯田事，旧兼使者仍旧。先是，北面缘边屯田，水陆兼种，甚获其利。自来雄州长史（吏）兼领使名，其诸州即别命官主领。至是，戎虏通好，帝患平宁之后，渐成弛慢，故有是诏"〔5〕。景德二年（公元1005年）正月之前，除雄州刺史兼任屯田使外，其他州均由专人充任屯田使；但景德二年（公元1005年）诏则改变这一状况，知州知军一并兼任本州军"制置营田""制置营田事""制置营田使""招置营田使"等职务，此前已兼任者仍旧。可见，迨至宋朝，屯田使、营田使仍是地方主管屯田事务的重要官员，且多为地方官兼任。又如景祐二年（公元1035年）"诏河北有塘泊处，知州军并兼管勾屯田堤道事"〔6〕；宝元二年（公元1039年），又"诏河北转运使自今并兼都大制置营田屯田事"〔7〕；元丰二年（公元1079年）十二月，"诏保州、广信、安肃、顺安军兴置水利，令定州路安抚使兼本路制置屯田使，

---

〔1〕（元）脱脱等：《宋史·卷一六三·职官志三·工部》，中华书局1977年版，第3862页。

〔2〕（元）马端临：《文献通考·卷七·田赋考七·屯田》，中华书局1986年版，第75页。

〔3〕（元）马端临：《文献通考》载："……雍熙后，数用兵，歧沟、君子馆败衄之后，河朔之民农桑失业，多闲田，且戍兵增倍，故遣恕等经营之。恕密奏：戍卒经惰游，仰给县官，一旦使冬被甲兵，春执耒耜，恐变生不测。乃诏止令葺营堡，营田之议遂寝。"〔（元）马端临：《文献通考·卷七·田赋考七·屯田》，中华书局1986年版，第75页。〕

〔4〕（元）脱脱等：《宋史·卷一七六·食货上四·屯田》，中华书局1977年版，第4264页。

〔5〕（清）徐松辑：《宋会要辑稿·食货六三》，中华书局1957年版，第6007页。

〔6〕（宋）李焘：《续资治通鉴长编》卷一一七，中华书局1979年版，第2761页。

〔7〕（宋）李焘：《续资治通鉴长编》卷一二四，中华书局1979年版，第2924页。

以定州路制置屯田使司为名。差知保州张利一、河北沿边安抚使刘琚兼同管勾定州屯田公事，大理寺丞杨婴立制置屯田司勾当公事，应系只置水利州军，并逐州军知州、通判兼管勾本州军屯田公事"[1]等。以营田使为核心，形成屯田司这一机构具体处理屯田事务，这是宋代屯田法制的一大变化。

从屯田的土地来源及屯田与私田的关系上看，唐宋也有一脉相承之处。就屯田的土地来源而言，宋代与唐代并无二致，仍然包括荒闲无主土地、官田、私田三种主要途径。[2]其中，私田的私有属性与屯田的国家直接经营特点存在本质的冲突，本不应用于设置屯田。但在战争或其他外来原因致使百姓逃亡、私田抛荒之后，政府组织人力对私田予以耕种是恢复生产、发展经济的有效办法，故唐宋屯田实践中都可以见到私有土地被用于屯田的现象。唐代统治者多次发布诏敕保护私田所有者的权利，如开元七年（公元719年）"褒姜师度诏"、德宗建中四年（公元783年）六月诏、德宗贞元元年（公元785年）十一月诏、穆宗登极德音、敬宗宝历元年（公元825年）"御丹凤楼大赦文"等。这些诏敕的基本精神是一致的，即屯田不得随意括占私田，对所占用的逃户私田如田主复业即须给还。[3]按照现代民法理论，百姓逃亡使土地抛荒属于放弃自己权利（对被授田地的使用权，后逐渐具有所有权性质）的行为，在这种情况下，国家完全有权以先占或国有化的方式将其收归国有，但唐代统治者的做法完全相反。从根本上讲，这种做法是为了"束缚住劳动者，增加社会生产和赋税源泉"[4]。

宋代"田制不立""不抑兼并"，私有土地制度得到了进一步的发展。屯田作为供应军粮、安辑流民的临时措施，当然也不得侵害土地的私有权，逃户土地的私有性质并没有因为被括置营田而转化为国有土地。这一原则在宋

〔1〕（宋）李焘：《续资治通鉴长编》卷三〇一，中华书局1979年版，第7327页。

〔2〕参见张泽咸等：《中国屯垦史》（中册），农业出版社1990年版，第146~262页；李清凌："关于宋代营田的几个问题"，载《西北师大学报（社会科学版）》1985年第3期，第82~88页。

〔3〕逃户私田除用于屯田外，也可由官府租佃与人，但逃户复业时即须归还。武宗会昌元年（公元841年）诏曰："逃户桑田，二年不归，长令租佃与人，勿令荒废，征税有余，官为收贮，俟归还给之。"[（清）陈梦雷编纂：《古今图书集成·经济汇编·食货典》（影印本）卷四四，中华书局2011年版。]可见，官府处置逃户私田的根本目的在于赋税的足额征收，而非取得私田所有权。

〔4〕李清凌："关于宋代营田的几个问题"，载《西北师大学报（社会科学版）》1985年第3期，第83页。

代得到了坚持与发展，并在南宋时表现尤为明显。金兵南侵，致江淮一带"人户逃窜，良田沃土悉为茂草"，战争所及之处，往往"民去本业，十室而九，其不耕之田，千里相望"[1]。在这种背景下，将逃户田地括置营田是解决兵食、安置流亡的最佳出路。南宋政府规定屯田所占私田"十年内许地主识认，……后有旨，三年内田主自言者，给还三分之一，余听指射荒田，以足元（原）数"[2]。绍兴五年（公元1135年）三月又规定："五年内归业，即许佃人画时交还。"[3]绍兴二十三年（公元1153年）三月，镇江府驻扎都统制刘宝等提出：民户识认营田者，"偿纳自开耕以后三年每亩用过工本钱五贯五百文足，给还原田"[4]，得到朝廷批准。乾道二年（公元1166年）正月，"省六合戍兵，以所垦田给还复业之民"[5]，正是对前一诏敕的具体落实。可见，南宋初期屯田不得占用民田的法律原则逐步受到限制，归还期限由十年到五年，进而三年且只还三分之一原田或需支付工本钱，私田受到的保护越来越弱。[6]但淳佑二年（公元1242年）九月敕曰："四川累经兵火，百姓弃业避难，官以其旷土权耕屯以给军食。及民归业，占据不还。自今凡民有契券，界至分明，所在州县屯官随即归还，其有违戾，许民越诉，重罪之。"[7]这一诏敕摒弃了屯田所占私田的归还条件，只要"民有契券，界至分明"，即需无条件归还，但此诏敕所适用的范围仅限四川，不涉及其他地域。不仅逃户田地可括置屯田，某些"有主而无力开垦者"亦可"与官中合种"。绍兴三年（公元1133年），韩世忠主持建康营田时，曾为此措置条例，后"都督府言……

---

〔1〕 （宋）李心传：《建炎以来系年要录》卷四〇，中华书局1956年版，第749页。

〔2〕 转引自李清凌："关于宋代营田的几个问题"，载《西北师大学报（社会科学版）》1985年第3期，第82页。

〔3〕 （宋）李心传：《建炎以来系年要录》卷八七，中华书局1956年版，第749页。

〔4〕 （清）徐松辑：《宋会要辑稿·卷六三》，食货六三，中华书局1957年版，第6045页。

〔5〕 （清）毕沅编著：《续资治通鉴》卷一三九，中华书局1957年版，第3710页。

〔6〕 当然，这种对逃户私田有限保护制度并非始自宋代，五代时即已出现。后周显德二年（公元955年）正月诏曰："应逃户庄田……如三周年内本户来归者，其桑田不计荒熟，并交还一半；五周年内归业者，三分交还一分；五周年外归业者，其庄田除本户坟茔外，不在交付之限。其近北地诸州，应有陷蕃人户，自蕃界来归业者，五周年内来者，三分交还二分；十周年内来者，交还一半；十五周年来者，三分交还一分。"〔（宋）薛居正等：《旧五代史·卷一一五·周书·世宗纪》，中华书局1976年版，第1515页。〕

〔7〕 （元）脱脱等：《宋史·卷一七三·食货上一》，中华书局1977年版，第4179页。

田主归业自种，在五年内者，听依已布种法，见佃人收毕交割。五年外不归业者，听见佃人为主，庶几不致荒闲，失陷二税"。未逃亡但无力耕垦者，若情况将土地交官府佃与他人，同样设置了五年的复业期限，"候至地主有力耕时，赴官自陈，即时给还元（原）业"〔1〕。只要在限内"赴官自陈"即可将营田所占用"元业"索还。可见，南宋不同时期，皇帝所颁诏敕都肯定了田主归业时对屯田所占土地的返还请求权，且所附条件逐步减少。尽管出发点有所不同，在适用条件上存在一定差异，唐宋屯田法制对屯田不得占用私田、括占私田为屯田并不直接改变土地所有权的规定是一脉相承的。

　　唐宋屯田法制共通之处甚多，并非上述几点所能概括。以上阐述只是为了说明唐代屯田法制对宋代的影响，虽只选取几个方面，但足以说明二者之间有较多的共性。尽管宋代在屯田法制的表现形式、屯田法制的具体内容上有较多的创新，但唐宋屯田法制在屯田经营方式、屯田组织形式、屯田管理体制、屯田与私田的关系等方面存在明显的传承关系也是显而易见的，这种传承关系在北宋前期表现得尤为突出。

### 第二节　唐代屯田法制的历史作用

#### 一、对唐代屯田事务的规范作用

　　一般来说，法的作用是指法在经济基础决定下，对人的行为以及最终对社会关系和社会生活所产生的影响，其实质是国家权力对社会关系和社会生活的影响。〔2〕这是站在国家法角度对法的作用的一般认识。与国家法相对的是民间法。宋人称："唐之刑书有四，曰：律、令、格、式。令者，尊卑贵贱之等数，国家之制度也；格者，百官有司之所常行之事也；式者，其所常守之法也。凡邦国之政，必从事于此三者。其有所违及人之为恶而入于罪戾者，一断以律。"〔3〕宋人对律令格式关系的看法表明以律令格式为主导的法律体系主要来源于国家的创制，与今日从国家法的角度认识法律具有相通的一面。

---

〔1〕（清）徐松辑：《宋会要辑稿·食货六三》，中华书局 1957 年版，第 6033 页。

〔2〕张文显主编：《法理学》（第 2 版），高等教育出版社、北京大学出版社 2003 年版，第 350 页。

〔3〕（宋）欧阳修、宋祁：《新唐书·卷五六·刑法志》，中华书局 1975 年版，第 1407 页。

唐代屯田法制的表现形式以律令格式为主，以诏敕为辅，除部分民事法律规范具有民间法的特色以外，主要属于国家法的范畴。从法律部门来看，唐代屯田法制主要属于行政法，同时部分具有刑法、军事法的色彩，少量涉及屯田租佃的规范具有民法的属性。从总体上看，从国家法的角度来理解唐代屯田法制的作用是可行的。

唐代屯田法制的作用直接表现为对唐代屯田事务的规范作用。唐代屯田法以屯田事务为规制对象，通过对屯田管理机构和屯田劳动者行为的指引、评价以及对违法行为的制裁，使屯田管理规范化、科学化，达到了促进屯田发展的目的。前文在论及唐代屯田法的表现形式时，对《田令》《军防令》《考课令》等令典，《屯田格》《屯田式》及部分屯田诏敕的内容进行了说明。这些令、格、式及诏敕创立了诸多有关屯田生产、日常管理的法律原则与法律规范，为唐代屯田事业的开展提供了制度依据。

在唐代的诸多屯田方式中，烽铺屯田可以说是规模最小但难度最大的方式。对烽铺屯田的考察是探究唐代屯田法制的一个侧面。就《开元二十五年令》而言，如果将《田令》中有关屯田的条文视为调整屯田事务的一般法，则《军防令》关于"防人"屯田的规定则为调整屯田事务的特别法。"防人在防，守固之外，唯得修理军器、城隍、公廨、屋宇。各量防人多少，于当处侧近给空闲地，逐水陆所宜，斟酌营种，并杂蔬菜，以充粮贮及充防人等食。"[1]这一令文对防人在警固等义务之外，还课以营种的义务，成为烽铺屯田的直接法律依据。该条对边防前线的军屯面积作出了与普通屯田不同的特别规定——各量防人多少斟酌营种，而非"隶司农寺者每地三十顷以下二十顷以上为一屯；隶州镇诸军者每五十顷为一屯"[2]。《军防令》的规定对西域地区众多烽燧开展屯田产生了较强的约束作用。就营种面积而言，阿斯塔那226号墓出土文书《唐开元某年伊吾军典王元琼牒为申报当军诸烽铺屯田亩数事》最能说明问题：

1 □□□状上　　　　　　　　10 速独烽种豆陆亩<sup>共下子</sup>□□□

---

〔1〕（唐）长孙无忌等：《唐律疏议·卷一六·擅兴》，刘俊文点校，中华书局1983年版，第312页。

〔2〕戴建国："唐《开元二十五年令·田令》研究"，载《历史研究》2000年第2期，第39~40页。

2 合当诸军烽铺今年厮田总壹顷　　　11 故亭烽种床陆亩<sup>别下子</sup>□□□

3 陆拾□□□　　　12 青山烽种豆伍亩<sup>别下子</sup>□□□

4 玖拾伍亩□□□　　　13 贰拾肆亩见□□□

5 陆拾亩□□□　　　14 柽堆烽捌亩　花泉烽陆亩□□□

6 速独高头等两□□□　　　15 右被责当军诸□□□

7 阿查勒种粟壹□□□　　　16 上听裁

8 泥熟烽种豆壹□□□　　　17 牒件状如前谨□□□…………

9 叁拾伍□□□　　　18 开日典王元琮牒〔1〕

上引文书记载了八处烽铺屯田资料，总面积在一顷以上，其中速独烽、故亭烽、青山烽、柽槌烽、花泉烽屯田面积分别为 6 亩、6 亩、5 亩、8 亩、6 亩。此外，同时出土的另一份文书《唐北庭诸烽厮田亩数文书（12TA226：65）》也有相关记载：

（前缺）

1　野□□□

2　耶勒守捉界耶勒烽□□□

3　乾坝烽床，伍亩□□□

4　白粟叁亩　共刈得贰□□□

5　柽林烽床，伍亩　共□□□

6　白粟贰□□□□□□

（后缺）〔2〕

这一资料记载了耶勒烽、乾坝烽、柽林烽屯田的基本信息，其中乾坝烽、柽林烽均种床 5 亩、白粟 3 亩，各计 8 亩。从这两份出土文书中可以获得三个信息：其一，烽铺屯田在西域地区（至少在吐鲁番地区）广泛存在，屯田作

〔1〕　国家文物局古文献研究室、新疆维吾尔自治区博物馆、武汉大学历史系编：《吐鲁番出土文书》（第 8 册），文物出版社 1987 年版，第 202~203 页。

〔2〕　国家文物局古文献研究室、新疆维吾尔自治区博物馆、武汉大学历史系编：《吐鲁番出土文书》（第 8 册），文物出版社 1987 年版，第 222 页。

为烽燧警固之外的一项重要义务得到了切实的履行。[1]其二，各烽铺屯田面积从 5 亩到 8 亩不等。《烽式》规定："凡掌烽火，置帅一人，副一人，每烽置烽子六人。并取谨信有家口者，充当副帅。"[2]由于兵员不足，西域地区在烽铺人数配置上，往往达不到《烽式》规定的标准，因此每座烽燧除烽帅以及负责预警的烽子以外，最多六人可参与屯田劳作。前引阿斯塔那 226 号墓出土的另一份文书《唐开元十年伊吾军上支度营田使留后司牒为烽铺营田不济事》甚至记载"每烽烽子只有三人，两人又属警固"的情形[3]，可见在兵员配置不足的情况下，烽铺屯田人数甚至可以少到只有一人。5 亩至 8 亩不等的屯种面积恰好体现了《军防令》"各量防人多少""斟酌营种"的基本精神。其三，从行文格式上看，烽铺屯田面积及种植的各类作物数量都要向上汇报，接受上级的监督。这与唐代《田令》《考课令》规定的屯官考课、计账规范相一致。

除正面的指引外，对违反屯田规范的行为进行处罚、制裁也是唐代屯田法制规范作用的体现。开元《田令》规定："诸管屯处，百姓田有水陆上次及上熟、次熟，亩别收获多少，仰当界长官勘问，每年具状申上，考校屯官之日，量其虚实，据状褒贬。"[4]可见，相对于农作物营种面积来说，收获物的多少显得更加重要，它直接关系到屯官考课的结果。如不能达到法定的收获物数量，则应受到制裁。中国历史博物馆藏《唐西州都督府下诸府主帅牒》记载了相关的内容：

（前缺）
1 捍调度有阙者，速即状上，仍便令烽人收贮
2 使足，于后差州官点检有不足格数者。游

---

[1] 吐鲁番地区现仍遗留有大量的烽燧遗址，遍及整个吐鲁番地区。2013 年被列为全国重点文物保护单位的"古代吐鲁番盆地军事防御遗址"共有 62 处，包括烽燧遗址 42 处、驿站遗址 9 处、戍堡遗址 7 处、军屯遗址 4 处，其中绝大多数是唐代的军事遗址。参见《国务院核定公布第七批全国重点文物保护单位》《吐鲁番地区新增四处全国重点文物保护单位》。

[2] 霍存福：《唐式辑佚》，社会科学文献出版社 2009 年版，第 492 页。

[3] 国家文物局古文献研究室、新疆维吾尔自治区博物馆、武汉大学历史系编：《吐鲁番出土文书》（第 8 册），文物出版社 1987 年版，第 194~195 页。

[4] 宋家钰："唐开元田令复原研究"，载天一阁博物馆、中国社会科学院历史研究所天圣令整理课题组校证：《天一阁藏明钞本天圣令校证　附唐令复原研究》（下册），中华书局 2006 年版，第 453 页。

3 奕镇戍府县巡官，并当界后差旅帅，各决

4 杖陆拾，仍依科罪者。……〔1〕

　　从文书中可以看出，烽人收贮需达到法定的标准，若有不足格数者，要受到"决杖六十"的处罚。在正面指引与反面督责的有效结合，使唐代屯田法制对屯田生产的规范作用得到较充分的发挥。根据前引《唐开元十年伊吾军上支度营田使留后司牒为烽铺营田不济事》〔2〕的记载，伊吾军只有一名烽子从事屯田劳动的情况下，"近烽不敢不营"，离烽燧较远的屯田"营种不济"的也不得擅自抛荒，必须层层上报支度营田使留后司批准。从该份文书中"不敢不营""少差失，罪即及身，上下怕惧，专忧……"等措辞可以看出，烽铺屯田完不成营种任务后果较为严重，烽子对此极为担忧。这种担忧正是唐代屯田法制的规范作用在烽子主观上的反映。

　　除上引部分吐鲁番出土文书外，前文在"唐代屯田管理法制"一章对烽铺屯田的相关资料有较多引用，这些资料充分体现了唐代屯田法制对烽铺屯田的规范作用。烽铺屯田只是唐代屯田的一个较小的组成部分，由前线的烽燧零星地开展，可以说是最为偏远、分散的组成部分。唐代屯田法制对屯田的规范作用、对屯田发展的促进作用从烽铺屯田的广泛开展中可见一斑。

　　在屯田法制的规范之下，唐代屯田取得了较为可喜的成就。《唐六典》记载了开元年间唐代屯田发展的盛况：

　　凡天下诸军、州管屯，总九百九十有二（河东道大同军四十屯，横野军四十二屯，云州三十七屯，朔州三屯，蔚州三屯，岚州一屯，蒲州五屯。关内道北使二屯，盐州监牧四屯，太原一屯，长春一十屯，单于三十一屯，定远四十屯，东城四十五屯，西城二十五屯，胜州一十四屯，会州五屯，盐池七屯，原州四屯，夏州二屯，丰安二十七屯，中城四十一屯。河南道陈州二十三屯，许州二十二屯，豫州三十五屯，寿州二十七屯。河西道赤水三十六屯，甘州一十九屯，大斗一十六屯，建康一十五屯，肃州七屯，玉门五屯，

──────────

　　〔1〕 引自吴大旬："从出土文书看唐代西州的屯田"，载《新疆大学学报（社会科学版）》2004年第3期，第75页。

　　〔2〕 国家文物局古文献研究室、新疆维吾尔自治区博物馆、武汉大学历史系编：《吐鲁番出土文书》（第8册），文物出版社1987年版，第194~195页。

安西二十屯，疏勒七屯，焉耆七屯，北庭二十屯，伊吾一屯，天山一屯。陇右道渭州四屯，秦州四屯，成州三屯，武州一屯，岷州二屯，军器四屯，莫门军六屯，临洮军三十屯，河原二十八屯，安人一十一屯，白水十屯，积石一十二屯，富平九屯，平夷八屯，绥和三屯，平戎一屯，河州六屯，鄯州六屯，廓州四屯，兰州四屯，南使六屯，西使一十屯。河北道幽州五十五屯，清夷一十五屯，北郡六屯，威武一十五屯，静塞二十屯，平川三十四屯，平卢三十五屯，安东一十二屯，长阳使六屯，渝关一十屯。剑南道巂州八屯，松州一屯。……）。[1]

《唐六典》成书之时，玄宗已废弃河南道陈、许、豫、寿等地部分屯田。即便不考虑河南道，置有屯田的地域在开元十五道（加上河西道则为十六道）中仍有六道，涵盖除岭南道以外的全部沿边诸道，分布范围广、屯种面积大。以西域地区为例，从贞观四年（公元 630 年）太宗置西伊州，到贞元七年（公元 791 年）吐蕃尽陷河陇之地，唐代在西域屯田长达 161 年，贯穿唐政权控制西域之始终。唐代西域屯田全盛时有"安西二十屯，疏勒七屯，焉耆七屯，北庭二十屯，伊吾一屯，天山一屯"，共计 56 屯，占河西 154 屯的 36%。以每屯 50 顷的面积计算，屯垦土地面积达 2800 顷。加上星罗棋布的烽铺屯田，总面积更在此数之上。据《通典》载：天宝八载（公元 749 年），天下屯收者百九十一万三千九百六十石，其中河西二十六万零八十八石。[2]由此可以推知西域屯田在面积不增减的情况下，天宝八载（公元 749 年）收获物约为 93 600 石。而此时，西域屯田较之唐代前期已有大幅度的衰退。[3]《神机制敌太白阴经》曰："一军一万二千五百人，人日支米二升，一月六斗，一年七石二斗，一军一日支米二百五十石，一月七千五百石，一年九万石。"[4]可

---

〔1〕（唐）李林甫等：《唐六典·卷七·屯田郎中员外郎》，陈仲夫点校，中华书局 1992 年版，第 223 页。

〔2〕（唐）杜佑：《通典·卷二·食货二·屯田》，王文锦等点校，中华书局 1988 年版，第 44 页。

〔3〕张泽咸认为："天宝中，政治上虽然还保持统一安定的模样，实际上，各种社会矛盾正在日趋尖锐，经济上的繁荣年代已经过去了。即以屯田而论，天宝时期也是盛极转衰，正在走下坡路。所以，天宝中的屯田收入并不是屯田鼎盛时期的岁收记录。"见张泽咸等：《中国屯垦史》（中册），农业出版社 1990 年版，第 107 页。

〔4〕（唐）李筌："神机制敌太白阴经·卷五·预备·人粮马料篇第六十"，载刘先廷译注：《太白阴经译注》，军事科学出版社 1996 年版，第 209 页。

见，西域屯田在衰退的背景下，其收获物仍能供应 12 500 人军队一年的口粮，解决了西域四分之一以上驻军的粮食供应问题。尽管没有实现全部的屯田自给，但终究大大减小了粮食转运与和籴的负担，部分实现了屯田的目的。如此大规模的屯田，倘若没有一套严格、有效的专门法律制度加以约束、规范而能够得到坚持并取得较好的效益是很难想象的。这套法律制度的内容在唐代不同时期存在一定的变化，但法律制度本身及其规范作用一以贯之。

　　唐代屯田法制促进唐代屯田发展的一个最明显的实例就是西域屯田的长期坚持。在吐蕃攻陷河西各州，切断西域与中央的联系之后，西域军民仍坚守伊州、龟兹、北庭、焉耆等驻地数十年，使得唐朝在西域一些地区的统治得以延续。"如果没有驻防官兵的就地屯田，没有各屯垦区生产的屯粮就地供给驻军，唐朝在西域统一局面的存在是难以想象的。"[1]张安福教授认为，这与作为屯田法制重要内容的屯田管理制度和组织有必然的关系。"正是由于唐代建立了相对完备的屯田管理制度和组织，即使唐代中期的安史之乱使西域的屯田计划受挫，吐蕃占领河西走廊切断了西域与内地的联系，西域成为'飞地'之后，唐代的屯田军民仍能坚守西域近半个世纪，靠屯田经济自给，抵御了吐蕃的进攻及其他外敌的侵犯，充分体现了唐代西域屯田的有效性。"[2]张安福教授所说的屯田管理制度和组织，恰好对应唐代屯田法制的两大主要内容——屯田管理法与屯田组织法。可见，西域驻军的坚守离不开屯田提供的坚实的物质基础、充足的军粮供应，而屯田的有效开展则离不开完善的法律制度。

　　史学界对唐代屯田的作用多有研究，相关论述涵盖保障军粮供应、维护边疆稳定，巩固国家政权、促进国家统一，保障交通安全、促进中西文化交流，促进民族交往、加强民族融合，发展社会经济、恢复社会秩序等方面，这些成果值得借鉴。本书进一步认为，对唐代屯田历史作用的认识，不应当只停留在屯田本身，还可以深化到唐代屯田法制的规范作用、社会作用上来。离开规范屯田的各项法律制度，唐代屯田的开展将无规则可循，最终只能在毫无章法的情况下走向混乱与衰败。因此，唐代屯田对社会发展所起的作用都可以从唐代屯田法制的规范作用与社会作用的角度进行更深层次的理解。

---

〔1〕　王希隆："唐代西域屯田述略"，载《贵州大学学报（社会科学版）》2012 年第 5 期，第 9 页。

〔2〕　张安福："西域屯田预期嬗变的历史动因分析"，载《中国地方志》2012 年第 2 期，第 50 页。

### 二、对完善唐代法律体系的促进作用

唐代法律体系由不同类型的法律文件构成。"在整个唐代，尤其是中唐以前，唐代立法主要就是制定和修改律、令、格、式。……中唐以后，'格后敕'也是唐代法律形式的一个重要组成部分。换言之，中唐以前，唐代法律形式就是律令格式；中唐以后，唐代法律形式包括律令格式和格后敕。"[1]格后敕产生于开元十九年（公元731年），侍中裴光庭、中书令萧嵩奏令所司删撰开元七年（公元719年）以后发布的制敕，修成《格后长行敕》六卷。[2]可见，以中唐为分界点，唐代法律体系在前期与后期有所不同。

唐代屯田法制是有关屯田事务的专门法律制度，属于唐代法律体系的组成部分之一，在表现形式上自然符合唐代法律体系的一般特征，即中唐以前表现为律令格式，中唐以后表现为律令格式与格后敕。但由于唐格与格后敕之间存在一定的渊源关系，二者均主要来源于对皇帝诏敕的删修；加上史籍亡佚的原因，无法将《屯田格》及开元、贞元、元和、太和等时期所删修格后敕中关于屯田的条文一一与相应的诏敕进行比较，以确定是否存在并未纳入《屯田格》或格后敕的诏敕，故前文在讨论唐代屯田法制的表现形式时，将律令格式与诏敕确定为屯田法制的两大渊源。在二者的相互关系上，律令格式处于基础地位，诏敕起补充、变通与个别修改的作用，使屯田法制具有良好的适应性。

从内容上看，唐代屯田法制属于唐代土地管理法的重要组成部分。唐代法律体系中，"凡律以正刑定罪，令以设范立制，格以禁违止邪，式以轨物程事"[3]。唐令是正面确立各类行政管理规范的基础性法律文件，有关土地管理的内容集中规定在《田令》中。以《开元二十五年令·田令》为例，令文规定了有关田亩的一般制度以及均田、屯田、职分田、公廨田、驿封田等不同类型土地的相关管理制度。"纵观56条唐田令，有关均田内容的计28条，占整部《田令》的50%。有关屯田内容的计12条，占21.42%。有关官员职

---

〔1〕 李玉生："唐代法律形式综论"，载杨一凡主编：《中国古代法律形式研究》，社会科学文献出版社2011年版，第179页。

〔2〕 （后晋）刘昫等：《旧唐书·卷五〇·刑法志》，中华书局1975年版，第2150页。

〔3〕 （唐）李林甫等：《唐六典·卷六·刑部郎中员外郎》，陈仲夫点校，中华书局1992年版，第185页。

田和公廨田的计 7 条，占 12.5%。有关田亩一般制度的计 7 条，占 12.5%。有关园宅地的配给 1 条，占 1.78%。有关驿封田的配给 1 条，占 1.78%。"〔1〕可见，屯田规范占到了全部《田令》条文的五分之一以上，称得上是《田令》的重要内容之一。

除田令外，涉及屯田的法律规范还散见于其他令文。完整的唐令现已不存，但《开元七年令》的篇目与结构可以从《唐六典》的相关记载中窥知：

> 凡令二十有七（分为三十卷）：一曰官品（分为上、下），二曰三师三公台省职员，三曰寺监职员，四曰卫府职员，五曰东宫王府职员，六曰州县镇戍岳渎关津职员，七曰内外命妇职员，八曰祠，九曰户，十曰选举，十一曰考课，十二曰宫卫，十三曰军防，十四曰衣服，十五曰仪制，十六曰卤簿（分为上、下），十七曰公式（分为上、下），十八曰田，十九曰赋役，二十曰仓库，二十一曰厩牧，二十二曰关市，二十三曰医疾，二十四曰狱官，二十五曰营缮，二十六曰丧葬，二十七曰杂令，而大凡一千五百四十有六条焉。〔2〕

李玉生据《旧唐书》《唐六典》对武德律令篇目的描述，推断《武德令》篇目结构基本上同《开皇令》，即二十七篇，其中第二十篇为《田令》；另据《开皇令》《开元七年令》及西晋、梁令及宋、金令的篇目结构，推测《贞观令》为三十二篇，第二十一篇为《田令》〔3〕，《通典》载《贞观令》共一千五百九十条。日本学者仁井田陞、池田温对《开元二十五年令》进行了复原，将其确定为三十三篇，其中第二十二篇为《田令》〔4〕。从这些令典的篇目结构来看，《田令》在唐令中独立成篇，自《武德令》《贞观令》《开元七年令》直至《开元二十五年令》始终如此。因此，尽管《田令》的条文在唐令中仅占约 3.6%，但绝非无足轻重，相反它是唐令不可或缺的组成部分。唐令关于屯田事务的条文除《田令》外，还见于《军防令》《考课令》等多个篇目，

---

〔1〕　戴建国："唐《开元二十五年令·田令》研究"，载《历史研究》2000 年第 2 期，第 46 页。

〔2〕　（唐）李林甫等：《唐六典·卷六·尚书刑部》，陈仲夫点校，中华书局 1992 年版，第 183～184 页。

〔3〕　李玉生："唐代法律形式综论"，载杨一凡主编：《中国古代法律形式研究》，社会科学文献出版社 2011 年版，第 186 页。

〔4〕　见［日］仁井田陞：《唐令拾遗》，栗劲等编译，长春出版社 1989 年版，目录。

其重要性绝不能因条文数量的稀少而被忽视。

　　尽管在唐令的层面，只有《田令》而无《屯田令》，但在唐格、唐式层面，则有《屯田格》《屯田式》以单独的篇目出现。《唐六典》载："凡格二十有四篇。（以尚书省诸曹为之目，共为七卷。……皆以尚书省二十四司为篇名。）……凡式三十有三篇。（亦以尚书省列曹及秘书、太常、司农、光禄、太仆、太府、少府及监门、宿卫、计帐为其篇目，凡三十三篇，为二十卷。"[1]由此，工部四司分别有《工部格》《屯田格》《虞部格》《水部格》作为各自职掌的具体依据，另有《工部式》《屯田式》《虞部式》《水部式》《司农式》作为工部各司以及司农寺权力运行的细则性规范。唐代三省六部制下，屯田事务由工部执掌，具体由屯田司负责。屯田司设屯田郎中、员外郎，专司屯田事务，"掌天下屯田之政令。凡军、州边防镇守转运不给，则设屯田以益军储。其水陆腴瘠，播植地宜，功庸烦省，收率等级，咸取决焉"[2]。同时，《田令》"诸屯隶司农寺者，每三十顷以下二十顷以上为一屯"之规定揭示了司农寺的屯田管理职责。由此，司农寺（尤其是所辖之诸屯监）在屯田管理机构体系中也具有重要的地位。《屯田格》《屯田式》《司农式》与工部屯田司、司农寺的职掌及权力的运行过程中相关联，自然是唐格、唐式中不可或缺的组成部分。

　　屯田法制内部，《屯田格》《屯田式》作为唐令中屯田规范的补充、变通与具体细化，与唐令共同构成一个有机联系的整体。其中又以令、式之间的关系尤为密切。《屯田式》的完整内容已不可考，但史籍中零星记载的条文仍体现出了二者的关系。《开元二十五年令·田令》"诸屯役丁"条规定："诸屯应役丁之处，每年所管官司与屯官司准来年所种色目及顷亩多少，依式料功申所司支配。其上役之日，所司仍准役月闲要，量事配遣。"[3]本条规定了屯田劳动力分配的一般原则，并明确规定具体的分配方案需"依式料功"由

---

　　〔1〕（唐）李林甫等：《唐六典·卷六·刑部郎中员外郎》，陈仲夫点校，中华书局1992年版，第185页。

　　〔2〕（唐）李林甫等：《唐六典·卷七·屯田郎中员外郎》，陈仲夫点校，中华书局1992年版，第222页。

　　〔3〕宋家钰："唐开元田令复原研究"，载天一阁博物馆、中国社会科学院历史研究所天圣令整理课题组校证：《天一阁藏明钞本天圣令校证　附唐令复原研究》（下册），中华书局2006年版，第453页。

上级斟酌确定。《屯田式》"诸屯田力役，各有程数"条进一步确立了屯田役力所料单功的标准：

> 诸屯分[1]田役力，各有程数。凡营稻一顷，料单功九百四十八日；禾，二百八十三日；大豆，一百九十二日；小豆，一百九十六日；乌麻，一百九十一日；麻，四百八十九日；黍，一百七十七日；荞麦，一百六十日；蓝，五百七十日；蒜，七百二十日；葱，一千一百五十六日；瓜，八百一十八日；蔓青，七百一十八日；苜蓿，二百二十八日。[2]

由此可见，屯田劳动力的分配方案需要根据所种植农作物品种的不同而具体确定，没有划一的标准。《田令》确定的原则如果没有《屯田式》的具体规范相配套将无法实施。对比之下，可以清楚地看出，唐令的规定比较原则、笼统，而唐式的规定比较具体、细致。可见，上引《屯田式》条文是《田令》条文的实施细则。由于史料的限制，无法将《屯田式》全文与唐令一一进行比较，但其他诸如《军防令》与《职方式》、《仪制令》与《礼部式》等条文之间的对应性可以进一步反映出令、式之间的关系。就现存的唐式条文而言，概括地将唐式视为唐令的实施细则是可以成立的。[3]

《屯田格》与唐令、《屯田式》的关系稍显复杂。由于唐格系整理、删修皇帝的诏敕而来，诏敕本身并不受既有成文法典的限制，因而诏敕内容往往具有超越律、令、式的一面，以诏敕为基础编纂而来的唐格在内容上也具有相同的特征。学术界一般认为，格是对律、令、式的修改、补充或变通。具体到屯田法制中，《屯田格》与调整屯田事务的唐令、《屯田式》之间的关系体现为《屯田格》可对令、式组成的"法律原则—法律规范"体系进行修改、补充或变通。由于史料残缺，目前所能见到的《屯田格》仅《通典》保留的一个条文：

---

[1] "分"为衍字。（宋）李昉等：《太平御览·卷二一八·职官部》（影印本），中华书局 1960 年版，第 1039 页。

[2] （唐）李林甫等：《唐六典·卷七·尚书工部·屯田郎中》，陈仲夫点校，中华书局 1992 年版，第 222~223 页。

[3] 李玉生："唐代法律形式综论"，载杨一凡主编：《中国古代法律形式研究》，社会科学文献出版社 2011 年版，第 214 页。

又屯田格：幽州盐屯，每屯配丁五十人，一年收率满二千八百石以上，准营田第二等，二千四百石以上准第三等，二千石以上准第四等。大同横野军盐屯配兵五十人，每屯一年收率千五百石以上准第二等，千二百石以上准第三等，九百石以上准第四等。〔1〕

这一条文规定了幽州盐屯和大同横野军盐屯分配兵丁的标准与以收获物核定考课等级的具体标准。关于屯田官员的考课，相关原则被规定在《田令》与《考课令》中。如《开元二十五年令·田令》规定："诸管屯处，百姓田有水陆上次及上熟、次熟，亩别收获多少，仰当界长官勘问，每年具状申上，考校屯官之日，量其虚实，据状褒贬。"〔2〕这一条文确立了屯田考课的基本依据是粮食的亩产数量以及上报数据是否属实。《考课令》对屯官的考课标准规定为："耕耨以时，收获剩课，为屯官之最。"〔3〕仍然强调根据耕垦是否符合时节以及粮食的产量来确定屯官考课等级。《田令》《考课令》的两条令文其实都只是确立了对屯田管理者进行考核定等的一般原则，细致的操作性规范应属《屯田式》的内容。尽管具体的细则无从查考，但可以明确的是，《田令》《考课令》《屯田式》结合起来确立的屯官考课标准是以粮食的种植与收获作为基础的。这一标准显然无法适用于并不从事粮食生产而从事盐业生产的盐屯。并且，本条所涉及的盐屯分配兵丁的标准，也无法跟从事粮食种植的屯田一样"依式料功"确定具体方案。可以说，唐令与《屯田式》确定的"法律原则—法律规范"体系无法解决盐屯面临的问题。在这种情况下，《屯田格》对盐屯劳动力的分配规范、盐屯的考课等级规范直接作出特别规定，无疑是对"唐令—唐式"体系的补充。由于史料的限制，《屯田格》是否对令、式进行修改与变通，只能据唐代法律体系的一般特征加以推断。总之，完整地理解唐代屯田法制，需将唐令、《屯田格》与《屯田式》三者相结合，作为一个整体加以把握。唐代屯田法制在成文法典内部表现在不同层级的法

---

〔1〕（唐）杜佑：《通典·卷一〇·食货十·盐铁》所引《屯田格》条文，王文锦等点校，中华书局1988年版，第231~232页。

〔2〕宋家钰："唐开元田令复原研究"，载天一阁博物馆、中国社会科学院历史研究所天圣令整理课题组校证：《天一阁藏明钞本天圣令校证 附唐令复原研究》（下册），中华书局2006年版，第453页。

〔3〕［日］仁井田陞：《唐令拾遗》，栗劲等编译，长春出版社1989年版，第240~248页。

律文件中，彼此之间不可割裂，构成一个统一的整体。

总之，唐代屯田法制属于唐代土地管理法的重要组成部分，其各部分内容分别属于唐令、唐格、唐式不可或缺的组成部分，同时各部分内容又彼此关联，共同实现对屯田事务的调整。唐代屯田法制的确立，对完善唐代土地管理法律制度乃至整个唐代法律体系都具有重要的作用。

作为一种专门的法律制度，唐代屯田法制的产生离不开两个方面的因素：其一，客观上存在专门的调整对象；其二，统治者主观上有专门对其加以规范、调整的意识。

屯田作为一种历史现象，在唐代之前早已存在。尽管学术界对其起源尚存争议，但唐代之前屯田已延续数百年是不争的事实。李渊起兵之后、唐政权建立之前，即着手开展屯田，薛大鼎屯田山南道开李唐政权屯田之先河。唐政权建立之后，在历代屯田的基础上更加重视屯田的发展，在沿边诸道广泛实施屯垦，最终在开元年间出现"天下总屯九百九十有二"的盛况。因此，屯田作为一种与职分田、公廨田、驿封田并存的公田类型及经营方式早已客观存在，有必要以法律的形式加以规制。

众所周知，唐代是中国古代社会发展的一个鼎盛时期，其法制发展到一个相当成熟完善的地步，并对东亚诸国产生了重要影响，形成了中华法系。中华法系的出现与唐代统治者重视法制建设、大力开展立法活动密不可分。唐代统治者对法律极为重视，认为"安民立政，莫此为先"，将法律视为"禁暴惩奸，弘风阐化"的重要工具。[1]从武德元年（公元618年）至宣宗大中七年（公元853年）的235年间，唐代先后在武德、贞观、永徽、开元、贞元、太和、大中等时期开展过规模较大的立法活动，形成了律令格式、格后敕、刑律统类等不同形式的成文法律文件，这充分体现出了唐代统治者对立法活动的重视。由于屯田事务本身的重要性以及唐代行政立法往往与中央管理机构的职权相对应，就屯田事务进行专门立法既具有可能性、必要性，也具有现实性。

在以上主客观两个方面因素的作用下，唐代屯田法制作为唐代土地管理法律制度的特别法最终得以确立，形成了一个具有相对独立性的专门法律制度体系，对完善唐代法律体系起到了不可忽视的作用。

---

〔1〕（后晋）刘昫等：《旧唐书·卷五十·刑法志》，中华书局1975年版，第2134页。

# 参考文献

## 一、古籍类

[1]（汉）司马迁:《史记》,中华书局 1959 年版。

[2]（汉）班固:《汉书》,中华书局 1962 年版。

[3]（南朝宋）范晔:《后汉书》,中华书局 1965 年版。

[4]（晋）陈寿:《三国志》,陈乃乾点校,中华书局 1982 年版。

[5]（唐）房玄龄等:《晋书》,中华书局 1974 年版。

[6]（梁）沈约:《宋书》,中华书局 1974 年版。

[7]（梁）萧子显:《南齐书》,中华书局 1972 年版。

[8]（唐）姚思廉:《梁书》,中华书局 1973 年版。

[9]（唐）姚思廉:《陈书》,中华书局 1972 年版。

[10]（北齐）魏收:《魏书》,中华书局 1974 年版。

[11]（唐）李百药:《北齐书》,中华书局 1972 年版。

[12]（唐）令狐德棻等:《周书》,中华书局 1971 年版。

[13]（唐）魏征、令狐德棻:《隋书》,中华书局 1973 年版。

[14]（唐）李延寿:《南史》,中华书局 1975 年版。

[15]（唐）李延寿:《北史》,中华书局 1974 年版。

[16]（后晋）刘昫等:《旧唐书》,中华书局 1975 年版。

[17]（宋）欧阳修、宋祁:《新唐书》,中华书局 1975 年版。

[18]（宋）薛居正等:《旧五代史》,中华书局 1976 年版。

[19]（宋）欧阳修:《新五代史》,中华书局 1974 年版。

[20]（元）脱脱:《宋史》,中华书局 1977 年版。

[21]（明）宋濂:《元史》,中华书局 1976 年版。

[22]（宋）司马光:《资治通鉴》,中华书局 1956 年版。

[23]（宋）陆游:《南唐书》,中华书局 1985 年版。

[24]（宋）马令:《南唐书》,中华书局 1985 年版。

[25]（宋）徐天麟:《西汉会要》,上海古籍出版社 1977 年版。

[26]（宋）李昉等:《太平御览》,中华书局 1960 年版。

［27］（宋）李昉等：《太平广记》，中华书局 1961 年版。

［28］（宋）李昉等编：《文苑英华》，中华书局 1966 年版。

［29］（宋）宋敏求编：《唐大诏令集》，中华书局 2008 年版。

［30］李希泌主编：《唐大诏令集补编》，上海古籍出版社 2003 年版。

［31］（唐）李林甫等：《唐六典》，陈仲夫点校，中华书局 1992 年版。

［32］（唐）长孙无忌等：《唐律疏议》，刘俊文点校，中华书局 1983 年版。

［33］（宋）王溥：《唐会要》，上海古籍出版社 2006 年版。

［34］（宋）王溥：《五代会要》，上海古籍出版社 1978 年版。

［35］（唐）杜佑：《通典》，王文锦等点校，中华书局 1988 年版。

［36］（宋）郑樵：《通志》，中华书局 1987 年版。

［37］（元）马端临《文献通考》，中华书局 1986 年版。

［38］（宋）王钦若等：《宋本册府元龟》，中华书局 1989 年版。

［39］（宋）王应麟辑：《玉海》，江苏古籍出版社、上海书店 1987 年版。

［40］（清）董诰等编：《全唐文》，中华书局 1983 年版。

［41］（清）陆心源：《唐文拾遗》，《全唐文》附，中华书局 1983 年版。

［42］吴钢主编：《全唐文补遗》，三秦出版社 2006 年版。

［43］陈尚君辑校：《全唐文补编》，中华书局 2005 年版。

［44］（清）曹寅等：《全唐诗》，中华书局 1960 年版。

［45］（清）陈梦雷编纂：《古今图书集成》（影印本），中华书局年版。

［46］周绍良主编：《唐代墓志汇编》，上海古籍出版社 1992 年版。

［47］周绍良、赵超主编：《唐代墓志汇编续集》，上海古籍出版社 2001 年版。

［48］（清）王昶：《金石萃编》（影印本），国联图书出版公司 1973 年版。

［49］（清）陆耀遹：《金石续编》，江苏古籍出版社 1998 年版。

［50］（唐）吴兢：《贞观政要》，张燕婴等译注，中华书局 2012 年版。

［51］（唐）欧阳询：《艺文类聚》，汪绍楹校，上海古籍出版社 1982 年版。

［52］（唐）刘𫗧：《隋唐嘉话》，程毅中点校，中华书局 2005 年版。

［53］（唐）张鷟：《朝野佥载》，赵守俨点校，中华书局 2005 年版。

［54］（唐）张说：《张燕公集》，上海古籍出版社 1992 年版。

［55］（唐）张九龄：《唐丞相曲江张先生文集》，上海书店出版社 1989 年版。

［56］（唐）白居易：《白居易集》，顾学颉校点，中华书局 1979 年版。

［57］（唐）白居易：《白氏六帖事类集》，文物出版社 1987 年版。

［58］（唐）韩愈：《昌黎先生文集》，上海古籍出版社 1994 年版。

［59］（唐）柳宗元：《柳河东集》，上海人民出版社 1974 年版。

［60］（唐）杜牧：《樊川文集》，陈允吉点校，上海古籍出版社 2007 年版。

[61]（唐）王维：《王右丞集笺注》，（清）赵殿成笺注，上海古籍出版社 1998 年版。

[62]（唐）陈子昂：《陈子昂集》，徐鹏校点，中华书局 1962 年版。

[63]（唐）陆贽：《陆宣公集》，浙江古籍出版社 1988 年版。

[64]（唐）李荃：《神机制敌太白阴经》，军事科学出版社 1996 年版。

[65]（唐）李翱：《李文公集》，上海古籍出版社 1993 年版。

[66]（唐）李吉甫：《元和郡县志》，中华书局 1983 年版。

[67]（宋）汪藻：《浮溪集》，四库全书本年版。

[68]（明）王夫之：《读通鉴论》，山西人民出版社 1994 年版。

[69]（清）王振甫：《营田辑要》，上海古籍出版社 1995 年版。

[70]《宋大诏令集》，中华书局 1962 年版。

[71]（清）徐松辑：《宋会要辑稿》，中华书局 1957 年版。

[72]（清）毕沅编著：《续资治通鉴》，中华书局 1957 年版。

[73]（宋）李焘：《续资治通鉴长编》，中华书局 1979 年版。

[74]（宋）杨仲良：《续资治通鉴长编纪事本末》（影印本），北京图书馆出版社 2005 年版。

[75]（宋）李心传：《建炎以来系年要录》，中华书局 1956 年版。

[76]（宋）刘才邵：《杉溪居士集》，四库全书本。

[77]（明）邱浚：《大学衍义补》，林冠群、周济夫点校，京华出版社 1999 年版。

[78]（清）安维峻：《甘肃新通志》，清刻影印本。

[79]（清）顾祖禹：《读史方舆纪要》，贺次君、施和金点校，中华书局 2005 年版。

[80]（清）严可均辑：《全后汉文》，商务印书馆 1999 年版。

## 二、著作类

[1] 张君约：《历代屯田考》，商务印书馆 1939 年版。

[2] 唐启宇：《历代屯垦研究》，正中书局 1945 年版。

[3] 杨向奎、张政烺、孙言诚：《中国屯垦史》（上册），农业出版社 1990 年版。

[4] 张泽咸等：《中国屯垦史》（中册），农业出版社 1990 年版。

[5] 王毓铨、刘重日、郭松义、林永匡：《中国屯垦史》（下册），农业出版社 1991 年版。

[6] 张泽咸、郭松义：《中国屯垦史》，文津出版社 1997 年版。

[7] 李宝通：《唐代屯田研究》，兰州人民出版社 2001 年版。

[8] 刘继光：《中国历代屯垦经济研究》，团结出版社 1991 年版。

[9] 方英楷：《新疆屯垦史》，新疆青少年出版社 1989 年版。

[10] 新疆生产建设兵团毛泽东屯垦思想研究会编：《中国历代屯垦资料选注》，新疆人民

出版社 2004 年版。

[11] 天一阁博物馆、中国社会科学院历史研究所天圣令整理课题组校证:《天一阁藏明钞本天圣令校证 附唐令复原研究》,中华书局 2006 年版。

[12] 田方、陈一筠主编:《中国移民史略》,知识出版社 1986 年版。

[13] 赵予征:《丝绸之路屯垦研究》,新疆人民出版社 1996 年版。

[14] 李书卷主编:《毛泽东屯垦思想研究》,新疆人民出版社 2000 年版。

[15] 张安福等:《唐代的西域屯垦开发与社会生活研究》,中国农业出版社 2011 年版。

[16] 欧阳国华:《新屯田制与屯海制论》,军事科学出版社 2004 年版。

[17] 〔日〕仁井田陞:《唐令拾遗》,栗劲等编译,长春出版社 1989 年版。

[18] 〔日〕池田温:《中国古代籍帐研究》,龚泽铣译,中华书局 2007 年版。

[19] 〔日〕小田义久:《大谷文书集成》(第 2 卷),法藏馆 1989 年版。

[20] 范忠信:《中国法律传统的基本精神》,山东人民出版社 2001 年版。

[21] 范忠信、陈景良主编:《中国法制史》,北京大学出版社 2007 年版。

[22] 张晋藩:《中国法律传统及其近代转型》,法律出版社 2005 年版。

[23] 谷霁光:《府兵制度考释》,上海人民出版社 1962 年版。

[24] 岳琛主编:《中国农业经济史》,中国人民大学出版社 1989 年版。

[25] 张中秋:《唐代经济民事法律述论》,法律出版社 2002 年版。

[26] 国家文物局古文献研究室、新疆维吾尔自治区博物馆、武汉大学历史系编:《吐鲁番出土文书》(第 4 册),文物出版社 1983 年版。

[27] 国家文物局古文献研究室、新疆维吾尔自治区博物馆、武汉大学历史系编:《吐鲁番出土文书》(第 5 册),文物出版社 1983 年版。

[28] 国家文物局古文献研究室、新疆维吾尔自治区博物馆、武汉大学历史系编:《吐鲁番出土文书》(第 7 册),文物出版社 1986 年版。

[29] 国家文物局古文献研究室、新疆维吾尔自治区博物馆、武汉大学历史系编:《吐鲁番出土文书》(第 8 册),文物出版社 1987 年版。

[30] 武汉大学历史系魏晋南北朝隋唐史研究室编著:《敦煌吐鲁番文书初探》,武汉大学出版社 1983 年版。

[31] 荣新江、李肖、孟宪实主编:《新获吐鲁番出土文献》,中华书局 2008 年版。

[32] 北京大学中国中古史研究中心编:《敦煌吐鲁番文献研究论集》,中华书局 1982 年版。

[33] 唐耕耦、陆宏基编:《敦煌社会经济文献真迹释录》(第 2 辑)》,北京书目文献出版社 1986 年版。

[34] 睡虎地秦墓竹简整理小组编:《睡虎地秦墓竹简》,文物出版社 1978 年版。

[35] 黄文弼:《吐鲁番考古记》,中国科学院 1954 年版。

［36］陈登元：《中国土地制度》，商务印书馆 1932 年版。

［37］乌廷玉：《中国历代土地制度史纲》，吉林大学出版社 1987 年版。

［38］赵俪生：《中国土地制度史》，齐鲁书社 1984 年版。

［39］赵冈、陈钟毅：《中国土地制度史》，新星出版社 2006 年版。

［40］蒲坚主编：《中国历代土地资源法制研究》，北京大学出版社 2006 年版。

［41］陈寅恪：《隋唐政治制度渊源略论稿》，生活·读书·新知三联书店 1954 年版。

［42］吕思勉：《隋唐五代史》，中国友谊出版公司 2009 年版。

［43］韩国磐：《隋唐五代史纲》，人民出版社 1979 年版。

［44］白寿彝主编：《中国通史》，上海人民出版社 2005 年版。

［45］［英］崔瑞德：《剑桥中国隋唐史》，中国社会科学出版社 1990 年版。

［46］于干千：《唐代国家土地政策变迁与土地制度演进》，经济科学出版社 2007 年版。

［47］卢向前：《唐代西州土地关系述论》，上海古籍出版社 2001 年版。

［48］张泽咸：《唐五代赋役史草》，中华书局 1986 年版。

［49］贾志刚：《唐代军费问题研究》，中国社会科学出版社 2006 年版。

［50］赖瑞和：《唐代基层文官》，中华书局 2008 年版。

［51］张国刚：《唐代藩镇研究》（增订版）》，中国人民大学出版社 2010 年版。

［52］陈灵海：《唐代刑部研究》，法律出版社 2010 年版。

［53］宁可主编：《中国经济通史·隋唐五代》，经济日报出版社 2000 年版。

［54］成自亮：《中国屯垦制度与集团农场经营之研究》，成文出版社 1977 年版。

［55］张中秋：《中西法律文化比较研究》，南京大学出版社 1991 年版。

［56］王立民：《唐律新探》，北京大学出版社 2010 年版。

［57］钱大群：《唐律与唐代法律体系研究》，南京大学出版社 1996 年版。

［58］钱大群：《中国法律史论考》，南京师范大学出版社 2001 年版。

［59］张安福、王春辉：《西域屯垦人物论稿》，中国农业出版社 2011 年版。

［60］张安福：《汉唐屯垦与吐鲁番绿洲社会变迁研究》，中国农业出版社 2013 年版。

［61］张安福：《历代新疆屯垦管理制度发展研究》，中国农业出版社 2010 年版。

［62］李伯重：《唐代江南农业的发展》，北京大学出版社 2009 年版。

［63］梁瑞：《唐代流贬官研究》，中州古籍出版社 2015 年版。

［64］王义康：《唐代边疆民族与对外交流》，黑龙江教育出版社 2013 年版。

［65］许序雅：《唐代丝绸之路与中来史地丛考》，商务印书馆 2015 年版。

［66］王永兴：《唐代土地制度研究》，兰州大学出版社 2014 年版。

［67］刘安志：《敦煌吐鲁番文书与唐代西域史研究》，商务印书馆 2011 年版。

［68］刘子凡：《瀚海天山——唐代伊、西、庭三州军政体制研究》，中西书局 2016 年版。

［69］杨一凡、［日］寺田浩明主编：《日本学者中国法制史论著选（魏晋隋唐卷）》，中

华书局 2016 年版。

## 三、期刊论文

[1] 郑学檬："试论隋唐的屯田和营田"，载《厦门大学学报（社会科学版）》1962 年第 3 期。

[2] 乌廷玉："关于唐代屯田营田的几个问题"，载《文史哲》1964 年第 2 期。

[3] 弋宝瑞、王野苹："巴音郭楞地区历代屯垦考略"，载《新疆地方志通讯》1988 年第 Z1 期。

[4] 翟麦玲、谢丽："辨析唐代的屯田与营田"，载《中国农史》2008 年第 1 期。

[5] 吴大旬："从出土文书看唐代西州的屯田"，载《新疆大学学报（社会科学版）》2004 年第 3 期。

[6] 吴大旬："从出土文书看唐代伊州的屯田管理"，载《新疆大学学报（哲学社会科学版）》2005 年第 4 期。

[7] 李靖莉："从吐鲁番出土文书看唐代西州部曲"，载《中国社会经济史研究》1997 年第 1 期。

[8] 柴剑虹："读《新获吐鲁番出土文献》的感受"，载《艺术百家》2009 年第 4 期。

[9] 于光建、闫婷婷："敦煌、吐鲁番文书所见唐代河西镇、守捉、戍、烽拾遗"，载《社科纵横》2007 年第 1 期。

[10] 唐耕耦："敦煌所出唐河西支度营田使 户口给粮计簿残卷"，载《中国历史博物馆馆刊》1987 年第 0 期。

[11] 龚荫："古代边疆民族地区屯垦开发概说"，载《西南民族学院学报（哲学社会科学版）》1997 年第 1 期。

[12] 赵吕甫："唐代初期的屯防军制"，载《文史哲》1957 年第 4 期。

[13] 赵吕甫："关于唐代前期军屯田经营管理的几个问题"，载《四川师范学院学报（哲学社会科学版）》1989 年第 4 期。

[14] 徐连达："唐代军事屯垦及其历史命运"，载云南大学历史系编：《纪念李埏教授从事学术活动五十周年史学论文集》，云南大学出版社 1992 年版。

[15] 刘进宝："归义军时期敦煌的营田及其管理系统"，载《西北师大学报（社会科学版）》2004 年第 2 期。

[16] 王学平："河西走廊的地名与历史上的屯田"，载《天水师专学报（哲社版）》1992 年第 1 期。

[17] 王春辉："历代屯垦制度及发展对新疆兵团管理的启示"，载《新疆农垦经济》2009 年第 7 期。

[18] 董红玲："历代新疆木垒屯田评述",载《新疆社科论坛》2009 年第 1 期。

[19] 陈新海："历代移民屯田政策对青海社会的影响",载《西北史地》1997 年第 1 期。

[20] 方英楷："秦始皇首创屯垦事业",载《新疆农垦科技》1987 年第 4 期。

[21] 方英楷："历代政治家谈屯垦戍边",载《21 世纪》1994 年第 5 期。

[22] 方英楷："历代政治家屯垦戍边言论及举措",载《丝路学刊》1996 年第 4 期。

[23] 刘光华："历史上的河陇屯田",载《中国典籍与文化》1997 年第 3 期。

[24] 刘光华："论'徙民实边'不是屯田",载《兰州大学学报(社会科学版)》1987 年第 1 期。

[25] 李宝通："联系语言词汇的发展规律试析屯田营田的分合异同",载《西北师大学报(社会科学版)》1988 年第 4 期。

[26] 李宝通："隋代屯田的历史作用及其限制",载《西北师大学报(社会科学版)》2001 年第 3 期。

[27] 李宝通："唐代屯田的历史经验与教训",载《西北师大学报(社会科学版)》2004 年第 1 期。

[28] 李蔚："试论宋代西北屯田的几个问题",载《中国社会经济史研究》1988 年第 1 期。

[29] 宗永平："略论中原王朝在新疆历史上的屯田",载《伊犁师范学院学报(文理综合版)》1999 年第 2 期。

[30] 叶桐："论大理屯田制的兴衰及其经世功能",载《大理师专学报》1996 年第 4 期。

[31] 樊根耀："论古代新疆屯垦的经济意义",载《西北民族大学学报(哲学社会科学版)》2006 年第 4 期。

[32] 陆离："论吐蕃统治时期的官田与营田",载《南京师大学报(社会科学版)》2009 年第 3 期。

[33] 阿米娜·热合木吐拉："浅谈唐朝在西域实行屯田戍边措施以及对经济发展的意义",载《新疆教育学院学报》2008 年第 3 期。

[34] 张聪："浅谈屯垦在经济史中的地位和作用",载《黑龙江八一农垦大学学报》1984 年第 1 期。

[35] 范永贤："浅析中国古代的屯田戍边",载《军事经济研究》1989 年第 8 期。

[36] 崔永红："青海历代屯田垦殖对草原生态环境的影响",载《青海民族学院学报(社会科学版)》2009 年第 2 期。

[37] 李并成："盛唐时期河西走廊农业开发的成就",载《开发研究》1989 年第 2 期。

[38] 冯金忠："试论唐代河北屯田",载《中国农史》2001 年第 2 期。

[39] 柳敏："试析唐朝前期安西四镇的屯田及其效果",载《唐都学刊》2004 年第 6 期。

[40] 朱竑、贾莲莲："戍边屯田等政治措施对海南岛文化发展的促进作用",载《人文地

理》2006 年第 5 期。

［41］宁志新："唐朝营田使初探"，载《厦门大学学报（哲学社会科学版）》1997 年第 2 期。

［42］张重艳："唐代豆卢军杂识"，载《河北青年管理干部学院学报》2009 年第 6 期。

［43］黄正建："唐代前期的屯田"，载《人文杂志》1985 年第 3 期。

［44］黄正建："唐代后期的屯田"，载《中国社会经济史研究》1986 年第 4 期。

［45］刘洋："唐代黄河流域的屯田与河患"，载《中国水土保持》2003 年第 11 期。

［46］刘洋："唐代黄河流域的屯田与河患（续）"，载《中国水土保持》2003 年第 12 期。

［47］何汝泉："唐代使职的产生"，载《西南师范大学学报（人文社会科学版）》1987 年第 1 期。

［48］孙彩红："唐代屯田、营田费用与效益的量化分析"，载《中国社会经济史研究》2003 年第 3 期。

［49］覃乃昌："唐宋至明清时期广西的屯田"，载《广西民族研究》1997 年第 1 期。

［50］马国荣："新疆西域的军屯"，载《新疆社会科学》1990 年第 2 期。

［51］李福长、许福德："唐代州府僚佐中的司户参军"，载《华中师范大学学报（哲学社会科学版）》2008 年第 5 期。

［52］冯金忠："唐后期地方武官制度与唐宋历史变革"，载《河北师范大学学报（哲学社会科学版）》2008 年第 1 期。

［53］王义康："唐后期河北道北部地区的屯田"，载《中国历史地理论丛》2002 年第 1 期。

［54］杨际平："上海藏本敦煌所出河西支度营田使文书研究——兼论唐代屯营田的几种经营方式"，载《中国社会经济史研究》1998 年第 2 期。

［55］杨际平："唐前期的杂徭与色役"，载《历史研究》1994 年第 3 期。

［56］杨际平："唐五代'屯田'与'营田'的关系辨析"，载《汕头大学学报（人文科学版）》1999 年第 5 期。

［57］杨际平："唐宋土地制度的承继与变化"，载《文史哲》2005 年第 1 期。

［58］杨际平："唐田令与'均田令'，'已受田'与'见营田'的关系"，载《历史教学问题》1990 年第 5 期。

［59］冯培红："唐五代敦煌的营田与营田使考"，载《兰州大学学报》2001 年第 4 期。

［60］陈守忠："吐鲁番阿斯塔那墓出土之唐代三件文书的研究"，载《敦煌研究》1996 年第 4 期。

［61］解梅："P.2754《唐安西判集》研究"，载《敦煌研究》2003 年第 5 期。

［62］吴超："吐鲁番出土唐前期给粮帐初探"，载《中南民族大学学报（人文社会科学版）》2005 年第 6 期。

[63] 李并成、吴超："吐鲁番出土唐前期给粮帐初探"，载《天水师范学院学报》2003 年第 6 期。

[64] 覃雪源："唐宋至明清时期广西的屯田制度"，载《史林》2000 年第 1 期。

[65] 赵予征："屯垦戍边古今谈"，载《21 世纪》1994 年第 5 期。

[66] 予征："细君首开西域屯田"，载《兵团建设》2008 年第 2 期。

[67] 陈国灿："唐开元西州诸曹符帖目中的西域"警固"事"，载《西域研究》1995 年第 1 期。

[68] 赵志超："吐鲁番出土文书所见唐代士兵借贷问题研究"，载《西域研究》2009 年第 2 期。

[69] 陈默："屯田的历史发展及思考"，载《军事历史》2000 年第 1 期。

[70] 陈默、杨庆华："试论中国军屯发展的基本规律"，载《军事历史研究》2001 年第 4 期。

[71] 杨庆华、陈默："试论中国军屯的发展与西部开发"，载《军事历史研究》2003 年第 1 期。

[72] 闰土："屯田：两千年农地规模开发（上）——中国土地文化系列之四"，载《中国土地》1999 年第 6 期。

[73] 张聪："屯垦制对延缓封建社会历史发展进程的作用"，载《军事经济研究》1990 年第 6 期。

[74] 齐勇锋："中晚唐防秋制度探索"，载《青海社会科学》1983 年第 4 期。

[75] 欧阳国华："中国陆权与新屯田制"，载《军事经济研究》2004 年第 5 期。

[76] 董建勇："中国古代屯田起源探析"，载《石河子大学学报（哲学社会科学版）》2007 年第 2 期。

[77] 周凯军："中国古代军屯叙论"，载《军事经济史》1993 年第 1 期。

[78] 周廷贤："云南'屯田制'的起源、发展及其影响"，载《思想战线》1989 年第 3 期。

[79] 张安福、王春辉："新疆历代屯垦行政管理体制的演变及因素分析"，载《新疆大学学报（哲学人文社会科学版）》2009 年第 4 期。

[80] 张安福、王春辉："历代新疆屯垦管理制度发展的启示"，载《石家庄学院学报》2009 年第 4 期。

[81] 张安福、王玉平："汉唐吐鲁番屯田与高昌文化重镇的形成"，载《石河子大学学报（哲学社会科学版）》2012 年第 6 期。

[82] 张安福、王玉平："唐代西州屯区民众的生产与生活"，载《中国社会经济史研究》2014 年第 2 期。

[83] 张安福、岳丽霞："汉唐柳中屯田及对当今东疆社会稳定的启示"，载《石河子大学

学报（哲学社会科学版）》2013 年第 5 期。

[84] 崔卫国："新疆和北海道的屯田兵"，载《喀什师范学院学报》1995 年第 4 期。

[85] 王小平："新疆兵团屯垦戍边的历史贡献"，载《兵团党校学报》2004 年第 5 期。

[86] 吴勇、胡新富、廖华春："论商鞅的'农战'政策与秦国农业生产的发展"，载《农业考古》2008 年第 6 期。

[87] 王勇："大司农的演变与汉代的农业经营"，载《南京农业大学学报（社会科学版）》2008 年第 3 期。

[88] 牛晓燕："大司农在西汉政府职能中的作用"，载《内蒙古农业大学学报（社会科学版）》2007 年第 4 期。

[89] 王勇："治粟都尉和搜粟都尉与大司农关系考"，载《唐都学刊》2004 年第 4 期。

[90] 翁俊雄："唐代计帐制度探索"，载《首都师范大学学报（社会科学版）》1988 年第 3 期。

[91] 吉成名："唐代前期的盐业政策"，载《温州师范学院学报（哲学社会科学版）》1990 年第 11 期。

[92] 郑显文："敦煌吐鲁番文书中所见的唐代交通管理的法律规定"，载《西南师范大学学报（人文社会科学版）》2005 年第 11 期。

[93] 安家瑶："唐永泰元年—大历元年河西巡抚使判集（伯二九四二）研究"，载北京大学中国中古史研究中心编：《敦煌吐鲁番文献研究论集》，中华书局 1982 年版。

[94] 王永兴："敦煌写本唐开元水部式校释"，载北京大学中国中古史研究中心编：《敦煌吐鲁番文献研究论集》（第 3 辑），北京大学出版社 1986 年版。

[95] 王永兴："唐田令研究——从田令和敦煌文书看唐代土地制度中几个问题"，载《纪念陈垣诞辰百周年史学论文集》，北京师范大学出版社 1981 年版。

[96] 赵吕甫："敦煌写本唐乾元《水部式》残卷补释"，载《四川师范学院学报（哲学社会科学版）》1991 年第 2 期。

[97] 王旭送："论唐代西域烽铺屯田"，载《石河子大学学报（哲学社会科学版）》2011 年第 3 期。

[98] 李锦绣："唐代庭州地区的人口和营田"，载《文史知识》2010 年第 2 期。

[99] 李文益、李少林："唐代屯田研究综述"，载《中国史研究动态》2011 年第 4 期。

[100] 王希隆："唐代西域屯田述略"，载《贵州大学学报（社会科学版）》2012 年第 5 期。

[101] 赵振华："杨元卿墓志与唐平定淮西"，载《考古与文物》2002 年第 4 期。

[102] 吴树国："试论唐前期'支度国用'中的杂徭"，载《求是学刊》2007 年第 3 期。

[103] 吴树国："试论唐前期中男服杂徭的法定役期"，载《晋阳学刊》2008 年第 6 期。

[104] 朱继萍："法律规范的意义、结构及表达"，载《法律科学（西北政法学院学报）》

2007 年第 4 期。

[105] 沈大明："《唐律》对官吏的监督、处罚及其实现"，载《哈尔滨学院学报》2004 年第 11 期。

[106] 郑显文："唐代《道僧格》研究"，载《历史研究》2004 年第 4 期。

[107] 周东平："律令格式与律令制度、律令国家"，载《法制与社会发展（双月刊）》2002 年第 2 期。

[108] 钱大群：" 唐代法律体系正确理解的转捩点——辨《新唐书》'唐之刑书有四说'并复有关观点"，载《北方法学》2015 年第 3 期。

[109] 李玉生："关于唐代律令格式的性质问题"，载《金陵法律评论》2002 年第 2 期。

[110] 吴海航："唐代格式渊源考略"，载《法治研究》2015 年第 3 期。

[111] 米海平："唐陇右道河源军经略大使考"，载《青海师范大学学报（哲学社会科学版）》1993 年第 1 期。

[112] 朱翔："唐太宗法治思想浅探"，载《江汉大学学报（社会科学版）》1987 年第 3 期。

[113] 万志鹏："论中国古代刑法中的'籍没'刑"，载《求索》2010 年第 6 期。

[114] 刘玉峰："唐前期土地所有权状况探讨"，载《文史哲》2005 年第 4 期。

[115] 吉健："略论唐代的坐赃及其执行"，载《世纪桥》2007 年第 1 期。

[116] 尹伟先："隋唐时期西北地区畜牧业研究"，载《西北民族大学学报（哲学社会科学版）》2009 年第 3 期。

[117] 侯雯："唐代格后敕的编纂及特点"，载《北京师范大学学报（人文社会科学版）》2002 年第 1 期。

[118] 耿元骊："唐宋土地制度与政策演变论纲"，载《东北师大学报（哲学社会科学版）》2009 年第 5 期。

[119] 任强："中国古典文本中的法律形式"，载《北京大学学报（哲学社会科学版）》2005 年第 4 期。

[120] 王立民："论唐代立法中的审核程序"，载《法学》1987 年第 9 期。

[121] 李清凌："关于宋代营田的几个问题"，载《西北师大学报（社会科学版）》1985 年第 3 期。

[122] 左超能："北宋屯田刍论"，载《河池师专学报》1995 年第 1 期。

[123] 殷崇浩："北宋弓箭手屯田制度"，载《河南大学学报（社会科学版）》1986 年第 1 期。

[124] 魏天安："北宋弓箭手屯田制度考实"，载《河南大学学报（社会科学版）》1988 年第 4 期。

[125] 程龙："北宋西北沿边屯田的空间分布与发展差异"，载《中国农史》2007 年第 3 期。

［126］雷震："南宋汉中的屯田与水利"，载《汉中师范学院学报》1999年第2期。

［127］雷震："南宋沿边屯田的原因及其作用"，载《汉中师范学院学报》2001年第2期。

［128］杭宏秋："南宋江淮屯田史略"，载《古今农业》1999年第1期。

［129］何玉红："南宋西北战区军粮的消耗以及屯田与水利建设"，载《中国农史》2007年第3期。

［130］冯金忠："唐后期地方武官制度与唐宋历史变革"，载《河北师范大学学报（哲学社会科学版）》2008年第1期。

［131］史继刚："宋代屯田、营田问题新探"，载《中国社会经济史研究》1999年第2期。

［132］魏天安："宋代弓箭手营田制度的兴衰"，载《中国社会经济史研究》2006年第1期。

［133］程龙："论康定、庆历时期西北沿边屯田与宋夏战争的互动关系"，载《中国历史地理论丛》2006年第1期。

［134］杨作山："试论北宋在西蕃地区的屯田"，载《西北第二民族学院学报（哲学社会科学版）》1992年第1期。

［135］汤开键："试论南宋的营田"，载《兰州大学学报》1982年第1期。

［136］徐庆全："关于唐代转运使设置的年代"，载《社会科学辑刊》1992年第4期。

［137］黄成运："魏晋隋唐时期的屯田思想"，载《农业考古》2015年第1期。

## 四、学位论文

［1］黄正建："试论唐代屯田制度"，武汉大学1981年硕士学位论文。

［2］李宝通："北朝隋唐的屯田与均田"，首都师范大学2002年博士学位论文。

［3］耿元骊："唐宋土地制度研究"，东北师范大学2007年博士学位论文。

［4］杜栋："唐宋时期格与敕的发展演变研究"，中国政法大学2006年硕士学位论文。

［5］张建宁："从《李宝臣纪功碑》看成德军的早期发育"，中央民族大学2007年硕士学位论文。